부유한 노예

THE FUTURE OF SUCCESS
by Robert B. Reich

THE FUTURE OF SUCCESS
부유한 노예

로버트 라이시 지음 · 오성호 옮김

김영사

부유한 노예

1판 1쇄 발행 2001. 10. 25.
1판 21쇄 발행 2022. 6. 1.

지은이 로버트 라이시
옮긴이 오성호

발행인 고세규
발행처 김영사
등록 1979년 5월 17일(제406-2003-036호)
주소 경기도 파주시 문발로 197(문발동) 우편번호 10881
전화 마케팅부 031)955-3100, 편집부 031)955-3250 | 팩스 031)955-3111

값은 뒤표지에 있습니다.
ISBN 978-89-349-0793-0 03320

독자 의견 전화 031)955-3200
홈페이지 www.gimmyoung.com   블로그 blog.naver.com/gybook
인스타그램 instagram.com/gimmyoung   이메일 bestbook@gimmyoung.com

좋은 독자가 좋은 책을 만듭니다.
김영사는 독자 여러분의 의견에 항상 귀 기울이고 있습니다.

들어가는 글

 1부   새로운 일

2부 새로운 삶

선택

성공의 진정한 의미

— 로버트 라이시

나의 학생들에게

몇 년 전 장관직을 맡고 있을 때에는 일이 내 삶의 전부였다. 그렇다고 일에 중독된 정도는 아니었다. 중독이라고 하면, 무분별한 애착과 약간은 자학적이며 충동적이라는 생각이 든다. 단지 문제가 있었다면, 그 일을 너무 좋아한 나머지 내 자신이 만족할 수 없었다는 점이다. 당시 장관직은 내가 살면서 맡은 최고의 일이었다. 아침에 일어나면 사무실에 나간다는 생각뿐이었고, 저녁에는 마지못해 퇴근하곤 했을 정도였다. 몸은 집에 돌아왔지만, 내 마음의 일부는 여전히 일과 함께 있었다.

당시 상황이 이러했으니 내 삶에서 일 외의 나머지 부분이 말라비틀어진 건포도처럼 시들어버린 것은 당연했다. 아내와 두 아들을 볼 기회가 별로 없어서인지 가족의 느낌도 잃어버렸다. 옛 친구들과도 연락이 끊겼다. 심지어 내 자신의 모습도 보이지 않았다. 업무상 필요에 의해 보여지는 내 모습 외에 다른 모습은 찾아볼 수 없었다.

장관으로 재직 중이던 어느 날이었다. 출근할 때 항상 그랬던 것처럼, 그날 아침에도 일찍 집을 나서기 전에 잘 다녀오겠다는 인사를 하기 위해 막내 방에 갔다. 막내는 눈을 반쯤 뜬 상태에서, 그날 밤 퇴근하고 돌아오면 자기를 깨워달라고 하는 것이었다. 나는 너무 늦을 것 같아 내가 집에 올 때쯤이면 아마 곤히 잠들어 있을 것이라고 말하면서, 다음날 아침에 보는 것이 더 좋겠다고 했다. 하지만 막내는 계속 졸라댔고, 나는 그 이유를 물어볼 수밖에 없었다. 막내는 단지 내가 집에 있는지 없는지를 알고 싶어서 그렇다는 것이었다. 지금까지도 당시 내가 왜 그랬는지를 정확히 설명할 수는 없지만, 갑자기 장관직을 그만두어야겠다는 생각이 들었다.

사임 발표가 있은 후 많은 편지를 받았다. 대부분 내 결정에 공감하는 내용이었지만, 화를 내는 내용의 편지도 몇 통 있었다. 내 결정으로 인해 고위직에 있는 사람은 직장과 가정 모두를 원만하게 꾸려가는 균형 있는 삶과는 맞지 않는다는 메시지가 사회에 전달되었다는 주장이었다. 이 사회의 맹렬 여성들은 자신들이 일 외적인 면에서 잃고 있는 것이 너무 많다고 생각하는 사회적 분위기 속에서 힘들게 살아가고 있는데, 내 결정 역시 같은 메시지를 보냈다는 것이다. 또 한편에서는, 내 경우는 하던 일을 쉽게 그만두고 다른 곳으로 옮긴다 해도 비슷한 보수를 받으면서 부족했던 삶의 나머지 부분에 더 신경 쓰는 것이 가능하지만, 자신에게는 그런 선택의 여지가 없다는 불평도 있었다. 지금처럼 힘들게 일하지 않으면 집세도 못 내고 끼니 걱정을 해야 한다고 했다. 따라서 내 사임 결정은 그런 사람들에게도 잘못된 메시지를 전달했다는 것이었다. 그리고 내 자신을 더 이상 훌륭한 사람으로 여기지 말라는 격분의 편지도 받았다. 힘든 일을 한 것은 훌륭하지만, 가족과 더 많은 시간을 보내기 위해 중요한 일을 그만둔 것은 그렇지 않다는 주장이었다.

나는 나의 사임 결정이 사회적으로 갖는 상징적인 의미를 예상했어야 했다. 어쨌든 미국의 노동부장관이었으니 말이다. 그러나 살아가는 방법에 대한 메시지를 전달하려는 의도는 없었다. 그리고 내가 훌륭한 선택을 했다고 생각하지도 않았다. 단지 그때까지 나는 어떤 선택을 하는지조차 모른 채 무의식중에 다른 선택을 해오고 있었을 뿐이다. 바로 이것이 문제였다. 막내가 자기를 깨워달라고 말하는 것을 듣고, 나도 비로소 깨어나 분명하게 내 의식대로 선택을 했을 뿐이다.

그러나 당시 경험은 그 전에 몰랐던 많은 사실을 알게 해주었다. 살아오면서 경제와 노동 분야에 관한 연구를 계속 해왔으면서도 몰랐던 사실들이다. 돈을 벌기 위한 일과 이를 제외한 삶의 나머지 부분 사이에서 힘겹게 싸우고 있는 우리들의 현실에 주목하게 된 것이다. 여성뿐만 아니라 남성, 이제 막 사회에 뛰어든 젊은이들뿐만 아니라, 그 이전 세대라면 이미 이러한 문제들을 해결했을 나이의 중년층 모두 힘겨운 싸움을 하고 있다. 이런 상황에서 때로는 있는 그대로의 모습으로, 때로는 분명하지 않은 모습으로 우리 앞에 던져지는 여러 가지 선택에도 관심을 갖게 되었다. 각 개인이 겪고 있는 여러 상황과 함께, 세계 경제라는 큰 틀에서 발생하고 있는 대규모 변화에 대해 내가 관찰해온 것을 모아보자는 생각이 들었고, 그 결과로 나온 것이 바로 이 책이다.

생계를 꾸려나가는 것과 삶을 꾸려가는 것, 그리고 두 가지를 병행하는 것이 왜 점점 더 어려워지고 있는가에 관한 것이 이 책에 담겨 있다. 새롭게 떠오르는 신경제에 대해 현기증날 정도로 열광하는 모습은 이미 다른 많은 책에서 보았을 것이다. 그러나 과연 이런 경제가 한 사람으로서의 우리에게 어떤 의미를 지니는지, 또 우리가 원하는 삶을 누리기 위해서 해야 할 선택에는 어떤 것이 있는지에 관해서는 거의 아무 이야기가 없었던 것이 사실이다.

우리는 현재 풍요의 시대를 살고 있지만, 마음속 저 깊은 곳에서는 가족의 붕괴와 지역 사회의 분화, 그리고 하나의 올바른 인간으로서의 모습을 어떻게 유지해나갈지 걱정하고 있다. 신경제는 부와 혁신, 새로운 기회와 선택 같은 엄청난 혜택을 우리에게 주었지만, 이와 함께 방금 말한 이런 걱정도 준 것이다.

'잠시 숨을 고르고 진정한 삶을 찾자!' 라는 충고는 많이 들었을 것이다. 그러나 이 책을 쓴 목적은, 그런 충고보다는 더 큰 차원의 논의를 필요로 하는 문제를 제기하기 위해서다. 돈을 벌기 위한 일과 삶의 나머지 부분의 균형을 이루기 위한 힘든 싸움을 단순히 한 개인의 몫으로만 여긴다면, 균형의 저울을 한쪽으로 기울게 하는 사회 현상의 큰 흐름을 무시하는 것이다. 단지 한 개인의 선택, 한 개인의 균형에 관한 것이 아니다. 우리가 하고 있는 일의 구성 및 보상 방법에 관한 문제도 될 것이다. 곧 사회의 균형에 관한 문제인 것이다.

다음은 문제의 핵심이 될 만한 역설적인 이야기다.

우리들 대부분이 25년 전 우리(혹은 우리 부모)보다 더 많은 돈을 벌면서 물질적으로 더 풍요로운 삶을 누리고 있다. 25년 전이라면 현재의 경제 기반을 이루고 있는 여러 기술, 예를 들어 마이크로칩이나 PC, 인터넷 등이 그 모습을 보이기 시작할 때다. 이제 더 잘살게 되었으니 일 이외의 것에 더 많은 관심을 쏟을 것이라고 생각할지 모르겠다. 그러나 대부분의 경우, 과거보다 더 많은 시간을 일에 매달려 있으며, 일이 아닌 삶을 위해 쓰이는 시간과 에너지는 점점 더 줄어들고 있는 것 같다.

왜 이래야만 할까? 돈을 더 많이 벌어 더 잘살게 되었는데, 왜 개인적인 삶은 더 빈곤해지는 것일까? 물질적으로 벌어들인 것을 일 이외의 삶을 더 윤택하게 하는 쪽으로 더 많이 투자하지 못하는 이유는 무엇일까? 영국의 경제학자 케인스는 경제 대공황이 극에 달했던 1930년, 다음과 같은 희망적인 예언을 한 바 있다. 앞으로 100년 후 영국은 경제적으로 여덟 배는 더 잘살게 될 것이며, 따라서 원하는 사람은 1주일에 15시간 정도만 일하면 될 것이라고 말이다. 물질적인 여러 욕구도 완벽하게 충족되기 때문에 돈을 좋아하는 것이 사회적인 지탄의 대상이 될 수도 있을 것이라고 말했다. 2030년에는 대부분의 사람들이 물질적으로 훨씬 더 풍요로워질 것이라는 예측은 맞을 것이다. 그러나 일하는 시간이 줄어든다는 예측은 아마 틀릴 것으로 본다. 최소한 영국이 현재 미국이 걷고 있는 길을 그대로 가고, 미국이 지금까지 걸어온 길을 계속 간다면 말이다.

물론 모든 사람이 25년 전과 비교해 훨씬 더 잘산다고 생각하는 것은 아니다. 실제로 아무 변화가 없는 사람도 있다. 그런데 많은 사람들이 어쩔 수 없이 과거보다 더 열심히 일하고 있다. 한 가지 묘한 점이 있다. 부자가 되면 될수록 오랜 시간 일을 하며, 또 일을 하지 않을 때조차도 잠시도 일에 대한 생각에서 해방되지 못할 가능성이 높다는 사실이다. 필사적으로 일에 매달리면 더 잘살게 될 수도, 그렇게 되지 않을 수도 있다. 그러나 더 잘살게 되면 더 필사적인 모습을 띠게 되는 것만은 분명한 것 같다.

일반적인 생각과 반대되는 통계 수치를 한번 살펴보자. 대졸자는 고졸자보다 평균 70~80퍼센트 더 많은 돈을 번다. 이 수치는 25년 전의 두 배에 해당한다. 그렇다면 대졸자는 고졸자만큼 힘들게 일하지 않을 것이라는 생각이 들 수도 있다. 당연히 틀린 생각이다. 일을 더 오래하는 사람은 대졸자다. 대학 졸업장이 주는 이득이 25년 전의 두 배로 늘어났으니, 현재 대학생들은 자신의 경제적인 성공에 대한 걱정을 25년이나 30년 전보다 덜하지 않을까 생각할 수도 있다. 이번에도 틀렸다. 여론 조사에 의하면, 대학생들은 과거 그 어느 때보다 경제적인 성공에 대해 훨씬 더 많은 신경을 쓰고 있다고 한다.

왜 이렇게 되었을까? 대학을 나온 사람들이 욕심이 늘어나 돈에 대한 집착이 더 커진 것일까? 그럴 수도 있겠지만, 그렇게 판단할 만한 확실한 근거는 없다. 몇십 년 사이에 국민성이 바뀐 것일까? 이 역시 아닌 것 같다. 국민성이란 그렇게 빨리 바뀌는 것이 아니니 말이다.

일반적인 미국인들의 1년 근무시간을 보면 유럽인들에 비해 350시간이 더 길다. 일 많이 하기로 유명한 일본인보다 더 길다. 그렇다면 이렇게 일을 많이 하는데, 돈은 좀 덜 벌더라도 일을 덜하길 원하는 미국인들의 수가 많아질 것이라고 생각할지 모르겠다. 그러나 단 8퍼센트의 미국인만이 돈은 덜 벌더라도 일을 덜하는 것을 원한다고 한다. 독일의 38퍼센트, 일본의 30퍼센트, 그리고 영국의 30퍼센트와 비교가 된다.

그렇다면 미국인의 유전자에는 다른 선진국 국민들에게는 없는 일 중독의 요소가 들어 있다고 해야 할까? 아니면 미국의 일이 다른 나라보다 더 큰 만족감을 주고 재미도 더 있는 것일까? 두 가지 모두 아닌 것 같다. 몇십 년 전만 해도 이렇게까지 다른 나라 사람들보다 열심히 일하지는 않았다. 그렇다면 현재 상황의 출발점은 과연 어디일까?

이제 숨을 고르면서 속도를 늦추겠다는 결심을 사방에서 듣고 있다. 그러나 반대로 속도를 올리는 사람이 더 늘어나고 있다. 가족을 중시해야 한다는 주장이 과거 어느 때보다도 더 강하게 제기되고 있다. 그런데 왜 가족의 규모는 더 줄어들고 가족간의 결속은 약해지고 있을까? 자녀의 수는 과거보다 더 줄어들고 있거나, 자녀를 갖지 않는 가정도 있다. 정식 결혼의 수는 줄어드는 반면, 일정 기간 동안 동거하는 사람들의 수는 늘어나고 있다. 이전에는 가정 내에서 해결하던 식사 준비, 각종 치료, 상담, 양육 등의 기능을 외부인에게 맡기는 경우가 더 많아지고 있다. 함께 사는 '지역 사회'의 중요성에 대해 그 어느 때보다 소리 높여 외치고 있다. 그러나 우리 사회는 수입에 따라 분화되어 각각의 지역이 고립되는 양상을 보이고 있다. 한편에서는 높은 담과 커다란 대문 안에 잘사는 사람들이 모여 있고, 빈곤 계층은 고립된 채 사회의 무관심 속에 다른 한편에서 따로 살아가고 있다.

우리 모두 위선의 탈을 쓰고 있는 것일까? 아니면 우리 모두 서로를 속이고 있는 것일까? 두 가지 모두 아닌 것 같다. 대부분의 미국인들은 일과 삶의 나머지 부분이 균형을 이룬 삶을 진정으로 원하고 있으니 말이다. 문제는 바로, 신경제의 속성상 일에 더 많은 신경을 쓰고 나머지 개인적인 삶에는 신경을 덜 쓸 수밖에 없으며, 이 때문에 균형잡힌 삶을 살아가기가 더 힘들어진다는 점이다.

일단 간단하게 내 생각을 밝히면 다음과 같다.

현재 부상하고 있는 신경제는 전례가 없을 정도의 많은 기회, 소비자에게는 환상적인 조건, 뛰어난 상품, 다양한 투자 기회, 필요한 재능과 기술을 갖춘 사람들을 위한 많은 일자리 등을 우리에게 제공하고 있다. 인류 역사상 이렇게 많은 사람들에게 이렇게 많은 기회가 찾아온 적은 없었다.

이 모든 것의 원동력은 기술의 발전이었다. 1980년대와 1990년대 동안 힘찬 전진을 계속해온 통신, 운송, 정보 처리 관련 신기술이 이제는 따라잡기 힘들 정도로 발전 속도가 빨라지고 있다. 이에 따라 거리에 구애받지 않고 더 좋은 조건의 거래를 더 쉽게 찾을 수 있고, 또 그렇게 찾은 조건으로 즉시 이동하는 것이 가능해졌다. 기술의 발달은 판매자간의 경쟁을 격화시켰으며, 이로 인해 여러 방면에서 혁신적인 아이디어와 기술이 뒤따르고 있다. 살아남기 위해서는 모든 조직이 비용 절감, 부가가치 창조, 신상품 개발 등의 면에서 대폭적인 개선책을 꾸준히 마련해야 한다. 이러한 한바탕 소란 후에 나온 결과는 생산성 증가다. 모든 면에서 더 좋고, 더 빠르고, 더 싼 상품과 서비스가 가능하게 된 것이다.

경제적으로 볼 때 이 모든 것은 우리에게 분명히 커다란 득이 되는 것이 사실이다. 그러나 과연 우리 삶의 나머지 부분에도 같은 의미를 지닐까? 아니다. 변함 없는 관계, 한결같은 모습, 그리고 안정된 상태에 크게 좌우되는 삶의 나머지 부분에는 심각한 문제를 안겨주고 있다. 누가 악의를 가지고 이런 음모를 꾸민 것도 아니고, 사악한 기업이나 돈만 밝히는 사업가가 함정을 파서 우리가 이렇게 된 것이 아니다. 간단한 논리적 흐름을 알면 이해가 가능하다.

구매자로서의 우리가 더 좋은 조건으로 쉽게 바꿀 수 있게 되면 될수록 판매자로서의 우리는 모든 고객을 유지하고, 기회를 포착하고, 계약을 성사시키기 위해 더 힘든 싸움을 할 수밖에 없다. 그 결과 우리의 삶은 더욱더 필사적인 모습을 띠게 된다.

혁신적인 아이디어와 기회로 인해 경제의 변화가 더욱 빨라지면서 고객과 투자자의 성향에도 더 빠른 변화가 오게 된다. 그 결과 내년 아니 심지어 다음달에는 과연 돈을 얼마나 벌 수 있을지, 어디에서 무엇을 하고 있을지, 그 누구도 확신하기가 어렵게 된다. 그 결과 앞으로의 삶에 대한 예측도 더 힘들어진다.

더 좋은 상품과 서비스를 제공하기 위한 경쟁이 치열해지면 해질수록 이를 해내기 위한 안목과 아이디어를 가진 사람에 대한 수요는 더 높아진다. 이런 인력에 대한 공급보다 수요의 증가 속도가 더 빨라지면서 이들의 수입은 위로 치솟는다. 다른 한편에서는 치열해진 경쟁 속에서 기계나 프로그램에 의해 더 빨리 그리고 더 싸게 처리할 수 있거나, 해외 근로자들에게 맡길 수 있는 단순직에 종사하는 사람들의 임금은 아래로 떨어진다. 그 결과 소득격차는 계속 더 벌어진다.

마지막으로, 선택의 폭이 넓어지고 더 좋은 조건으로의 이동이 더 쉬워질수록 교육 수준이나 재산 그리고 건강면에서 자신과 비슷한 사람들끼리 연결 고리를 형성하기가 과거보다 더 쉬워진다. 이런 현상은 주거 지역, 직장, 학교, 보험 서비스 등에서 찾아볼 수 있다. 그러나 이와 반대로 변화에 적응하지 못하고, 교육과 경제 수준이 떨어지며, 건강이 좋지 않거나, 기타 불리한 상황에 있는 사람들, 다시 말해 더 많은 것을 필요로 하는 사람들은 더 쉽게 배척당한다. 그 결과 사회적 분화 현상의 심각성은 더 깊어만 간다.

간단히 말해서 신경제가 주는 여러 혜택은 더 필사적인 삶, 불안감, 빈부격차와 사회적 분화 현상의 심화라는 비용을 우리에게 부담시키고 있는 것이다. 구매자가 더 좋은 조건으로 더 쉽게 바꿀 수 있게 되면, 우리 모두 그 구매자를 만족시키기 위해 더 열심히 일해야 한다. 앞으로의 수입 예측이 더 어려워지므로, 우리 모두 햇볕이 들 때 건초를 만드는 것처럼, 현재 보이는 모든 기회를 포착하기 위해 필사적일 수밖에 없다. 남보다 더 부자가 되느냐 아니면 상대적으로 더 가난해지느냐, 삶의 여건이 더 나은 지역에서 사느냐 그렇지 않느냐 등에 따른 이해 관계가 점점 더 커지면서, 우리는 승자의 대열에 속하고 자식들에게도 안전하게 그 자리를 물려주기 위해 가능한 모든 것을 다 하고 있다.

지금 말한 이런 이유들로 인해, 우리들 대부분은 이런 상황이 막 시작되던 몇십 년 전보다 또 이런 상황이 아직 미국만큼 전개되지 않은 다른 나라의 국민들보다 더 열심히 더 필사적으로 일하고 있는 것이다.

지불해야 할 비용이 가치가 있을 수도 있다. 우리 모두 구매자 천국의 시대가 주는 무수히 많은 혜택을 받고 있기 때문이다. 그러나 지금은 그 비용을 받아들일 수 있다고 하더라도, 성패에 따른 이해 관계가 계속 더 커질 미래에도 여전히 가치가 있을까?

신경제가 여러 기쁜 소식을 주고 있다는 것은 누구도 부인할 수 없을 것이다. 미국식 자본주의는 전세계적으로 승리를 거두고 있으며, 또 충분히 그럴 만한 이유도 있다. 첨단 기술로 인해 일자리가 없어지고 우리 대부분이 빈곤 상태에 빠질 것이라는 신(新)러다이트주의자(Neo-Luddites)의 주장이 일부에서 나오고 있지만, 이는 틀릴 뿐만 아니라 어리석다고 할 수 있다. 커다란 장벽을 세우고 무역이나 이민을 줄여가는 고립주의자나 외국인 혐오주의자들의 생각은 잘못되었으며 때로는 위험한 것이다. 다국적 기업이나 국제적 자본 투자자들이 자신들의 이익에 반하는 음모를 꾸미고 있다는 편집증 환자 같은 주장은 자기 자신을 속이는 것이며, 환각 상태에서 나온 말이라고 볼 수도 있다. 우리는(당신이나 나 그리고 거의 모든 미국인들은) 신경제의 커다란 혜택을 받고 있다. 신경제가 만들어낸 새로운 발명품, 낮아진 가격, 그리고 치열한 경쟁이 주는 혜택을 모두 입고 있다. 신경제가 제공하는 여러 가지 최고의 조건으로 인해 우리는 소비자로서 득을 보고 있으며, 또 점점 더 많은 사람들이 투자자로서도 득을 보고 있다. 또 우리는 이러한 신경제를 계속 전진시키고 있다.

그러나…

신경제가 대단한 것만큼이나 우리는 삶의 일부를 신경제에게 빼앗기고 있다. 가족과의 삶, 우정, 지역 사회 그리고 우리 자신의 삶의 일부가 사라지고 있다. 이러한 손실은 우리가 얻고 있는 혜택과 함께 발생하고 있다. 이 두 가지는 동전의 양면과도 같다. 신경제의 발전 속도가 더 빨라지면서 손실과 혜택 모두 증가할 가능성이 있다. 경쟁이 날로 치열해지는 체제 안에서 싸워가기 위해 더 열심히 일하고, 모든 사람들이 스스로를 부각시켜야 하는 체제 안에서 더 굳은 결의를 하면서 우리 자신의 판매에 나서고 있으며, 재산이나 교육, 건강 상태 등에 의한 분류 작업이 더 쉬워진 체제 안에서 그렇게 분류

되고 있다. 이런 현상은 스스로의 추진력으로 계속 진행될 것이다. 더 많은 사람들이 이 체제에 들어오면 올수록 상황의 불균형은 더 심각해지고, 한 개인이 일반 사람들과 다른 길을 선택하기란 더 힘들어질 것이다.

앞으로 이 책을 통해, 지금까지 열거한 현상과 그 현상이 내포하고 있는 의미에 대해 자세하게 살펴볼 것이다. 1부는 (신경제 속의) 새로운 일에 관한 것이다. 여기서는 신기술로 인해 일이 어떻게 구성되고 또 우리에게는 어떤 보상을 해주는지 살펴볼 것이다. 2부는 (신경제 속의) 새로운 삶에 관한 것이다. 여기서는 새로운 일이 우리 자신과 가족, 그리고 우리 사회에 어떤 결과를 낳고 있는지에 관한 이야기를 할 것이다. 3부는 이런 상황 속에서 한 개인이, 그리고 우리 사회가 내릴 수 있는 선택에 관해 살펴볼 것이다.

앞으로 함께 이야기를 나눌 여러 현상은 강력한 힘을 지니고 있는 것이 사실이다. 그렇다고 해서 그 방향을 되돌릴 수 없는 것은 아니다. 최소한 그 방향에 수정을 가할 수는 있다. 우리 자신이 원한다면, 성공의 일반적인 척도에 관해 다시 한 번 생각해보며, 우리 삶의 가치는 가지고 있는 총재산과는 다르다고 단언할 수 있고, 우리 사회의 가치는 국민총생산 수치와 같지 않다고 주장할 수도 있으며, 더 알차고 더 균형잡힌 삶, 그리고 더 균형잡힌 사회를 창조해낼 수도 있을 것이다.

'그런데 우리가 과연 그러고 싶어할까?' — 이것이 문제다.

1부
새로운 일

1 구매자 천국의 시대

우리는 구매자 천국의 시대로 들어서고 있다. 무한한 선택의 기회가 주어지고, 더 좋은 조건으로 쉽게 이동할 수 있다. 이 시대로의 진입은 바로 신경제의 첫번째 원칙으로, 우리 삶의 나머지 부분을 이해하기 위한 첫걸음이기도 하다. 일단 이 부분을 이해하면 다른 부분에 대한 이해는 자연스럽게 이루어질 것이다.

현재보다 더 좋은 조건(better deal)을 원하지 않는 사람이 과연 있을까? 게으르거나 제정신이 아니거나 혹은 태어날 때부터 자기 만족에 빠져 있는 사람이 아니라면, 같은 가격에 더 좋은 품질 혹은 같은 품질이면서 가격이 더 낮은 상품과 더 높은 수익으로 보답해주는 투자 기회, 그리고 더 많은 것을 보상해주는 일자리와 더 편안함을 제공해주는 집단을 그냥 지나쳐버리지는 않을 것이다. 이 모든 것은 당신과 당신의 가족 때문이다.

또 자본주의 때문이다. 자본주의는 그 구성원들이 최상의 조건(best deal)을 위해 각자 최선을 다할 때에만 제대로 돌아갈 수 있다. 최선을 다하지 않는다면 기업들은 혁신이나 투자 부문에서 실패하게 되고, 헛된 곳에 돈과 노력을 낭비하는 결과를 낳게 된다. 수많은 사람들이 더 좋은 것을 끊임없이 찾아나설 때, 시장을 구성하는 모든 요소는 시장의 규칙대로 게임에 참여하게 된다. 모두가 다른 사람을 만족시키기 위해 최선을 다해야 하는 것이다. 자원은 최고의 효과를 거두는 곳에 사용되고 모든 사람이 열심히 노력하면 경제는 성장하게 되어 있다.

이는 미국이 오랫동안 걸어온 길이다. 그러나 이제는 세계 공통의 길이 되어가고 있다. 미국을 세운 사람들은 과거 방식을 버리고 더 좋은 조건을 찾아 자신이 살던 곳을 떠났던 사람들이다. 처음 도착한 곳에서 더 좋은 조건을 못 찾게 되면, 이를 찾을 때까지 계속 이동을 거듭했다. 이후 미국에 이민 온 사람들도 마찬가지였다. 이렇게 더 좋은 조건을 찾아 현재의 위치에서 벗어날 수 있는 탈퇴의 권리(the freedom to exit)가 권리장전에 나와 있는 것은 아니다. 그러나 이는 미국인이 가장 소중하게 생각하는 권리 중 하나다.[1]

우리는 여전히 이동하고 있다. '어디 출신이세요?'라는 물음은 이제 대답하기 어려운 질문이 되어버렸다. 매년 17퍼센트의 미국인들이 주거지를 바꾸고 있다. 초등학교 2학년 어린이에게 물어보면 거의 40퍼센트가 최소한 한 번은 전학한 경험을 가지고 있다고 답한다. 약 3퍼센트의 미국 가정이 매년 다른 주로 이사하고 있으며, 약 20퍼센트의 직장인이 일자리를 바꾸고 있다.[2] 물론 매년 그렇지는 않지만, 배우자나 동거인을 바꾸는 사람의 수도 많아지고 있다. 얼굴을 고치고, 가슴을 확대하고, 발기부전증을 치료하는 사람들도 늘어나고 있다. 고칠 수 없는 경우에는 아예 처음부터 새로 만들기도 한다. 차선의 것에 만족해 '안주'한다는 생각은 미국인의 정서와는 상반되는 것이다.

내가 해외 여행을 하면 항상 받는 질문이 있다. 왜 미국인들은 현재 상태에 만족할 줄 모르냐는 것이다. 나는 유전적으로 어쩔 수 없다고 대답한다. 미국의 역사학자 프레드릭 터너는 미국의 개척정신을 '과거의 속박으로부터의 위대한 탈출'이라고 보면서, 19세기 말 개척정신이 사라진 것을 두고 미국인의 정신에 재갈이 물렸다며 슬퍼했다.[3] 그러나 터너는 자동차가 처음 등장할 무렵 숨을 거두었고, 선벨트나 도시 근교 지역의 발전과 TV, 사이버 공간의 가능성은 생각하지 못했다. 억제나 구속은 미국적인 것이 아니다.

'가는 것(going)'에 관한 이야기는 항상 나온다. 150년 전 《뉴욕 트리뷴》의 호레이스 그릴리 편집부장은 "젊은이여, 서부로 가라!(Go West, young man)"고 말했다.[4] 한 세대 전만 해도, 야망을 가진 사람에 대해서는 흔히 'get-up-and-go'('가만히 앉아 있지 않고 일어나서 간다', 다시 말해 결단력과 행동으로 옮기는 추진력이 있다는 의미—옮긴이)가 있다고 칭찬의 의미로 말했다. 기회가 오는 것을 기다리지 않고 적극적으로 나서는 사람을 칭하는 'go-getter' 역시 칭찬의 의미다. 어떤 야심찬 일에 대해 주저하는 기색이 보이면, 그 일이 아무리 경솔하게 보일지라도, 누군가는 'go for it'('시도하다, 한번 해보다'—옮긴이)이라고 말하며 당신의 등을 밀어주는 사람이 반드시 있게 마련이다(한때 잠깐 동안 번지점프를 해볼까 생각한 적이 있다. 그 위에 서서 몇 초 동안 고민했지만, 결국은 이성적으로 생각하고 포기했다. 그런데 그 짧은 시간 고민하는 동안 알지도 못하는 사람이 "Go for it"이라고 매우 크게 소리를 질러, 생명줄도 매지 않은 상태에서 절벽에서 거의 떨어질 뻔한 적도 있었다). '가는 것'이 좋은 상황에서 가지 않는 사람은 옳고 그름에 대한 판단이 약하고 적극성과 용기가 부족한 사람이라고 여겨진다. 호레이쇼 앨저의 인기 소설에 나오는 주인공들을 보면 밑바닥에서 출발해 부자 대열에 오른다. 이 사람들은 'Go for it'을 한 것이다.

더 좋은 조건을 고집하는 것은 미국에서 시작되지 않았으며, 미국 문화에서만 볼 수 있는 현상도 아니다. 단지 미국에서는 그 정도가 더 심하다는 것뿐이다. 역사를 살펴보면 사람들은 울창한 숲과 사막, 광활한 대초원, 사람이 지나갈 수 없는 여러 산이나 위험한 지형에 둘러싸인 조그만 마을에서 주로 살았다. 먼 길을 가는 것은 위험했으며 다른 곳에 관한 정보도 거의 없었다. 대부분 자기가 태어난 마을에서 삶을 마감했다. 15세기에 시작된 탐험과 확장 그리고 발명의 거대한 파도로 표현되는 근대 서구 문명 역시 부분적으로는 더 좋은 조건을 향한 끊임없는 추구라고 이해할 수도 있다.

호기심과 욕심이 함께 동기로 작용했던 서구의 자본주의는 성장하면서 그 세력을 확장해나갔다. 역사책에 나와 있는 유명한 제목을 보면 중요한 사건의 발자취를 알 수 있다. 탐험의 시대, 제국주의 시대, 1차 산업혁명 그리고 20세기 거대한 산업화의 길을 열어준 대량생산의 시대 등이 있다. 그러나 이런 각 장의 제목은 지나치게 단순하게 표현되어 있다. 역사는 책에 나오는 것처럼 물 흐르듯이 아무 문제 없이 이어진 것은 아니다. 그리고 각 장의 제목처럼 그렇게 순수한 것만도 아니다. 혼동과 퇴보의 시기도 있었고, 반발과 유혈 진압의 시기도 있었다. 확실하게 말할 수 있는 것이 있다면, 더 좋은 조건을 원했던 사람들 중 그것을 얻을 수 있는 최고의 도구를 가졌던 사람들이 유리한 위치를 점했다는 것뿐이다. 역사는 승리자에 의해 쓰여지고, 가장 큰 야심을 가진 사람이 승리를 거둔다.

세계는 또 하나의 새로운 시기를 맞이하고 있다. 수십 년 전 미국에서 시작된 이후 지금까지 그 속도를 늦추지 않는 구매자 천국의 시대다. 그리고 현재 그 속도는 급격히 빨라지려 하고 있다. 이 시대는 기술과 상상력을 그 기반으로 한다. 인터넷과 무선 위성, 광섬유, 대폭 향상된 전산 처리 능력, 광대역 접속의 급격한 증가(광섬유 케이블과 위성을 통해 가정과 사무실로 더 많은 디지털 정보를 보다 더 빠르게 전달해준다), 인간 게놈 지도, 유전 공학 및 분자 공학 등이 한데 어우러지고 있다. 그 결과 무한대에 가까운 선택과 가능성을 가진 거대한 실시간 지구촌 장터(global bazzar)가 우리 앞에 열리고 있다.

더 좋은 조건을 찾아내 그쪽으로 이동하는 것이 역사상 그 어느 때보다 쉬워졌다. 그리고 몇 년 후에는 지금보다 훨씬 더 쉬워질 것이다. 우리는 우리가 원하는 바로 그것을 거리에 구애받지 않고 가장 유리한 가격에 원하는 즉시 얻을 수 있는 시대로 가고 있다.

원하는 바로 그것

최근까지만 해도, 어느 한 사람만을 위해 상품을 만들면 비용이 추가로 많이 들어가기 때문에 소비자는 자신이 원하는 바로 그것을 구입하기가 어려웠다. 나는 키가 150센티미터도 채 안 되지만, 허리는 10살짜리 아이보다 훨씬 더 두꺼운 체형을 가지고 있다. 따라서 조금 괜찮게 보이기 위해서는 맞춤옷을 입어야 한다는 결론이 나온다. 매번 이러는 것이 너무 힘들어서 크게 신경을 쓰지 않은 적도 있다. 그러다가 최근 한 웹사이트를 발견했다. 이곳에서는 내 몸 사이즈를 입력하고 마음에 드는 상하의를 옷감 재질이나 스타일까지도 선택할 수 있다. 이렇게 주문하고 며칠이 지나면 우리 집 문앞에 옷이 도착한다. 처음 주문할 때는, 조금은 유별난 내 신체 사이즈를 잘못 적은 것으로 생각하고 그쪽에서 사이즈를 고쳐서 옷을 만들지나 않을까 걱정했다(이런 일이 전에 실제로 있었다). 그러나 도착한 상하의는 내 몸에 꼭 맞았다. 그 순간 생각했다. '양복점 직원과 거래를 한 것이 아니었구나. 독자적인 판단력이 없는 컴퓨터와 거래를 한 거야.'

산업혁명 이전에는 각 분야의 기술자들이 거의 모든 것을 주문 생산했다.

따라서 가격이 비쌀 수밖에 없었다. 그후 대량 생산 시대가 우리 곁으로 왔다. 커다란 기계가 등장해 엄청난 양의 원단을 짜고, 수십만 개의 성냥, 담배, 못을 뱉어내고, 원유나 설탕, 술, 화학약품을 정제해주기 시작했다. 대형 용광로에서는 철이 만들어졌으며, 자동차 부품도 기계가 찍어냈고, 거대한 조립 라인을 거치면서 제품이 완성되었다. 생산 규모가 늘어나면서 각 제품의 생산 단가는 급격한 하강 곡선을 보이게 되었다.

그러나 대량 생산을 하면 제품이 모두 같을 수밖에 없었다. 미국에서 대량 생산에 의해 처음 나온 신발의 이름은 'straights'('직선'이라는 뜻—옮긴이)였다. 왼쪽과 오른쪽 구별이 없었기 때문이다. 포드 자동차의 조립 라인 덕택에 생산비가 내려가 자동차가 대중화되었지만, 그 이면에는 소비자의 선택폭이 줄어들었다는 사실이 있음을 알아야 한다. 헨리 포드가 한 유명한 말이 있다. "원하는 색상의 차를 누구라도 가질 수 있다. 단 그 차는 검정색이어야 한다."

대량 생산 체제하에서 확실히 이익을 내기 위해서는, 생산 전에 미리 투자를 하고 동일 제품을 몇 개나 생산해서 얼마에 팔아야 할지를 예측해야만 했다. 그 예측이 정확하면 돈을 많이 버는 것이고, 부정확하면 도산할 수도 있었다. 따라서 시장을 안정시켜 예측의 정확성을 올리는 것이 20세기 경영자들의 핵심 과제였다. 여기에는 근본적으로 네 가지 규칙이 있었다.

(1) 공급업체가 가격을 올린다거나 경쟁업체가 신제품을 가지고 추월할 가능성을 피하기 위해, 이런 업체들을 인수하거나 합병에 나섰다. 그 결과 각 업계마다 살아남은 소수의 업체들은 그후에는 비공식적으로 서로의 사업 계획을 조정해나갈 수 있었다. 20세기 중반이 되면서 경제학자들도 3대 자동차업체나 5대 철강업체와 같은 '과점' 현상을 별 거부감 없이 경외심을 가지고 말하곤 하였다.

(2) 과점 현상이 자연적으로 이루어지지 않은 분야에서는 규제 기관이 가격

이나 기준을 정했다. 이런 기관들은 규제를 통해 무책임한 사업자나 서비스로 부터 소비자를 보호하면서, 이와 동시에 업계의 안정을 도모하고 과당 경쟁을 막는 역할을 수행했다.

(3) 불법적인 파업과 조업 중단 사태를 막기 위해 기업은 노조의 존재를 마지못해 받아들였다. 20세기 중반이 되면서 미국 근로자의 거의 40퍼센트가 노조에 참여했다. 노조는 보통 한 산업 전체적으로 구성되는 산별 노조였다. 산별 노조에 가입하면 단일업체가 파업으로 인해 상대적으로 불리한 위치에 놓이는 것을 방지할 수 있었고, 노조의 요구로 인상된 임금이나 기타 혜택을 가격 인상의 형태로 편리하게 소비자에게 전가시킬 수 있었다.

(4) 계획했던 물량의 판매가 실패할 가능성을 줄이기 위해 소비자를 대상으로 대규모 구매 권유 운동에 나섰다. 미 광고 산업의 중심지인 메디슨 가 (Madison Avenue)가 여러 히트 광고 상품을 내면서 부각되기 시작했으며, 새로운 아이디어의 한 장을 열었던 30초 TV광고가 20세기 중반에 처음 모습을 나타냈다. 이렇게 해서 미국 소비자들은(후에는 세계 소비자들까지) 유혹에 빠져 대량 생산된 상품의 구매에 나서게 되었다. 광고가 항상 효과적이었던 것은 아니다. 그렇지만 가끔 실패한다고 해서 전반적인 광고 방식의 효율성이 떨어진 것은 아니었다.[5]

대량 생산된 상품을 위해 시장의 규모를 확대하고 안정시키려는 이런 노력의 결과로 소비자들은 더 많은 상품을 더 싸게 구입할 수 있었다. 이는 선순환(善循環)의 과정으로 이어졌다. 다시 말해, 대량 생산은 대규모 마케팅을 낳았고, 이는 더 많은 대량 구매를 자극했으며, 그 결과 대량 생산 체제의 규모는 더욱 확대되는 것이다. 그러나 이런 대규모 경제에서 최대의 효과를 거두기 위해서는 소비자의 선택폭이 제한될 수밖에 없으며, 해가 바뀌어도 상품 자체에는 별다른 변화가 없었다. 소비자로서는 혜택을 누리기 위해 치러야 할 작은 대가인 셈이다.

그러나 현재 떠오르는 상황은 완전히 다르다. 이미 다른 저서를 통해, 1970년대에 시작해 그후로 계속 그 속도를 더해온 변화에 대해 자세히 이야기한 적이 있다. 철강, 플라스틱, 화학, 통신, 운송, 금융, 오락 및 기타 많은 업계에서 발생한 이런 변화는 대량 생산에서 고부가가치 생산으로, 그리고 표준화된 상품 및 서비스에서 고객의 특성에 맞는 맞춤형 상품 및 서비스로의 변화였다.[6] 또한 최근 디지털 기술의 발달로 판매자는 특정 구매자의 입맛에 맞는 맞춤 상품을 만들면서도 생산비는 낮게 유지하고 있다. 모든 상품마다 대규모의 안정된 시장이 있어야 할 필요가 없어지게 된 것이다.

그렇다면 앞에서 언급한 옷은 어떻게 그토록 싸게 살 수 있었을까? 프로그램이 가능한 로봇과 수치제어 기능을 가진 기계, 배달 전산 시스템, 그리고 인터넷이 있기에 가능했다. 한 가지 작업만 단순히 반복하는 과거의 기계나 조립 라인과는 달리 이 새로운 시스템은 한 가지 종류의 상품을 주문 즉시 생산하고, 또 금세 다른 종류의 상품을 만들어낼 수 있다. 내가 주문한 내용은 직접 컴퓨터로 전달되고, 디지털 정보로 변환되어 옷을 만드는 기계로 다시 전달된다. 이 기계는 옷감을 골라 내 치수에 맞게 재단한 다음 순식간에 옷을 만들어낸다. 그리고 나서 완제품이 내게 배달된다. 이 과정에서 사람이 하는 일은, 로봇을 프로그램화하고 소프트웨어를 개발하고, 웹사이트를 만들어 마케팅 작업을 펼치는 것이다. 그러나 한편에서는 아직도 얼마 안 되는 임금과 열악한 작업 환경 속에서 수작업으로 재단과 재봉 작업을 하는 사업체도 있을 것이다.

새롭게 떠오르고 있는 지구촌 장터는 각 구매자의 요구에 맞게 직접 서비스를 제공하는 판매자를 구매자와 연결시켜주고 있다. 이런 장터에서는 대량 생산이라는 병목 현상은 없다. 주문 생산이 하나의 표준으로 자리잡고 있다. 이미 컴퓨터, 신문기사, 자동차 등은 자신의 입맛에 맞게 주문할 수 있다. 지난 크리스마스 때 Nordstrom.com은 수백만 종류의 신발 스타일을 선보이고 고객의 치수에 맞게 주문 판매에 나선 적이 있다. 건축업자인 내 친구는 문과 창문을 자신의 필요에 맞게 주문하고 있는데, 해당 공장에서는 레이저로 작동되는 기계를 사용해 주문 내용에 맞게 제품을 생산하고 있다고 한다. '주문형 출판(on-demand printing)'이 곧 활성화되어 출판사의 컴퓨터 데이터베이스 속에서 잠자고 있는 절판 도서도 구입이 가능해질 것이다. 또 고객의 필요에 따라 주문 생산되는 가전제품, 맞춤형 음악 서비스, 주문 생산 비타민, 각 개인의 유전자에 맞게 조제된 약품 등도 실현될 날이 머지 않았다.

대량 생산의 경제도 여전히 중요한 위치를 차지하겠지만 과거보다는 못할 것이다. 현재 추세는 동일한 제품을 대량 생산하는 쪽에서 멀어지고 있다. 그리고 이제 고객이 새롭고 독특한 것을 원하는 시대가 되고 있다. 이런 시대에 대량 생산은 위험할 수 있다. 소수의 생산 라인만을 가지고 이에 전념하는 사업체는 경쟁에 뒤처져 도태될 것이다. 또 제품 수명도 계속 줄어들고 있다. 새로운 소프트웨어의 개발로 이전 소프트웨어는 유물이 되어가고 있다. '킬러 앱(killer apps)'—근본적으로 새로운 아이디어, 상품, 사업 방식 등을 총칭—은 산업 전반에 걸친 경쟁의 규칙을 아무 경고도 없이 갑자기 뒤바꿔놓고 있다.

많은 기업들이 통신, 오락, 인터넷, 금융 분야를 포괄하고 있는 거대 기업으로 합병되고 있으며, 소매업체의 범위는 축소되고 있다. 그러나 이러한 집중 현상이 주는 이익은 대부분의 경우 생산 규모의 감소에 있는 것이 아니라, 마케팅과 브랜드 인지 분야에 있다. 이 문제는 다음 장에서 다룰 것이다. 대규모의 안정된 시장은 이제 더 이상 생산비를 낮추기 위한 필요 조건이 아니다. 일정량의 상품을 판매하겠다는 목표를 세우고 있는 기업은 이제 거의 없다. 다시 말해, 자재나 원료의 지속적인 공급과 예측 가능한 대규모 시장에 대한 의존도가 더 줄어들고 있다는 뜻이다. 그리고 과점에 의해 지배되는 업계의 수도 줄고 있다. 이제 경쟁력을 갖추려면 타업체보다 더 좋은 상품을 더 낮은 가격에 더 빨리 고객의 손에 안겨줄 수 있어야 한다. 대규모 마케팅과 광고는 이제 각각의 고객(비정상적인 체형의 한 중년 남성과 같은)을 대상으로 하는 핀포인트 마케팅(pinpoint marketing)으로 바뀌어가고 있다. 공중파 방송의 시청자는 줄어들고 있으며, 대규모 시장을 겨냥하는 잡지의 구독자 수 역시 감소하고 있다.

대량 생산의 개념 없이도 성공이 가능한 여러 사업체가 새로운 시장에 민첩하게 뛰어들고 있다. 이제 가수들은 관객과의 사이에서 사업을 펼쳤던 대규모 레코드사를 통하지 않고 인터넷을 통해 청중과 직접 만나고 있다. 골동품이나 더 이상 사용하지 않는 물건들은 인터넷 경매 사이트를 통해 구매자를 만나고 있다. 주식 거래에 있어서는 증권거래소나 중개인을 거치지 않고 인터넷을 통해 거래가 이루어지고 있으며, 자신이 원할 경우에는 24시간 내내 인터넷을 통한 거래가 가능하다. 거의 모든 분야에 걸쳐 전문 잡지가 있다. 이 중 많은 잡지가 별 인기를 끌지 못하고 있지만, 하루에도 세 개씩 새로운 잡지가 생겨나고 있다. 또 소비자 요청에 따른 주문 생산 판매의 범위가 확대되고 있다. 웨일스나 켄터키 동부 지역 혹은 18세기 한국의 음악. 클레어라는 이름이 들어간 르네상스 시대의 사랑의 시 등이 주문 생산품의 예다. 최근 한 사이트에서 미모의 모델들 사진을 게재하고, 이들의 난자를 경매에 부친다는 기사를 읽은 적이 있다(연방법에 의하면 인간 장기의 거래는 불법이지만 난자의 경우는 그렇지 않다고 한다. 최소한 아직까지는 아니다).

소규모 사업체에서는 웹디자이너를 고용해 사이트를 개설하고 인터넷 서비스 제공업체(ISP)에 월 사용료를 지불하고 호스팅 서비스를 의뢰할 수 있다.

주문 및 결제 시스템 소프트웨어는 대여로 해결하고, 발송업체와 계약을 맺고, 신용카드 주문을 위한 시큐어 서버 역시 대여하고, 경영은 은행에 위임할수 있다. 또 원한다면 지금 열거한 서비스를 전세계의 업체 중에서 고를 수도있다. 이 기업은 모든 서비스를 인터넷을 통해 찾을 수 있으며, 고객 역시 인터넷을 통해 만나게 된다.

규제 장벽이 점점 사라지고 있다. 이는 시장 참여를 원하고 있는 신생 기업이나 첨단 기술을 보유하고 있는 기업이 규제 장벽을 풀거나 뛰어넘을 수 있을 정도의 경제적인 힘을 얻어가고 있기 때문이다. 할인 항공업체, 혁신적인개념의 금융 기관, 대규모 유무선 통신업체 등이 새로운 수익 창출 기회가 있음을 간파하고 뛰어들고 있다. 이제 구세대의 장벽은 무너지고 있다.

그렇다고 대량 생산 경제는 사라지고 이를 지탱했던 모든 관련 산업이 무너질 것이라고 주장하는 것은 아니다. 단지 변화의 방향을 말하고자 할 뿐이다.통신, 운송, 정보 관련 신기술이 미치는 커다란 영향 중 하나는 경쟁의 조건이 바뀐다는 것이다. 단순한 생산 규모에서 오는 이점은 줄어들고, 자신의 상품과 서비스를 시시각각 개선하고 고객을 더 기쁘게 해줄 수 있는 새로운 것을 만들어낼 수 있는 업체가 성공을 거두게 될 것이다. 이에 따라 구매자는 자신이 원하는 바로 그것을 지금보다 훨씬 더 쉽게 구할 수 있게 된다.

거리에 구애받지 않고

거리는 두 번째로 큰 제약이었다. 사람들은 대부분의 물건을 근처에서 구입했으며, 외진 곳에 살고 있는 경우에는 대개 자급자족을 해야만 했다. 애덤 스미스가 말한 것처럼, 18세기에는 "스코틀랜드 고지대와 같이 외진 곳이나 매우 조그만 마을에 살고 있는 사람들은 가족이 먹을 고기, 빵, 술 등을 모두 스스로 만들어야만 했다."[7] 19세기 중반이 되어서도 경제는 대부분 지역적인 성격을 띠었으며, 각 지역간의 연결은 어려웠다. 뉴욕에서 보낸 편지가 시카고에 도착하는 데 열흘이 걸렸을 정도였다.

그후 증기기관, 철도(냉장 수송 열차도 함께), 전보 등으로 대변되는 근대 산업 시대가 찾아왔다. 식품을 상하지 않게 수송할 수 있는 거리가 길어졌다. 메시지도 단 몇 분 안에 국경을 넘나들게 되었다. 수천 마일 떨어진 곳에 있는 각종 자재나 원료는 공장이 있는 곳으로 운반되어 대량 생산에 사용되고, 이렇게 만들어진 제품 역시 수송 수단을 이용해 전국의 소비자를 찾아갈 수 있게 되었다.

20세기가 되면서 화물선과 고속도로를 이용하는 대형 화물 트럭, 엄청난 크기의 컨테이너를 나를 수 있는 점보 제트기, 국제 케이블, 그리고 광케이블과 대륙간에 전파를 전달해주는 위성 등이 추가되었다. 값싼 노동력과 적절한 운송 수단을 갖춘 곳이라면 어디든지 거대한 공장이 들어설 수 있게 되었다. 동네 소형 상점은 그 자리를 백화점에게 내주었고, 그 이후에는 대형 체인점, 대형 할인 매장, '슈퍼 스토어', 그리고 1-800 서비스가 생겼으며, 카탈로그에 나와 있는 상품을 주문하면 바로 다음날에 택배업체를 통해 받아볼 수 있게 되었다.

새롭게 떠오르고 있는 지구촌 장터에서는 거리의 개념이 거의 사라지게 될 전망이다. 경제는 눈에 보이는 사물의 개념에서, 거의 비용을 들이지 않고 전 세계 어느 곳에도 전달될 수 있는 무형의 서비스 개념으로 바뀌어가고 있다. 거의 모든 상품의 시장 가치가 위성이나 광케이블을 통해 빛의 속도로 사방으로 이동하고 있다. 1984년에는 컴퓨터를 사면 그 비용의 80퍼센트는 하드웨어이고 나머지 20퍼센트가 소프트웨어였다. 그러나 이제 그 비율은 역전되었고, 그 격차는 계속 벌어지고 있다. 궁극적으로는 현재의 하드웨어 개념 역시 거의 사라지고, 어느 곳에서도 다운로드와 업그레이드가 가능한 매우 얇은 기기로 대체될 것이다.

내가 주문한 옷의 진정한 가치는 주문 내용을 디지털 정보로 변환하고, 생산이 제대로 차질 없이 진행되도록 모든 단계를 점검하고, 신속히 받아볼 수 있도록 해주는 시스템 자체에 있다. 20세기 상반기에 값싼 노동력을 찾아 뉴잉글랜드 지방을 떠나 남부에 도착한 의류 산업은 더 싼 노동력이 있는 동남아시아로 다시 이동했다. 그러나 현재 의류 산업은 디자인, 마케팅, 소프트웨어의 개별 시스템으로 바뀌어가고 있다. 각각의 시스템은 디자이너나 마케팅 인력, 그리고 소프트웨어 개발자가 있는 곳에 위치한다. 최종 상품 가격의 극히 일부분만이 재봉 및 재단 작업 관련 비용이다. 내가 비용을 지불하고 구입한 것은 대부분 무형의 서비스인 셈이다.[8]

모든 것이 마우스 클릭 한 번이면 해결되는 세상이다. 자신의 지역에서만 물건을 살 이유가 줄어들었다는 말이다. 그렇다고 지역 경제가 곧 사라지지는 않을 것이다. 그러나 인터넷은 꾸준히 지역 경제를 침식해 들어갈 것이다. 지역 서점에 재고가 있거나, 아니면 서점이 주문해줄 수 있는 책밖에는 살 수 없던 때가 있었다. 그후 더 많아진 상품과 할인 판매 그리고 더 빠른 특별 주문 서비스 등을 제공하는 대형 서점 체인이 등장했다. 그리고 나타난 것이 바로 Amazon.com과 같은 온라인 서점이다. 서점에서 아무리 멀리 떨어진 곳에 살고 있다 할지라도 며칠 안에 시장에 나온 거의 모든 책을 집에서 받아볼 수 있게 된 것이다. 이제는 저자가 독자의 컴퓨터로 직접 찾아가는 '전자북(e-book)'의 시대다. 따라서 곧 책 내용을 웹에서 다운로드해서 전용 단말기로 읽게 될 것이다. 바이트로 표시되는 책을 읽으면서 밤을 지새울 때가 머지않았다.

살고 있는 지역의 약사에게서 약을 조제할 필요가 더 이상 없다. 심지어 처방전 발급도 지역에 구애받을 필요가 없게 될 것이다. 웹에 기반을 두고 있는 사이버 의사들이 더 싼 가격에 상담과 조제 서비스를 제공한다(사이버 의사들은 환자의 질병 상태보다는 신용카드 상태에 관심을 더 가질 때가 가끔 있다는 단점도 있지만). 처방전 없이 구할 수 없는 여러 약품이 있다. 사이버 의사들이 처방전이 없어서 조제를 해주지 않아도 방법은 있다. 인터넷을 통해 전세계의 약국을 알아보면 약을 구할 수 있게 된다〔물론 미 식품의약국(FDA)이나 반항기 있는 자녀를 둔 부모가 이 소식을 듣고 좋아할 것 같지는 않다〕.

영화나 비디오는 인터넷을 통해 편집실에서 곧바로 각 가정으로 전송될 것이다. 인터넷 극장에서 영화를 보는 사람들이 이미 생기고 있다. 강연이나 세미나, 책, 시험도 거리의 제약을 받지 않을 것이다. 주관하는 곳이나 자료를 받는 학생의 위치는 별 의미를 갖지 않게 된다.

지역 내 자동차 대리점이나 정비소를 찾아가는 사람도 줄어든다. 신차의 가격 중 이미 많은 부분이 자동차 제어를 담당하는 조그만 전자장치의 몫이다. 나머지는 플라스틱과 쇠로 만들어진 머리 없는 몸뚱이 격의 자동차 용기일 뿐이다. 앞으로 몇 년이 지나면, 정비공은 아무리 멀리 떨어진 곳에서라도 이 조그마한 자동차 두뇌를 고칠 수 있게 될 것이다. 멀리 떨어진 전화 회사에서 가정의 전화선을 수리하는 것과 같다고 보면 된다. 또 파워 증강이나 연비 향상 혹은 전체적인 기능 향상과 같은 수리도 차를 직접 가지고 가서 필요한 부분을 교체할 필요가 없게 될 것이다. 인터넷을 통해 새로운 기능에 대한 안내서를 보고, 필요한 기능을 선택해서 클릭한다. 그리고 눈 한 번 감았다 뜰 시간이 지나면 새롭게 업그레이드된 차가 차고에서 당신을 기다리고 있을 것이다. 겉모습은 안 변했지만 업그레이드된 두뇌 덕분에 성능은 한층 더 좋아졌을 것이다.

마찬가지로, 냉장고가 자신의 기능에 뭔가 이상이 있음을 감지하면 전자 신호를 보내게 되고, 인터넷을 통해 수리를 받을 것이다. 컴퓨터 시스템의 수리, 개조, 업그레이드 역시 인터넷을 통해 이루어질 것이다. 당신의 가슴에 심어져 있는 전자 심전도 장치는 그 결과를 인터넷을 통해 의사에게 보내 검진을 받게 할 것이다.

같은 동네나 도시에 살고 있는 사람에게만 돈을 꾸어주던 때가 있었다. 영화 〈It's a Wonderful Life〉에 나오는 장면을 하나 소개할까 한다. 은행에 문제가 생기자 급히 돈을 인출하려고 온 사람들에게 지미 스튜어트가 예금은 현재 은행에 있는 것이 아니라, 서로의 집과 사업에 필요한 자금으로 대출된 상태라고 설명하는 장면이다. "돈은 여기 없어요. 당신 돈은 옆집에 가 있단 말입니다"라고 말한다. 그때는 이랬다. 그러나 이제는 전세계의 금융 기관을 이용한다. 이렇게 맡긴 돈은 가장 높은 수익률을 찾아 전세계의 이곳 저곳을 찾아 돌아다닌다. 최근 몇 년 동안 국제 금융 거래량의 증가 속도는 선진국의 국민 생산 증가 속도를 앞서고 있다. 이 모든 돈이 다음에 어느 쪽으로 튈지 추측을 잘하게 되면 엄청난 돈을 벌게 되는 것은 물론이다.

무역 장벽이 지난 몇십 년 동안 계속 무너져온 것도 하나의 커다란 흐름이지만, 가장 두드러진 추세라면 무형 상품에 비해 유형 상품의 거래가 줄어들고 있다는 점이다. 국제 상거래에서 비디오, 음악, 영화, TV쇼, 뉴스, 디자인, 소프트웨어, 컨설팅 서비스가 차지하는 비중은 계속 커지고 있다. 이런 서비스의 공통점은 그 위치가 고객과 가까울 필요가 없다는 점이다.[9] 20세기 말이 되면서 수출입 물량 중 유형 상품 1달러어치가 평균적으로 차지하는 비중은 30년 전의 30퍼센트에 지나지 않았고,[10] 그 비중은 계속 낮아지고 있다.

기술과 세계화를 별개로 취급하는 이야기를 자주 듣게 된다. 그러나 이 두 가지는 점점 더 하나가 되어가고 있다. 국제 무역 및 금융은 디지털 정보를 지체 없이 처리하는 기술의 발전에 의존하고 있다. 그리고 기술이 발전하는 것은, 더 좋은 상품과 서비스를 더 빨리 그리고 더 싸게 처리하지 않으면 안 되는 경쟁이 전세계적으로 거세게 일어나고 있기 때문이다. 그리고 영어나 널리 사용되는 소프트웨어 표준이 세계적인 통신의 보편적인 체제로 떠오르고 있는데, 이는 많은 수의 신기술이 이에 의존하고 있기 때문이다.

선진국 국민들이 눈에 보이는 상품보다는 무형의 서비스에 더 많은 돈을 지출하고 있다는 사실에 대해, 단순한 생각을 가진 사람들은 뭔지 모를 우려를 표하기도 한다. 그러나 이런 추세에 대해 전혀 걱정할 필요가 없다. 무형 상품에 대한 지출이 많다고 해서 의식주 및 기타 생활 필수품을 구입하는 데에 큰 지장이 있는 것은 아니기 때문이다. 돈을 더 많이 벌고 지출을 더 많이 하는 것은 사람의 심리적인 요인과 관련 있다. 더 빠르고 더 편안한 삶과 즐거운 생활을 원하며, 지적인 만족을 추구하며, 경제적인 안정과 자신이 편안하게 살고 있다는 느낌을 가지고 싶어하는 것이 사람들이다. 그런데 이런 면에서 충분히 만족하며 사는 사람은 그렇게 많지 않다. 돈을 더 벌면 그만큼 또 원하는 것이 많아지기 때문이다.

우리 이웃집에는 위성 안테나가 설치되어 있는데, 이 안테나를 통해서 1,500개의 TV 채널을 볼 수 있다고 한다. 참 대단하다고 생각된다. 어떤 채널이 있는지 알아보는 데에만 며칠이 걸릴 것이고, 실제 TV 시청 시간보다는 방송 시간표 보는 시간이 분명히 더 많을 테니 말이다. 그래도 안테나를 설치했다는 사실만으로도 기뻐하고 좋아한다. 이 글을 쓰는 지금, 280만 개의 웹사이트에 8억 개의 페이지가 개설되어 있다. 가장 성능이 좋은 검색 엔진도 고작 전체 페이지의 16퍼센트 정도만 검색이 가능할 뿐이다.[11] 당신이 이 책을 읽고 있을 때에는 웹사이트의 수가 세 배 정도 증가해 있을 수도 있다. 이렇게 넓은 바다를 서핑하려고 시도한다면 물에 빠져 죽을 위험을 감수해야 할 것이다. 그래도 내 막내아들과 친구 녀석들은 하루에도 몇 시간이고 인터넷 서핑을 하면서 음악 파일을 다운로드하고 동영상을 교환하면서 시간 가는 줄 모르고 채팅을 한다. 이 모든 것을 동시에 이리저리 척척 바꿔가면서 하고 있다. 서른 살이 넘은 사람들에게는 이해하기 힘든 장면이다.

가장 유리한 가격 및 최고의 품질

현재 사라지고 있는 과거의 세 번째 제약으로, 더 좋은 조건의 소재에 관한 정보가 부족했다는 점을 들 수 있다. 비교 구매는 과거만 해도 여간 성가신 일이 아니었다. 1950년대 초반, 어느 더운 여름 토요일 오후에 부모님을 따라서 뉴욕의 피크스킬을 터벅터벅 걷던 기억이 난다. 당시 부모님은 세단을 구입하려 했고, 가장 유리한 가격을 제시하는 판매점을 찾아다니고 계셨다. 거의 구매 결정을 할 시점에 이를 때마다 아버지께서는 더 좋은 가격을 얻어낼 수 있는지 다른 판매상의 가격과 '마지막으로 한 번 더' 비교를 하고 싶어하셨다. 그날 저녁이 가까워오자, 아버지께서는 헷갈리면서 피곤한 모습을 보이셨고 나도 두통을 느꼈다. 소비자 가격은 가격 흥정을 위한 시작 가격에 불과하고, 상인이 "죄송합니다. 더 이상 깎아드릴 수는 없는데요"라고 할 때에는 흥정이 절반 정도밖에 진행되지 않았다는 것을 모르는 사람은 없다. 좀더 가격이 낮은 제품들은 지역 신문에 나오는 특별 세일 광고를 참고로 할 수도 있다. 그러나 이런 세일은 기간이 '정해져 있고' 세일 대상 품목도 '제한'되어 있다. 대형 할인 매장은 최저가 정책을 고수한다며, 다른 곳에서 더 싸게 팔 때는 자신들도 그만큼 가격을 내리겠다고 말한다. 그러나 실제 그렇게 가격을 내리게 하려면, 어디서 더 싸게 팔고 있는지 우리 스스로가 찾아나서야 한다.

품질을 비교하는 것은 더욱 어렵다. 대량 생산과 과점 현상 때문에 고가 상품은 여러 면에서 엇비슷한 것이 보통이지만, 장식이나 부가 기능, 그리고 옵션 등이 다른 경우가 있기 때문이다. 자동차 구매시 특히 그렇다. '휴가 패키지'라는 상품에는 버뮤다의 고급 휴양지 5박 6일 숙박권이 포함되어 있었는데, 기대에 미치지는 못했다. 비행기는 구형 DC-9기로 중간에 재급유를 위해 두 번을 멈추어야 했다. 휴양지는 1948년에 마지막 개보수 공사를 했고, 침대 스프링은 스프링인지 알 수 없을 정도였다. 더 최근에는, 안내 책자상으로는 의료 서비스의 천국처럼 보였던 HMO가 일단 등록을 하고 서비스를 받아보니까 그리 괜찮다는 생각이 들지 않았다. 주치의들은 진료를 빨리 끝내기에 바쁘고, 환자가 위독한 경우가 아니면 전문의 진료를 의뢰하지 않는다〔HMO(Health Maintenance Organization)는 각 개인과 계약을 맺고 계약자의 의료에 대해 책임을 지는 의료 서비스다. 미국의 의료보험은 개인이 보험회사에서 의료보험을 상품으로 선택해 구입하고, 병원에서 의료 서비스를 받으면 보험회사가 이에 대하여 지불하는 형식으로 이루어진다. HMO는 보험료가 매우 저렴하다. 그 이유는 환자가 원하는 의사를 선택할 자유를 제한하고 의사측에도 경제적인 리스크를 부담시켰기 때문이다. HMO에 가입한 회원(환자)은 보험회사에서 준 리스트를 보고 주치의를 선임하며, 보험회사는 시행된 의료의 내용에 관계없이 주치의에게 일정 액수를 지불한다.—옮긴이〕.

아무리 부지런한 소비자라 할지라도 지역 신문에 광고가 나오거나 주변 친지나 이웃들에게 알려져 있는 상점보다 더 많은 상점의 가격을 비교하면서 구매할 수는 없다. 유명한 전국 브랜드를 사면 크게 잘못 사는 경우가 없다는 것도 알고 있다. 그러나 복잡하거나 독특한, 혹은 사람들의 취향에 따라 반응이 다른 상품을 찾아나설 경우에는 섣불리 쇼핑에 나서지 말고, 먼저 필요한 정보를 직접 구해보는 것이 순서다.

아주 최근까지도 대학 진학을 생각하는 고등학교 졸업 예정자의 경우, 그 지역의 대학이나 좀더 적극적이라면 주립대학을 생각하는 것이 일반적이었다. 흔히 명문이라고 말하는 아이비리그 대학에 장학생 입학 자격이 있는 학생들도 그렇게 큰 모험은 하지 않았다. 각 대학의 장점을 비교할 수 있는 충분한 정보가 없었기 때문이다. 병원을 선택할 때에도 마찬가지였다. 심장 수술이 필요한 경우에도 근처나 지역에 있는 병원을 이용하는 것이 일반적이었다. 변호사 선임이나 주택 자금 대출, 자동차 구입시에도 크게 다를 바 없었다.

그러나 통신과 운송, 정보 기술의 발달로 상품 비교가 더 쉬워지면서 이 모든 것이 변하고 있다. 소비자들은 각지에 퍼져 있는 많은 상품 및 서비스의 가격과 품질에 관한 믿을 만한 정보를 인터넷을 통해 얻기 시작하고 있다. 대학, 병원, 변호사, 은행, 자동차 판매점 등이 펼치는 소비자 쟁탈전은 그 범위가 크게 확대되어 전국적으로 심지어 전세계의 소비자를 대상으로 하고 있다. 가격과 품질에 관한 모든 정보가 모든 소비자에게 즉시 드러나보이는 세계 장터에서 모든 상품과 서비스 판매자들이 바로 옆에 자리잡고 장사하는 모습을 생각할 수 있다. 웹사이트를 개설하고 통신을 통해 상품 및 서비스를 제공하고 온라인 경매에 상품을 선보이거나 혹은 여러 주요 포털 사이트에 상품에 관한 정보를 제공하면서 세계 장터에 더 많은 업체가 참여하면 할수록, 참여하지 않는 업체는 더욱더 고립되어 주변으로 밀려나는 정도가 더 심해질 것이다. 세계 장터에 참여하지 않으면 죽음인 셈이다. 또 일단 참여하게 되면 엄청나게 치열한 경쟁이 기다리고 있다는 것을 반드시 알고 준비해야 한다.

이제 인터넷을 통해 자동차 구입을 위한 대출 상품을 구매하고 주택 자금 융자 조건에 관한 협상에 나설 수 있다. 몇몇 학생들은 어떤 대학이 최상의 학자금 조건을 제시하는지 알아보고 대학을 최종 선택했는데, 세부 사항에 대한 협상은 인터넷을 통해서 쉽게 할 수 있었다고 말한다. 웹에 기반을 둔 경매를 통해 공급업체가 입찰을 하고 그 결과를 토대로 선정하는 업체들이 늘어나고 있다. 그리고 인터넷을 통한 재고 상품 판매도 그 활기를 더해가고 있다. 시간이 지나면 팔 수 없는 상품에 대해서는 상당폭의 할인율을 적용해주고 있다. 좌석이 빈 채로 떠나야 하는 여객기, 거의 빈 컨테이너를 가지고 돌아오는 화물 트럭, 하루가 다 가는데 방이 비어 있는 호텔, 방송은 곧 시작되는데 광고 시간이 아직 많이 남아 있는 라디오 방송, 학생이 모자란 채로 학기를 시작하려고 하는 대학 등이 이에 해당된다.

각종 서비스에 대한 비교가 활발해지면서 사용 소감이나 평가에서 좋은 점수를 얻기 위한 경쟁도 치열해지고 있다. 예를 들어, 보험회사(불입금, 지불금), 대학(학비, 취업률), 병원(각 과별 수술 성공 사례 건수 및 종류, 수술 성공률 및 병원비), 변호사 사무소(승소 및 패소 사건 비율, 소송을 통해 벌어들이거나 잃은 돈의 평균 액수, 시간당 비용) 등의 비교와 일정 기술을 지닌 사람들의 임금이나 새롭게 태어나고 있는 수많은 상품들의 가격과 품질 비교가 가능하다.

현재 검색 엔진이 사이트 검색을 위해 파견하고 있는 프로그램인 '봇(bot)'을 각 개인의 취향에 맞게 수정해서 인터넷에 내보내면 알아서 우리에게 가장 좋은 조건을 찾아서 돌아오는 시대가 올 것이다. 우리 중에서 점점 더 많은 사람들이 개방된 시장에 자신의 서비스를 판매하게 되면, 세계 장터는 이 서비스를 구매하는 사람들에게 우리의 배경과 기술, 그리고 과거 경험에 관한 비교 자료를 제공할 것이다. 다시 말해, 우리 자신도 '봇'에 의해 수집되는 정보의 대상이 되는 셈이다.

깜짝 놀랄 정도로 유리한 조건, 꿈도 꾸지 못했던 기회, 다시 말해 '우리가 원하는 바로 그것을 거리에 구애받지 않고 가장 유리한 가격에 원하는 즉시 얻을 수 있는 것'이다. 그러나 아직까지 여기에 완전히 도달한 상태는 아니다. 아니, 완전히 도달하지 않는 분야도 있을 수 있다. 그러나 이 방향으로 가고 있음은 분명하고 그 속도도 더욱 빨라지고 있다. 이것이 가능한 이유는 새로운 기술로 인해 선택의 폭이 넓어지고, 더 좋은 조건으로의 이동이 쉬워지고 있기 때문이다. 이로 인해 판매자간의 경쟁은 더 치열해지고 있으며, 판매자들은 최상의 구매 조건을 제공해야 한다는 압박감 속에 살고 있다. 그 결과 선택의 폭은 더 넓어지고 선택의 조건 또한 더 좋아지고 있다. 구매 조건이 더 나아지고, 기회는 더 커지고, 가능성은 그 끝이 없어 보인다. 악순환이 아닌 선순환이다. 구매자로서의 우리는 이러한 순환의 혜택을 받고 있다.

이것이 이야기의 전부라면, 이제 우리에게는 행복하게 살 일만 남았고 이 책은 아주 짧게 끝날 것이다. 그러나 우리 삶에는 최상의 조건 외에 더 많은 것이 있다. 우리는 단순히 구매자나 투자자에만 해당되는 것이 아니다. 우리들 대부분이 생계를 위해 일해야만 한다. 또한 우리에게 중요한 관계, 우리가 누구이며 원하는 것이 무엇인지 분명하게 보여주는 관계가 있다. 바로 가족, 친구, 지역 사회가 그것이다. 신경제는 우리 삶의 이러한 면까지도 바꾸어놓고 있다. 또한 일과 관계된 우리의 삶과 일 외적인 우리의 삶 모두 더 좋은 방향이 아닌 반대 방향으로 바뀌어가고 있다. '구매자 천국의 시대'는 이렇게 눈에 잘 보이지 않는 문제를 수반한 채 우리를 찾아왔다. 바로 여기에 이 시대의 딜레마가 있다.

혁신의 정신

신기술로 인해 모든 구매자의 선택폭이 넓어지고 더 좋은 조건으로의 이동이 쉬워지면서, 판매자들은 더 불안해하고 있다. 불안함을 원하는 사람은 없다. 그러나 불안함은 경제적인 측면에서는 나쁜 것이라고 볼 수 없다. 신경제의 또 다른 주요 원칙인 혁신을 촉진시키기 때문이다. 이를 이해하는 것은 우리 삶의 나머지 부분을 이해하는 두 번째 단계다.

신(新)러다이트주의자의 오류

먼저 잘못된 생각을 버려야 한다. 일부 미래학자들은 불안함과 실업 상태를 혼동하면서, 기술의 발전은 궁극적으로 일자리의 상실로 이어질 것이라고 우려한다.[1] 이들은 산업혁명 당시 기계로 인해 직공(織工)들이 일자리를 잃었다며 기계 파괴에 나섰던 러다이트 단원들만큼이나 잘못된 생각을 가지고 있다. 신기술로 인해 사람들이 일자리를 바꾸게 될 것은 분명하다. 그러나 신기술로 인해 일자리 수가 줄어들지는 않을 것이다. 사람들이 원하는 것과 또 그 원하는 것을 하는 사람에게 돈을 지불하는 데에는 어떠한 자연적인 제한도 없기 때문이다. 새로운 것과 더 좋은 것을 발견하는 데에 필요한 사람들의 지능과 상상력도 그 한계가 정해져 있는 것은 아니다.

사회가 더 잘살게 되고 기술의 발전으로 사람들이 가질 수 있는 것들이 늘어남에 따라, 사람들은 단순한 의식주의 수요를 넘어서 만족할 줄 모르는 욕망을 추구하는 데에 더 많은 돈을 쓰게 될 것이다. 이 욕망 추구에는 한계가 없으므로, 사람들은 계속 더 많은 것을 원한다. 바로 이 점 때문에 경제가 성장하고 미래의 일자리는 그 수가 대폭 증가할 것으로 예측할 수 있다.

건강 현재 아무리 건강하고 나이가 몇 살이든 간에 사람들은 더 건강하고 더 오래 살기를 항상 원하는 법이다. 따라서 더 오래 사는 데 필요한 약품, 기기, 치료, 운동에 관한 수요는 그 끝이 없을 것이다.

오락 현재 아무리 재미있게 살고 있다고 해도 더 많은 재미, 스릴, 서스펜스, 충격, 놀라움, 흥분의 요소를 원할 것이다. 따라서 영화, 비디오, 연극, 음악, 운동 경기, 여행, 문학에 대한 수요는 끝이 없을 것이다. 심지어 행글라이딩이나 번지점프와 같이 목숨을 잃을 수도 있는 경험에 대한 수요도 끝이 없을 것이며, 세 살짜리 아이와 함께 놀이동산에 가는 일도 멈추지 않을 것이다.

매력 현재 아무리 예쁘다 할지라도 더 예뻐지고 싶은 것이 인간이다. 따라서 의류, 화장품, 구강 청정제, 치아 교정, 복부비만 성형, 선탠 크림, 염색, 다이어트, 또 더 섹시하고 매력적으로 보이게 만들기 위해 필요한 상담 서비스 등의 시장은 무한하다고 볼 수 있다.

지적 호기심 학교 다닐 때는 배운다는 것이 그렇게 지루했지만, 그래도 대부분 사람들은 뇌를 자극시키는 뭔가를 여전히 원하고 있다. 따라서 뉴스나 정보, 새로운 발표, 역사적인 설명, 그리고 현재 상황에 대한 이해 등에 관한 수요 역시 그 한계가 없다.

접촉 은둔 생활을 하거나 사람을 혐오하는 사람도 일부 있지만, 대부분의 사람들은 다른 사람과 접촉하는 데 끊임없는 욕구를 가지고 있는 사회적인 동물이다. 따라서 접촉할 수 있고 보살펴주고 마사지나 성적으로 즐겁게 해주는 서비스를 더 빠르고 쉽게 낮은 가격으로 더 편리하게 해주는 상품에 대한 수요는 끝이 없을 것이다.

가족의 평안 다른 사람을 생각하는, 특히 자신과 피를 나눈 가족을 생각하는 마음은 누구나 가지고 있다. 물론 가족간에 불화가 없는 것은 아니지만, 자신의 자녀와 가까운 친척이 행복하고 건강했으면 하는 바람에는 역시 그 한계가 없다. 따라서 자신이 사랑하는 사람을 보살펴주고 가르쳐주고 새로운 의욕을 불어넣어줄 수 있는, 다시 말해서 평안하게 해줄 수 있는 상품이나 서비스는 무수히 나올 것이다.

경제적인 안정 돈이 행복을 가져오는 것은 아니지만, 지금 열거한 모든 것을 얻기 위한 수단인 것만은 분명하다. 따라서 최고 수익률에 대한 상담이나 투자 계획 수립에 관한 시장과 불행한 사태에 대비하기 위한 보험 시장도 그 한계가 없을 것이다.

배고픔이나 수면 그리고 야망은 아무리 충족시켜도 만족하기가 어려운 법이다. 지금 나온 욕망 역시 같은 맥락에서 '만족' 시킬 수 없는 것들이다. 그러나 지금 나온 욕망들은 '매력' 정도를 제외하고는 다른 사람들보다 더 많이 획득해야 만족하는 것은 아니다. 상대적인 상황에 관계없이 만족감을 느낄 수 있다는 말이다. 그리고 이러한 욕구를 만족시켜주는 것은 한정된 자원이 아닌 좋은 아이디어이므로, 어느 한 사람이 기쁨을 느낀다고 해서 다른 사람의 기쁨이 줄어들지는 않는다.

이 일곱 가지 분야에 관련된 시장은 급성장하고 있으며, 앞으로 몇십 년 동안 전체 노동력 중 많은 부분이 이 분야의 상품 및 서비스의 제조와 유통에 참여할 것이다. 이러한 일에는 컴퓨터 소프트웨어, 설계, 웹페이지 개설, 금융 서비스, 통계 분석, 악보, 영화 대본, 광고 사업 등이 포함될 것이다. 기술의 발전은 아이디어를 만들어내는 사람들의 상상력 발휘에 더 많은 여지를 줌으로써 이런 모든 일을 더 잘, 그리고 더 빨리 이루는 데에 도움을 줄 것이다.

이러한 욕구 충족 서비스를 개인적으로 제공하는 사람들도 있다. 레크레이션 전문가, 에어로빅 지도자, 개인 트레이너, 마사지사, 여행 가이드, 심리 치료사, 교사, 운전기사, 웨이터 등은 직업을 통해 다른 사람의 심신을 돌보아 준다. 또 유아와 아동, 일반 환자 및 정신병자, 그리고 점점 더 늘어나는 노인을 보살피는 일도 포함된다. 베이비 붐 시대에 태어난 수백만 명이 황혼기에 접어드는 2010년 이후에는, 이들을 위한 개인적인 서비스가 필요해질 것이다. 이들은 조용히 인생을 마감하지는 않을 것이다. 아마도 클럽 메드(Club Meds)와 같은 분위기의 의료 시설 '메드 메드(Med-Meds)'와 같은 것이 생길 것으로 기대해도 좋다. 아침에는 스쿠버 다이빙을 하고, 오후에는 긴급히 산소를 공급받는 장면이 그려진다.

과거 일자리와 새로운 일자리의 가장 큰 차이라면, 모든 것을 더 잘, 더 빠르게 그리고 더 싸게 해야 한다는 압박감이 크게 늘어날 것이라는 점이다. 얼마나 더 잘, 더 빨리, 더 싸게 해야 할까? 반드시 끝이 있을 필요는 없다. 한때 도저히 통과할 수 없을 것으로 여겨진 과학의 장벽도 현재 허물어지고 있으니 말이다.

더 잘, 더 빨리, 더 싸야 한다

20세기의 대부분을 지배했던 경제 체제는 생산자와 판매자에게 그렇게 힘든 상황을 요구하지는 않았다. 규모의 경제와 안정적인 시장 (이에 상응하는 과점과 규제) 상황은 예측 못 할 경쟁으로부터 사업체를 보호해주었다. 소규모의 지역 판매자는 지역 내의 다른 상점 및 서비스와의 경쟁만 생각하면 되었다.

사람과 마찬가지로 기업의 경우도 편안한 생활을 하면 열심히 일할 동기가 약해지게 된다. 과거의 산업 경제는 대부분의 경우 사업의 열정에 커다란 불을 붙이는 체제는 아니었다. 대기업들은 연구 개발 부서를 유지하면서 새로운 특허 상품을 꾸준히 만들어내긴 했지만, 아주 획기적인 성과는 드물었다. 아니, 의도 자체가 그러했다. 왜냐하면 너무 대폭적으로 변하게 되면 미래 계획 설정에 차질을 빚을 수 있고, 경제 체제 자체가 위험해질 수도 있기 때문이었다. 대부분의 기술 혁신은 기본 분야가 아닌 외형적인 디자인과 같은 주변 분야에서 일어났다. 자동차의 경우, 외형을 중시해 테일핀의 길이는 더 늘어났지만 서스펜션이나 엔진 성능의 개선은 미미했다. '새롭게 개선된' 식기세척기나 주방용품이 예측 가능할 정도로 주기적으로 등장했지만, 실제로 새롭다고 말할 수 있는 것은 별로 없었으며 그렇게 크게 개선된 경우도 없었다.

20세기 중반에는 판매자가 느긋하게 비용 관련 계획을 수립할 수 있었다. 노조가 전체 업계를 대상으로 임금 협상에 임했으므로, 임금 인상분은 가격 인상의 형태로 소비자에게 전가할 수 있었고, 따라서 특정 기업이 위험에 빠질 가능성은 없었다. 또 판매자는 납품업체에 대해 별 압박을 가하지도 않았다. 납품업체가 바뀌게 되면 대량 생산의 효율성이 위협받기 때문이었다. 대량 생산이 원활하게 이루어지려면 장기 계약과 안정적인 관계가 필수적이었다.

이렇게 근로자들과 납품업체에게 친절을 베풀다보니 임금과 물가는 급속히 상승하는 경향을 보였다. 물가 상승은 생활비 상승으로, 그리고 근로자들의 추가 임금 인상 요구로 이어졌다. 때때로 정부가 정책적으로 임금과 물가 인상분의 한도를 정해놓고 노사측을 강력하게 설득하면서 임금과 물가를 직접 통제하려는 노력도 했지만, 큰 성과를 거두지는 못했다. 이러한 인플레이션 사이클은 계속 그 힘을 유지하다가, 연방준비이사회가 개입해 금리를 올리고 경기를 침체시켜야만 진정되는 경향을 보였다.

그러나 새롭게 떠오르는 신경제는 완전히 반대 상황을 보여줄 것이다. 이미 언급한 대로, 구매자는 생산 규모나 거리 그리고 정보 등에 관한 제약을 덜 받게 된다. 전세계 어느 지역의 상품이나 서비스도 접할 수 있고, 또 그 선택폭이 넓어지고 가격과 품질에 대해 쉽게 비교할 수 있으므로, 이제 소비자는 더 좋은 조건으로 더 쉽게 이동할 수 있다. 더 좋은 조건으로 더 쉽게 이동하면 할수록 판매자는 더 열심히 노력해야 고객을 유치하고 유지할 수 있게 된다.

최근 혁신적인 아이디어와 생산성이 급격히 증가한 것이 단순히 신기술 때문만이라고 말하는 전문가들이 있다. 그러나 이들은 판매자들이 혁신의 필요성을 과거보다 더 크게 느끼는 이유에 대해서는 설명하지 않는다. 통신, 운송, 정보 분야의 신기술 덕분에 구매자들은 더 좋은 조건을 찾아서 이동할 수 있는 힘을 가지고 있으며, 또 이로 인해 판매자는 더 좋은 상품 및 서비스를 생산할 수밖에 없는 상황이다. 판매자는 살아남아 계속 사업을 번창시키기 위해서는 끊임없이 비용을 절감하고 가치를 부가해야 한다. 그것도 경쟁사보다 더 빨리 해야 한다. 더 좋은 상품과 서비스의 제공은 물론이고, 조직을 개선해 경쟁사보다 더 빨리 더 좋은 상품과 서비스를 끊임없이 개발할 수 있는 여건을 조성해야 한다.[2]

이러한 상황을 알면, 실업률이 낮은 시기에도 왜 인플레이션이 과거보다 덜 위협적인 요소가 되었는지 이해하는 데에 도움이 될 것이다. 판매자는 경쟁력을 유지하기 위해 비용을 낮추고 가격을 내리기 위한 새로운 방안을 끊임없이 찾아야 한다. 또한 이러한 추세로 인해 생산성(노동 한 단위 투입당 생산량)이 1970년대 침체기 이후 증가하고 있기도 하다. 각 기업들은 덜 가지고 더 생산해야 하는 압박 속에 매일매일을 살아가고 있다.*

이렇게 치열한 경쟁은 비영리 단체에까지 확산되었다. 가장 비대하고 보수적인 단체인 대학이나 병원, 박물관, 자선단체들도 이제는 혁신에 나서야 한다. 왜냐하면 이 단체들도 일반 사업체와 같이 경제적 역학 관계의 영향을 받기 때문이다. 학생, 고객, 기부자들도 선택의 폭이 점점 넓어지고, 각 단체들의 성과에 관한 정보를 더 많이 얻을 수 있으며, 더 큰 만족감을 주는 곳으로 이동할 수 있는 능력이 커지고 있다. 따라서 비영리 단체들도 더 좋게 더 빠르게 더 싸게 해야 한다.

이제는 과거와 같은 단순한 계산으로는 구매자들이 얼마나 더 많은 가치를 얻고 있는지에 관해 알 수 없다. 새롭게 등장하는 상품들이 과거 상품보다 더 좋고, 더 빠르고, 더 싸기 때문이다. 반면에 최근 몇 년 동안의 생산성 증가가 다소 과대 평가되었을 가능성도 있다. 왜냐하면 앞으로 살펴보겠지만, 대부분 미국인들의 근무시간이 과거보다 늘어났기 때문이다. 퇴근 후 집에서 혹은 출장 중에도 별도로 일을 더 하는 관리직, 전문직, 그리고 '창조적인 작업' 종사자의 경우가 특히 더 그렇다. 따라서 작업 시간당 생산량 산출 결과는 이러

---

* 생산성은 1970년대에는 매년 고작 1퍼센트 증가했으며, 1980년대에는 약간, 1990년에서 1995년까지는 1.5퍼센트 증가했다. 그러던 것이 1996년에서 2000년까지 거의 3퍼센트의 연간 성장률을 보였다. 이러한 공식적인 수치는 최근의 생산성 증가율을 실제보다 낮게 평가하고 있을 가능성이 있다. 생산성 증가는 매년 생산품의 변동이 거의 없었던 산업 경제 체제에서는 측정이 더 쉬웠다. 매년 대비 작업 한 단위당 얼마나 많은 상품을 생산했는지만 계산하면 되었기 때문이다.

한 별도 작업 시간이 포함되지 않은 만큼 과대 평가되었다고 볼 수도 있다.

혁신의 논리

혁신의 역학 관계를 이해하기 위해 조지프 슘페터의 이론으로 돌아가보자. 슘페터는 그라즈 대학(오스트리아), 본 대학 그리고 나중에는 하버드 대학의 경제학과 교수로 재직했으며, 제1차 세계대전 이후 오스트리아의 재무장관을 역임했다. 그는 가는 곳마다 극적인 모습을 연출하곤 했다. 귀족적이면서 낭만적이고 또 지나친 겸손은 미덕이 아니라는 모습을 보였다(슘페터는 세 가지 소원이 있었다고 인생 말년에 말한 바 있다. 멋진 사랑을 하는 것, 말을 멋있게 타는 것, 그리고 위대한 경제학자가 되는 것이었는데, 그 중 두 가지 소원은 이루었다고 말했다).[3] 그는 1912년에 발간된 《경제 발전의 이론(The Theory of Economic Development)》에서 기업가가 중심 역할을 하는 세계를 그리고 있었다.

대부분의 경제학자는 수요와 공급이 어떻게 균형을 이루며, 유한 자원이 어떻게 가장 효과적으로 배분되는지에 아직도 초점을 두고 있다. 수요와 공급의 불균형 상태는, 경제학자들이 가지고 있는 완전 경쟁의 모델에서 홍수나 전염병, 정치와 같은 경제 외적인 요인에 의해 발생하는 불편한 예외 사항으로 여겨지고 있다. 그러나 슘페터는 건강한 상태의 경제는 절대로 말끔하게 균형이 잡힌 상태에 있을 수 없다고 생각했다. 새로운 발명과 변화에 의해 끊임없이 균형 상태가 깨지기 때문이다. 그는, 어느 기업가의 용감한 노력의 결과로 나온 상품에 대해 소비자들이 더 많은 돈을 지출해서 그 상품이 일시적으로 독점 상태를 누리게 될 때 (단지 일시적으로) 혁신이 가장 쉽게 일어난다고 생각했다. 기업가가 새로운 경쟁에 위협을 느끼지 못한다면 혁신을 계속해나갈 동기가 없다. 따라서 경제는 질풍노도와 같은 성향의 기업가가 일으키는 '창조적인 파괴의 돌풍'이 없다면 발전할 수 없다고 했다.

20세기가 흘러가면서 대량 생산의 경제가 지배하게 된 것을 보고 슘페터는 기업가 정신에 대해 우울한 전망을 가지게 되었다. 변화보다는 안정에 더 관심을 갖고 있는 기업의 모습밖에는 보이지 않았다. 그에게는 대량 생산과 대규모 마케팅이 주는 장점이 보이지 않았다. 아니, 그 가치를 높이 평가할 수 없었다. 슘페터는 흐릿한 눈빛의 관리자와 위험은 피하면서 서류나 들춰보는 대기업 운영자에 대해 깊이 생각했다. 그런 뒤 자본주의는 관료주의적 사회주의라는 정적인 늪에 빠져 사라질 것이라는 우울한 예측을 내놓았다.[4]

그러나 21세기가 시작되는 지금, 슘페터의 이런 절망적 예측이 잘못되었다는 것이 입증되고 있다. 우리는 신(新)슘페터 세계로 빠른 속도로 이동하고 있다.

심리 실험을 하나 해보자.

당신이 X라는 제품을 Y가격에 판다고 하자. 다른 업체보다 X를 더 좋게, 더 빠르게 그리고 더 싸게 만드는 방법을 이미 알고 있다. 다른 그 누구도 X를 위한 시장이 있다는 생각조차 하지 않고 있으며, 당신이 최초의 판매자가 되는 것이다. 소비자는 최상의 조건에 팔리는 이 상품에 구름처럼 몰려들기 시작하고 당신은 많은 돈을 번다. 슘페터도 당신을 자랑스럽게 생각할 것이다.

그런데 구매자만 당신의 판매 조건을 알게 되는 것이 아니라 다른 판매자들까지도 알게 된다. 당신의 수익에 대해서 다른 판매자가 정확히 알 수는 없겠지만, 당신이 노동을 포함해 X를 생산하는 데에 얼마를 투입하는지 알 수 있기 때문에 대략적인 추측은 가능할 것이다. 곧 같은 조건으로 상품을 제공하는 라이벌 업체가 나타날 것이고, 당신의 이익 중 일부를 빼내갈 것이다. 그런 업체가 계속 등장하고, 마침내 당신의 이익은 거의 제로에 가까운 상태로 줄어들 것이다.

새롭게 개발한 X제품을 특허나 저작권 등으로 보호하려는 시도를 할 수도 있다. '지적 재산'에 대한 법적 보호 장치는 눈에 보이는 재산을 타인이 훔쳐 가는 것을 막아주는 장치와 비슷하다. 그러나 지적 재산 보호는 신경제에서는 그 효과가 제한적이다. X를 생산하고 구매자로부터 긍정적인 반응을 얻었다면, 라이벌 업체에게 X를 위한 시장이 있다는 사실만을 노출시켰을 뿐이다. 바로 그 정보는 다른 어느 정보보다 더 중요한 것이기에, 당신의 예상보다 더 빠른 시일 내에 라이벌 업체 중 한 군데에서 당신의 지적 재산권을 침해하지 않는 범위에서 같은 비용을 들이고 X를 만드는 방법을 발견해낼 것이다(아마도 그 업체는 당신의 X를 '역(逆) 제작'할 것이다. 다시 말해, X를 분해한 다음 다시 제작하면서 특허권을 침해하지 않고 생산할 수 있는 새로운 방식을 찾아낼 것이다. 만약 당신의 X가 소프트웨어나 조리법 혹은 예술적 작품이라 할지라도, 저작권을 침해하지 않고 같은 표현을 할 수 있는 다른 방법을 고안해낼 것이다). 아니면 그냥 당신의 법적 주장을 무시하고 소송도 불사하는 태도로 나올 수도 있다. 아마 상대방은 당신보다 훨씬 돈이 많기 때문에 소송이 오래 가도 견딜 수 있을지도 모른다. 당신 역시 그 정도의 돈이 있을 수도 있지만 반드시 소송을 이긴다는 보장은 없다. 아이디어를 훔치는 것은 차를 훔친 것처럼 확실하게 증명할 수 있는 것이 아니다. 누가 언제 무엇을 처음 개발했느냐에 대한 법적 공방은 날이 갈수록 늘어나고 있는 상황이다[5] (캘빈 클라인은 랄프 로렌의 '로맨스' 향수가 클라인의 최고 인기 상품 '이터너티' 콜론의 특허권을 침해했다고 주장한다. 그런데 향기라는 것이 정확히 무엇인지, 향기를 소유하는 것이 가능할까? 향기는 향기 자체 외에도 어떤 분위기나 이미지 혹은 스타일이라고 할 수 있다. 그런데 모든 주변 환경으로부터 이 향기를 어떻게 추출해 재산으로 만들 수 있다는 것일까?).

당신이 거두는 이익은 줄어든다. 이제 세 가지 선택이 기다리고 있다. (1)

비용을 절감해 X의 가격을 Y 이하로 낮춘다. (2) 훨씬 더 뛰어난 품질의 X를 Y 가격에 만든다. (3) 그 동안 쌓아온 전문적 노하우를 가지고 소비자들이 X보다 훨씬 더 좋아하여 추가 비용을 지불할 수 있는 새로운 상품 Z를 최초로 시장에 선보인다. 세 가지 중 하나, 혹은 세 가지 선택 모두 당신을 다시 선두자리로 복귀시켜줄 것이다—그러나 일정 기간만 그 선두자리를 유지할 수 있다. 이 세 가지 중 가장 효과적인 방법이 어떤 것인지 미리 알 수 없기 때문에 세 가지 모두 시도해야 한다. 그러나 명심하라. 모두 돈이 많이 들고 위험하다.

비용을 줄인다는 첫번째 전략은 위험도가 가장 낮다. 그러나 비용 절감 방법을 알아내는 데만도 돈이 들기 때문에 단기적으로는 손해가 있을 수 있다. 방법을 알아내기 위해 경영 컨설턴트를 고용했다고 하자. 이 컨설턴트는 공정과 직원을 줄이면서 더 많은 성과를 거둘 수 있는 새로운 소프트웨어를 도입하고, 더 낮은 비용으로 가능한 작업은 외부업체에 아웃소싱을 하고, 나머지 직원에 대한 임금을 삭감하고 대신 이익의 일정분을 주거나 회사 주식을 살 수 있는 옵션을 주는 쪽으로 제안할 것이다. 이를 받아들이고 컨설팅 비용을 지급하는 순간, 컨설턴트를 하는 편이 훨씬 더 낫겠다는 생각이 갑자기 들 것이다.

제품을 개선한다는 두 번째 전략은 초기에는 연구 개발에 그리고 나중에는 마케팅에 비용이 소요된다. 첫번째 전략보다는 위험도가 높다. 왜냐하면 새롭게 개선된 제품이지만 소비자도 그렇게 받아줄지는 완전히 확신할 수 없기 때문이다. 제품 개선에서는 코카콜라도 실패할 수 있다. 그러나 고객이 X를 좋아한다는 사실은 최소한 알고 있으므로, 어떤 방식으로든 더 개선된 모습의 X-플러스에 대해 소비자들의 반응이 좋으리라는 약간의 확신은 가질 수 있다.

완전히 새로운 제품 Z를 개발한다는 세 번째 전략은 가장 많은 비용이 들며 가장 위험한 전략이다. 기본 분야의 연구 개발을 요하므로 궁극적으로는 전혀 가치가 없는 결과가 나올 수도 있다. Z는 X와는 다른 성격의 제품이므로, Z를 위한 시장이 있는지 여부도 확신할 수 없다. 반대로 당신의 도박이 예측대로만 들어맞는다면, 세 가지 전략 중 가장 많은 액수의 보답을 해줄 것이다. 경쟁사가 나름대로 Z와 비슷한 제품을 만들어내기 전까지 오랜 기간 동안 시장을 독점할 가능성도 있다.

이 세 가지 전략 중 최소한 한 가지는, 그 동안 들어간 비용을 회수할 수 있는 기간 동안 이익을 내주고, 그 이후에도 선두를 유지하게 해주리라는 희망을 줄 수 있다. 그러나 여기 나쁜 소식이 있다. 지금까지 말하지 않은 것은 당신의 기를 꺾고 싶지 않아서였다. 바로 '한숨 돌리면서 쉴 수 있는 순간에는 절대 도달할 수 없다'는 것이다. 성공을 거둘지라도, 경쟁자들이 재빨리 추격해올 것이 확실하기 때문에 그 성공은 일시적일 수밖에 없다. 몇 년 전 산업 경제 시대에만 해도, 생산자들은 대량 생산 체제에 묶여 있었기 때문에 지금보다는 경쟁에 제한이 더 많았다. 그러나 지금은 경쟁자들이 재빠르기 때문에 페달을 밟지 않고 천천히 갈 수 있는 여유가 없다. 얼마 동안은 괜찮은 이익을 낼 수 있다. 그러나 계속 살아남기 위해서는 이익의 대부분을 세 가지 전략 중 한 가지에 다시 쏟아부어야만 한다.

비용을 절감하고, 가치를 부가하고, 새로운 것을 개발하는 이 게임을 잘 풀어가면 새로운 파트너나 투자자를 유치할 수 있다. 심지어 공모를 통해 부자가 될 수도 있지만 너무 큰 기대는 하지 않는 것이 현명하다. 그렇게 되기보다는, 새로운 파트너나 투자자는 혁신에 대한 투자를 늘려나갈 정도의 현금만을 공급할 것이다. 새로운 기술 개발에 대한 투자 건수가 많으면 많을수록, 한 가지 투자에서 큰 성공을 거두어 다른 투자에 자금을 조달하고, 경쟁사가 추월을 해와도 한 걸음 앞선 상태를 유지할 수 있기 때문이다.

그러나 이렇게 추가로 자금이 지원되어도 경쟁은 절대로 끝나지 않는다. 바로 이 점을 슘페터는 좋아했다. 모든 생산자와 판매자는 두려움 속에 경주를 펼친다. 모험을 하고 죽어라 일하고 주변을 항상 경계하면서 말이다. 달변을 자랑하는 인텔 사의 최고경영자(CEO) 앤드루 그로브는, 편집증 환자만이 신경제에서 살아남을 것이라는 유명한 말을 남기기도 했다. 편집증 외에 강박관념과 충동적인 성향을 덧붙일 수도 있다. 아마 당신은 녹초가 될지도 모르겠다. 그러나 이러한 당신의 끊임없는 노력 덕분에 혁신으로 가득 찬 경제가 가능하며 소비자는 더 잘살 수 있다.

브랜드의 새로운 역할

최고의 제품 X를 최저의 가격 Y로 제공한다고 해도, 여전히 굶주림에 배를 움켜쥘 수 있다. 시장은 각종 '소음'으로 넘쳐나기 때문이다. 많은 경쟁자들이 확고한 위치를 잡기 위해 동분서주하고, 많은 상품과 서비스가 공간을 확보하기 위해 경쟁하고 있으며, 소비자의 관심을 끌기 위한 각종 메시지나 유혹이 난무하기 때문이다. 이런 상황에서 소비자는 당신이 있는지조차 모를 수 있다. 당신은 수많은 다른 판매자들이 저마다 독특한 방식으로 소비자를 끌어모으려는 지구촌 장터에서 단지 매장 하나를 가지고 있다고 생각해야 한다. 엄청난 수의 웹사이트가 개설되어 있고, 위성 안테나를 통해 1,500개의 TV 채널을 볼 수 있으며, 인터넷을 통한 실시간 메시지, 이메일과 팩스와 이동전화, 비디오, 맞춤식 카탈로그, 고객의 특성에 맞는 주문 생산, 그리고 초고속 통신망을 통해 이제 곧 거의 모든 종류의 서비스를 제공할 수 있는 시대가 된다. 이런 상황에서 어떻게 당신 자신을 사람들에게 알릴 것인가? 인터넷식으로 말하자면, 어떻게 당신에게 사람들의 눈알을 끌어올 수 있을까?

잠재 고객들 역시 같은 문제를 가지고 있다. 단지 반대 입장에서 같은 문제일 뿐이다. 각종 판매 구호, 광고, 경매, 선택, 소음과 같은 정보의 홍수 속에서 살고 있다. 신경제는 소비자가 원하는 것을 구입할 수 있는 힘을 주었다. 단 '그것을 찾을 수만 있다면…' 이라는 단서가 붙는다. 선택의 폭이 넓어지면서 혼동의 폭도 넓어진다. 자신이 원하는 것을 어디에서 찾을 수 있을지에 관한 믿을 만한 안내자의 도움이 필요하다.

입소문은 당신과 소비자 모두에게 매우 큰 도움이 된다. 당신의 상품에 만족한 고객이 친구나 친지에게 참 좋은 조건에 상품을 구입했다고 말하며, 이는 또 다른 매출로 이어질 것이다. 때로는 인터넷상의 소문으로 인해 선풍적인 유행을 만들어내서, 특정 영화나 음악 CD에 대한 수요가 급증할 수도 있다. 그러나 소문은 그렇게 믿을 만한 것이 아니다. 또 소문이 이렇게 퍼질 때쯤이면 당신의 경쟁자도 행동에 나설 것이다. 소비자가 알게 되면 당신의 경쟁자도 그만큼 빨리 알게 된다고 생각하는 것이 현명하다.

당신이 만들어내는 상품을 위한 대규모 시장은 있을 것 같지 않으므로 대규모 마케팅은 큰 효과를 거두지 못할 것이다. X와 Z를 구매할 가능성이 있는 사람들이 잘 가는 곳에서 직접 마케팅 행사를 펼치거나, 과거에 유사 상품이나 서비스를 구매한 경험이 있는 사람들을 대상으로 텔레마케팅을 펼칠 수는 있을 것이다. 그러나 이 방법 역시 고객을 찾기 위해 높은 비용을 부담해야 한다. 별 관심이 없는 많은 사람들에게 다가갈 수는 있지만, 동시에 관심을 가질 수 있는 많은 사람들을 놓칠 수도 있기 때문이다.

당신의 고객을 찾는, 또 당신의 고객이 당신을 찾을 수 있는 최선의 방법은 신뢰도가 높은 대형 브랜드와 연계하는 것이다. 신경제의 복잡한 정글 속에서 믿을 만한 브랜드는 소비자에게 안내자 역할을 한다. 소비자가 이들 브랜드를 통해 찾아낸 상품을 구매하고, 판매자는 이 수익 중 일부를 대형 브랜드에게 돌려주는 형태로 분배된다.

잘 알려진 브랜드(인터넷 포털 사이트 포함)는 커다란 명성을 쌓았기 때문에 그 뒤에 뭔가 거대한 조직이 있는 것처럼 보일 수도 있다. 그러나 신경제에서는 유명 브랜드라고 해서 반드시 유형의 자산이나 직원이 많을 필요(심지어 있을 필요)가 없다. 과거 산업 경제하에서는 거대 기업이 대규모 생산 체제를 조절하며 규모의 경제에 의존했다. 그러나 신경제하에서 각 기업들은 신뢰의 경제에 의존한다. 기업의 경제적 가치는 보유하고 있는 자산이나 고용하고 있는 직원의 수에서 오는 것이 아니라, 구매자와의 관계에서 쌓은 신뢰에서 온다. 새롭게 등장한 '대규모' 기업들이 신경을 써서 끊임없이 향상시켜야 할 것이 있다면, 가장 중요한 자산인 '고객이 최고 조건의 구매를 하게 해준다는 명성'이다. 기업을 믿고 찾아오고 자신의 구매에 대해 만족하는 고객이 많으면 많을수록, 구매자에게 최고 조건의 구매를 하게 한다는 명성은 더 커질 것이고, 그 결과 더 많은 구매자가 찾아올 것이다.

따라서 '최대 규모의' 기업이란 최대 규모의 신뢰의 경제를 누려서 커다란 이익과 높은 시장가치로 이어지는 브랜드가 될 것이다. 이 글을 쓰고 있는 지금, 아직도 규모의 경제에 기반을 두고 있는 제너럴 모터스의 직원 1인당 시장가치는 10만 달러에 못 미치고 있다. 그러나 신뢰의 경제에 의존하는 브랜드 포털로 급속히 변해가고 있는 마이크로소프트의 직원 1인당 시장가치는 1,200만 달러가 넘고 있으며, 순수 브랜드 포털인 야후의 경우는 2,200만 달러가 넘는다.[6] 많은 '인터넷 기업, 즉 닷컴(dot-com)'들은 과거 투자 열기의 끝이 보이지 않을 때보다는 그 가치가 떨어졌지만, 경제의 첨단 사업 분야인 만큼 직원 1인당 시장 가치는 계속 상승할 가능성이 있다.

디즈니는 가족 중심의 오락 문화에 있어 믿을 수 있는 안내자다. 디즈니의 브랜드 포털은 인터넷을 통해 고객들을 휴가, 영화, 비디오, 서적, 음악, 운동 경기, 가족 활동 쪽으로 이끌어가고 있다. 디즈니가 직접 고용하고 있는 사람들이나 직접적인 통제권을 가지고 있는 자산은 지금 열거한 서비스 중 매우 적은 부분을 차지하고 있으며, 그 부분조차도 앞으로 줄어들 것이다. 대부분의 디즈니 상품이나 서비스는 독립업체에 의해 생산된다. 디즈니는 양질의 가족 오락 문화를 선도한다는 명성에 맞는 상품과 서비스를 사전에 선별할 것이고, 판매분에 대해 소액의 수수료를 취한다. 제대로만 운영된다면, 현재의 디즈니 브랜드 포털은 규모의 경제에 대한 의존도를 줄여나가면서 더 큰 규모의 신뢰의 경제를 만들어나갈 것이다.

컴퓨터 분야의 브랜드 포털 자리를 차지하고 있는 델(Dell)은 다른 사무 기기나 통신 기기, 혹은 구매자의 작업 효율성 향상에 도움을 줄 수 있는 다른 상품으로 그 사업 영역을 쉽게 확대해나갈 수 있다. 델은 자사 컴퓨터를 직접 생산하지 않는다. 델은 늘어나고 있는 자사의 고객을 인터넷을 통해 컴퓨터 생산 공급업체와 연결시켜줄 뿐이다. 그러면 컴퓨터 생산 공급업체가 주문에 맞게 컴퓨터를 조립한다. 델은 단지 고객(눈알)을 유치하고 제품의 품질을 관리한다. 그리고 각 판매분에 대한 수수료를 취할 뿐이다.

오늘날 대부분의 영화는 마케팅과 배급을 맡는 '대형' 할리우드 영화사와 계약을 맺은 소규모 영화사에 의해 제작되고 있다. 이 글을 쓰고 있는 지금, CBS/Viacom은 인기 만화 'Rugrats'를 생산해내는 니컬로디언을 소유하고 있다. 그러나 실제로 이 만화는 니컬로디언과 계약을 맺고 있는 소규모 만화 영화 기업이 만들고 있다. 'Rugrats' 관련 영화나 서적, 웹사이트 역시 마찬가지다. 다른 오락 관련 상품도 거의 절반 가량이 이러한 소규모 기업에 의해 만들어지고 있다. LA에 있는 약 7,000개의 오락 관련 기업 중 90퍼센트 이상의

직원 수가 10명이 채 안 된다.[7]

레코드 회사들이 제작과 유통 사업에 더 이상 관여하지 않는 시대가 곧 올 것이다. 인터넷을 통해 음악이 아무 문제 없이 흐르고 있는데 이런 사업이 과연 무슨 의미가 있겠는가? 워너 뮤직이나 EMI, 소니와 같은 대형 브랜드들은, 만약 계속 살아남고 싶다면 훌륭한 음악인을 찾아내고 고객들이 좋아할 음악을 소개하는 안내자라는 기업 이미지를 심는 데 주력해야 할 것이다.

모든 대형 브랜드는 그 상품에 맞는 구매자와 판매자를 인터넷을 통해 연결시켜주는 포털 사이트로 가는 과정에 있다. 야후는 인터넷 콘텐츠, 찰스 스왑은 금융 서비스, 아마존은 책과 음악(그리고 앞으로는 사람들의 지적 호기심을 채워주거나 오락과 관련된 상품 중 포장 및 배송이 용이한 상품으로 확장할 가능성이 높다) 상품으로 소비자를 안내하는 길목 역할을 하고 있다. 과거 제조업을 펼쳤던 다른 '대규모' 기업도 이와 같은 짝짓기 브랜드로의 변화를 시도하고 있다. IBM은 자사가 판매하는 제품의 생산 비중을 줄이면서, 인터넷을 통한 컨설팅이나 기술 지원과 같은 서비스를 전체 사업 비중에서 더 높이고 있다. 시스코의 외부 계약업체는 고객으로부터 직접 주문을 받아 네트워크 장비를 발송하고 있다. 시스코 직원은 발송되는 제품을 볼 기회도 없다.

하버드 대학은 학습 분야의 세계 최고의 브랜드 포털로 가는 과정에 있다. 하버드 대학은 코카콜라에 이어 세계에서 두 번째로 널리 알려진 브랜드다(맥도널드(McDonald's)가 간격을 좁히면서 하버드 뒤를 바로 쫓고 있다). 하버드는 연구센터, 연구소, 경영자 교육 프로그램, 셔츠, 모자, 베개 커버, 인형, 건강 프로그램, 병원 단체, 일반 잡지, 전문 잡지, 출판사와 같이 여러 분야에 걸쳐 하버드의 유명한 학교 상표를 사용할 수 있도록 허가하고 있다. 이러한 상품 및 서비스 생산을 하버드가 직접 하는 경우는 거의 없으며, 로열티나 수수료를 받을 뿐이다.

몇 년 전 나는 하버드 대학 출판부에서 책을 한 권 출간했다. 아직도 판매 분에 대한 약간의 인세를 받고 있다. 또 가끔《하버드 비즈니스 리뷰》에 기고 하고 역시 소액의 원고료를 받는다. 그렇다면 나 역시 하버드 브랜드를 가지 고 내 서비스의 일부를 판매하고 있다고 볼 수 있다. 내 노력의 대가로 벌게 된 수입의 대부분은 하버드가 보유하고, 나머지를 나에게 지불하는 것이다. 나에게 돌아오는 돈은 그리 많지 않고, 과거 하버드 대학에 교수로 있을 때보 다 불규칙적이다. 그래도 하버드로부터 돈을 벌고 있는 것은 분명하다.

대규모 비영리 단체가 여러 분야의 영리 사업에 있어 브랜드 포털이 되어가 면서, 비영리와 영리의 구분이 허물어지고 있다(국세청은 아직 이를 확실히 모르 고 있는 듯하다). 비영리 기관인 박물관에는 영리를 목적으로 하는 소매점이나 식당이 들어서 있으며, 영리 사업체에서 제조한 장식품 등을 파는 선물의 집 을 인터넷에서 홍보하고 있다. 또 행사 개최를 원하는 기업에게 박물관의 시 설이나 전시관 등을 대여하고, 영리 목적으로 판매되는 여러 상품에 박물관의 믿을 수 있는 이름을 빌려주고 있다. 하버드가 운영하고 있는 Harvard.com은 전세계적인 업체(일부는 비영리 단체)로부터 상품을 공급받아 하버드 브랜드를 믿고 찾아온 전세계인을 대상으로 여러 종류의 교육 서비스를 판매하는 선도 브랜드 포털로서의 자리를 확실히 굳혀가고 있다.[8] 일부 비영리 브랜드들은 비영리의 옷을 벗어던지고 있다. 탄생 이후 줄곧 비영리 단체였던 뉴욕증권거 래소는 영리 기업으로서 다시 탄생하고 있다. 현재로선 다른 선택의 여지가 없기 때문이다. 전자주식거래시장이 고객을 빼앗아가고 있다. 이 상황에서 뉴욕증권거래소가 경쟁할 수 있는 유일한 방법은 자신의 브랜드를 영리 목적 의 포털로 변신시키고 직접 전자 시장이 되는 것뿐이다.

주의! 신뢰는 깨질 수 있다

과거 경제에서는 브랜드가 특정 상품이나 서비스를 의미했다. 아이보리가 비누이고 디즈니가 영화 제작사라는 것은 모두 다 아는 사실이다. 브랜드의 목적은 소비자들에게 알려진 특정 제품을 사도록 유도하는 것이었다. 잘 알려진 브랜드명을 가지고 있는 기업은 제품을 더 다양화할 수도 있지만, 소비자는 특정 상품이나 서비스를 확인하는 수단으로 여전히 그 브랜드를 사용할 뿐이다. 그러나 신경제에서는 넓어진 선택의 폭과 온갖 '소음'으로 인해 자신이 무엇을 원하는지 모르는 경우가 종종 있으며, 그래서 브랜드 포털을 이용해 원하는 것을 찾게 된다. 따라서 대규모 브랜드 포털은 이제 특정 상품이 아니라 하나의 해결책을 의미한다. 디즈니는 이제 더 이상 만화 영화의 한 종류가 아니다. 수많은 가족 오락 관련 상품에 대한 안내자 역할을 하는 것이다.

브랜드 포털은 판매자가 아니라 구매자를 위한 대행인 역할을 계속 수행할 때에만 그 신용을 유지할 수 있다. 판매자와 구매자 모두를 위한 이중 대행인은 할 수 없다. 만약에 어느 브랜드 포털이 구매자를 나쁜 조건의 거래로 안내하거나, 혹은 좋았더라도 다른 곳에서 찾을 수 있는 조건보다 더 좋지 않을 경우, 구매자는 그 브랜드 포털 전반에 대한 신뢰를 잃을 것이다. 그리고 이렇게 신뢰를 잃게 되면 고객 유치를 위해 그 브랜드 포털에 의존하고 있던 다른 판매자들도 피해를 입게 된다. 모든 판매자가 높이 평가받는 브랜드 포털과의 연계를 원하는 것은 당연하다. 그러나 그 브랜드 포털이 지속적으로 그 가치를 인정받기 위해서는 약속을 지키지 않는 판매자와 연계해서는 안 된다. 최상의 거래로 소비자를 안내해주는 최상의 안내자가 아니라는 인식이 생기면 그 브랜드 가치는 떨어진다.

물론 브랜드 포털도 특정 상품이나 서비스에 대한 광고 및 홍보 작업에 나설 수 있다. 그러나 구매자의 신뢰를 계속 유지하고 싶다면, 홍보와 조언에 대한 분명한 경계선을 그어야 한다. 만약에 아마존에서 특정 책에 대해 '길이 남을 책' 혹은 '아마존도 읽고 있는 책'이라고 고객에게 말하는 것이 출판사로부터 상당한 액수의 돈을 받고 이루어진다면, 아마존이 추천하는 다른 모든 것에 대해 구매자들이 회의적인 반응을 보일 것이 뻔하다. 검색 엔진 알타비스타가 특정 사이트로부터 돈을 받고 검색 결과에서 그 사이트를 제일 처음에 소개한다면, 검색의 질에 대한 구매자의 신뢰를 무너뜨리는 것이다. 만약 어떤 컨설팅 회사가 자신과 금전적인 이해 관계가 있는 소프트웨어를 고객사에게 추천한다면, 고객사는 필요에 맞는 최상의 소프트웨어가 아닐지 모른다는 의심을 할 수도 있다. '믿을 수 있는 건강 네트워크(Your Trusted Health Network)'라고 불리는 drkoop.com이 소개비를 받고 특정 병원이나 건강 센터를 추천한다면, 사이트 방문자들은 자신들이 과연 최상의 건강 관련 정보를 얻고 있는지에 대해 의문을 던지게 될 것이다. 하버드 브랜드도 마찬가지다. 만약 하버드 브랜드가 돈만 내면 누구나 사용할 수 있는 브랜드라는 인식을 구매자가 갖게 되면, 그때부터 하버드 브랜드의 가치도 떨어질 것이다. 브랜드 가치 보호에 나서고 있는 하버드의 변호사들은 하버드 맥주나 하버드 다이어트 같은 상품이 하버드 이미지를 높이는 데 도움이 안 된다는 것을 알고 있다.

어떤 브랜드 포털이 너무 넓은 영역을 다루게 되면, 구매자는 어떤 면에서 그 포털을 신뢰해야 하는지 감이 안 잡히게 되고, 그렇게 되면 그 포털은 포털로서의 지위를 잃을 수도 있다. 디즈니는 가족 오락 분야에서 믿을 수 있는 명성을 쌓아야지, 맥주나 음료수 분야와는 맞지 않는다. 아마존은 음악이나 비디오 정도까지 그 신뢰성을 넓혀갈 수는 있지만, 비타민이나 칫솔과는 잘 어울리지 않는다. 또 마이크로소프트가 금융 관련 서비스를 한다고 해도 신뢰할 수 있는 소비자는 거의 없을 것이다(물론 마이크로소프트의 금융 관련 소프트웨어는 믿을 수 있겠지만…).

한쪽은 크고 다른 한쪽은 작고

지금 내가 말하고 있는 경제적 역학 관계, 다시 설명하자면 기업가 정신을 가지고 있는 소규모 판매업체가 경쟁력을 확보하기 위해서는 대규모의 믿을 수 있는 브랜드 포털과 연계해야 하고, 대규모 브랜드 포털은 기존의 제조업에서 구매자가 필요한 모든 정보를 제공하는 대행인으로 역할을 바꾸어야 한다는 역학 관계는, 근대 경제의 역설과도 같은 부분을 잘 설명해준다. 합병 및 통합의 새로운 물결과 '틈새' 사업의 동시 폭발이 바로 그것이다.

실제로 이 두 가지 조류는 상호 완벽한 보완 관계에 있다. 기업가 정신으로 무장한 소규모 기업은 더 좋은 품질의 X를 더 낮은 가격의 Y로 생산하거나, 아니면 새로운 Z를 개발하기 위한 방법을 끊임없이 모색하고 있다. 소규모 기업들은 슘페터가 말한 혁신 과정의 핵심에 위치하고 있다. 반면 대규모 브랜드 포털은 점점 더 복잡해지고 있는 상품과 서비스의 정글에서 구매자들이 편리하게 한 곳에서 모든 것을 해결할 수 있게 해주는 안내자 역할을 하고 있다. 브랜드 포털 역시 살아남아 계속 성장하기 위해서는 안내 역할을 더 잘할 수 있는 방법을 끊임없이 찾아내야 한다.

최근 몇 년 동안의 합병 붐은 1885년에서 1910년 사이에 발생해 미국에서는 제너럴 모터스, 제너럴 일렉트릭, AT&T, U. S. Steel과 같은 여러 거대한 트러스트를, 그리고 해외에서는 이와 유사하게 독일의 지멘스 등을 탄생시켰던 합병 붐과는 근본적으로 다르다. 당시 합병의 목적은 시장을 안정시키고 규모의 경제를 획득하는 것이었다. 그러나 최근 합병의 1차적인 목적은 전세계적인 브랜드를 출시하는 것이다. 오늘날의 미디어, 통신, 금융업계 거대 기업들의 성공은, 다른 업체보다 얼마나 더 편하고 인지도가 높으며 믿을 수 있는 브랜드 포털을 만들어, 구매자가 한 곳에서 모든 것을 해결하고 질 좋은 상품을 구매할 수 있게 하고, 기업가 정신을 갖춘 판매자에게는 구매자가 필요로 하는 것에 관한 더 많은 정보를 어느 정도 제공할 수 있느냐에 좌우될 것이다. 만약에 합병의 목적이 특정 상품 제조를 위한 규모의 경제를 획득하기 위한 것이라면 합병의 성과는 줄어들거나 불행한 실패로 끝날 가능성이 있다. 현재는 생산보다는 속도와 재치가 훨씬 더 중요한 시기다. 이런 면에서, 관료 조직과 같은 거대한 기업은 기업가 정신으로 무장한 소규모 기업을 도저히 따라갈 수 없다.

현재 떠오르고 있는 기업간의 관계는 공생(共生)에 기반을 두고 있다. 기업가 정신의 소규모 기업은 질 좋은 상품을 만들어내는 데에 주력한다. 이런 기업보다 그 수가 적은 대규모 브랜드는(유형 자산이나 직원이 반드시 많을 필요는 없다) 소비자가 믿을 수 있는 정보 제공자로서의 기능을 한다. 물론 소규모 기업이 뛰어난 제품 덕분에 너무나 유명해져서 나중에는 그 관계가 역전될 수도 있다. 스포츠 전문 TV 네트워크 ESPN은 케이블 TV 회사들에게 돈을 내면서 자신들의 프로그램을 방영했다. 그러나 이제 케이블 TV측에서 돈을 내는 상황이 되었다. ESPN은 사실상 나름대로의 브랜드 포털 자리에 올라선 셈이다. 그러나 대부분의 경우, 두 종류의 기업은 한쪽은 콘텐츠를 제공하고 다른 한쪽은 눈알을 모아오는 서로 보완적 관계에 있는 것이 보통이다. 이런 제휴 관계를 바탕으로 신경제는 형성되고 있다.

끈끈함을 향한 필사의 노력

　고객을 일단 유치했다고 해서 판매자로서의 어려움이 다 끝난 것은 아니다. 고객을 계속 유지해야 하는 일이 남아 있기 때문이다. 고객은 언제든지 당신을 저버리고 떠날 수 있다. 클릭 한 번에 다른 사이트로 갈 수 있고, 다른 곳을 여기저기 다니다보면 당신의 존재는 잊게 된다. 고객이 새로운 판매자를 찾는 데 필요한 비용보다 당신이 새로운 고객을 찾는 데 필요한 비용이 훨씬 더 높기 때문에, 고객이 당신에게 의존하는 정도보다는 당신이 고객에게 의존하는 정도가 더 크다. 주옥 같은 노래말을 많이 남긴 오스카 햄머스타인은 어느 경제 전문가보다도 간단 명료하게 이를 잘 표현했다 ― "그녀를 찾았으면 절대 보내지 마라." 어떻게 하면 고객이 떠나지 않고 당신에게 남아 있을지 방법을 찾아야 한다.

　당신의 '끈끈함(stickiness)'을 높일 수 있는 몇 가지 방법을 소개한다. 가장 간단한 방법으로는, 계속해서 가격을 내리든지 아니면 가치를 부가해서 고객이 다른 곳으로 마음을 바꿀 이유를 없게 만드는 것이다. 경쟁사의 동향을 세심히 살펴라. 만약 그들이 비용 절감이나 품질 개선, 혹은 더 좋은 신상품을 개발하는 새로운 방법을 발견한다면, 당신도 그 즉시 똑같이 해야 한다. 무엇보다도 중요한 것은, 친절하게 고객이 원하는 것을 들어주어야 한다는 점이다. 고객을 기쁘게 만들어라. 당신이 고객을 걱정한다는 것을 보여주어 고객을 놀라게 하라. 계속해서 당신 옆에 끈끈하게 붙어 있는 고객에게는 회원 보너스, 항공권 마일리지 보너스, 무료 배송, 할인 혜택과 같은 특별 선물로 보답하라. 1950년대만 해도 구매할 때마다 조그만 스티커를 주고 종이에 계속 붙이게 한 다음 일정 수량이 되면 다른 상품으로 교환해주곤 했다. 그러나 인터넷에서는 판매자가 여러 가지 방법으로 신의를 지키는 고객에게 보답할 수 있다. 다른 판매자, 이를테면 항공사, 렌트카, 호텔, 극장 등과 구매자 정보를 공유하는 대신 여러 분야에서 할인 혜택을 줄 수 있다. 하버드 동문회에 정기적으로 기부금을 내는 사람에게 여행권을 주거나 세미나에 초대할 수 있으며, 박물관 특별 회원에게는 다음에 열리는 전시 시사회의 특별 초대권을 선사할 수도 있다. 또 호텔의 특별 고객에게는 체크인 때 프런트를 거치지 않고 별도로 절차를 밟아주는 서비스를 해줄 수도 있다.

고객이 자신의 정보를 당신에게 자세히 알려주도록 권유해라. 당신은 이 정보를 가지고 그 고객의 필요에 부합하는 상품이나 서비스를 제공할 수 있다. 고객이 더 많은 정보를 주고 이 정보를 가지고 당신이 더 많은 서비스를 하면 할수록, 고객과의 관계는 더 친밀해지면서 경쟁사가 끼어들기 어렵게 된다. 지금쯤이면 나의 양복점은('나의'라고 한다는 것 자체가 끈끈함이 최고 경지에 달했다는 것을 보여준다) 내 머리와 목, 가슴, 허리, 심지어 내 발 사이즈와 내가 좋아하는 양복지와 색상, 그리고 좋아하는 스타일, 내가 이전에는 어디에서 양복을 구입했는지, 내 직업, 취미까지도 모두 알고 있을 것이다. 거래가 일어날 때마다 그 상점의 컴퓨터는 나에 대한 정보를 추가로 '학습하고', 이를 토대로 다음에는 더 좋은 서비스를 제공하거나, 심지어 다음에 내가 원하는 것을 미리 예상하게 될 것이다. 이제는 신의나 애정 때문에 그 양복점에 가는 것이 아니라, 옷을 맞출 때 다른 곳보다 내 특성에 맞게 원하는 서비스를 더 잘해주기 때문에 갈 수밖에 없다.

브리티시 항공은 단골 승객들이 이전 비행에서 선택한 사항에 기초해서 이들이 좋아하는 술과 신문을 서비스하고 있다. 한 온라인 꽃배달 사이트는 고객들의 과거 구매 패턴을 가지고 고객들의 생일과 기념일 리스트를 보유하고 있다. 그 날짜가 다시 다가오면 이메일을 통해 이를 알려주고, 지난번에 구입한 내역을 참고해 이번에는 색다른 상품을 구매할 것을 추천하기도 한다. 한 호텔 체인은 어떤 손님이 지난번 투숙 때 호텔 시설에서 골프를 쳤던 것을 기억하고, 그 손님이 다시 예약을 하면 자동으로 골프 시설 예약 여부를 문의하기도 한다.

흔히 '지능형 에이전트(intelligent agent)'라고 부르는 소프트웨어의 도움을 얻으면 고객과의 관계를 더욱더 공고히 할 수 있다. Amazon.com은 사이트를 다시 찾는 고객에게 이전 주문 내역을 참고로 해서 고객이 좋아할 만한 책이나 음악을 특성에 맞게 추천하고 있다. 고객에 관한 추가 정보가 있으면 이 에이전트를 이용해서 다른 분야에서 그 고객이 어떤 것을 좋아하는지 추측해낼 수도 있다. 예를 들어, 고객이 특정 종류의 음악이나 음식 혹은 책에 대한 관심을 보여주면, 에이전트는 이를 기초로 비슷한 취향을 가진 사람의 정보와 비교한 후, 비슷한 취향의 다른 사람들이 선택한 영화 정보를 토대로 그 고객도 좋아할 수 있는 영화를 추천한다. 물론 누구나 자신은 남다른 취향을 가지고 있다고 생각하고 싶겠지만, 드넓은 사이버 공간에는 비슷한 취향을 가진 사람은 어딘가에 반드시 있게 마련이다. 고객에 대해 더 많은 정보를 얻으면 얻을수록 고객의 취향에 대한 폭넓은 자료를 뽑아내는 것이 더 쉬워질 것이다.

대형 브랜드는 그러한 자료를 취합하는 데에 적합한 곳이다. 고객 데이터베이스는 다시 찾는 고객과 이 고객을 가장 잘 만족시킬 수 있는 판매자를 연결시켜주는 수단을 제공하는 또 하나의 중요한 자산이다. 자신의 개인 정보유출을 걱정하는 고객이 있을 수 있다. 이에 대한 시장의 반응도 중요하다. 만약에 자신의 구매 정보 중 일부분만 특정 목적에 사용되는 것을 원하는 고객이 있다면, 이 사람은 자신의 이런 취향을 존중해주는 브랜드 포털에 마음이 끌릴 것이다. 그리고 이러한 고객 자료가 잘못 사용될 가능성에 대해 민감하게 대처하는 브랜드 포털이 다른 포털에 비해 경쟁 우위를 확보하게 될 것이다.*

물론 이렇게 한 업체에 끈끈함을 느끼는 것이 판매자에게는 좋은 일이지만, 고객에게는 반드시 그런 것만도 아니다. 고객은 자신이 제공한 정보 덕택에 취향에 맞는 상품과 서비스를 제공받을 수 있지만, 이렇게 한 사이트에 끈끈함을 느끼게 되면 다른 경쟁업체로 옮겨가기가 더 어려워진다. 물론 판매자의 관점에서는 바로 이것이 원하는 바이지만, 혹시 한 경쟁업체가 고객에 대해 당신만큼의 정보를 가지고 있다면 그쪽에서 더 좋은 조건을 제시할 수도 있다. 결국 구매자들은 자신의 개인 정보가 상업적인 가치가 있다는 것을 알게 된다. 고객마다 자신들이 직접 만든 Me.com 같은 사이트에 자신들의 정보를 보관하면서 원하는 판매자에게 자료를 다운로드하게 한 후 가장 좋은 조건의 거래에 나설 가능성도 있다. 신경제는 소비자에게 포기할 이유가 전혀 없는 권한을 주고 있으며, 당신의 경쟁업체는 소비자들이 그 권리를 포기하지 않도록 계속해서 노력할 것이다.

궁극적인 상태의 끈끈함

다른 모든 방법이 실패했을 때, 소비자가 신의를 지킬 수 있도록 유도할 수 있는 마지막 방법을 소개한다. 그 사용자층이 매우 넓어서 모든 판매자가 이

---

* 개인 정보 보호에 관한 법률이나 규칙이 필요 없다는 말은 아니다. 구매자가 우려를 표하는 데 대해 판매자가 더 신경을 쓰게 하기 위해서는 다른 방법보다 경쟁 우위 요소가 더 효과적이라는 뜻이다. 물론 시장이 자율적으로 원활히 작동하기 위해서는 구매자들이 자신의 개인 정보가 어떻게 사용되고 있는지를 알아야 할 필요가 있다. 그러나 구매자들이 이 점에 대해 항상 잘 알고 있다고 간주할 수는 없을 것이다.

를 사용하는 것 외에는 다른 대안이 거의 없고, 또 모든 구매자가 그곳에서 사는 것 외에는 선택의 여지가 거의 없는 시스템이 바로 그 방법이다. 궁극적인 상태의 '끈끈함'은 언어와 같다고 보면 된다. 많은 사람들이 한 언어를 사용하면 그 주변 사람들도 효과적인 의사 소통을 위해 그 언어를 사용할 수밖에 없다. 영어는 너무나 많은 판매자와 구매자가 사용하고 있다. 따라서 세계 시장에 참여하는 다른 판매자나 구매자 역시 영어를 사용해야 하고, 이에 따라 영어는 최초의 세계 공용어가 되고 있다. 실제 언어와는 달리, 끈끈한 시스템은 돈을 받고 그 시스템을 사용하게 하거나 혹은 광고를 실어주는 민간 기업이 소유하고 있다.

아메리카 온라인(AOL)은 원래 콘텐츠(뉴스, 오락 등의 정보)를 유료로 제공하는 폐쇄적인 시스템을 구축하고자 했다. 그러나 AOL 사용자들은 콘텐츠보다는 AOL의 채팅 기능이나 인스턴트 메시징 기능을 활용해 쉽게 통신할 수 있다는 것에 더 많은 관심을 가지고 있음이 밝혀졌다(인스턴트 메시징 기능이란, 친구로 등록한 사용자가 접속하면 자동으로 이를 알려주어 그 즉시 채팅할 수 있게 하는 것을 말한다). 그래서 AOL은 전략을 수정해, 폐쇄 상태였던 시스템을 인터넷에 개방하고 매월 일정액의 접속료만 받고 무제한 접속을 허용하기로 했다. AOL의 이러한 새 시스템은 곧 온라인 통신의 표준이 되었다. 사용자가 늘어남에 따라 표준으로서의 자리도 더 굳어졌다. 한꺼번에 많은 소비자가 다른 통신 시스템으로(비록 더 뛰어난 시스템일지라도) 쉽게 바꿀 수 없다는 것이 현실이었고, 그 결과 끈끈함이 생겨난 것이다.

시장도 마찬가지다. 어떤 한 특정 지점에 충분한 수의 판매자와 구매자가 모이게 되면, 다른 판매자와 구매자 역시 효과적인 거래를 위해 그곳에 갈 수밖에 없다. 옛날부터 이런 과정은 흔히 볼 수 있었다. 항구, 강의 분기점, 그리고 두 산이 만나는 곳에 마을이 생긴다거나, 특정 상품의 거래가 전문적으로 이루어지는 지역(주식과 채권 거래의 월 스트리트, 다이아몬드 거래의 암스테르담, 삼겹살 거래의 시카고) 등이 그 예다. 사이버 공간에서도 같은 현상이 발생하고 있다. 기념품이나 값싼 골동품 판매자나 구매자가 이베이(eBay) 경매 사이트에 모여 있다면, 다른 사람들도 이곳으로 이끌려오게 된다. 이베이가 거래하기 가장 좋은 곳이기 때문이다. 수많은 웹사이트들이 주식과 자동차, 주택, 섹스 그리고 다른 분야에서 최고의 전문 시장이 되기 위해 경쟁을 벌이고 있는 것도 바로 이 때문이다.

그러나 이러한 궁극적인 끈끈함에도 한계가 있다. 경쟁업체에서 더 싸거나 혹은 더 좋은 통신 수단을 제공하며 끈끈한 상태를 떼어놓으려고 시도할 것이기 때문이다. 접속료를 공짜로 할 수도 있다. 1999년 여름, 야후와 마이크로소프트는 AOL의 인기 높은 '인스턴트 메시징'과 접속이 가능한 소프트웨어를 배포하기 시작했다. 이로 인해 야후나 마이크로소프트의 모든 사용자들이 무료로 AOL 인스턴트 메시징 시스템에 접속할 수 있게 되었으며, 그 결과 AOL의 끈끈함에 커다란 타격을 입혔다. AOL 경영진에서는 야후와 마이크로소프트가 재산권을 침해했다며 소송의 가능성을 내비쳤다. 그러나 결국 AOL은 소송을 포기했다. 돈 많은 야후나 마이크로소프트와 소송을 벌인다는 것은 너무 많은 비용이 들 것이고, 무엇보다도 많은 AOL 고객들이 야후나 마이크로소프트의 소프트웨어와도 접속하기를 원했기 때문이다.

설령 경쟁사가 당신의 고객을 떼어놓으려는 시도를 하지 않아도 정부가 나설 수 있다. 지나친 끈끈함은 혁신에 방해가 될 수 있기 때문이다. 미국과 다른 대부분의 자본주의 국가의 법률에 의하면, 어느 브랜드가 널리 사용되어 보통명사의 한 부분으로 자리잡게 되면 그 브랜드의 소유자가 가지고 있는 독점적인 상표권을 잃게 되는데, 지나친 끈끈함이 혁신을 방해하기 때문이다. 그렇게 하지 않고 한 민간업체가 소유권을 계속 가지게 되면, 경쟁사가 이를 표현할 다른 단어가 없기 때문에 경쟁 상품을 출시할 수 없다. '아스피린'은 한때 하나의 상표였지만, 구매자들이 진통제를 칭하는 하나의 보통명사로 사용하기 시작하자 민간이 아닌 공공 차원의 성격을 띠게 되었고, 다른 경쟁사에서 자신들만의 아스피린 상품을 판매할 수 있게 되었다.

미국의 반트러스트 집행 당국은 한 기업의 단순한 덩치나 해당 시장에서의 압도적인 지위에서 벗어나 이제 '지나친 끈끈함' 쪽으로 관심을 돌리고 있다. 경제가 매우 빠른 속도로 변하고 있기 때문에, 기업의 크기나 시장 지배보다는 끈끈한 시스템의 소유권이 더 큰 위험 요소를 안고 있는 것이다. 여기에 맞는 사례가 하나 있다. 이 글을 쓰고 있는 지금, 마이크로소프트는 거의 모든 컴퓨터에 들어가는 기본 운영체제의 소유권을 가지고 있다. 바로 윈도다. 마이크로소프트는 윈도를 팔면서, 웹브라우저나 이메일 서버와 같은 제품을 공짜로 그 안에 포함시키고 있다. 1998년 미 법무부는 마이크로소프트를 독점 혐의로 고소했다. 마이크로소프트는 이에 반발하면서, 서로 맞지 않는 여러 개의 다른 표준보다 하나의 운영체제 표준이 소비자가 컴퓨터를 더 쉽게 사용하게 해준다고 주장했다. 브라우저나 서버, 그리고 다른 소프트웨어를 공짜로 주는 것이 무엇이 잘못됐으며, 소비자 입장에서는 나쁠 것 없는 구매가 아니냐고 마이크로소프트는 말했다.

문제는, 마이크로소프트의 윈도가 너무나 널리 사용되기 때문에 컴퓨터나 브라우저, 그리고 기타 소프트웨어를 팔거나 사고자 하는 사람들은 윈도를 기준으로 할 수밖에 없으며, 이는 마이크로소프트에게 다른 운영체제를 사용하는 신제품이 시장에 들어오는 것을 효과적으로 막는 힘을 준다는 점이다. 그러나 정말로 걱정스러운 것은, 마이크로소프트가 경쟁사의 기술 혁신을 봉쇄할 수 있는 힘을 갖게 된다는 점이다. 이는 연방 판사가 내린 판결 내용이었다.

왜 그런지 좀더 살펴보자. 100년 전에 일렉트로소프트라는 회사가 있었다고 하자. 이 회사는 전기 플러그와 소켓의 디자인에 대해 특허권을 가지고 있었다. 이 회사의 제품은 네 갈래로 나뉘어져 있고 세로로 배열되어 있다. 가장 효과적인 디자인이 아닐 수도 있다. 그러나 일렉트로소프트는 이 시장에 최초로 진출한 최대 기업이며 네 갈래 세로 디자인은 업계의 표준이다. 곧 모든 가정의 벽에 이 회사의 소켓이 자리를 잡는다. 그리고 모든 가전제품 업체는 일렉트로소프트의 플러그를 사용해야만 한다.

단일 표준의 장점은 분명하다. 여러 종류의 소켓과 플러그가 있으면 시장에 혼란이 온다. 두 갈래 플러그, 어떤 것은 다섯 갈래, 그리고 가로나 혹은 대각선으로 배열된 소켓이 있을 수 있다. 집을 지을 때는 모든 종류의 소켓과 플러그를 생각해야 한다. 생산업체는 모든 종류를 만들고, 소매업체에서는 모든 종류를 구비해야 한다. 소비자는 신제품 토스터기나 램프를 사면서 망설인다. 플러그와 소켓을 맞추기가 힘들기 때문이다. 일렉트로소프트의 네 갈래 세로 표준은 이 모든 혼란을 없애주면서, 가전업계가 성장하는 데에 큰 도움을 주었다. 가전제품의 매출은 급등한다.

일렉트로소프트가 특허권을 가지고 있기 때문에, 가전업체와 주택업체에서는 새로운 플러그와 소켓을 만들고 설치할 때마다 로열티를 지불해야 한다. 로열티 액수가 늘어나면서 일렉트로소프트는 미국에서 가장 돈 잘 버는 회사 중 하나가 되고, 회장의 재산은 하늘 높은 줄 모르고 치솟아 미국 가정 전체의 하위 1/2의 재산에 버금가는 수준이 된다. 그러나 질투하지는 말자. 일렉트로소프트는 우리 모두의 삶을 더 편하게 해준 제품을 개발했고, 단지 그에 대한 보상을 받고 있으니 말이다. 슘페터도 괜찮다고 할 것이다.

자, 이제 일렉트로소프트가 플러그와 소켓과 함께 직접 가전제품까지 만들어 출시한다고 해보자. 그리고 벌어들이는 엄청난 이익 덕분에 새 가전제품의 가격을 아주 낮게 책정한다. 일렉트로소프트의 플러그나 소켓을 사면 토스터기나 램프를 공짜로 주기도 한다. 그 결과 다른 토스터기나 램프 제조업체는 그 싹이 말라버린다. 그리고 뭔가 새로운 가전제품을 만들어보려는 시도조차도 자취를 감추게 된다. 왜 힘들게 굳이 새로운 것을 만들겠는가? 만들어도 벌어들일 돈이 없는데 말이다(물론 자신들의 신제품을 일렉트로소프트에 넘기면 돈을 벌 수는 있다. 그러나 직접 판매에 나섰을 때에 비하면 정말 얼마 안 되는 수준에 불과할 것이다).

몇 년이 지났다. 일렉트로소프트의 토스터기와 램프 가격이 오르기 시작한다. 경쟁업체가 없으니 가격 인상에 아무 문제가 없다. 구매자들은 그 가격을 주고 살 수밖에 없다. 새롭게 개발되는 제품도 별로 없다. 냉장고나 전기 스토브는 200년 후에나 나올지 모른다. 우리에게 시사하는 바가 분명하다. 편리한 표준으로 시작한 것이 결국에는 기술 혁신의 장애물로 끝나 버리고 있다.

손익 계산을 해보자. 하나의 공통 표준으로서의 윈도 운영체제는 구매자에게는 고마운 것이다. 또 마이크로소프트가 공짜로 얹어주는 웹브라우저나 이메일 서버와 같은 소프트웨어 역시 마찬가지다. 그러나 이로 인해 결국 경쟁자가 모두 사라진다면 그때는 더 이상 고마운 존재가 아닐 것이다. 음성 인식 기기와 비디오 메일, 3차원 인터넷과 같이 우리의 상상력 너머에서 우리를 기다리고 있는 소프트웨어들을 더 좋게 그리고 더 싸게 만들어낼 수 있는 미래의 기업가들이 현재의 마이크로소프트의 전략 때문에 그 꿈을 접는다면, 이는 훨씬 더 큰 손해가 아닐 수 없다.

이러한 사례는 새로운 것이 아니다. 급속한 기술 변화가 있을 때마다 새로운 혜택을 주는 새 상품이 나올 기회와 그 필요성이 함께 생기게 된다. 1880년대 초반, 전구가 처음 발명되었을 때 전구와 소켓은 모두 175개의 사이즈가 있었다. 호스의 나사선이나 나사와 같이 서로 맞아야 할 다른 부품의 사이즈

수도 이와 비슷했다. 볼티모어에서 대화재가 발생해 상당한 피해를 입었다. 시 당국은 소화전과 소방 호스를 서로 연결할 수 없다는 사실을 뒤늦게 알았다고 한다.

공통 표준은 필요했다. 그러나 어느 한 기업이 이 표준을 세우는 것이 아니라, 새로 등장한 업계 전체 차원에서 표준은 설정되었고 모든 기업은 이를 자유롭게 사용할 수 있었다. 전구와 소켓에 대한 표준은 1884년에, 그리고 나사선에 대한 표준은 20세기 초에 나왔다. 1920년대 초, 당시 상무장관 허버트 후버가 모든 종류의 산업 표준을 신속히 제정하기 위해 국립표준사무국(National Bureau of Standards)을 설립했다. 이는 후버의 가장 뛰어난 업적 중 하나였다(몇 년 후 그는 증시가 폭락했을 당시 대통령에 재직했던 불운을 겪었는데, 그외 다른 점에 대해 사람들은 잘 기억하지 못하고 있다). 그 결과 미국은 두 가지 측면 모두에서 승리를 거둘 수 있었다. 혁신과 경쟁이 활발히 이루어지고 통일된 표준이 제정되어, 그 이후로 많은 신제품이 계속 등장하게 되는 계기를 마련한 것이다.

끈끈함으로 인해 기술 변화의 속도가 처지게 된다면 이 끈끈함은 과다한 것이다. 따라서 법률과 규칙을 제정해 이런 현상이 발생하지 않도록 하는 것이 중요하다. 반트러스트 관련 법규가 없는 상황에서도, 마이크로소프트는 자바와 같은 경쟁 언어나 리눅스와 같은 경쟁 운영체제가 충분한 수의 사용자를 확보한다면 현재의 매우 끈끈한 상태가 줄어들 수도 있다. 그러나 한편으로는, 이미 하나의 표준이 되어버린 윈도와 같은 상품은 그 표준에서 작동되는 소프트웨어를 판매하는 회사가 아닌 다른 기업이 라이선스 판매를 하든지, 아니면 모두 공짜로 사용할 수 있도록 하는 것이 합당할 것이다. 아스피린처럼 이미 우리 언어의 일부가 되었으니 말이다.[9]

요약 : 혁신이 아니면 죽음

지금까지의 내용을 간략하게 요약해보자. 신경제의 첫번째 원칙은 선택의 폭이 넓어지고 구매자가 더 좋은 조건의 거래로 더 쉽게 옮겨갈 수 있다는 점이다. 두 번째 원칙은 이러한 선택의 폭과 이동의 용이성으로 인해 판매자는 과거보다 불안감을 더 느끼면서 경쟁업체의 추격에 더 취약한 면을 보이고 있다는 것이다. 그 결과 혁신에 박차를 가하게 된다.

미국 경제는 안정된 대규모 생산 시스템에서 빠른 속도의 끊임없는 혁신 시스템으로 이동하고 있다. 대형 브랜드는 최고 조건의 거래를 제공할 수 있는 판매자에게 고객을 안내하는 역할을 하고 있다. 경쟁업체는 고객을 떼어놓는 데 전력을 다하며, 훨씬 더 좋은 조건을 제시하고 있다. 정부는 이제 눈을 돌려 과다한 끈끈함을 주시하고 있다. 민간 차원의 표준이나 규약이 너무 보편화되어 새로운 아이디어의 목을 죄고 있는 경우가 이에 해당된다.

믿을 수 있는 브랜드를 통해 더 낮은 가격과 더 높은 부가가치를 제공하는 업체가 승리를 거두고 있다. 그러나 승리는 일시적인 것이고 게임은 결코 끝나는 법이 없다. 선두를 달리고 있는 업체는 뒤처지는 것이 두려워 혁신을 막는 무모함을 보여서는 안 된다. 결과는 슘페터가 마음속에 그렸던 이상적인 상태와 비슷하게 된다. 현재 혁신의 폭발 현상이 벌어지고 있으며 그 결과 더 좋은 상품과 서비스가 나오고 있다. 생산성은 향상되고 있으며, 인플레이션은 둔화되고 있다. 구매자는 더 낮아진 가격과 더 좋아진 품질의 혜택을 즐기고 있다.

그러나 상황을 너무 부풀려 말해서도 안 된다. 대규모 생산이 우세를 보이고 있는 경제 분야는 아직도 많이 있기 때문이다. 생산 규모의 효율성은 아마 완전히 사라지지 않을지도 모른다. 소비자에게 가장 넓은 선택의 기회를 줄 수 있고 더 좋은 조건으로 가장 쉽게 옮겨가게 해주는 기술이 필요한 분야에서 혁신은 가장 빠른 속도로 일어날 것이다. 오락, 금융, 신개념의 미디어, 소프트웨어, 인터넷 기반의 통신이 대표적인 분야다. 이들 분야는 경제의 여러 분야 중 가장 빠른 성장세를 보이고 있다. 그러나 다른 분야라고 변화가 없는 것은 아니다. 소매업계의 많은 부분도 인터넷에 의한 변화가 이제 막 일어나려 하고 있다. 자동차, 화학, 철강과 같은 전통적인 중공업 분야도 대량 생산에서 소비자의 취향에 기초한 생산으로 바뀌어가고 있으며, 최상의 공급업체 선정도 웹에 기반을 둔 B2B(기업 대 기업) 경매를 이용하고 있다. 건설, 의료, 출판, 교육(대학교 포함) 분야는 혁신의 첨단에서는 꽤 멀리 떨어져 있는 상태다.

지금 말하고 있는 장기적인 추세를 경기 순환 주기의 확장기 또는 증시의 상승세와 혼동해서는 안 된다. 이 글을 쓰고 있는 지금, 미국 경제는 역사상 최장기간의 확장기를 경험하고 있으며, 주가 역시 여전히 높은 상태에 있다. 그러나 이 책을 읽고 있을 때에는 확장기가 끝난 상태일 수도 있으며, 증시 역시 대폭적인 조정기를 거친 후일 수도 있다. 그럼에도 불구하고 지금까지 소개한 기본적인 경제 구조와 관련된 추세는 지속될 가능성이 있다. 전반적인 수요 및 공급 상태나 증시의 호황보다는 기술 혁신과 더 밀접한 관련이 있기 때문이다.

기술을 운명처럼 받아들이는 한, 결국 혁신의 정신은 미국 경제 전체, 더 나아가서는 전세계 경제 전반에 걸쳐 확대될 것이다. 더 좋은 조건의 거래를 원하는 구매자에게는 말할 나위 없이 좋은 소식이다. 그러나 앞으로 살펴볼 내용과 같이, 우리 삶의 다른 면에 있어서도 이 소식이 확실히 좋은 소식인지는 분명하지 않다. 기술은 앞으로의 발전 속도를 결정할 수 있지만, 운명은 우리가 어떻게 할 수 있는 것이 아니기 때문이다.

3 기크 & 슈링크

뉴욕의 한 소규모 회사에서 일하고 있는 제자로부터 이메일을 받았다. 그녀는 수천 명의 사람들이 인터넷을 통해 동시에 함께 즐길 수 있는 게임을 개발하고 있다. "교수님, 저는 요사이 새로운 아이디어 기획에 하루 여섯 시간을 보내고, 어떻게 팔지 고민하는 데 열두 시간을 보내고 있어요. 정말 괜찮은 프로그램이에요. 제가 가지고 있는 스톡옵션과 현재 추세를 감안하면 3년 후에는 아마 백만장자가 되어 있을 거예요"라는 내용이었다.

3년 후에 실망할 수도 있다. 그러나 그녀처럼 창조적이고 새로움을 추구하는 사람들에 대한 수요는 증가하고 있는 것이 분명하다. 경제에 있어 혁신의 중요성이 점점 더 커지고 있기 때문이다. 풍부한 상상력을 가지고 수요의 가능성을 발견해내는 직원을 보유하고 있는 기업이 가장 높은 이익을 거두게 된다(물론 경쟁사가 쫓아오기 전까지는 그렇다). 이런 인력을 보유하고 있는 브랜드 포털은 소비자에게 가장 큰 신뢰를 심어준다. 따라서 가장 '끈적끈적한' 기업이 될 가능성이 있다. 또 이 기업의 성공에 가장 크게 기여한 사람은 다른 곳에서도 가장 많은 돈을 받고 또 가장 흥미로운 일자리를 갖게 될 (아니면 그런 일자리의 후보가 될) 것이다.

창조력을 가지고 혁신을 추구하는 인물에 대한 수요는 앞으로도 계속 공급을 초과할 것이다. 구매자가 더 좋은 조건으로의 이동이 더 쉬워짐에 따라, 기업간 경쟁은 확산되고 더 치열해진다. 혁신은 과거보다 더 많은 분야에서, 더 많은 상품에서, 그리고 더 많은 조직 내에서 일어나고 있다. 또 한 곳에서 혁신의 분위기가 일어나면, 경쟁사들도 경쟁에 뒤처지지 않기 위한 혁신의 필요성을 느끼게 된다. 다시 말해, 창조적인 혁신가에 대한 공급이 일어나면 이로 인해 더 많은 수요가 발생한다는 뜻이다. 또 수요가 증가함에 따라서 이들에게 돌아가는 보상도 함께 올라가고 있다. 공급이 도저히 따라가지 못하기 때문이다.[1] 메일을 보냈던 제자나 혹은 그녀와 같은 2, 30대의 젊은이들이 이런 보상을 직접적으로 받게 되는 사람들이다.

많은 사람들이 오늘날의 혁신가들은 새로운 정보 기술, 특히 컴퓨터 사용에 능숙한 사람들이라고 잘못 생각하는 경향이 있다. 이런 경향에 나 역시 무심코 일조한 바 있다. 근로자들을 수입에 따라 나눌 때 상위 20퍼센트에 포함되는 사람들은 대개 교육을 잘 받고 체계적인 사고를 응용해 어떤 문제를 밝혀내고 그 해결책을 찾아내는 사람들이다. 나는 이 사람들을 가리켜 '기호 분석가(symbolic analyst)'라는 용어를 사용한 적이 있다. 신기술은 기호 및 속도 분석과 관련 있고, PC가 출현한 시기가 교육 수준이 높은 근로자들의 수입이 가파른 상승세를 보이기 시작하던 시기와 대략 일치했기 때문에, 이들의 수입이 늘어난 것이 컴퓨터 및 관련 지식과 직접적인 관련이 있는 것처럼 생각하는 것도 당연했다. 게다가 앞으로의 진로를 준비할 때 최선책은 신기술을 보완해 주는 분석 기술을 강조하는 교육이라는 생각도 있었다.

그러나 이런 생각은 과거에도 그랬고 지금도 옳지 않은 것이다. 실제로 신경제에서 최대의 가치를 얻어내고 있는 사람들 중 많은 사람들은 컴퓨터나 다른 정보 관련 기술에 특히 능숙한 사람들이 아니다. 이들의 가치는 컴퓨터 능력을 발휘해 복잡한 문제를 해결하는 것과는 그다지 밀접한 관계가 없다. 또 이들을 '지식 근로자(knowledge worker)'라고 부르는 것도 이제 정확한 것이 아니다. 어느 분야의 지식도 이제는 컴퓨터 프로그램화하는 것이 그다지 어렵지 않기 때문이다. 이들이 경제에 더해주는 진정한 가치는 이들의 창조력에서 오는 것이다. 어떤 특정 분야에(소프트웨어, 금융, 법률, 오락, 음악, 물리 등등) 무엇을 할 수 있을지, 특정 시장에서 무엇을 할 수 있을지, 이 두 가지를 하나로 묶기 위해서 어떤 작업을 어떻게 해야 할지 꿰뚫어볼 수 있는 능력, 바로 그것이다. 이들은 '창조적 근로자(creative worker)'인 셈이다.

　내 제자는 기술적으로 특별한 재능을 갖추고 있지는 않다. 미술을 전공한 학생이었다. 그러나 그녀는 여러 사람이 함께 할 수 있는 대규모 게임을 통해 사람들을 하나로 묶는 것에 관한 좋은 아이디어를 계속 제시할 수 있었다. 그녀의 가치는 디지털 기술에 대한 지식보다는 창조력이나 시장에 대한 통찰력에 있는 셈이다.

　물론 정보 관련 신기술은 중요하다. 그러나 이 기술이 미치는 영향은 간접적이어서 좋은 아이디어를 확대해주는 역할을 한다. 어떤 독창적인 아이디어가 나오면 기술은 먼저 기업 내의 네트워크를 통해 이를 널리 알리고 궁극적으로는 소비자에게 알려, 그 아이디어의 가치를 높여주는 역할을 한다. 기술이 있기에 소비자에게 주어지는 선택의 폭이 넓어지며, 모든 판매자가 혁신의 부담을 더 크게 느끼게 된다. 신경제에서 통용되는 화폐는 바로 멋진 아이디어다. 정보 기술은 이 화폐를 더 효율적으로 유통시켜주는 은행과 같은 것이다.[2]

　선천적으로 창조력이 더 뛰어난 사람도 있다. 아마 그런 쪽의 유전자와 관련 있을 수도 있다. 그러나 창조력의 많은 부분은 태어난 가정과 자라난 환경의 영향을 많이 받는다. 육아 방식도 중요하다. 유아 때 혹은 어린 시절에 받은 주위의 보살핌이나 관심이 장기적으로 어떤 영향을 미치는가에 관한 내용은 나중에 자세히 다루기로 하겠다. 여기서는 아이들이 자라난 지역 환경의 영향에 대해 간단히 살펴보겠다. 물론 교육이 결정적인 영향을 미친다. 아직까지 대부분의 학교 조직이 과거 산업 경제의 모델 형식이라는 점은 불행한 일이다. 다시 말해, 아이들을 컨베이어 벨트를 따라 움직이는 자동차 부품처럼 취급하면서, 교사들이 지나가는 이런 부품을 두드리고 비틀어서 모양을 만들어내는 형식이다. 그러나 정규 교육은 최소한 우리에게 읽는 방법을 가르쳐 주었기 때문에 우리는 아이디어의 세계에 들어갈 수 있다. 또 교육은 역사와 논쟁 그리고 실험의 세계와 우리를 연결시켜주었다. 이 세 가지는 새로운 아이디어를 파고드는 데에 큰 도움을 준다. 물론 우리의 마음과 눈을 열어 주변과 내부에 있는 새로운 가능성을 보게 해준 훌륭한 선생님을 만난 운좋은 사람도 있다. 대학 교육은 우리에게 훨씬 더 많은 것을 발견할 수 있게 해준다. 나중에 더 자세하게 살펴보겠지만, 좋은 대학은 우리의 아이디어가 경제적인 이익을 거둘 수 있도록 도움을 주는 사람들과 만날 수 있게 한다. 학교 교육을 더 오래 받은 사람들의 수입이 덜 받은 사람들에 비해 상대적으로 계속 증가하고 있다.

기크(geeks)

혁신의 핵심에는 두 가지 성격의 사람들이 존재한다. 좋아하는 것이 다르고, 가지고 있는 재능도 다르고, 세상에 대한 시각도 다른 두 종류다. 첫번째 유형은 예술가나 발명가 혹은 디자이너, 엔지니어, 금융 전문가, 과학자, 작가, 음악가와 같은 성격의 소유자들이다. 간단히 말해, 특정 분야에서 새로운 가능성을 볼 수 있는 능력이 있고 그러한 가능성을 찾고 개발하는 데에서 희열을 느끼는 사람들이다. 그 분야는 컴퓨터 소프트웨어나 금융과 같이 고도의 기술과 관련 있을 수도 있고, 미술처럼 변화의 여지가 많은 경우도 있다. 이런 사람은 그 분야의 영역을 최대한 확장하고 그 한계를 시험하며, 그 안에서 새로운 문제를 발견해 해결하는 데에서 즐거움을 찾는다. 나는 이런 사람을 '기크'라고 부르고 싶다(geek, 기본적으로 일반 사람과는 다른 행동을 하는 사람을 말한다. 나쁘게 말하면 다른 사람들에게는 관심이 없는 독불장군이지만, 좋게 말하면 자신의 관심 분야에만 전력을 다하는 사람이다. 친한 친구도 없이 공부에만 매달리는 사람을 생각하면 쉬울 것이다. 보통은 경멸투로 사용되지만, 요사이는 한 가지에 몰두하는 사람이라는 좋은 의미로 쓰이기도 한다. 가장 일반적인 기크는 컴퓨터에만 매달려 실제 생활에는 관심이 없는 컴퓨터 기크다. 최근 컴퓨터의 중요성이 부각되면서 기크에 대한 의미도 변하고 있다. 여기서는 후자 쪽으로 생각하면 될 것이다—옮긴이). 신경제 환경에서는 이런 사람들을 실제 기크라고 부르고 있다. 그러나 실제로는 기크 이상의 뭔가를 가지고 있다. 공상가이면서 때로는 혁명가와도 같은 사람이다. 이 사람이 꿈꾸는 비전은 기술에만 국한되지 않는다. 진정한 기크는 혁신적인 아이디어를 표현할 수 있는 모든 방식에 매료된다.

만약 기크가 어떤 소프트웨어에 대해 '죽이는데(cool)!'라고 최고의 찬사를 보낸다면, 그는 미적인 판단을 내리고 있는 것이다. 독창적이고 아름답기 때문에 죽인다고 말하는 것이다. 기존의 경계를 뛰어넘었고 놀라운 방식으로 문제를 해결했다는 것과 같은 말이다. 그 소프트웨어는 우아할 정도로 단순할 수도 있고, 아니면 아무도 생각하지 못한 방식으로 작업을 수행할 수도 있다. 또 소프트웨어 설계에 흠뻑 빠져든 사람만이 그 진가를 알 수 있기 때문에 아름다운 것이다. 소프트웨어를 만든 사람의 통찰력과 능숙함을 보여주는 죽이는 소프트웨어다. 이를 고안해내는 데에서 느끼는 기쁨은 제품의 미래 시장 가치와는 아무 관계가 없다. 단지 예술적인 아름다움, 다시 말해 뛰어난 능력, 정확성, 완벽함과 관계가 있다. 화가가 독창적이면서 강력한 작품을 완성했을 때의 기쁨, 음악가가 음악 장르를 한 단계 끌어올리는 작품을 완성했을 때의 기쁨과 같은 것이다. 같은 느낌을 가지는 동료, 다시 말해 내부인은 그 진가를 알아준다. '죽인다'는 표현은 새로운 리듬과 사운드를 도입해 음악의 새로운 미적 경지를 개척한 비밥(bee-bop) 세대의 재즈 음악가들이 사용하던 용어였다.

기크는 새로운 무엇인가를 발견하고 기쁨을 느낀다. 창조력 분야의 전문가인 하버드 대학의 심리학자 엘렌 랑어는 이런 태도를 '마음을 쏟는 것 (mindfulness)'이라고 말한다. 자신의 마음을 쏟지 않고 단순히 분석적인 사람은 현재 선택할 수 있는 조건을 유효 적절하게 배치해 결과를 극대화하려고 한다. 그러나 마음을 쏟는 사람은 새로운 가능성을 찾아나선다. 랑어는 다음과 같이 말한다. "마음을 쏟는 사람의 관점에서 보면, 어느 한 특정 상황에 대한 올바른 대응법은 가능한 사항 중에 최선의 선택을 하는 것이 아니라, 자기 자신이 새로운 선택 사항을 만들어내는 것이다."[3]

새롭고 본질적으로 아름답고 '죽이는' 뭔가를 만들어내는 데에는 일련의 과정이 수반된다. 처음 찾고자 시작할 때는 과연 무엇을 찾게 될지 확신이 없다. 그러나 전혀 모르는 것은 아니다. 작가 애니 딜러드는 이를 다음과 같이 표현했다.

계획한 예술 작업의 결과에 대해 먼저 상상을 해본다. 상상이라고 해서 대단한 것은 아니다. 그 작품의 지적인 구조와 미학적인 표면일 뿐이다. 마음의 한 조각, 기분 좋은 지적인 하나의 대상, 환한 빛을 낼 수도 있고, 뭔가 흐릿한 아름다움일 수도 있고… 물론 그 작품의 여러 측면이 아직 확실하지 않다. 당신도 알고 있다. 계속 진행해가면서 바꾸고 또 새로운 것을 알게 되고, 당신의 손 아래에서 그 형태가 조금씩 드러나고 새롭고 더 풍성한 빛을 발하게 될 것이라는 것도 알고 있다. 그러나 이렇게 나중에 변한다고 해서, 처음에 했던 상상이나 그 심층 구조가 바뀌는 것은 아니다. 오히려 더 풍성하게 될 뿐이다.[4]

새로운 가능성을 만들어낼 때 다른 일은 눈에 들어오지 않을 수도 있다. 기크는 자신이 설계하고 있는 소프트웨어와 자신을 하나로 합친다. 음악가는 그 음악과 템포에 넋을 잃고 빠져든다. 연구 중인 과학자는 샘플과 측정 수치에 몰입한다. 이런 사람들은 필요한 장비만 주고 홀로 방 안에 집어넣으면, 새로운 가능성을 찾기 위한 끊임없는 열정을 보여줄 것이다. 발명가라고 해서 사교성이 없지는 않다. 물론 사람을 싫어하는 것도 아니다. 그러나 다른 사람의 생각과 느낌을 자기 일처럼 받아들이는 데에는 익숙하지 않다. 사람보다는 기술, 음악, 영화 등과 갖게 되는 상호 교류에서 더 큰 만족감을 느낀다. 사람과의 교류에서 즐거움이 있다면, 공동 작업을 통해 새로운 것을 만든 후 희열을 느낄 때일 것이다. 물론 함께 작업을 하면서 때로는 의견 충돌도 있지만 이 또한 즐거운 일이다. 합주단, 극단, 연구팀, 작가 연구회와 같이 함께 만들어내는 예술의 세계다. 이렇게 서로 힘을 합쳐 죽이는 것보다 훨씬 더 아름다운 '짱 죽이는(ultracool)' 뭔가를 함께 이루어냈을 때 희열을 느낀다.

슈링크(shrinks)

상업성을 겸비한 혁신을 이루어내는 데에는 기크가 반드시 필요하지만, 기크만 가지고는 충분하지 않다. 두 번째 유형도 기크만큼이나 없어서는 안 될 존재다. 마케팅 전문가, 재능을 발굴해내는 사람, 비를 오게 하는 주술사, 유행을 감지해내는 사람, 제작자, 컨설턴트, 저돌적으로 밀어붙이는 사람, 즉 사람들이 시장에서 가지고 보고 경험하고 싶어하는 새로운 가능성이 무엇인지를 밝혀내고 그 기회를 어떻게 하면 잘 살릴지 아는 사람들이다.

이 두 번째 유형도 예술가나 발명가, 기크만큼이나 창조력이 있다. 그러나 약간은 다른 창조력이다. 한 분야에서 새로운 무언가를 찾아내고 기존의 경계선을 뛰어넘기보다는, 사람들이 무엇을 원하는지, 잠재 의식 속에 어떤 욕망을 가지고 있는지 알아내는 데에 그 독창성을 발휘한다. 당사자조차도 미처 알지 못하는 욕망, 그리고 아직 존재하지도 않는 상품에 대한 욕망을 알아내는 것이다. 두 번째 유형도 기크만큼이나 전문가들이다. 그러나 어떤 하나의 사물이나 분야와 관련 있는 것이 아니라, 한 분야나 업계의 고객 집단, 젊은 인터넷 사용자들, 유권자들과 같이 다른 사람들에게 초점을 맞춘 전문 지식을 보유하고 있다. 다른 사람들에게 만족과 기쁨을 줄 수 있는 새로운 방식을 생각해내면서 쌓은 전문 지식이다. 기크처럼 자신의 일에 몰두하지만 어느 한 분야에서 무엇을 할 수 있느냐가 아닌, 사람들이 원하는 것을 발견하는 데에 몰두해 있다.

이런 재능을 기존의 마케팅 전문가나 영업 전문가의 재능과 혼동해서는 안 된다. 마케팅과 영업 전문가들은 일단 파는 상품이 있고, 고객들에게 이를 사도록 만드는 것이 일이다. 이들이 펼치는 화려한 예술은(분명 예술이다. 사기꾼도 어떤 예술적 재능을 가지고 있으니까) 어떻게 사람들을 설득하고, 고객의 감정을 어떻게 자극하며, 유형의 상품에 고객이 원하는 무형의 특성을 가미해 단순한 상품 이상의 것으로 어떻게 만드는지 알고 있다는 데에 있다. 매끄럽고 교묘하게 판매를 이루어내지만, 때로는 실패를 겪기도 하는 이들은 전형적인 미국인 상을 대표한다.

그러나 내가 지금 말하는 사람들, 창조적 혁신가의 두 번째 유형은 팔 상품이 특별히 없다. 이미 말한 대로 주문 생산 건수가 점점 늘어나고 있으며, 고객별 맞춤 서비스가 제공되고, 특정 기업만을 위한 소프트웨어도 나오고 있다. 이들이 해야 할 일은 고객에게 어떤 상품을 사라고 설득하는 것이 아니라, 만약에 새로 만든다면 고객들이 원하는 것이 무엇일지 생각하고 어떻게 이를 만들어 판매에 나설지를 알아내는 것이다.

인터넷 게임을 개발하고 있다는 내 제자 역시 젊은 인터넷 사용자들이 흥미와 재미를 느낄 수 있는 양방향적인 경험에는 어떤 종류가 있을지에 대한 감을 키우고 있는 중이다. 잠재 고객의 의사를 대변할 수 있는 집단을 선정해서 조사하고, 20대 젊은이 수백 명을 대상으로 인터뷰를 한다. 이들이 게임 중에 보여주는 여러 가지 행동을 관찰한다. 그녀가 펼치는 화려한 예술은 적절한 질문을 던지고, 그 답에 귀를 기울이고, 상대의 행동에서 주목할 만한 점을 찾아내고, 이를 토대로 고객에게 가장 크게 어필하고 고객이 가장 쓸모 있다고 여기는 것을 생각해내는 것에 있다. 이런 면에서 보면 그녀는 상품을 파는 사람이 아니라 고객을 위해 일한다고 볼 수도 있다. 그녀는 고객의 대리인, 컨설턴트, 고문 그리고 고객의 목소리인 셈이다.

건축가 시어리 데스폰트는 최고 부유층을 대상으로 저택을 설계한다. 그는 세계의 위대한 건축가 중 한 사람인 척하지는 않는다. 그는 새로운 유행을 만들어내지도 않고 새로운 것을 꿈꾸지도 않기 때문이다. 이 사람의 재능은 고객의 성격을 파악하고 고객의 욕구에 맞는 상품을 보여주는 데에 있다. "내 분야에서 성공하기 위해서는 고객이 무엇을 필요로 하는지도 알아야 하지만, 고객이 가지고 있는 꿈이나 추억도 알고 있어야 한다. 고객의 출신 배경 그리고 고객이 원하는 것을 알아야 한다. 고객의 마음을 읽고, 어떤 것에 확신을 가지고 있는지 혹은 그렇지 않은지를 알아야 한다. 다시 말해, 고객이 말로는 하지 않지만 주변 환경을 통해 표현하는 것을 이해해야 한다는 뜻이다"라고 말하고 있다.[5]

이 두 번째 유형은 여러 면에서 카운슬러나 정신과 의사와 비슷하다. 물론 카운슬러나 정신과 의사가 가지고 있는 기술을 모두 가지고 있는 것도 아니고, 일하는 동기도 다르다. 하지만 사람들이 원하고 필요로 하는 것을 이끌어 낼 수 있는 능력을 지닌 점에서는 비슷하다. 더 적절한 용어가 없기 때문에, 또 이 일이 갖는 대인 관계의 성격을 강조하고, 한편으로는 기존의 영업 및 마케팅 역할과 구분하기 위해서, 두 번째 유형을 슈링크(shrink, 정신과 의사를 뜻하는 단어—옮긴이)라고 부르기로 하겠다.

기크는 기술, 과학, 시각 예술, 문학, 기호 체계와 같은 분야 나름의 규칙 및 상황에 끊임없는 매력을 느낀다. 반면에 슈링크는 사람들이 원하고 두려워하는 것, 갈망하고 필요로 하는 것, 아직 검증이 안 된 여러 가설 등에 끊임없는 매력을 느낀다. 슈링크가 다른 사람과의 교류 쪽이라면, 기크는 스스로 행하는 분석 쪽이라고 말할 수 있다. 기크가 한 분야에서의 새로운 가능성을 알고 있다면, 슈링크는 사람들이 원하고 필요로 하는 것이 무엇인지 알고 있다.

두 개의 절반이 함께 이루어내는 전체

모든 위대한 기업가는 기크이면서 동시에 슈링크다. 기업가적인 비전은 가능한 것을 꿰뚫어볼 수 있는 기크의 통찰력과 사람들이 원하는 것을 알아내는 슈링크의 직관이 결합된 것이다. 천재적인 기업가는 양쪽 눈 모두 2.0에 가까운 시력을 가지고 있다. 발명가 토머스 에디슨은 뛰어난 기크였다. 그는 당시 다른 발명가들의 눈을 피해갔던 전류의 중요성을 간파했다. 그러나 그는 뛰어난 슈링크이기도 했다. 음반을 통해 음악을 듣고, 전구를 가지고 주변을 환히 밝히는 것처럼 일반 대중들을 기쁘게 할 수 있는 감각을 지니고 있었다. 이런 기술 혁신 사례를 이제는 당연한 것으로 여긴다. 과거를 돌아보며 당시 사람들이 이러한 것을 원하는 목소리가 높았고, 시장은 이미 형성된 단계가 아니었느냐고 말하기는 쉽다. 그러나 그렇지 않다. 이메일이나 인터넷, 이동전화를 사용하지 않았던, 아니 그런 것이 있는지도 몰랐던 몇 년 전을 생각해보자. 우리의 상상력 저 너머에 있었고, 우리의 일상 생활과는 무관한 것이었다. 물론 이 세 가지의 모든 면을 좋아하지 않는 사람도 있지만, 현재 우리는 이것들에 기대어 살고 있는 것이 분명하다. 그리고 아이들이 어른이 되면 이것들을 당연하게 여길 것이다. 그리고 이런 신제품이 등장하기 전에 이미 시장 분위기가 성숙되어 있었다고 생각할지도 모르겠다. 에디슨은 자신의 발명품을 위한 시장이 있을 것이라고 확신할 수 없었다. 단지 있다고 상상했을 뿐이다. 그의 천재성은 기술적인 통찰력을 마케팅의 상상력과 결합시켰다는 데에 있다.

역사를 살펴보면, 위대한 과학적 혹은 예술적 상상력을 마케팅적 상상력과 결합시킨 다른 천재적인 기업가들이 있다. 이들을 예술가도 마케팅 전문가도 아니라고 생각할 수도 있다. 그러나 위대한 예술성과 사람들을 감동시키는 강력한 본능적 요소를 결합한 것이 이들의 모습이다. 이런 사람들 중에는 윌리엄 셰익스피어, 아이작 뉴턴, 벤저민 프랭클린, 클라우드 모네, 헨리 포드 등이 있다. 더 최근의 인물에 대해서는 아직 역사적인 평가가 내려지지 않았지만, 윌리엄 쇼클리가 어떨까 한다. 쇼클리는 벨 연구소의 다른 동료들과 자신이 개발한 트랜지스터의 개념을 가지고 회사를 창업했다. 이 회사는 후에 인텔(Intel)이라는 이름을 갖게 된다. 마이크로소프트의 창업자 빌 게이츠, 넷스케이프와 실리콘 그래픽스의 창업자 짐 클락, 영화감독 겸 제작자 스티븐 스필버그, 작고한 패션계 거물 지아니 베르사체, 가수 바버라 스트라이샌드, 아르헨티나 태생의 피아니스트 마사 아르게리치, 작곡가 레너드 번스타인, 소설가 토니 모리슨과 스티븐 킹, 위대한 마케팅 전문가 오프라 윈프리와 마사 스튜어트 등은 어떨까? 셰익스피어나 뉴턴과 같은 위치는 아닐지라도, 사람들이 원하는 것을 만들 줄 아는 재능을 가지고 있는 사람들이다.

뛰어난 기크나 슈링크는 사실 소수에 불과하다. 그러나 우리들 대부분이 성별에 관계없이 두 가지 중 한쪽의 성향은 가지고 있다. 아주 간단한 테스트를 하나 해보자.

얼마나 시간이 지났는지도 모른 채 어떤 문제를 가지고 혼자서 오랜 시간 씨름할 수 있다면, 퍼즐을 다 맞추고 기뻐한다면, 늘 하던 일을 다른 방식으로 끝내고 난 후에 기뻐하거나, 못할 것으로 생각했던 일을 해낼 수 있는 새로운 방법을 알고 훨씬 더 기뻐한다면, 기크의 성향을 가지고 있다고 볼 수 있다. 반면에 혼자 씨름하기보다는 어떤 문제에 대해 다른 사람들과 의견을 교환하고, 논쟁(설사 패배할지라도)하는 쪽을 선택하고, 다른 사람에게 충고나 상담을 해주고, 협상이나 계약 타결에서 만족감을 느낀다면 슈링크의 성향을, 아니 그쪽으로 재능을 가지고 있는 것이다.

이 두 가지 성향의 차이를 잘 모를 경우에는 신입 사원 채용시 중대한 실수를 범할 수도 있다. 채용 당시에는 뛰어난 슈링크라고 생각했는데, 나중에 보니 기크인 경우가 있었다. 내 잘못을 알았을 때에는, 본의 아니게 무시당하거나 모욕감을 느낀 많은 사람들에게 해명하느라 진땀을 빼야 했다. 기크는 멋진 아이디어를 만들어내고 분석 작업을 할 수 있다. 그러나 대인 관계에서도 항상 뛰어난 것은 아니다. 반면 슈링크는 대인 관계의 미묘한 부분까지도 읽어낼 수 있지만, 사물의 본질적인 차원에 있어 뛰어난 통찰력을 항상 발휘하는 것은 아니다. 뛰어난 관리자(나는 포함되지 않는다)는 이 차이를 직관적으로 알아차리고, 이들의 능력을 살려 가치를 부가할 수 있는 적재적소에 사람을 배치한다.

1996년에 나온 영화 〈Big Night〉는 이 두 가지의 결합을 정확하게 보여주었다. 프리모와 세콘도는 미국에 이민와서 이태리 식당을 개업한 형제다. 프리모는 재능은 있지만 성격이 우울하고 화를 잘 내는 주방장으로, 손님들이 항상 기대하고 원하는 일반적인 음식이나 만들면서 자신의 천재적인 재능을 낭비할 수는 없다고 생각하고 있다. 세콘도는 앞에 나서서 말을 잘하는 사람이다. 그는 식당을 유지하고, 얼마 안 되는 손님들에게 이 식당에 오면 먹고 싶은 것을 먹을 수 있다는 생각을 심어주면서 식당을 유지하기 위해 노력한다. 영화의 중심이 되는 사건은, 두 형제가 특별 자선행사를 개최하기로 합의를 본 데서 시작한다. 프리모는 자신의 대표작을 선보이고, 세콘도는 자신의 뛰어난 마케팅 능력을 활용해 많은 손님을 끌어모으기로 했다. 그러나 처음부터 행사 개최 여부는 불투명해 보인다. 두 사람은 서로의 말을 전혀 듣지도 않았으며, 상대에게 배우려고 하지도 않았다.

기크와 슈링크—예술가와 매니저, 발명가와 이를 사업화하는 사람, 엔지니어와 마케팅 전문가, 패션 디자이너와 의류 상인, 감독과 제작자, 인터넷 콘텐츠 제공자와 인터넷 트래픽 제공자, 정치인과 정치 컨설턴트 등등… 각 팀은 기업가 집단 전체를 구성하는 절반과 나머지 절반을 보여주고 있다. 이들은 서로 공생 관계에 있다. 혁신이 일어나기 위해서는 서로가 서로에게 배워야 한다. 한쪽이 아무 공헌도 하지 않는다면, 진정한 사업가적 통찰력을 갖춘 팀이라고 볼 수 없다. 기크 혼자서 '죽이는' 기술을 만들어낼 수는 있지만, 경제적 가치는 없을 것이다. 사람들이 무엇을 원하는지 모르는 기술이므로 상업적으로는 무모한 기술일 수도 있다. 슈링크 혼자서 고객을 즐겁게 하고, 고객의 마음 깊이 자리잡고 있는 욕구와 필요에 적절하게 대처할 수 있는 방법을 생각해낼 수는 있다. 그러나 이런 생각에 대한 기술적인 뒷받침은 불가능할 수도 있다. 기술적으로 무엇이 가능한지 모르는 생각이므로 기존과 별 차이가 없거나 현실과는 동떨어질 수도 있다.

'무엇이 가능할까?' 와 '소비자는 무엇을 원할까?' 는 모든 기업에게 가장 중요한 두 가지 질문이다. 경쟁 조건이 같은 상품을 대량 생산 판매하는 것에서 재빨리 혁신을 이루어 고객의 신뢰를 얻는 쪽으로 바뀌고 있기 때문에, 기크와 슈링크는 없어서는 안 될 존재라 할 것이다. 어느 한 분야(소프트웨어, 음악, 법률, 금융, 물리, 영화 등)의 지식과 그 시장에 대한 지식이 결합될 때 돈을 벌 수 있다.

구매자가 상품을 구입하면 그 상품을 재생산하고 유통시키는 노력보다는 기크와 슈링크가 만들어내는 혁신에 더 많은 돈을 지불한다. CD, 트랜지스터, 진통제 등의 생산비는 얼마 되지 않는다. 소비자가 지불하는 돈의 대부분은 기크와 슈링크의 영역인 신상품 연구, 설계, 마케팅, 광고 등을 위한 것이다. 신차의 소비자 가격 중에 설계와 마케팅, 그리고 재고 관리, 생산, 계산서 발행, 임금 지급, 유통에 사용되는 컴퓨터와 소프트웨어 비용이 차지하는 비중이 점점 더 커지고 있다. 지금 읽고 있는 이 책의 생산비가 책 가격에서 차지하는 비중은 얼마 되지 않는다. 편집, 표지 디자인, 판매, 마케팅, 광고비가 대부분을 차지한다. 사이버 공간도 마찬가지다. 모두 콘텐츠와 트래픽으로 구성된다. 기크와 슈링크를 제외하면 거의 아무도 없는 셈이다.

정보 중개에서 지식 중개로

전문 서비스 분야에서도 비슷한 경향을 찾아볼 수 있다. 몇 년 전만 해도 금융 기관은 연구 개발이나 정보 기술에 상당한 투자를 했다. 주식과 채권 거래에 관한 실시간 정보를 얻을 수 있었고, 또 고객을 대신해서 효과적인 거래를 수행할 수 있었다. 그러나 요즘에는 고객들이 거의 비슷한 정보를 집에서 볼 수 있으며, 인터넷을 통해 직접 거래에 나서고 있다. 그렇다면 월 스트리트에서는 도대체 무엇을 팔고 있는 것일까? 투자 자문 서비스가 증가하고 있다. 자문 서비스는 두 가지 종류의 지식, 즉 시장에 관한 지식과 투자자에 관한 지식 서비스로 나뉜다. 금융 시장이 앞으로 어떤 양상을 보일 것인가? 그리고 각 개인 고객들은 어떤 투자 방식을 원하고 있을까? 이 두 가지에 관한 지식이다.

월 스트리트의 중개인들은 '금융 컨설턴트'라는 새로운 이름으로 불리고 있다. 그러나 실제 벌어지고 있는 변화는 이름 정도가 아니다. 내가 중개인이 필요한 이유는, 주식 거래 때문이 아니라 내가 저축한 돈을 가지고 무엇을 어떻게 해야 할지에 관한 조언을 듣기 위해서다. 그 사람이 나와 내 가족, 내 재산 상태에 대해 잘 알고 있으므로 훌륭한 조언을 해줄 것으로 믿고 있다. 월 스트리트의 새로운 스타는 금융 시장의 기술적인 지식과 투자자에 대한 구체적인 지식을 가장 잘 결합시킬 수 있는 연구 분석가들이다. 내 개인 금융 컨설턴트들이 제공하는 서비스를 한 차원 높은 단계에서 판매하고 있는 셈이다.[6]

과거에는 정보를 거래했던 모든 전문직, 이를테면 부동산 중개인, 주택 할부금 융자업체, 보험 중개인, 여행사 직원, 미디어 구매자, 회계사, 심지어 의사와 변호사(매일 같은 진료만 하는 의사와 절차대로 양식만 기입해서 일을 해결하는 변호사)에게도 같은 현상이 발생하고 있다. 이들은 고객에 관한 구체적인 정보와 업계에 알려진 전문 정보를 결합시켜주는 정보 중개인이었다. 컴퓨터는 업무를 더 효과적으로 해주는 역할을 했다. 부동산 중개인은 전산망에 수록된 리스트를 참고하고, 융자업체 역시 각 개인의 신용 관련 데이터베이스의 도움을 받았다. 보험 중개인은 여러 보험 상품의 가격과 위험을 평가 도구로 사용했으며, 여행사에서는 비행 시간과 예약 상황 데이터베이스를 참고했고, 회계사와 의사, 그리고 변호사는 여러 가지 일반적인 문제를 해결하는 데에 효과적인 도구로 컴퓨터를 사용했다. 그러나 고객이나 환자, 의뢰인들이 똑같은 전문 정보를 인터넷을 통해 직접 접하게 되면서, 더 이상 정보 중개인의 필요성을 느끼지 못하고 있다.

지금 말한 정보 중개인들은 증권 중개인들과 마찬가지로, 가능한 상황에 대한 지식과 고객이 원하는 사항에 관한 지식을 결합해서 제공하는 지식 중개 쪽으로 방향을 바꾸어야 할 것이다. 1년에 한 번 가는 가족 휴가 때에도, 예약 자체는 클릭 몇 번이면 쉽게 끝낼 수 있다. 그러나 내 단골 여행사 직원은 여행의 여러 분야에 대한 많은 지식을 축적한 상태이고, 우리 가족에 대해서도 잘 알고 있다. 그래서 어디로 휴가를 가야 할지, 또 가서 무엇을 해야 할지 등에 있어 그녀의 조언을 듣는다.

지식 중개인이 되더라도 마음이 그렇게 편하지는 않을 것이다. 고객을 대상으로 한 온라인 설문 조사를 토대로 고객의 취향을 더 많이 반영하는 서비스가 인터넷을 통해 제공되며, 또 그 수가 늘어나고 있기 때문이다. 고객의 재산 상태와 리스크에 대한 태도, 연령, 기대치 등에 관한 설문을 토대로 주식과 채권을 어떤 비율로 보유하는 것이 좋을지를 알려주는 금융 소프트웨어도 곧 나올 것이다. 휴가 계획 소프트웨어도 가족들의 관심 사항과 이전에 재미있었던 휴가 경험 등에 관한 온라인 설문을 토대로 어디에 가서 무엇을 해야 할지 알려줄 것이다. 변호사, 금융 전문가, 엔지니어, 건축가, 의사, 회계사, 세무사 등의 조언이 담긴 소프트웨어 역시 온라인으로 선보일 것이다.

이 전문가들은 앞으로 어떻게 해야 할까? 지식 중개 소프트웨어의 설계와 마케팅을 담당하는 기크나 슈링크가 되는 사람도 있을 것이다. 또 소프트웨어가 처리할 수 없는 특수한 사항이나 사례만을 전문적으로 다루게 되는 사람도 있을 것이다. 또 돈을 더 내고 개인적으로 별도 서비스를 받고 싶어하는 사람들을 대상으로 조언과 치료를 겸하는 사람도 있을 것이다(이 부분은 나중에 더 자세히 나온다).

소매업에서도 정보 중개에서 지식 중개로의 이동을 볼 수 있을 것이다. 소매업체에서 판매를 담당하는 사람들은 인터넷으로 대체될 것이다(더 구체적으로 말하면, 사이트의 디자인과 마케팅을 담당하고, 주문 내역을 재고 및 계산 체계와 연결시키는 소프트웨어를 개발하는 기크와 슈링크, 그리고 제품 발송 관련 인원으로 대체될 것이다). 그렇다고 해도 판매직 종사자가 할 역할은 아직 있을 것이다. 자신이 원하고 필요한 것을 결정하는 데에 사람의 도움을 원하는 고객이 계속 있기 때문이다. 이런 도움은 인터넷을 통해서, 또 지리적으로 멀리 떨어진 고객 센터의 상담원을 통해서 제공될 것이다. 일부는 더 비싸기도 하지만 직접 만나 제공되기도 한다(이 부분 역시 나중에 자세히 다룬다).

서로 배워야 한다

조직이 잘 이루어져 있는 기업에서는 두 종류의 창조적 근로자를 함께 일하도록 하고 있다. 그렇게 되면 기크는 시장 상황을 이해하고 자신들의 독창적인 생각이 가장 환영받을 곳을 염두에 두고 작업에 임한다. 슈링크는 기술과 여러 분야를 이해한 상태에서 이 기술이 활용될 가능성이 가장 높은 곳으로 고객을 유도할 수 있다. 영화사는 재능 있는 배우가 필요하지만, 관객이 원하는 영화를 만들어낼 수 있는 제작자도 필요하다. 출판사는 재능 있는 작가를 책 판매의 노하우가 있는 편집인과 결합시키고 있다. 최고의 벤처캐피털 회사는 똑똑한 기크와 통찰력을 보유한 슈링크 모두를 스카우트한다. 그리고 같은 기업 내에서 이 둘을 어떻게 결합시켜야 하는지도 알고 있다. 의류업체는 디자이너가 필요하지만, 이와 함께 시장 상황을 항상 주시하면서 다른 경쟁사 움직임을 파악하고, 상인이나 유행 전문가 등과 함께 앞으로의 시장 방향을 알아내는 스타일리스트 역시 필요하다. 이는 경제 전반에 걸쳐 공통적인 현상이다.

슈링크는 기크가 개발한 것을 가지고 예상치 못했던 상업적 활용 방안을 찾아내기도 한다. 미녹시딜은 원래 혈압을 낮추기 위해 개발된 약이다. 고혈압에 효과가 있는 것으로 입증되었지만, 모발의 성장을 촉진한다는 한 가지 부작용이 있었다. 이를 다른 관점에서 본 슈링크는 대머리 치료라는 새로운 상업화 가능성을 발견해내었다. 혁신적인 제품은 종종 이런 탄생 과정을 거치곤 한다. 획기적인 개가는 과학, 기술, 예술적인 발견에서뿐만 아니라, 그 기술을 사용하는 새로운 방법에서도 올릴 수 있다.

이와 마찬가지로 기크도 시장 상황에 대해 더 많이 알게 되면, 이미 보편화된 기술을 사용하는 새로운 분야를 발견해낼 수 있다. 몇 년 전이다. 환자들이 여러 의료 기관을 옮겨다니기 때문에 병원측에서는 환자의 이동 상황을 파악하기 위한 더 좋은 방법이 필요했다. HMO나 1차 진료 기관, 전문 의료 기관 등을 다니는 와중에 환자의 기록이 분실되는 등 전반적으로 기록이 완전하지 못한 상태였기 때문이다. 여러 운송 수단을 거치게 되는 화물을 추적하기 위해 운송업체에서 사용하는 소프트웨어가 있었다. 이를 잘 알고 있던 한 기크는 이 소프트웨어에 약간의 수정만 가하면 환자의 이동 상황에 대한 파악이 가능하다는 것을 알게 되었다. 그래서 각 병원이나 진료 기관의 필요에 맞게 성공적으로 수정한 소프트웨어를 내놓을 수 있었다.

기크와 슈링크가 서로에 대해 더 많이 알게 될수록 더 많은 기술 혁신이 가능할 것이다. 그러나 전형적인 관료 조직과 같은 대기업에서는 기크는 연구개발실에, 슈링크는 판매 및 마케팅 부서에 따로 떼어놓는 것이 일반적이다. 그 결과 새로운 기술에 대한 안목도 생기고 소비자가 무엇을 필요로 하는지에 관한 개념을 잡을 수 있어도, 이 두 가지가 접목되는 경우는 거의 없거나 전무하기 때문에 진정한 의미의 혁신 작업이 매우 드문 상황이다. 제록스 사의 유명한 팰로앨토 연구센터는 여러 해 동안 전자업계의 새로운 아이디어의 산실로 여겨져왔다. 그러나 제록스는 그렇게 나온 아이디어의 사용 방법을 몰랐다. 코네티컷 주 스탬퍼드에 위치하고 있는 제록스 본사는 고객들이 필요로 하는 것밖에 생각하지 못했고, 연구원들이 새롭게 발견해내고 있는 것이 시장에서 어떤 잠재력을 가지고 있는지에 대해서는 전혀 알지 못했다. 몇 개 안 되는 혁신 사업 중 팰로앨토에서 스탬퍼드 입성에 성공한 것으로 '레이저 이미징'이 있다. 이렇게 스탬퍼드에 선보일 수 있었던 것은, 로버트 애덤스라는 임원이 이 기술을 우연히 알게 되었고, 시장성도 있다고 생각해 이 제품을 강력히 추천했기 때문이라고 한다.

서로에 대해 잘 알게 되면 혁신이 지속적으로 이루어지는데, 대개는 전혀 예상하지 못한 결과인 경우가 많다. 바로 이런 이유 때문에 신경제의 혜택은 거대한 관료체제와 같은 대기업보다 기크와 슈링크로 구성된 소규모 기업에게 더 많이 돌아간다. 또 이런 소규모 기업 중 선두주자를 보면, 조직 구성이 느슨하고 서로가 볼 수 있고 서로 찾기에 별 어려움 없는 사무실 구조를 가지고 있는데, 바로 이런 이유 때문이다. 이런 기업에서 볼 수 있는 캐주얼 복장은 단지 보여주기 위함이 아니다. 사람들이 가장 창조력이 왕성하고 자발적으로 일하며 별 부담 없이 자신의 생각과 아이디어를 함께 나눌 수 있을 때는,

마치 친구와 함께 있는 것처럼 편안함을 느낄 때다.

혁신에 열중하고 있는 사업체가 많이 들어서 있는 지역을 가면, 서로 끊임없이 교류를 하는 기크와 슈링크 집단을 찾아볼 수 있다. 보스턴의 첨단 기술 단지는 기술의 대명사 MIT와 마케팅의 대명사 하버드 경영대학원과 지리적으로 가깝기 때문에 커다란 혜택을 보았다. 하버드는 기술면에서, MIT는 마케팅면에서 그렇게 큰 강점을 가지고 있지 않다. 그러나 이 지역에 계속 머무르고 있는 두 학교 출신 학생들은 서로에게 배우면서 이 지역이 활기를 띠는 데 도움을 주고 있다.

실리콘 밸리 역시 기크(많은 수가 팰로앨토의 스탠퍼드 대학 출신)와 아이디어를 사업화하는 데 뛰어난 재능을 가지고 있는 벤처 자본가들이 많이 모여 있는 지역적 특성의 혜택을 받고 있다. 이곳의 기업가 정신의 뿌리는 1930년대 후반으로 거슬러올라간다. 당시 스탠퍼드 대학의 공대 교수였던 프레드 터먼은 자신의 제자인 윌리엄 휴렛과 데이비드 팩커드를 설득해 회사를 창업하게 하고, 학교측에는 복숭아 과수원의 일부를 첨단 산업 단지로 바꾸게 했다. 그러나 궁극적으로 이곳에 꽃이 피게 만든 것은, 기크의 천국이었던 곳을 선 마이크로시스템스, 시스코, 실리콘 그래픽스, 야후와 같은 기업의 모임터로 바꾸어놓은 벤처 자본가들과 마케팅 전문가들이었다.

지난 70년 동안 할리우드는 영화 매체를 어떻게 활용하는지 알고 있는 사람들(작가, 배우, 감독, 의상 디자이너, 촬영)과 대중의 맥박수를 어떻게 측정하는지 알고 있는 사람들(매니저, 홍보, 영화사 임원, 제작자)의 산실이었다. 월 스트리트에서는 금융 분야의 기크들이 금융 마케팅 전문가와 직접 접촉을 하게 되고, 그 결과 금융 혁신이 줄을 잇고 있다.

이런 지역에서 혁신 작업이 활발한 것은 기크나 슈링크 둘 중 하나가 많아서가 아니라, 두 유형 모두 균형을 이루며 골고루 많이 몰려 있기 때문이다.

만약 그 균형이 한쪽으로 기울어지면, 이 지역의 기업가 정신이 약해지면서 '장점'은 사라진, 별 쓸모 없는 김빠진 맥주가 될 것이다. 할리우드는 벌써 슈링크가 너무 많고, 독창적인 예술가가 부족하기 때문에 진정한 혁신을 이루어낼 능력이 없다고 말하는 사람도 있다. 할리우드 작품은 천편일률적이고 어떤 작품이 나올지 예측이 가능한 상태. 뉴욕의 문학계는 할리우드와는 반대 방향으로 균형이 기울어졌다는 주장도 있다. 자신의 색깔이 너무 강하고, 대중의 취향에 너무 무관심하기 때문에 문학적 혁신의 조류를 형성하기 어렵다는 주장이다. 이스라엘은 기술 혁신의 주요 중심지다. 뛰어난 기술을 보유하고 있는 엔지니어와 컴퓨터 프로그래머로 넘쳐나고 있다. 이들 중 많은 수가 구소련에서 이민온 사람들이다. 그러나 이스라엘은 아직도 독자적으로 기업가의 면모를 보이기에는 마케팅 능력이 부족한 상황이다. 이스라엘의 기크들은 무엇을 팔아야 할지 아는 슈링크들이 있는 다국적 기업에게 의존하고 있다.

예술성과 상업성

지금까지의 내용을, 어떤 발명품이나 예술 작품이 위대하고 아름답고 가치가 있다는 평가를 받으려면 상업적인 성공이 필요하다는 의미로 받아들여서는 안 될 것이다. 소프트웨어도 기크의 세계 밖에서는 아무도 그 진가를 알아주지 않아도 여전히 '죽이는' 소프트웨어가 될 수 있다. 어떤 영화가 흥행에서 실패했다고 오스카상을 받을 자격이 없는 것은 아니다. 재미있게 읽은 사람이 거의 없는 소설도 문학상을 받을 자격은 있다. 고객이 항상 옳은 것만은 아니다. 실제로 고객을 즐겁게 하는 데에 너무 치중하면 창조성의 알맹이는 가고 껍데기만 남게 될 수도 있다.

하나의 작업을 평가하는 데 두 가지 다른 관점이 있다. 전문적인 예술성과 시장에서의 상업성이다. 영화 비평가나 문학 비평가 혹은 소프트웨어 및 다른 발명품에 대한 평가를 내리는 사람들은 두 가지 중 어느 방법도 사용할 수 있다. '굉장한 영화입니다'라는 말은, 비록 흥행에서는 실패했지만 그 영화를 만든 사람들이 영화 예술을 한 단계 더 끌어올렸다는 의미도 되고, 비록 말도 안 되는 영화지만 일반 관객들은 정말 재미있게 볼 수 있는 영화라는 뜻도 된다.

그러나 확실히 어느 쪽이라는 것을 분명하게 밝히는 경우가 거의 없으며, 이는 상당한 해를 끼치고 있다. 경제가 더 치열한 경쟁의 양상을 보이고 있기 때문에, 상업적인 평가가('강력 추천!'과 같은…) 예술적인 비평을 거의 잠재울 수도 있다. 소비자로서는 선택의 폭이 너무 넓기 때문에 재미있거나 만족스러운 상품에 대한 전문가의 조언에 과거 그 어느 때보다도 더 많은 가치를 두게 된다. 따라서 예술적인 비평에는 그만큼 관심이 줄어들게 된다.

그렇다 해도 우리 사회는 두 가지 모두를 필요로 한다. 소비자는 자신들이 좋아하게 될지도 모를 소프트웨어나 영화, 혹은 다른 발명품 등에 대한 평가로부터 분명히 도움을 받고 있다. 또 기크와 같이 새로운 것을 만들어내는 사람들도 어떻게 해야 사람들을 가장 기쁘게 만들 수 있는지를 알아야 한다. 그러나 사람들이 재미있어하느냐의 여부를 떠나, 어느 한 분야에 오랫동안 존재해온 예술적인 기준을 일반 대중들에게 일깨워주는 것도 가치가 있을 것이다. 잘 팔리는 것에만 집착하는 문화에서도 발명이나 예술가가 예술적 비평의 혜택을 입는 경우도 있다. 그렇지 않다면 사람들이 외면하고 있는 진실이 있을 때 사람들을 자극하거나 아니면 화나게 만들어서, 혹은 품위를 높여주거나 재촉하거나, 이 모든 것이 안 되면 강제로라도 그 진실을 직시하게 만들어주는 무엇인가가 사회에서 사라질 수도 있다.

경쟁이 치열해지기 시작한 몇십 년 전에는, 각 전문 분야마다 진행되고 있는 작업의 품질이나 가치에 대한 판단을 내려주어 여러 취향을 중재해주는 사람들이 있었다. 평론가, 수필가, 교육자, 각 분야의 원로들이 그런 사람들이었다. 이들 중에는 고지식하거나 자신의 의견만을 내세우며 기존의 원칙이나 피곤한 형식주의만을 강조하는 사람들도 있었다. 반면에 대담하게 깊은 곳을 꿰뚫어보는 능력을 지닌 사람들도 있었다. 기준을 놓고 끊임없이 벌어지던 논의를 이끌어가던 사람들이었다. 이런 논의는 좋은 것과 인기 있는 것의 차이를 사회에 상기시켜주었다.

소비자가 원하는 바로 그것을 얻을 수 있고, 프로그램이 알아서 소비자의 과거 구매 내용을 분석해주고, 흥미를 가질 만한 상품을 추천까지 해주고 있는 이 치열한 경쟁 시대에서는 기준을 제시하는 것이 점점 더 그 연관성을 잃어가고 있는 것 같다. 사람들이 무엇을 원하느냐 혹은 잘 팔리느냐를 보고 상품의 가치를 판단하고, 그 외의 것은 자의적으로 해석하는 경향이 있다. 모든 것이 마케팅 중심일 때에는 전문적 혹은 예술적 순수함을 위한 공간은 거의 없다.

1950년대 후반 랜덤 하우스 출판사에 편집인으로 들어간 제이슨 엡스타인은 당시 자신과 동료들을 사업가라기보다는 '런던의 양복점이나 중국 도자기 수집가와 같이 전통을 지켜나가는 사람들'로 여겼다는 글을 쓴 적이 있다. 그는 "우리 책이 베스트셀러가 되는 것은 항상 기쁜 일이었다. 그러나 더 중요한 것은 우리 문화의 한 부분으로 영원히 남을 수 있는 책을 만드는 것이었다"라고 말했다.[7] 구매자가 새로운 힘을 얻으면서 더욱 치열해지는 경쟁으로 인해 모든 출판사들은 흑자냐 적자냐를 더 걱정할 수밖에 없다. 모든 작가나 배우, 음악가들이 전세계적인 매체를 위해 일하고, 통신 재벌들이 치열한 경쟁의 늪에 빠져 있는 상황에서, 과연 누가 현재의 일반적인 관행을 우습게 생각하면서 충격적이며 신경에 거슬리는 것을 만들어내겠는가? 모든 기크들이 상업적인 이익만을 추구하는 기업을 위해 일하고 있는데, 과연 누가 당장의 상업적 가치와 무관한 기초 연구 분야를 맡고 나서겠는가?

인기나 유행에는 맞지 않지만 시장 상황에 연연하지 않고 진실을 밝혀야 할 책임이 있는 전문인들이 있다. 현재 상황은 이들에게 특히 위험하다. 이들의 생계 역시 인기에 점점 더 많이 의존하고 있기 때문이다. 언론인은 잘 팔리는 것을 쓰거나 방송해야 한다는 강요를 점점 더 많이 받고 있다. 기술의 발달로 소비자의 반응을 즉시 알 수 있다. 온라인 잡지의 경우 클릭률을 보고 각각의 기사를 몇 명의 사용자가 읽었는지 알아낼 수 있다. 그 잡지의 광고주나 투자자 역시 알 수 있다. 시장의 반응을 알아보는 방법이 점점 더 발달하고 있기 때문에, 사용자에게 사용자가 원하는 바로 그것을 주어야 한다는 압력은 더 커지고 있다.

비영리 단체라고 해서 크게 다른 상황은 아니다. 한 비영리 재단의 프로그램 책임자로 있는 내 친구는, 돈을 기부한 기업의 홍보에 유리한 쪽으로 기금 사용 방향을 정하고, 논란거리가 되거나 난처한 상황을 초래할 수 있는 쪽은 피하라는 압력을 받고 있다는 말을 했다. 꽤 많은 대학교수들이 연구 주제를 선정할 때 그 연구 프로젝트에 지원금을 내는 기업에게 유리한 쪽으로 한다고 알려져 있다. 박물관 관장도 관람객이 많이 와서 박물관 후원자를 기쁘게 해주는 '인기 있는' 전시회를 원한다. 인상파 화가전이나 고대 유물전이 또다시 열리는 것은 바로 이 때문이다.

독특한 취향에 맞게 상품의 예술성을 살려 맞춤 제작하는 방식으로 재능 있는 기크나 슈링크에게 새로운 출구를 제공하는 것도 물론 가능하다. 그렇게 되면 기크와 슈링크는 자신들처럼 독특한 구매자를 만날 수 있으며, 일반 시장에서 그 상품의 반응이 어떨지 걱정하지 않아도 된다. 그것이 가능하다면, 시장성을 의식한 나머지 순수성을 과도하게 희생할 필요도 없게 된다. 아무리 그 규모가 작을지라도 시장은 있게 마련이다. 1500개의 TV 채널 중 최소한 하나는 틈새 시장을 제공할 것이고, 아무리 잠재적인 독자가 거의 없는 책이라도 인터넷 서점 중 최소한 한 군데에서는 그 책을 유통시킬 것이다. 그러나 이렇게 소규모의 예술성 반란이 과거 그 어느 때보다도 인기에 영합하려는 사회적 분위기에 조금의 영향이라도 미칠지, 혹은 사회적 편의에 의해 무시당한 사람들을 위한 탈출구 정도의 역할밖에 하지 않을지 질문을 던질 필요는 있다.

현대 사회에서 언론의 자유를 가장 크게 위협하는 것은 탄압 정치를 일삼는 정권의 과도한 통제가 아니라, 구매자가 자신을 더 만족시키는 상품으로 쉽게 이동할 수 있는 시장, 치열한 경쟁이 벌어지고 있는 시장인 셈이다. 그러한 시장은 더욱더 사납게 어떤 책을 쓰고 무엇을 방송하고 어떤 분야를 연구하라는 명령을 내리고 있다. 사방에 자신들을 기쁘게 해주는 것들이 넘쳐나고, 자신들을 불편하게 만드는 것으로부터 보호를 받고 있는 일반 대중들은 정말 알아야 할 것의 접근을 막는 갑옷을 입고 있는 셈이다.

이제는 어울리지 않는 신의

혁신을 이루어내는 기크와 슈링크에 대한 수요는 증가하고 있다. 그러나 기계나 컴퓨터, 혹은 다른 나라의 근로자를 사용해 비용을 줄일 수 있는 단순직에 근무하는 사람들은 경제적 기반을 잃어가고 있다. 이는 모든 기업이 비용절감의 압력에 시달리고 있고, 기술의 발달로 전세계의 자원을 이용한 비용절감이 더 쉬워지고 있기 때문이다. 단순직에 종사하는 사람들은 대부분 실직상태는 되지 않을 것이다. 그러나 단순 생산직 종사자는 줄어들 것이며, 많은 사람들이 개인적인 관심이 필요한 서비스에 종사할 것이다. 이런 종류의 일은 사람의 손길이 필요하므로 컴퓨터가 대신할 수 없고, 또 그 서비스를 받는 사람에게 직접 제공해야 하므로 외국 근로자도 할 수 없기 때문이다.*

---

* 1950년 이래로 미국 통계청은 근로자를 '관리 및 전문직' '기술, 판매, 행정 지원' '서비스 직'과 같은 '주요 직업군'으로 나누어 분류하고 있다. 그러나 이 분류는 신경제의 새로운 일과는 연관성이 거의 없는 분류 기준이다. 저자는 《The Work of Nations》(1991)에서 새로운 일에 더 적

현재 별다른 성공을 거두지 못하는 대다수 사람들의 문제는 일자리가 부족하다는 것이 아니다. 미국의 경우, 원한다면 취직이 가능하다. 돈을 많이 벌지 못한다는 것이 더 큰 문제다. 미국보다 임금 체계가 훨씬 더 경직되어 있는 유럽과 일본 그리고 세계의 많은 지역에서는, 수요가 많지 않은 근로자는 실직 상태로 복지제도의 혜택을 받거나(유럽처럼), 아니면 필요하지도 않은 일을 일부러 만들어놓아 일의 시장가치보다 더 많은 액수를 지급하는 기업의 친절함에 의지해 살아간다(일본처럼). 그러나 이렇게 관대한 실업 수당이나 기업의 선심도 심지어 유럽이나 일본에서조차 점점 사라져가고 있다. 이러한 나라들도 미국적 시스템으로 서서히 접어들고 있다. 외국인 투자자와 소비자들이 이를 고집하고 있기 때문이다.

심지어 흑자를 보고 있는 미국 기업들도 '인력 감축' '다운사이징' 등의 완곡한 표현을 쓰면서 직원을 해고하고 있다. 재능 있는 기크와 슈링크에게는 더 많은 돈을 쓰면서, 단순직 근로자의 일자리나 임금을 줄이고 의료 혜택을 없애거나 삭감하며, 이들보다 임금이나 수당이 낮은 외부업체에게 외주를 준다. 또 더 많은 기업들이 웹에 기반을 둔 B2B 경매 시스템을 활용해 가장 좋은 조건을 제시하는 공급업체를 선택하고 있다. 이렇게 되면 공급업체 역시 경쟁력을 확보하기 위해 비용을 절감하지 않을 수 없다. 비영리 단체들도 같은 과정을 겪고 있다. 병원이나 박물관, 심지어 자선단체도 30년 전이라면 민

합하게 '기호 분석가' '단순 생산 근로자' '개인적 서비스 근로자'의 세 가지 큰 분류로 다시 나누어보았다. 나머지는 공무원, 농부, 광부, 그리고 자연의 자원을 개발하는 다른 직종에 근무하는 사람들이다. 21세기가 시작하는 이 시점의 직종 데이터를 평가한다면, 가장 많은 임금을 받는 25퍼센트를 '창조적 근로자'의 범주에 넣고(이미 앞 장에서 말한 바와 같이, '기호 분석가'보다는 이 용어가 현재 하고 있고 또 앞으로 할 일을 더 정확하게 나타내는 것 같다) 약 20퍼센트가 단순 생산 근로자이고, 개인적 서비스 종사자는 30퍼센트가 조금 넘는다. 공무원과 다른 사람들이 나머지에 해당하는 것 같다.

간 분야에서도 잔인하다고 여겼을 정도의 비용 감축에 나서고 있다. 대학도 종신직 교수의 수를 줄이고, 낮은 봉급에 각종 혜택은 없는 연별 계약직 강사를 늘리고 있다. 또 시설 보수나 교내 식당과 같은 일반적인 업무는 더 낮은 비용으로 할 수 있는 영리업체에게 넘기고 있다.

이제 기업들도 자신들의 거점 도시에 대해 특별히 더 충실한 모습을 보이지 않는다. 거점 도시를 갖고 있는 기업의 수가 줄어들고 있기 때문이다. 이제 어느 대기업의 본사가 있다고 해서(코닥과 로체스터, 프록터 & 갬블과 신시내티, 코카콜라와 애틀랜타, 리바이 스트라우스와 샌프란시스코), 과거처럼 많은 인원을 고용하거나 지역 사회를 위해 좋은 일을 해주리라고 기대할 수는 없다. 모든 기업이 인원을 감축하고, 작업은 외주를 주며, 여러 지역으로 흩어지고 있다.[1] 전세계적으로 다국적 기업의 본사는 국제공항 근처의 잘 다듬어진 사무단지 내에 있으며, 공장과 연구소는 전세계 곳곳에 있다. 공급업자와 파트너는 지역에 구애받지 않고 계속 바뀐다. 1950년대에 다저스 야구팀이 브루클린을 떠날 때, 사람들은 눈물을 흘렸다. 어떻게 그럴 수 있느냐는 분위기였다. 그러나 지금은 더 좋은 시설을 제공하는 도시로 이리저리 구단을 옮기는 것이 일반화되었다. 팬들은 아직도 '그들의' 홈팀이라고 말하지만, '그들의'가 갖는 의미는 불분명한 상태다. 야구팀 플로리다 말린즈의 경우를 보자. 이 팀은 이름에 도시 이름조차 없다(프로구단 이름에는 보통 도시 이름이 들어가지만, 플로리다는 도시가 아닌 주 이름이다—옮긴이). 바로 그 전해 겨울에 구단주가 사들인 선수들로 1997년 월드시리즈에서 승리했는데, 구단주는 승리하고 난 후 만약 마이애미가 자신에게 새로운 야구장을 지어주지 않으면 스타플레이어들을 모두 방출하고 팀을 팔겠다고 위협하기도 했다.

이 모든 것을 토대로, 기업은 더욱 냉정해지고 경영진은 더 무자비해지고 있으며, 이는 최근 기업의 주체할 수 없는 욕심 때문이라고 결론을 내리기 쉽다. 그러나 그것은 정확하지 않다. 성격의 변화가 기본적인 원인은 아니다. 구매자와 투자자가 더 좋은 조건으로 쉽게 옮길 수 있다는 것, 또 모든 기업이 그 경쟁에서 살아남아야 한다는 압박감이 바로 원인이다. 이런 압박감이 가중되면서 유대 관계의 고리는 더 느슨해지고 있다.

구매자의 선택이 지금보다 훨씬 더 제한적이고 보다 나은 거래 조건으로 이동하기 어려웠던 몇 년 전만 하더라도 소비자와 투자자는 한 곳에 고정되어 있었다. 그 결과 조직 내 유대 관계는 지금보다 더 긴밀했다. 경쟁이 치열하지 않았기 때문에, 사회적으로 암묵적인 계약 같은 것이 존재했다. 다시 말해, 직원들은 다른 곳으로 옮기지 않고 믿음직스럽게 일했으며, 그 대가로 회사에서는 적자를 보지 않는 한 계속 일할 수 있는 기회를 제공했던 것이다. 지역 내 업체밖에 경쟁 상대가 없었던 지역 소매업체와 서비스업체 역시 마찬가지였다. 학생과 기부금이 원활하게 들어오던 대학은 많은 교수들에게 종신직을 수여했다. 환자 수에 대한 예측이 가능했고 예산 변동이 없었던 병원도 의료진과 간호사를 꾸준히 늘려나갔다. 임금이 올라가지 않은 사람이 거의 없었다.

20세기 중반의 대기업 간부 사무실은 다른 방과는 달리 조용한 분위기에 마호가니와 대형 거울, 외제 카펫과 양탄자가 있었고, 업무를 보는 모습에서 별 긴박감이 느껴지지 않았다. 대량 생산 경제의 특징인 안정된 시장 덕분에 간부들은 크게 움직일 필요가 없었으며, 항상 확신에 가득 차 있었다. 당시에는 투자자와 소비자의 이동이 없었기 때문에 최고경영자는 모두에게 마음을 넓게 쓸 수가 있었다. 당시 상황을 잘 보여주는 구절이 하나 있다. 뉴저지 주 스탠더드 오일 사의 에이브럼스 회장은 1951년 한 연설에서 "경영진이 할 일은 주주와 직원, 고객 그리고 일반 시민과 같은 여러 이해 집단의 요구 사이에서 공평하게 균형을 유지하는 것이다"라고 인정이 넘치는 말을 했다. 이런 관점에서 본다면, 대기업은 모든 사람에 대한 책임이 있는 일종의 공기업이었다.

에이브럼스 회장은, 기업을 이끌고 있는 사람들도 전문인의 지위를 얻어가고 있다고 말하면서, 그 이유로 "다른 전문직 종사자들이 오랫동안 인식해온 일반 대중에 대한 기본적인 책임 의식을 기업인들도 느끼고 있기 때문이다"라고 말했다.[2]

그런 상당한 지위를 누리고 있던 에이브럼스 같은 사람은 필요하다고 생각되면 회사 수익으로 각 집단의 요구를 공평하게 들어주는 등 자신이 원하는 모든 일을 할 수 있는 재량권을 가질 수 있었다. 에이브럼스가 언급하지는 않았지만, 다른 어떤 요구보다도 존중되었던 것은 바로 안락한 삶을 위한 임원들의 요구였다. 임원들의 요구는 거의 그대로 받아들여졌다. 당시 대기업 임원들은 기업이나 비영리 단체의 수많은 이사회에 참여했고, 매주 여러 라운드의 골프 시합을 했으며, 호화로운 환대를 받고, 사람들에게 널리 알려진 자선 행사에 참석했으며, 때로는 공직에 잠시 몸담기도 했다. 대학 총장과 재단 이사장 역시 별 걱정 없는 삶을 살았다.*

21세기가 시작되는 지금, 경영진에서는 과거와는 전혀 다른 목소리가 나오고 있다. 기업은 이제 직원이나 지역 사회 그리고 일반 시민에 대한 책임을 더

---

* 20세기 중반 경영진들에게 주어진 폭넓은 재량권은 이미 수십 년 동안 여러 차례 주제로 다루어져왔다. 아돌프 벌리와 가디너 민즈는 1932년 발표된 《The Modern Corporation and Private Property》를 통해 최고경영진들이 자신들의 이익을 위해 기업을 운영했으며, 개인 목적으로 회사 자산의 일부를 전용했다는 사실을 밝혀냈다. 이러한 금권 지배를 극복하기 위해서는 주주의 힘이 더 강력해져야 하는 것이 아니라, 기업에 의해 영향받는 모든 단체나 집단의 힘이 강해져야 한다고 말했다. 또 "소유권이나 통제에 대한 주장은 가장 중요한 지역 사회의 이익과 대치될 수 없다. 지역 사회의 주장을 분명한 목소리로 명확하게 제시하는 것만 남았다. 경영진은 순수하게 중립적인 위치에 있는 전문 기술인이 되어야 하고, 지역 사회 내 여러 단체의 다양한 주장을 공평하게 조정하고, 각 단체에게 개인적인 욕심이 아니라 공공을 위한 정책이라는 생각으로 수입의 일부를 배분해야 할 필요가 있다"고 밝히고 있다.

이상 지지 않는다. 그들의 유일한 의무는 기업의 주식 가치를 극대화시키는 것이고, 이를 위해 비용을 엄청나게 줄이면서 부가가치를 만들어내고 있다. 코카콜라의 전 최고경영자 로베르토 고이주에타는 새로운 사고방식에 대해 매우 명확하게 말했다. "사업은 경제적인 필요를 충족시키기 위해 탄생했다. 모든 사람을 위한 것이 되려고 하면 실패한다. 우리에게는 한 가지 임무가 있다. 기업의 소유주를 위한 수익을 만들어내는 것이다. 핵심 임무인 미래의 가치 창조에 주력해야 한다."[3] 대학이나 병원, 박물관, 대규모 자선단체의 책임자들 역시 기부금을 늘리고 적정 수준의 수익을 올리는 것에 집착하고 있다.

신의가 사라져버린 새로운 사고방식

미국이 갈수록 돈 버는 데에만 초점을 맞추는 것은 과연 누구의 잘못일까? 직접적이지는 않지만 바로 내 잘못이다. 아마 당신 잘못도 있을 것이다. 물론 이런 상황을 우리가 고의로 만들었다는 뜻은 아니다. 더 좋은 조건으로의 이동이 점점 더 쉬워지면서, 우리의 의지와는 상관없이 만연된 '신의를 지키지 않는 현상(disloyalty)'이라는 새로운 사고방식이 그 원인이다. 이런 현상의 출발점은 바로 각 가정이다. 비용 및 인원 감축 사례의 대부분에 관여해온 대기업을 자세히 살펴보면 그 이유를 알게 될 것이다.

미래 가치를 말해주는 주식부터 살펴보자. 어느 한순간의 주가를 보면, 모든 정보를 취합 분석한 많은 투자자들이 앞으로의 이익 상황의 흐름을 현재 어떻게 보고 있는지를 간접적으로 알 수 있다. 주가가 완벽하게 예측하는 것은 아니다. 투자자들이 말도 안 될 정도로 들떠 있을 수도, 아니면 지나치게 비관적일 수도 있으니 말이다. 그러나 장기적인 관점에서, 한 기업의 주가는 기업의 미래 수익성을 예측하는 데 가장 뛰어난 척도다. 그렇다면 주가는 일종의 조기 경보 시스템의 역할을 한다고 볼 수 있다. 대부분의 투자자들 생각에 경영진이 미래의 이익을 감소시키는 결정을 내리면, 투자자들은 주식을 팔고 주가는 떨어질 것이다. 너무 낮게 떨어지면 미래의 혁신 작업에 필요한 자금 유치가 더 어려워질 것이다. 투자자들은 현재 경영진이 그 돈을 잘 사용하리라고 믿지 않기 때문이다. 따라서 주가가 낮아지면 현 경영진을 퇴진시키고 더 유능한 인물로 대체하려고 할 것이다.

투자자들은 더 좋은 조건으로 이동할 의지와 능력이 과거보다 더 강해졌기 때문에, 이러한 일에 더 강력한 역할을 맡게 되었다. 이런 움직임은 1974년에 시작되었다. 당시 인터내셔널 니켈 사는 일렉트릭 스토리지 사의 주식을 경영권을 장악할 수 있을 정도로 사들인 다음, 잽싸게 일렉트릭 스토리지의 경영진을 퇴진시켰다. 인터내셔널 니켈이 이런 비열한 행동을 하기 전만 해도, 월스트리트에서는 그런 공격적인 행동이 윤리에 어긋나지는 않지만 가능하리라고 보지 않았다. 그러나 이 사건이 전례가 되어버렸다. 얼마 안 있어, 이전에는 뻔뻔스럽다고 여겨지던 것이 일반적인 사례가 되어버렸다. 그 이후 1970년대에만 10억 달러 이상 규모의 적대적 매수 사례는 12건이 더 있었다. 1980년대에는 150건이 넘었다.

기업들 사이에서 '침략자(raiders)'로 불리게 된 이들은 한 기업을 손에 넣어 비용을 줄이면 나중에는 커다란 수익이 돌아올 수 있는 기회를 본 것이다. 이들은 안정적인 과점 체제에 익숙해져 별 걱정 없이 살고 있던 기업의 경영진들이 미처 보지 못한 가능성을 본 것뿐이라고 할 수도 있지만, 거리낌없이 잔혹한 행위를 저질렀다고도 할 수 있다. 침략을 감행하기 위해 필요한 자금을 최대한 빌리고[이들은 일명 '차입 매수(leveraged buyouts, 다른 기업을 매수할 때 해당 피매수 기업의 자산 가치를 담보로 차입한 자금으로 충당하는 형식의 기업 매수─옮긴이)'를 위해 수익성이 높은 반면 투자 위험 또한 그만큼 높은 '정크 본드'를 마구 발행했다), 공급업체에 온갖 압력을 가하고, 노조와 대립하고, 임금을 삭감하고, 세계 어느 지역에 있든 비용을 절감시켜주는 업체와 하도급 계약을 맺는 등의 잔혹한 행위를 저질렀으니 말이다. 두 가지 모두 틀린 말은 아니다. 침략의 결과 이익이 불어났고, 이는 주가 상승으로 이어졌다. 방금 열거한 잔혹한 행위로 인해 1980년대에 유죄 판결을 받았던 침략의 전사들과 정크 본드의 황제들은 오늘날에는 미국 기업의 경쟁력을 향상시켰다는 칭송을 받고 있다. 물론 이들의 전략이 항상 계획대로 이루어진 것은 아니지만, 그렇게 말하는 것이 공평할 것이다. 1980년대 후반에 정크 본드의 가격이 곤두박질치자, 본드 가격이 더 높았을 때 엄청난 양을 사들였던 savings-and-loan(원래 조합원들의 저축을 자금원으로 이용해 이를 조합원들에게 주택을 담보로 주택 구입 자금이나 개량 비용으로 빌려주는 일종의 협동 저축 기관이었으나, 금융 산업 규제 완화와 더불어 취급 업무가 일반 은행과 유사하게 되었다─옮긴이) 기업들이 도산했고, 미국의 납세자들은 결국 엄청난 부담을 져야만 했다. 1980년대 차입 매수 결과로 나온 최대 기업인 RJR Nabisco는 1999년 일부 사업을 매각하고 여러 회사로 분리되었다.

적대적 기업 매수의 가능성이 조금이라도 있으면, 투자자뿐만 아니라 경영자들의 태도에도 변화가 있다. 현재 많은 사람들이 투자하고 있는 연금 기금(pension fund)이나 뮤추얼 펀드(mutual fund)와 같은 기관 투자자들은 더 많은 요구와 기대를 하게 된다. 이 기관 투자자들은 매우 효과적으로 투자 대상을 선정하고 바꿀 수 있기 때문에 현재까지 상당한 성장세를 보이고 있다. 이들은 또 비용 삭감과 이익 증대를 위해 적극적으로 주가를 끌어올리는 경영진에게는 깜짝 놀랄 정도의 보상을 해주었다. 목표를 달성하거나 초과하게 될 경우 경영진에게 주는 '보상 패키지'는 고액의 스톡 옵션이나 보너스 형태로,

주가와 더 많은 연관성을 갖게 되었다. 클린턴 행정부 재직시 나와 다른 장관들도 무심코 이런 추세에 일조했다. 1993년 취임한 클린턴 대통령의 공약 중에 어떤 기업도 경영진에 대한 보상으로 100만 달러가 넘는 것은 기업 소득세로부터 공제 혜택을 받을 수 없다는 내용이 있었다. 우리는 그 보상 내용이 '성과', 다시 말해서 기업의 주가 상승과 관련 있을 경우 공제해줄 것을 건의했다. 그후 스톡 옵션과 보너스가 폭발적으로 등장하기 시작했다. 어떻게 해서라도 주가를 올리는 것이 최고의 과제가 된 것이다. 1980년 미국 대기업의 전형적인 최고경영자는 일반 근로자의 40배에 달하는 연봉을 받았다. 1990년에는 85배로 뛰었다. 1990년에서 20세기 말까지 경영진에게 돌아간 보상 총액은 평균 180만 달러에서 1,200만 달러로 뛰었다. 이는 600퍼센트가 넘는 증가율로, 경영진의 보상 패키지가 일반 근로자 봉급의 평균 419배가 되었음을 의미한다.[4]

반면에 주가를 올리지 못한 경영진은 물러나는 것이 일반적이었다.[5] 1990년에서 2000년 사이에 IBM, AT&T, 시어스, 제너럴 모터스, 제록스, 코카콜라, 애트나 등의 최고경영자들이 물러났다. 때로는 몇 달 만에 물러나는 경우도 있었다. 1999년 1사분기 주가 하락이 일어났을 때, 컴팩 컴퓨터 이사회는 최고경영자를 즉시 해고했다. 컴팩 이사회 의장은《뉴욕 타임스》와의 인터뷰에서 "경쟁사 중 일부는 인터넷 포지셔닝에서 더 뛰어난 성과를 보여주었다"라고 말했다.[6] 이 말을 해석하면 "비용 삭감과 신기술로의 변환을 더 신속하게 달성할 수 있는 다른 최고경영자를 영입해서, 컴팩이 다시 궤도에 올라섰다는 극적인 뉴스를 월 스트리트에 전해야 한다"는 것이다.

전통적으로 기업 이사회는 CEO와 친한 사람들로 구성되었다. 그러나 '투명한 회사 경영'이라는 기치 아래 연금 기금과 뮤추얼 펀드 그리고 다른 기관 투자자들은 이사회의 독립성 제고를 요구하고 나섰다. 만약 실적이 부진한

CEO를 내쫓지 않으면, 투자자는 이사회 전체에 조치를 취할 수도 있다. 1998년 5월 실제로 이런 일이 벌어졌다. 대부분 대학교수의 (나도 포함) 퇴직 연금을 관리하던 한 대규모 연기금은 남부와 중서부에서 카페 체인을 운영하던 Furr's/Bisop's Inc.의 9명으로 구성된 이사회를 해고시켰다. 해고된 이사 한 명은 이 쿠데타를 당하고 "충격적이었다"고 말했다.[7]

내가 지금까지 말한 내용은 처음 발생했을 때에는 모두 '충격적인 것'이었다. 최초의 적대적 기업 매수, 차입 매수를 위한 최초의 정크 본드 발행, 1년에 스톡 옵션으로 수천만 달러를 받은 최초의 최고경영자, 이사회에 의해 해고된 최초의 최고경영자, 최초로 물러난 이사회 등이다. 당시에는 경제 관계가 안정적이고 미래 예측이 가능한데도 불구하고 모든 사건이 일반적인 추세를 뒤집는 것이었기 때문에 더 충격적이었다. 그러나 이러한 사건들은 경제의 규칙을 뒤바꿔놓았다. 투자자의 가치를 더 높이고, 경영진들은 주가 상승에만 집중적으로 초점을 맞추게 된 것이다.

그 결과…

엄청난 부와 해고의 가능성, 바로 최고경영자들의 마음속에 가장 크게 자리잡고 있는 생각이다. 모든 분야의 최고경영자들이 비용을 줄이고 상품을 개선해서 주가를 올리는 데에만 신경을 쏟고 있다. 좋은 점이 있다면, 미국 기업의 생산성이 향상되고 상품과 서비스의 질이 대폭 개선되었다는 것이다. 하지만 좋지 않은 점도 있다. 일자리와 수입의 안정성이 떨어지고, 단순생산직 근로자의 임금이나 각종 혜택이 줄어들었다는 점이다.[8]

경기가 하락할 때에는 근로자가 항상 해고를 당한다. 그러나 상품에 대한 수요가 높아지면 재고용하는 것이 오래 된 관행이었다. 그러나 1991~92년 경기 침체 후 상황은 달라졌다. 정보 기술에 대한 기업의 투자가 급등하면서 1990년대 경기가 활기를 찾고, 전국적인 실업률은 떨어졌지만 근로자 해고는 빠른 속도로 계속 진행되었다. IBM과 제록스는 최고경영자가 물러난 뒤에도 임금을 삭감했다. 한 경제 전문가는 1990년대 말 제록스의 이런 출혈 조치를 '영웅적인 것'이라고 규정했고, 다른 전문가는 "기술 위주의 기업에서 비용을 줄이기 위해 어떻게 조직을 도려내는지를 아는 기업으로 변모한, 진정한 패러 다임의 변화다"라고 말했다.[9] 여러 가지 특별 수당과 안정된 직장으로 알려져 있던 코카콜라는 2000년 1월 새로운 최고경영자가 취임한 직후, 본사가 위치 한 애틀랜타 지역의 근로자를 절반 가량 해고한다고 발표했다. "세상이 극적 인 변화를 겪고 있다. 성공을 위해서는 우리도 변해야 한다"고 신임 최고경영 자는 설명했다.[10]

최근 일자리를 잃은 사람들 중 대부분은 지속적인 경제 성장에 힘입어 새 직장을 쉽게 찾는다. 이 글을 쓰고 있는 지금, 노동 시장은 지난 30년간의 어 느 때보다 더 공급이 모자란 상태다. 상황이 이렇다 보니 해고된 사람에게도 다른 일을 찾을 기회는 많다. 실제로 잃고 있는 것은 개인의 경제적인 안정이 다.

대기업은 거대한 조직 전체에 메스를 가하고 있다. 계산서 발행이나 물품 조달, 재고 관리에 컴퓨터를 투입해 군살 빼기 작업을 하고 있으며, 고객 서 비스는 인터넷으로 옮기고, 공간과 장비를 구입하지 않고 대여하며, 거의 모 든 부문에서 인터넷 경매를 통해 가장 조건이 좋은 업체와 계약하고 있다. 과 거 피라미드식 조직은 이제 잊어야 한다. 이러한 추세가 지속된다면, 미래의 기업은 모든 분야에서 최고 조건의 거래를 위해 경매 기능을 활용할 것이며, '수많은 계약의 연속'이라는 양상을 띨 것이다. 위스콘신 주 마시필드에 있는

웨어하우저 도어 제작 공장에서는 콜럼비아 포리스트 프로덕트 사가 합판 공급업체 중 최고라고 생각했다. 그런데 인터넷을 통해 이 회사의 경쟁사들이 더 싸고 좋은 상품을 공급한다는 것을 알게 되었다. 웨어하우저는 콜럼비아에게 그 자료를 보여주고, 여섯 달 내에 상황을 개선할 수 없으면 다른 업체를 이용하겠다고 했다. 콜럼비아는 그 소식을 듣고, 가능한 모든 분야에서 비용을 줄이고 품질을 개선해 경쟁사를 앞지를 수 있었다. 그 결과 웨어하우저의 경쟁력도 같이 올라갔다.[11]

어느 날 갑자기 변화가 일어난 경우도 있다. 1990년대의 일이다. 230년의 역사를 자랑하는 브리태니커 백과사전은 유명한 방문 판매사원을 2,300명에서 0명으로 줄였다. 이유는 간단했다. 인터넷에 필요한 정보가 거의 다 있는데, 사람들이 왜 1,250달러를 주고 32권이나 되는 백과사전을 사겠느냐는 것이었다. 1999년 이 회사는 a-ak에서 Zywiec까지 사전 전체 분량을 웹을 통해 소개하고 나섰다.

모든 업계가 내부적인 폭발 현상을 겪고 있다. 1톤의 철강을 생산하기 위해서 10시간의 노동이 필요했던 1980년만 해도 미국의 철강 노동자는 40만 명이었다. 20년 후, '미니 밀(mini-mill)'은 두 시간 만에 1톤의 철강을 만들어내고, 철강 노동자는 15만 명도 채 남지 않았다(미니 밀이란 용광로에 의한 일반 제철 방식에서 벗어나 전극 가열 장치에서 발생하는 열로 제품을 만드는 공법—옮긴이). 미국 철강업계 전체의 가치는 한 인터넷 기업의 주식시장 가치의 절반밖에 되지 않는다. 그 기업은 바로 아마존이다.

기업들이 비용이 낮은 해외, 특히 동남아시아와 중남미로 옮겨가거나 현지 업체와 계약하는 속도가 더 빨라지고 있다. 제너럴 일렉트릭의 최고경영자 존 웰치가 남긴 유명한 말 중에 "레몬을 쥐어짜라(squeeze the lemon)"는 것이 있다.[12] GE는 자사의 공급업체에게 사업을 멕시코로 옮길 것을 밀어붙이면서 레몬을 쥐어짜고 있다(웰치는 '레몬의 일화'를 통해 사람의 능력이 무한하다는 것을 지적했다. 짜고 짜고 또 쥐어짜도 끝없이 즙을 내는 레몬과 같은 것이 인간의 능력이라고 그는 생각했다─옮긴이). 현재 100만 명 이상의 멕시코인들이 미국 국경에 위치한 무역지대 'Maquiladoras'에서 일하고 있는데, 1990년에는 40만 명선이었다. 2,3년 안에 수십만 명에 달하는 인도와 중국의 기술자, 프로그래머, 소프트웨어 엔지니어들이 인터넷을 통해 미국 기업에서 일하게 될 것이다. 2000년 현재 약 5만 명의 인도인이 외국에 본사가 있는 다국적 기업을 위해서 인터넷 자료의 입력 및 수집, 고객의 문의전화 처리, 온라인 경리 작업과 같은 '내부 업무'에 종사하고 있다.

기업은 파업을 주동한 근로자들을 해고하면서 과거보다 더 대담하게 노조와 싸우고 있다. 이런 조치는 1930년대 이래로 불법적이었으며, 최근까지도 흔한 일은 아니었다. 1950년 노조 선거가 20건 있을 때 그런 불법적 조치가 한 건 있을 정도였다. 그러나 전국노동관계위원회에 따르면 1990년대에는 노조 선거 3건당 한 건씩 있다고 한다.[13] 노조원 수는 1973년 모든 민간 부문 근로자의 30퍼센트 수준에서 2000년에는 9.6퍼센트로 떨어졌다. 이 이야기는 더 자세히 할 것이다.

이 모든 것을 가능하게 하는 원동력은 과연 어디에서 오는 것일까? 자, 다시 집으로 돌아가보자. 과감하게 비용 삭감을 하라고 강력하게 요구하는 투자자 중에 대규모 자선재단, 대학교수의 퇴직 연금 기금 그리고 심지어 노조 연금 기금이 있다. 이런 단체에 투자하고 있는 우리들은 이 같은 사실을 모르고 있을 수도 있다. 그러나 투자를 유치하기 위한 경쟁이 다른 모든 상황의 배후에 있는 셈이다. 바로 이러한 이유 때문에 앞에서 말한 현상의 일부를 내가 발생시켰다고 말한 것이다. 물론 나도 직접적으로 알지는 못한다. 그러나 내 퇴직 연금을 관장하는 포트폴리오 매니저가 내 저축액에 대해 가장 높은 수익률을 올리지 못한다면, 나는 다른 펀드로 옮겨갈 것이다. 과거 그 어느 때보다 더 쉽게 옮길 수 있다. 그 사람도 이것을 알기 때문에 그에 맞게 행동한다.

또 우리는 무의식중에 소비자로서의 역할을 다하면서 이 모든 현상을 다그치고 있다. 우리 자신이 임금을 인하하고 노조와 싸울 것을 요구하고 있다는 것을 알지 못한다. 그러나 우리가 가장 가격이 낮은 상품이나 서비스를 선택할 때, 이 두 가지가 결과로 나오는 경우가 종종 있다. 기업은 (과점, 규제, 무역 장벽이 있었던) 과거 산업 경제 시대처럼 쉽게 임금 인상분을 가격 인상의 형식으로 소비자들에게 전가시킬 수 없다. 선택의 폭이 더 넓어졌기 때문에, 우리가 사는 상품 속에 들어 있는 임금 인상분을 지불할 필요가 없기 때문이다. 미국보다 임금이 낮은 해외 근로자가 만들거나 비노조원이 만든, 혹은 자동화 도구나 로봇이 만들어낸 더 싼 상품을 선택할 수 있다. 물론 소비자들은 노조를 없애거나 단순직 근로자의 임금을 인하하기를 원하지 않을 수도 있다. 그러나 더 넓어진 선택권과 좋은 조건으로 더 쉽게 바꿀 수 있는 권리를 행사(혹은 행사하겠다고 위협)할 때 그러한 결과를 낳게 된다. 우리는 노조가 결성된 부문보다 그렇지 않은 경제 부문이 더 빠르게 성장하도록 하고 있다. 그리고 과점과 대규모 생산 시대 때보다 더 격렬하게 노조와 싸우도록 간접적으로 기업을 부추기고 있는 것이다.[14]

우리들 중 일부는 우리 선택이 어떤 결과를 낳고 있는지 잘 알게 되면 소비자와 투자자로서의 행동 방식을 바꿀지도 모른다. 예를 들어, '노조가 있는 기업의 제품'인지 확인할 수 있으며, 판매자에게는 동남아시아에서 1주일 내내 하루 종일 일하는 여섯 살짜리 아이가 만든 상품이 아니라는 것을 확인해 줄 것을 요구할 수도 있다. 또 우리가 인정할 수 있는 방식으로 기업 활동을 하는 기업에만 투자하는 '사회적인 책임을 지는' 뮤추얼 펀드로만 투자를 국한시킬 수도 있다. 더 비싼 상품을 사야 한다거나 투자에 대한 수익이 떨어지는 결과가 나온다 할지라도, 이런 모든 조치를 취하는 쪽을 택할 수도 있다(실제 많은 '사회적인 책임을 지는' 투자 펀드가 최근 몇 년 동안 일반적인 뮤추얼 펀드보다 더 높은 실적을 올리고 있다). 이런 희생이 더 가치 있다고 생각할 수도 있다. 특정 상품이나 투자를 선택한 데에서 비롯되는 사회적인 결과가 큰 해를 끼친다고 생각되면, 다른 사람들과 힘을 합쳐 관련 법 제정을 요구하고 나설 수도 있다. 우리는 실제로 미국 내에서 아동 노동을 허용하지 않으며, 소위 불량 국가(rogue states)와는 무역도 하지 않는다. 비록 그런 제한 때문에 더 좋은 거래를 취할 수 있는 기회가 없어지지만 말이다. 가장 좋거나 가장 싼 상품, 혹은 가장 높은 수익률의 투자에 관한 권리가 헌법에 나와 있는 것이 아니다. 그러나 우리의 선택에 어떠한 제한이 가해진다면, 우리가 피해를 입을 가능성이 있다. 그렇다면 다시 생각해봐야 할 것이 있다.

그러한 희생이 과연 가치가 있는 것일까?

나와 당신이 해외에 미치는 영향

기업과 직원 간의 유대감이 전통적으로 강한 문화, 예를 들어 유럽이나 일본 그리고 동남아시아에서도 이런 유대감이 허물어지고 있다. 이는 당신이나 나 같은 해외 투자자들이 실제적으로 이를 요구하고 있기 때문이다. 해외 기업은 미국 자본을 필요로 한다. 그리고 미국 투자자들도 전세계로 자신의 포트폴리오를 확대하고 싶어한다. 1990년대에 미국 투자자의 전체 투자액 중 해외 투자가 차지하는 비중이 6퍼센트에서 10퍼센트로 증가했다.[15]

미국의 대규모 기관 투자자들이 그 선두에 서 있다. 독일의 제약회사 셰링 AG의 최고재무책임자 클라우스 포흘은 최근 베를린의 한 연설에서 자신이 결정을 내리는 과정을 이렇게 설명했다. "보스턴으로 가서 파이어스톤 여사를 만나면, 그분이 어떻게 해야 할지 말해준다."[16] 파이어스톤은 피델리티 투자의 포트폴리오 담당 매니저다. 1998년 프랑스 기업이라고 할 수 있는 알카텔은 연간 이익이 당초 예상에 미치지 못할 것이라고 발표했다. 주가는 55퍼센트 떨어졌다. 이렇게 떨어진 주가는 6개월 후 제자리를 다시 찾았는데, 이는 1만 2,000명에 달하는 해고 조치와 같은 대규모 비용 삭감책이 큰 원인으로 작용했다. 자크 시라크 프랑스 대통령은 이 조치의 배경에 대해 1999년 프랑스 혁명 기념일 연설을 통해 다음과 같이 설명했다. "캘리포니아의 퇴직자들이 갑자기 알카텔 주식의 매도에 나섰다." 퇴직자들이란 캘리포니아의 한 대규모 공무원 퇴직 연금 기관을 가리킨다.

얌전하고 나이도 지긋한 수만 명에 달하는 캘리포니아의 공무원들은 나라를 위해 평생을 일해온 사람들로, 자유 시장 체제의 선봉자라고는 볼 수 없는 사람들이다. 그러나 이 사람들은 자신의 재산을 한 거대한 연기금에 맡기고 있으며, 이 기금은 전세계의 기업과 직원, 그리고 사회 간의 유대감을 단절시키고 있다. 이 기금은 독일의 공공설비 기업인 RWE가 서비스를 제공하는 시 당국에 기업 이사회에 대한 통제권을 너무 많이 주고 있으며, 이에 따라 캘리포니아의 퇴직 공무원들이 보유하고 있는 RWE의 주가를 떨어뜨리고 있다는 불만을 표했다. 이에 대해 RWE는 시 당국과의 강력한 유대 관계에 대한 언급을 했다. 그러나 이에 크게 감동받은(?) 기금은 RWE 주식을 매도하겠다고 위협했고, 이 회사는 시 당국의 이사회 참여 시스템을 곧 없애버렸다.[17]

그렇다고 해서 미국 투자자들만 비난해서는 안 된다. 유럽 투자자들도 같은 길을 바짝 쫓아가고 있으니 말이다. 다시 말해 최고의 수익률을 보장하는 곳으로 저축을 옮기고 있다. 이런 투자자들은 유럽 기업들도 미국 기업과 같은 길을 가도록 자극한다. 즉 적대적 기업 매수를 감행하고, 주가를 극대화시키지 못한 경영자를 해고하고, 또 임금이 더 낮은 나라로 사업체를 옮긴다. 독일의 높은 노동 비용으로 인해 독일 기업은 아시아로, 심지어 미국의 사우스 캐롤라이나(BMW는 이곳에 공장을 설립했다)로 옮겨가고 있다. 스웨덴의 거대 통신 기업이자 가장 많은 직원을 보유하고 있는 에릭슨은 최근 본사를 비용이 높은 스웨덴에서 더 낮은 런던으로 옮겼다. 미국과 독일의 합작 기업인 다임러 크라이슬러의 신임 사장은 주가 극대화가 가장 중요한 목표라고 밝히면서, 독일의 일부 공장을 폐쇄하고 아시아의 공급업체로 바꾸기도 했다. 그리고 얼마 후, 프랑스의 대표적인 타이어업체인 미셸린은 전혀 예상하지 못한 조치를 취했다. 향후 3년에 걸쳐 유럽 전역을 대상으로 7,500개의 일자리를 줄인다는 계획이었다. 미셸린의 이익이 이전 여섯 달 동안 20퍼센트 상승했음에도 불구하고 나온 발표였다. 한편에서는 유능한 유럽의 기업가들이 더 높은 보수를 제공하는 미국 기업의 유혹에 빠지고 있다. "정치적인 조치를 빨리 취하지 않는다면, 기업들은 유럽을 떠날 것이다. 한 단계 한 단계씩 유럽 외 지역으로 투자를 이동시키고 있다"라고 프랑스의 화학 · 제약 거대기업인 롱프랑 SA의 장 르네 푸르투 회장은 경고했다.[18]

일본 기업도 기업의 신용도와 투자 수익을 중요시하는 해외 투자자들에 대한 의존도를 높이고 있다. 그래서 몇 년 전만 해도 불가능한 것으로 여겨졌던 조치를 단행하고 있다. 임금을 인하하고 비용이 더 낮은 동남아시아 업체와 계약을 맺고 있으며, '종신 고용제'를 없애가고 있다. 1999년 말 닛산 자동차는 2만 1,000개의 일자리를 없앤다고 발표했다. 대부분 일본의 일자리였다. NEC와 소니는 각각 1만 5,000개와 1만 7,000개의 일자리를 줄인다고 발표했다.[19]

그러나 이런 경향이 모든 곳에서 필연적으로 발생한다고 단정지을 수는 없다. 장기 근무자를 계속 고용하고, 사회에 뿌리 깊게 전통을 내리고 있는 유서 깊은 기업을 유지시키며, 세계 자본의 급속한 유입을 막는 곳도 있을 수 있다. 그러나 이에 따른 대가가 반드시 있게 마련이다. 유대감이 덜한 사회보다는 혁신의 속도가 느리고, 더 좋은 상품이나 세계의 자본을 접할 수 있는 기회가 줄어들 것이다. 그러나 옛것을 보존하는 것과 아무 주저 없이 새것을 받아들이는 것 사이에는 여러 단계가 있기 때문에, 이러한 선택에 대한 설명은 뒤로 미루겠다. 다만 기본적인 문제에 대해서는 다시 언급할 것이다.

신의를 지켜서 득이 되는 경우

어떤 조직 내에서 서로간의 신의를 지킬 경우에도 긍정적인 면이 있게 마련인데, 왜 이에 대해서는 언급하지 않느냐고 주장하는 사람도 있을 것이다. 물론 직원과 공급업체에게 잘해주면 돌아오는 것이 있을 수 있다. 대우를 잘 받는 직원들이 더 열심히 일을 잘한다는 증거는 많다. 직원이 직장을 옮기게 되면, 이에 대한 비용도 만만치 않다. 근로자의 걱정거리나 요구사항에 대해 노조가 효과적으로 대변해주고, 이에 따라 생산성이 높아지는 경우도 가끔 있다. 비용을 줄이기 위해 1달러까지 압력을 받아야 하는 단순한 공급업체가 아닌 동반자의 관계로 대접받는 업체가 더 적극적으로 고객 데이터를 공유하고, 전체 공급 체인의 효율성을 향상시키기 위한 새로운 방식에 투자를 아끼지 않는 경우가 자주 있다. '기업의 시민의식'을 분명하게 보여주면, 대외적인 이미지가 더 좋아질 뿐 아니라 매출에도 도움을 준다. 또 꽤 많은 '사회적 책임의식이 있는' 투자 기금이 투자자에게 높은 수익을 올려준다. 바로 이러한 사회적 책임의식에 따른 보답이기 때문이다.

그러나 이렇게 선행을 베풀어서 돌아오는 경제적인 보상이 어느 정도이든

간에, 그렇다고 해서 투자자에 대한 수익 극대화의 필요성보다 근로자나 공급업체 혹은 사회에 대한 의무가 더 크다는 의미는 아니다(사기업일 경우 재투자가 가능할 정도의 충분한 수익 창출의 필요성보다, 비영리 단체일 경우 그 단체의 목적을 더 잘 이루게 해줄 정도의 충분한 수익 극대화의 필요성보다 더 크지는 않을 것이다). 다른 이에게 선행을 베푸는 것은 이 기본 목표를 더 충실히 이행하는 것을 가능하게 하는 정도에서는 사업적인 의미를 지닌다. 다시 말하지만, 방금 언급한 정도까지다. 어떠한 관계를 끊을 경우 더 많은 돈을 벌 수 있다면, 그 관계는 단절될 것이다. 사회적으로서 상당한 평판을 얻고 있는 리바이 스트라우스조차도(대공황 때에도 일이 없는 직원 대부분을 계속 고용했다) 1999년 말 지역 사회와 근로자와의 관계를 단절하는 조치를 취했다. 북아메리카에 있는 대부분의 공장을 폐쇄하고 근로자의 50퍼센트를 해고했으며, 노동 비용이 더 낮은 해외 기업과 생산 외주 계약을 맺었다. 해고 근로자에게 후한 퇴직금을 지불하고 새로운 일자리를 찾을 수 있도록 교육을 제공하는 등 매우 깔끔하게 관계를 단절시킨 것은 분명하다. 그러나 리바이 스트라우스도 관계를 끊는 것 외에는 다른 방법이 없었던 것이다. 경쟁사들은 이미 그 작업을 완료한 상태였고 낮아진 비용 덕분에 리바이의 미래를 위협할 수 있는 유리한 고지에 올라섰기 때문이다.

　신경제에서는 기업의 손익계산서에 미치는 긍정적인 영향을 전혀 생각하지 않고 근로자나 공급업자, 그리고 지역 사회에 대해 무조건 친절을 베풀지는 않을 것이다. '사회적인 책임의식'이 근로자나 공급업체 그리고 일반 대중의 좋은 점을 끌어내어 손익계산서에 도움을 줄 수 있다면, 그런 조치는 사업적으로 일리가 있고, 경영자는 이에 맞는 새로운 경쟁 논리에 맞게 행동한 것이다. 그러나 반대로 손익계산서에 해를 끼친다면, 다시 말해 경쟁사보다 더 좋고 빠르고 싼 제품을 생산하는 데 필요한 자원을 앗아간다거나 그런 생산을 방해한다면, 소비자나 투자자들은 더 좋은 조건으로 이동할 위험성이 생긴다. 그래도 그렇게 하겠다면 그 책임은 경영자가 져야 할 것이다.

신의를 지키는 것이 이상하다

예상치 못했던, 심지어 반감을 살 만한 것도 계속해서 되풀이되면 결국에는 받아들이게 된다. 또 받아들여진 후에 많은 곳에서 되풀이되면 결국에는 일반적인 기준이 된다. 한때는 신의를 저버리는 행동이라고 여겨지던 기업 행위가 이제는 일반적인 관습으로 자리잡고 있다. 1996년 초 AT&T가 수만 명을 해고하고 최고경영자에게 거액의 보너스를 지급한다고 발표했을 때, 언론에서는 거침없는 비난을 퍼부었다. 다른 몇 개의 대기업이 이를 따라하자 한 공화당 대통령 후보는 이런 대기업의 행위를 비난했고, 한 유명 주간지는 커버에 여러 최고경영자의 사진을 싣고 '기업의 킬러'라는 제목을 달기도 했다. 1990년대가 끝나갈 무렵에는 기업들이 1990년대 중반보다 더 큰 흑자를 기록하고 경영자에 대한 보상도 현저히 커졌지만, 근로자 해고 역시 훨씬 더 큰 규모로 계속되었다. 그러나 비난이나 유감 따위는 사라져버렸다. 그런 행위는 미국 기업의 일반적인 측면으로 이미 자리잡았기 때문이다.

한 세대 전만 해도 해고는 도덕적인 실패, 즉 한 개인의 결함, 그것도 아주 심한 결함을 의미했다. 경기 침체 때 일시적으로 해고당할 수는 있지만, 그렇다고 영구적인 해고는 아니었다. 적절한 일을 하고 있는 근로자를 해고하는 것 역시 합리적인 행동이 아니었다. 다시 말해 해고란 응당 해야 할 일을 하지 못한 사람이거나 더 이상 그 일을 할 능력이 없다는 것을 암시했다. 따라서 해고는 개인의 자존심에 심각한 타격을 입혔다. 아서 밀러의 1949년 작품

《세일즈맨의 죽음(Death of a Salesman)》을 보면, 윌리 로맨이 업무를 제대로 소화해내지 못하자, 젊은 나이의 하워드는 로맨을 해고한다. 로맨은 한때 능력이 뛰어난 세일즈맨이었지만 더 이상 필요 없게 된 것이다. 이 사실이 로맨에게 커다란 상처를 주었다. 로맨은 "오렌지를 먹고 껍질을 버리듯이 대할 수는 없다. 사람은 과일이 아니란 말이야"라고 울부짖었다.

로맨의 불행은 지금 생각해도 애절하지만, 이런 스토리는 요즘 시대에는 맞지 않다. 해고를 당하면 화를 내거나 수치심을 느낄 수는 있다. 그러나 그 사람에게 흠이 있기 때문이라고는 생각지 않는다. 업무 수행 능력과는 아무 상관 없는 이유로 해고되는 경우가 비일비재하다. 애플 컴퓨터의 전 최고경영자존 스컬리는 이를 캘리포니아의 현상으로 보았다. 그러나 20세기 말에는 거의 미국 전역의 현상이 되었다. "동부에서는 누군가 해고되거나 직장을 떠나면 마음의 상처를 받는다. 그러나 이곳 서부에서는 별다른 의미가 없다. 미련없이 떠나고 다른 곳에 가서 다른 일을 할 뿐이다."[20]

과거 경제는 고객과 투자자, 기업, 공급업체, 근로자, 지역 사회 간의 관계가 안정적이고 예측 가능할 때 보답을 해주었다. 왜냐하면 대량 생산 경제는 안정과 예측 가능성에 의존했기 때문이다. 관계에 조금이라도 이상이 생기면 경제의 효율성에 해가 되었다. 따라서 경제 활동 참여자는 모든 것이 영원하다는 생각에 안주하게 되었다. 그러나 새롭게 떠오르는 경제에서는 이 모든 기대에 수정을 가하고 있다. 상업적인 관계는 더 이상 영원한 것으로 보지 않는다. 사람들은 자신과 거래하는 모든 사람이 더 좋은 조건이 나타나면 그쪽으로 옮겨갈 것이라고 생각한다. 또 실제로 그렇게 하고 있다.

신의를 지키지 않는 것이 더 정상적이고, 신의를 지키면 의심의 눈길을 보낸다. 한 기업이나 업무에 너무 오래 남아 있는 사람은 그에 대해 해명해야 한다. 가족이나 집 때문에 다른 곳으로 옮겨가지 못할 수도 있고, 오라는 곳이 없거나 야심이 부족할 수도 있다. 다시 말해 그 사람 개인의 문제일 뿐이다. 경영자나 근로자가 너무 오랫동안 변동이 없을 경우 누군가 따지려들 것이다. 단순히 과거의 방식을 고수할 수도 있다. 그러나 이것은 그렇게 단순한 문제가 아니다. 더 큰 문제일 수 있다. 너무 구식이기 때문에 시대의 흐름에 뒤떨어진다거나 너무 보수적이고 진부해서 새로운 피와 비전이 부족하다고 여길 수도 있다. 몇십 년이고 주민의 변동이 없는 사회는 활기찬 에너지와 힘이 없고 외부와 고립된 채 폐쇄적인 지역으로 여겨지는 경우도 가끔 있다.

누구에게 신의를 지키란 말인가?

앞으로 다가올 몇 년 동안 과연 어떤 단체나 기업이 그 구성원의 신의를 얻어내고, 그에 대한 보답으로 역시 신의를 지켜나갈지 확실하지 않다. 기업이나 대학 혹은 기타 기관의 의미가 점점 더 불분명해지고 있기 때문이다. 모든 곳이 여러 브랜드나 포털로 연결된 사업 그룹과 임시 프로젝트, 전자 지역 사회나 연합의 네트워크 형태로 변하고 있다. 현재 떠오르고 있는 사이버 환경에서 기업이나 단체가 그 경계선을 점점 잃어가고 있기 때문에, 어떤 기업이나 단체에 대해 신의를 지킨다는 것이 이상하게 여겨질 것이다.

과거에는 조직이나 단체는 그 모습을 보고 알 수 있었다. 피라미드 구조처럼 최고경영진이 있고, 중간 관리자, 그리고 단순직을 맡고 있는 다수의 근로자로 구성되어 있었다. 근로자, 주민, 파트너, 경영자 등의 모습으로 그 단체에 속할 수도 있고, 외부인의 모습을 띨 수도 있다. 그러나 이제는 많은 사람들을 조정하고 조율하는 데 있어 관료사회와 같은 조직은 더 이상 필요 없다. 사람들 스스로 인터넷을 통해 조정해나갈 수 있기 때문이다. 무수히 많은 디자이너, 공급업체, 마케팅 전문가, 재정 전문가, 계약업체, 발송업체가 하나의 그룹을 이루어 마치 하나의 기업인 것처럼 활동하고, 내일이면 또 다른 그룹을 만들어 사업을 해나갈 수 있다. 그렇다면 누가 내부인이고 누가 외부인이라는 말인가? 몇 년 후에는 '기업'의 정의를 이렇게 내리게 될 것이다. 관련 정보에 대한 접근이 가능하며 발생하는 수익에 대한 일정 부분을 일정 기간 동안 얻게 되는 사람으로 말이다.

잠시 미래를 엿보는 것은 어떨까?

'모노레일'이라는 이름의 기업이 있다고 하자. 이 기업은 공장이나 창고와 같은 유형 자산은 없다. 애틀랜타의 한 건물의 한 층에 입주해 있다. 모노레일과 계약을 맺고 있는 디자이너들이 택배업체 페더럴 익스프레스(줄여서 페덱스)의 박스 규격에 맞는 크기의 PC를 만들어낸다. 소비자가 주문을 하기 위해서는 페덱스의 물류 서비스와 연결되어 있는 1-800번으로 전화하면 된다. 물류 서비스는 계약을 맺고 있는 제조업체에게 주문하고, 이 제조업체는 세계 각지의 업체로부터 공급받은 여러 부품을 가지고 PC를 조립한다. 페덱스는 완성품을 고객에게 발송하고 애틀랜타의 선트러스트 은행으로 송장을 보낸다. 선트러스트 은행의 담당자는 정산 및 신용 평가 작업을 하고 이 과정에 참여한 모든 업체에게 계약에 의한 일정분을 보낸다. 여기에는 모노레일 몫의 커미션도 포함되어 있다. 선트러스트 은행은 고객으로부터의 대금 결제에 관련된 비용과 위험을 부담한다. 도움이 필요한 소비자는 모노레일의 800번 서비스를 이용할 수 있다. 그러나 800번 서비스는 실제로 플로리다 주 탬파에 위치한 콜 센터 전문 외주기업인 사이크스 사가 운영하고 있다. 이렇게 구축한 네트워크 덕분에 모노레일은 최저가의 PC를 공급할 수 있다. 또 별다른 노력을 들이지 않고 공급업체의 네트워크를 확장해나가는 것만으로 매출을 증대시킬 수 있다.[21]

그러나 모노레일은 일반 사람들이 생각하는 것과는 다른 기업이다. 사실 좋은 아이디어, 애틀랜타의 몇몇 사람, 그리고 산더미같이 쌓인 계약서들을 제외하면 별 것이 아니다. 이 책을 읽을 때쯤이면 모노레일은 더 이상 존재하지 않을 수도 있다. 그렇다면 모노레일이 누구를 대상으로 신의를 지킬 수 있을까? 또 모노레일에 신의를 지킬 수 있는 사람이 누가 있을까?

누구에게 책임을 지란 말인가?

인터넷을 통하게 되면, 누가 무엇을 하고 그 대가로 무엇을 받는가에 대한 책임이 임시 계약에 참여하는 사업자 전체로 나누어질 수 있다. 그러나 계약 당시에는 발생할 수 있는 모든 문제를 계산에 넣을 수 없는 것이 사실이다. 예를 들어보자. 1999년 8월 7일부터 열흘 동안, 인터넷을 통해 고객과 만나는 많은 소규모 기업의 인터넷 서비스가 중단되었다. 이들 기업에게는 거의 죽음과도 같은 사건이다. 누가 책임을 져야 할까? 상황을 따라가보자. 이들 소규모 기업에게 인터넷 접속 서비스를 제공한 업체들은 워싱턴에 본사를 두고 있는 데이터 익스체인지를 통하고 있었다. 데이터 익스체인지는 자사 회선의 대부분을 MCI WorldCom에서 구매했다. 8월 7일 MCI WorldCom의 고속망이 다운됐다. 다운된 이유는 MCI WorldCom의 네트워크가 루슨트 테크놀로지(한때 AT&T의 통신장비 부문 계열사)의 소프트웨어를 사용했기 때문이다. 8월 7일 그 소프트웨어에 장애가 발생했는데 MCI 관계자들은 이를 고칠 수 없었다. 왜? 그 소프트웨어는 수년 전에 케스케이드 커뮤니케이션즈라는 엔지니어 그룹과 함께 일하던 몇 명의 엔지니어들이 개발한 제품이기 때문이다. 케스케이드는 그 이후 어센트 커뮤니케이션즈가 인수하였고, 이 회사는 1999

년 초 200억 달러에 그 소프트웨어와 함께 루슨트가 인수하였다. 이상이 그 소프트웨어가 루슨트의 소유가 되고 MCI WorldCom의 네트워크에 사용된 경위다.

지금 말한 내용 중 회사 이름을 빼고 생각해보자. 많은 사람들이 어떤 한 서비스를 위해 서로서로 계약을 맺고 있는 것이 선명하게 그려질 것이다. 수 년 전에 최초로 소프트웨어를 개발했던 사람들은 이제 다른 프로젝트에서 일하고 있다. 문제는 소프트웨어의 장애를 빨리 고칠 수 있는 이들이 현재 없다는 점이다. 케스케이드에서 어센트로 또 루슨트로 소프트웨어가 넘어왔지만, 이들은 함께 오지 않았다. 이들의 두뇌로 소프트웨어가 만들어졌지만, 주인을 여러 번 바꾼 소프트웨어의 지적 재산권에는 그 두뇌가 포함되지 않았던 것이다.

한 기업을 묶어놓는 '접착제'가 여러 건의 임시 계약서밖에 없다면, 과연 그 시스템이 계획대로 잘 돌아갈 수 있도록 하기 위한 도덕적 책임은 누구에게 있는 것일까? 소프트웨어 장애를 고칠 수 없어서 많은 소규모 기업들이 손실을 입는 것도 문제지만, 이렇게 책임 소재까지 떠맡게 되면 더 큰 문제를 초래할 수 있다. 인도네시아의 한 소기업이 아이들을 고용해 하루에 10시간씩 1주일에 엿새 동안 위생시설도 안 된 곳에서 옷감 짜는 일을 시키고 있다. 이렇게 만든 옷감을 대만 회사에 판다. 이 회사는 그 옷감을 가지고 옷을 만들어 월마트에 옷을 공급하는 캘리포니아의 한 도매 상인에게 넘긴다. 아이들의 노동에 대해 월마트가 책임을 져야 할까? 이런 사실을 알지도 못했는데 어떻게 책임을 진단 말인가? 그러나 미국인들의 대다수가 아동 노동 행위를 도덕적인 해악으로 보고 있는데 어찌 책임을 회피할 수 있단 말인가? 지금은 없어진 한 항공 정비 회사의 종업원 몇 명이 항공사로 배달될 산소통의 포장을 제대로 하지 않아 화물칸에 불이 붙었고 비행기가 에버글레이즈 습지에 추락했

다면, 누가 도덕적인 책임을 져야 할까? *

상업적인 신의가 완전히 사라진 것은 아니다. 아직도 경영자에 대해 신의를 지키고, 경영자 역시 당신에 대해 신의를 지킬 수 있다. 그러나 현재는 상황이 그 반대로 되어가고 있다. 그 이유도 명백하다. 모든 소비자와 투자자가 점점 더 쉽고 빨리 더 좋은 조건으로 이동할 수 있기 때문이다. 이는 더 빨리 싸고 좋은 서비스를 위해서는 상품 공급 체인에 있는 모든 사람이 바뀌어야 한다는 것을 의미한다. 당신이나 나 같은 소비자와 투자자는 인터넷이나 전자상거래, 환상적인 기능의 소프트웨어와 같은 기술의 덕을 톡톡히 보면서, 모든 상황에 유연하게 대처할 수 있는 능력을 갖게 되었다. 이렇게 여러 각도에서 조여오는 압박감에 시달리는 기업들은, 현재의 편리함을 위해 모인 여러 사람들의 집합체로서의 성격을 점점 더 강하게 띠어가고 있다.

그 결과 도처에서 끝없는 혁신 작업과 전례가 없을 정도의 활력이 넘쳐나고 있다. 그러나 이 역시 일시적인 관계의 형식을 띠고 있기 때문에, 누가 누구에게 어떤 의무를 지고 있으며, 또 누가 누구를 위해 계속해서 그 자리를 지켜줄지는 여전히 명확하지 않다. 내가 가르치는 학생들이 보는 세상은, 그 이전 세대의 세상보다 일시적인 현상이 더 강하게 나타나고 있다. 이들은 어떤 일자리든 2~3년 이상 하겠다는 계획이 없다. 자신이 속한 단체나 기관으로부터 신의를 바라지도 않는다. 다른 사람에게도 마찬가지다. 또 자신들이 신

---

* 추락 사고에 대한 법적 책임의 소재는 밝혀졌다. 그러나 실제적인 별 효과는 없었다. 1999년 연방 판사는 당시 도산 상태였던 정비 회사 세이버테크에 대해 1996년 추락 사고의 원인이었던 산소통 취급 부주의와 관련 있는 9개의 중죄 혐의에 관한 유죄 판결을 내렸다. 세이버테크에서 정비공과 정비 책임자로 일했던 사람들은 모든 혐의에 대해 무죄 판결이 내려졌다. 세이버테크의 변호사는 판결 당시 세이버테크는 자산이라고는 하나도 없는 껍데기 회사였다고 말했다. 사고를 겪었던 벨류젯 항공사는 1997년에 다른 항공사에 합병되었다.

의를 지킬 생각도 없다. 이들에게 상업적으로 맺어진 관계는 그냥 스쳐지나가는 존재일 뿐이다. 이들은 그 관계로부터 과연 무엇을 얻어낼 수 있을까를 생각한다. 또한 여러 직장을 옮겨다니는 것에 대한 책임은 전적으로 자신이 진다고 생각한다. 그 책임까지 다른 사람에게 맡길 수는 없을 테니….

5 과거 고용 방식의 종말

일에는 두 종류가 있다. 먼저 지면이나 지면 가까이 있는 물체의 위치를 바꾸는 것이다. 두 번째는 그러한 일을 다른 사람들에게 시키는 것이다.

—버트런드 러셀, 《게으름에 대한 찬양(In Praise of Idleness and other Essays)》

지금까지 전개해온 논리를 계속 따라가보자. 기술 덕택에 환상적인 조건의 거래에 더 빨리 그리고 더 넓게 접근할 수 있다. 구매자와 투자자는 점점 더 쉽게 더 좋은 조건으로 이동이 가능하다. 판매자는 치열한 경쟁 속에서 살아남기 위해 지속적으로 혁신 작업을 해야 하고, 또 경쟁자보다 더 빨리 해야 한다. 이를 위한 최선의 방법은 믿을 수 있는 브랜드와 연계된 소규모 기업에서 찾을 수 있다. 이 과정의 중심에는 재능 있는 기크와 슈링크가 있으며, 이들에 대한 수요는 갈수록 늘고 있다. 각 기업은 비용을 삭감하고, 대부분의 경우 구매보다는 대여 서비스를 이용하며, 더 낮은 비용의 공급업체를 찾고, 단순직 근로자의 임금을 인하하여 수직적 조직 구조를 계약에 의한 네트워크 관계로 만들어야 한다.

그러나 모든 곳이 다 이렇지는 않다. 최소한 아직까지는 아니다. 아직도 대부분의 사람들이 조직을 위해서 일하고 있다. 그러나 신경제의 논리는 고용 관계에도 변화를 가져오고 있다. 과거 '근로자'의 개념으로 일하는 사람은 줄어들고 있으며, 앞으로는 훨씬 더 줄어들 것이다. 지속적인 고용과는 동떨어진 길을 가고 있는 미국을, 다른 나라의 근로자들이 몇 발자국 뒤에서 따르고 있다.

그렇다면 앞으로의 우리 모습은 과연 어떨까? 개방된 시장에서 가장 높은 가격을 제시하는 곳에 개인의 서비스를 파는 완전한 형태의 프리에이전트는 되지 않을 것이다. 그렇다고 해서 '조직'의 사람으로 남아 있지도 않을 것이다. 오히려 한 사업 그룹의 일원이 될 가능성이 높다. 이 그룹의 이익은 해마다, 심지어 달마다 바뀌고, 당신의 몫은 기여도에 따라 달라질 것이다. 이런 그룹의 일원이 아니라면, 고객의 프로젝트를 처리한 후 총 수입의 일정액을 받게 되는 전문 서비스 기업의 일원이 될 수도 있다. 직업 소개소나 파견업체에 소속되어 일정 기간 동안 특정 프로젝트에 파견되어 근무한 다음, 수입 중 당신의 몫을 받는 형태도 가능할 것이다. 이제는 실리콘 밸리에서도 한 시간에 최소 200달러를 받는 일류 프로그래머를 소개해주는 업체가 선을 보이고 있다.[1] 개인의 서비스를 실제 누가 구매하느냐에 관계없이, 당신과 구매자 사이에 있던 조직은 점점 그 두께가 얇아지고 있다. 설사 정규직으로 '불릴'지라도, 한 조직의 근로자라기보다는 그 조직의 브랜드명을 가지고 특정 고객이나 업체에게 서비스를 제공하는 판매자의 성격이 더 짙다. 따라서 수입은 구매자들이 서비스에 얼마를 지불할 용의가 있는지, 그리고 이 구매자들을 끌어주는 브랜드의 명성에 따라 달라질 것이다.

어떤 면에서 보면, 특정 일에 대해 그 당사자와 직접 계약을 체결했던 경제의 초기 단계로 되돌아가고 있는 중이다. 역사적으로 '안정된' 일자리라는 개념은 그리 오래 된 것이 아니다. 그리고 지금 상황으로 보아 그 수명 또한 길지 않을 것이다. 대량 생산의 시대 150년 동안 미국과 다른 선진국에서 '안정된' 일자리가 한창 그 꽃을 피웠지만, 이제 종말이 가까워오고 있다.

고용의 기원

잠깐 역사를 한번 살펴보자. 19세기 후반 대량 생산 시대가 오기 전에는 고정 임금을 받는 영구적인 일자리를 가진 사람이 거의 없었다. 대부분의 일은 가정이나 소작농 혹은 각 가정에서 운영하는 조그만 작업장에서 이루어졌으며, 일부 장인이나 공예가들의 손을 거치기도 했다. 과거 남부 지역에서는 거대한 땅에 담배나 쌀, 인디고 등을 심고 수확하는 일 등이 영구적인 일자리를 제공하기도 했지만, 그것은 자유롭지 못한 사람들, 즉 도제로 있던 백인이나 흑인 노예들의 몫이었다. 그 어떤 경우에도 '안정된' 수입이라는 개념은 없었다. 수입은 날씨나 전염병, 혹은 질병이나 전쟁 상황 등에 따라 달라졌다. 그리고 당시 돈을 번다는 것은 근육과 관절에 무리가 올 정도로 무척 힘든 것이었다. 또 직장 생활과 가정 생활, 그리고 무급 작업과 유급 작업 사이에 분명한 경계선이 없었다. 여자와 아이들도 남자와 함께 일했으며, 집에서 생산하는 것이 가계에 중심적인 역할을 담당했다. 오늘날에도 대부분의 사람들이 이렇게 살고 있다.

미국에 대량 생산이 처음 선보였을 때, 누군가를 위해 영구적으로 일한다는 것은 개인의 자유에 대한 위협은 아닐지라도 상당히 불명예스러운 것으로 여겨졌다. 19세기 중반에 나온 한 정치 관련 팸플릿에 보면 이런 말이 있다. "임금은 노예를 거느리는 데에 따른 비용이나 수고, 오명에서 벗어나서 노예 제도의 모든 장점을 가져보겠다는 교묘한 악의 도구다."[2] 임금 노동은 도덕적으로 경제적인 독립으로 나아가는 하나의 발걸음 정도에서 용납되었다. 다시 말해 북부 사람들에게 임금 노동은 노예 제도와는 다른 과도기적 현상이었던 셈이다. 철도 노동자로 일하다가 법을 공부하고 생계를 직접 꾸려나간 링컨 대통령은 자신의 사례를 제시했다. "남부 사람들은 북부의 자유인보다는 남부의 노예가 훨씬 더 잘산다고 주장하는데, 북부의 노동자에 대해 정말 잘못된 생각을 가지고 있다. 지금 노동자라고 앞으로도 계속 그럴 것이라고 생각하는데, 여기에 노동자 계급이란 없다. 작년에는 다른 사람을 위해 일했지만, 올해는 자기 자신을 위해 일하고, 내년에는 자신을 위해 일해줄 사람을 고용할 것이다"라고 노예 제도를 방어하고 나섰던 남부 사람들을 비웃기도 했다.[3]

뉴잉글랜드와 대서양 연안의 주를 중심으로 생겨나기 시작한 소규모 공장의 소유주들은 능력 있는 기술자와 직접 계약을 맺고 생산량에 따라 임금을 지불했다. 제조업과 관련된 일에 대해 풍부한 지식을 가지고 있었던 기술자들은 이런 관계 속에서 우위를 점할 수 있었다. 그러나 남북 전쟁 후 대량 생산 시대가 시작되면서 공장주들은 기술자들을 기계로 대체하기 시작했고, 대신 새로 이민 온 사람들을 비숙련공으로 고용해 고정된 월급을 주고 기계를 돌리도록 했다. 이에 대해 기술자들은 미국 최초의 대규모 노조인 '노동 기사단(the Knights of Labor)'을 결성해 '임금 제도 폐지'라는 목표로 대응에 나섰다.[4]

최초의 대규모 충돌은 1892년 피츠버그 근처에 있던 앤드루 카네기의 홈스테드 공장에서 발생했다. 기술자들이 임금 인하를 수용하지 않자 이들을 공장에 들어오지 못하게 했고, 기술자들은 비숙련공들이 공장에 들어가지 못하게 했다. 이 대치 상황은 몇 달 동안 계속됐으며, 비노조원이 펜실베이니아 민병대의 보호 속에 공장에 들어가고 노조가 손을 들면서 막을 내렸다. 그 이후로 몇 년 동안 기업의 지원을 받은 주·연방 정부는 소유주 쪽의 입장만 계속 고려해주었다. 1894년에는 노동자 처우에 항의하는 철도 노조원들의 파업으로 시카고와 중서부의 많은 지역이 마비되었다. 곧 연방 법원은 파업 금지를 명했고, 그로버 클리블런드 대통령은 주요 철도역에 연방 병력을 파견하면서 시카고 지역에 계엄령을 선포했으며, 파업 지도부는 투옥되었다.

결국 기사단의 패배로 끝나면서 임금 노동이 하나의 표준이 되었다. 1870년과 1910년 사이 미국의 인구가 두 배 증가하는 동안, 산업체의 임금 근로자 수는 350만에서 1,420만으로 네 배 이상 증가했다.[5] 그리고 어느 공장이든지 근로자 수가 늘어나지 않은 곳이 없을 정도였다. 19세기 중반 뉴잉글랜드 지역의 경우 많아야 몇백 명 정도에 불과했던 것이, 1915년 포드 자동차의 최초 공장에는 1만 5,000명의 근로자가 있을 정도로 늘어났다.

광업, 시가, 인쇄, 철강업계의 노동자를 중심으로 미국노동총연맹(the American Federation of Labor)이라는 새로운 노조가 탄생했다. 이들은 임금 제도의 필연성을 받아들였다. 초대 회장인 사무엘 곰퍼스는 "우리는 임금 제도 하에서 활동한다. 이 제도가 지속되는 한, 우리의 목표는 노동에 대한 몫을 지속적으로 늘려나가는 것이다"라고 밝힌 바 있다.[6] 곰퍼스에게는 산업 집중 현상이 '근대 산업 시스템의 논리적이고 필연적인 특성'이었다.[7]

우드로 윌슨과 같은 진보주의자는 '사람들이 근로자가 아닌 주인이고, 원하는 것을 찾기 위해 먼 곳을 살펴보지 않고 이웃에서 찾을 수 있는' 더 단순했던 시대를 그리워했다.[8] 그러나 당시의 신경제는 임금 노동의 필요성을 어쩔 수 없이 받아들였다. 진보주의자들의 뇌리를 떠나지 않았던 문제는, 임금 노동과 미국인들이 소중히 여기는 개인주의 및 자유를 어떻게 조화시켜 병행해나가느냐였다. 또 임금 노동의 비도덕적인 면으로부터 어떻게 노동자를 보호하느냐도 관건이었다. 이들은 법률의 테두리 내에서 노동시간의 제한, 최저 임금, 재해에 대한 보상, 안전 및 위생에 관한 최소한의 요구사항 등의 폭넓은 제한을 기업에 가하는 것을 생각해냈다.

그러나 이렇게 제한을 가하는 과정 역시 순탄한 것은 아니었다. 임금 노동도 또 다른 종류의 자유를 나타내는 것이라고 주장하는 사람들이 있었기 때문이다. 1905년 '로크너 대 뉴욕' 사건에서 대법원은 "뉴욕 주가 정하고 있는 제과 근로자의 하루 10시간의 최대 노동시간 규정은 고용인과 피고용인의 최선의 근로 조건에 관한 계약을 체결할 수 있는 권리에 대한 불법적인 간섭에 준한다"는 판결을 내렸다. 뉴욕 주는 '성숙한 지성인들이 생계를 위해 일할 수 있는 시간을 제한'하는 데에 아무 권한이 없다는 것이었다.[9] 그리고 불과 3년 후, '물러 대 오리건' 사건에서, 대법원은 오리건 주가 정하고 있는 여성 근로자의 10시간 최대 노동시간 원칙을 지지하는 정반대의 결정을 내렸다. 대법원은 "건강한 어머니는 튼튼한 자손을 낳는 데 꼭 필요하다. 따라서 여성의 신체적 건강은 미국의 힘과 활력을 보존하기 위한 공적인 이익의 대상이 된다"는 이유를 들었다. 여성은 신체 구조뿐만 아니라 '(남성처럼) 권리를 행사할 수 있게 해주는 자립심' 측면에서도 다르다고 했다.[10] 물론 남성과 여성 임금 근로자 모두 대량 생산이라는 새로운 시스템하에서 자유롭게 근로 조건을 협상할 수 없던 것이 현실이었다. 남성과 여성 모두 협상 테이블에서 어떤 힘도 가지고 있지 못했다.

장기간의 법적·정치적 공방이 있은 후, 단체 교섭권과 함께 노동자 보호 규정이 마침내 전 업종으로 확대되었다. 사회보장제도와 실업보험 규정도 추가되었다. 덕분에 경기 하락시 실직의 위험과 근로자 남편이나 아버지의 사망, 그리고 신체 장애로 이어지는 부상, 퇴직 후 노년기 등을 대비하는 데 보호받을 수 있게 되었다. 미국 보호 제도에 있어 가장 독특한 점은 (다른 선진국의 제도와 비교하여), 정규직 근로자만 보호받을 자격이 있다는 것이다. 정규직은 100년 전만 해도 사람들에게 거부당했던 것이었다. 정규직 여부에 따라(혹은 과거 정규직 종사 여부나 배우자의 정규직 여부에 따라) 모든 혜택이 결정되었다. 비정규직, 시간직, 계약직, 자영업자, 만성 실업자 등은 수혜 대상에서 제외되었다. 복지 정책을 최초로 만들 때의 목적은 근로자였던 남편을 잃은 미망인들만을 위한 것이었다. 루스벨트 대통령 때의 경제보장위원회의 보고서에는 부양 자녀를 위한 원조(그때는 이렇게 불렀다) 프로그램의 목적은 어린아이를 가진 미망인이 '임금을 벌어야 하는 역할'에서 자유로워져 '자녀들이 사회적인 불행에 빠지는 것'을 방지하며, '보다 더 긍정적으로 자녀를 길러 사회에 기여할 수 있는 시민으로 커나가게 하는 것이다'라고 되어 있다.[1] 다시 말해, 당시 새로운 산업 질서 속에서는 모든 남성은 근로자로서 임금을 벌어야 하며, 어린 자녀를 가진 여성은 일을 해서는 안 된다고 생각했던 것이다.

미국의 20세기 사회보장 시스템 중에 흔히 빠뜨리기 쉬운 점이 하나 있다. 이것 역시 정규직 고용과 관련이 있기 때문에 반드시 짚고넘어갈 필요가 있다. 바로 세금 혜택을 받는 특별 급여로, 회사가 제공하는 의료보험이나 회사 연금 등이 있다. 대부분 사람들은 아직도 이것을 공적인 혜택이라기보다는 개인적인 혜택으로 생각한다. 1940년대에 급증한 이런 특별 급여는 노조의 강력한 요구에 의한 것이었다. 왜냐하면 회사에서 제공하는 의료보험에 대해서는 세금을 내지 않아도 되며, 연금에 대해서는 퇴직 때까지 세금 납부를 미룰 수 있었기 때문이다. 따라서 이런 혜택은 경제적으로 보면 정부의 직접 지출과 같은 것이었다. 내지 않은 세금으로 인해 그만큼의 정부 예산에 구멍이 생기기 때문이다. 그리고 그것은 계속 커졌다. 혜택의 폭과 액수가 정점에 달했던 1980년대 중반이 되자, 세금 혜택으로 인한 정부의 손실 금액은 빈민층을 위한 모든 연방 정부 프로그램의 지출 비용보다 많아졌다. 근로자의 의료보험을 위한 세금 보조금이 메디케이드(Medicaid, 빈민층을 위한 국가 보험-옮긴이)를 통해 가난한 사람들을 위해 직접 쓰여진 금액과 거의 같을 지경이었다. 그리고 세금 우대 연금으로 인한 정부의 세수 손실액은 빈민층 원조를 위한 현금 지출 총액의 두 배가 넘을 정도에 달했다.[12]

고용의 법칙

20세기 중반이 되면서 변화는 완료되었다. 모든 미국 근로자의 1/3 이상이 노조원이었고, 노사간의 협정으로 업계 전반의 임금과 각종 수당의 수준이 정해졌다. 노사정은 많은 수의 생산직 근로자(블루칼라)들을 중산층으로 인도했으며, 점점 더 늘어나는 사무직 근로자(화이트칼라)의 중산층 지위를 안정시켰다. 사회학자 윌리엄 화이트가 자신의 저서에서 '조직맨'이라는 매우 적절한 용어로 칭했던[13] 사무직 근로자들의 상황도 생산직 근로자들처럼 정돈되고 예측 가능한 모습을 띠게 되었다. 다음에 소개되는 20세기 중반 고용의 법칙은 당연하게 받아들일 정도로 보편화되었고, 고용에 관한 우리 생각의 많은 부분을 아직도 형성하고 있다. 물론 이 법칙들은 새롭게 부상하는 21세기의 현실과는 거의 관계가 없다.

정기적으로 임금이 인상되는 안정적인 일자리 보통 근로자라면 거의 전 생애를 한 직장에서 보냈다. 이는 생산직 근로자에만 국한된 것이 아니었다. 중간 관리자들도 대학을 졸업하고 입사해 퇴직할 때까지 회사에 있는 경우가 종종 있었다. 1952년 조사에 의하면, 고위급 임원 중 2/3가 20년 이상 재직한 경우였다고 한다.[14] 화이트가 인터뷰한 젊은 사무직 근로자들은 "회사에 신의를 지키면 회사도 나에게 신의로 보답할 것이다"라고 한결같이 생각하고 있었다고 한다. 화이트는 "보통 젊은이들은 자신과 조직과의 관계는 영원할 것이라는 생각을 가슴속에 가지고 있다." 서로가 신의를 저버리지 않을 것이라고 생각했는데, 왜냐하면 "개인의 목표와 조직의 목표는 결국엔 같은 것이라는 생각이 일반적이었기 때문이다"라고 했다.[15]

개인의 노력보다는 그 조직에서 몇 년간 근무했느냐에 따라 봉급이 좌우되었다. 노조와의 계약에는 근무 연수에 관한 조항을 명문화했다. 사무직 근로자들은 근무 연수에 따라 호봉의 계단을 타고 올라갔다. 이렇게 미래를 예측할 수 있었기 때문에, 대량 생산 조직은 생산 계획을 세우는 데 도움이 되었고, 각 가정에서도 미래에 대한 계획을 세우는 데에 도움이 됐다. 입사할 때에는 당시의 생활 수준을 고려한 평이한 수준의 봉급에서 출발한다. 그리고 근무 연수에 따라 봉급은 점차 올라가며, 대출금 상환에 대한 확신이 생기면서 근로자들에게 주택자금 대출과 자동차 대출도 실시되었다. 봉급이 올라가면서 더 좋은 차와 집을 구입할 수 있게 되었고, 아이들도 키울 수 있었다. 한회사에서 40년 이상 근무하고 65세 정도가 되면, 일반적인 정규직 근로자는 금시계나 핀 혹은 적당한 수준의 고정 액수를 지급해주는 회사 연금과 함께 퇴직하곤 했다. 사회보장제도와 개인연금으로 나머지 부족한 부분을 메워나갔다. 퇴직 후에는 5~6년 정도 친구들과 카드 게임도 하고 손자 손녀들을 맞이하며, 그러다가 충실하게 평생을 일했다는 만족감을 느끼면서 이 세상을 떠났다.

제한적인 노력 공장 일은 생산직 근로자에게는 여전히 힘든 일이었지만, 20세기 중반이 되면서 더 이상 위험한 일은 아니었다. 또한 생산직 근로자들에 대한 제한적인 요구 사항이 작업 규칙이나 직무 규정집에 상세히 나와 있었다. 20세기 중반의 사무직 근로자들은 일을 진지하게 받아들이긴 했지만, 집착하는 정도는 아니었다. 화이트는 "젊은이들이 서로 이야기하면서, 아무 생각 없이 일에만 전념하는 선배들의 어리석음만큼 열을 내면서 말하는 주제는 없다"고 적고 있다.[16) 1950년대의 베스트셀러 소설이었던 슬로안 윌슨의 《The Man in the Gray Flannel Suit》에 나오는 톰 래스라는 젊은이는 그 시대의 전형적인 모습을 잘 보여준다. 그는 많은 노력을 기울여야 하는 일을 거부하면서 사장에게 이렇게 말한다. "저는 매일 밤, 주말 내내, 또 영원히 일할 수 있는 그런 사람이 아닙니다. 일에만 파묻혀 살 수는 없습니다. 내 일이 이 세상에서 가장 중요한 것인지 확신이 들지 않습니다." 그러나 마음씨 착한 사장은 이렇게 말한다. "지나칠 정도의 시간을 투자하지 않아도 될 일은 많이 있지. 자네한테 맞는 일을 찾기만 하면 될 것 같아."[17)

생산직 근로자는 법적으로 하루에 여덟 시간 이상을 일하면 시간 외 수당을 받았고, 사무직 근로자 역시 정해진 시간에 맞춰 일을 시작하고 끝내면 되었다. 고용의 개념 이전 시대에는 특정 작업의 완료에 대한 대가로 돈이 지급되었다. 반면에 대량 생산 기업에서는 일정 시간 노동에 대한 대가로 봉급을 지급했다. 산업화와 함께 특정 작업을 끝내는 데에 필요한 시간인 '작업 타임'의 개념에서 일정 간격으로 진행되는 '시계 타임'의 개념으로 시간에 대한 사람들의 사고방식도 바뀌었다는 말도 있다.[18) 규모의 경제가 가능하려면 작업이 시계처럼 딱딱 맞아들어가야만 했다. 기업 관리 전문가인 프레드릭 테일러는 'time and motion'(시간과 작업 능률의 상호 관계에 대한 연구―옮긴이) 연구 분야를 개척하면서, 정해진 일정 시간 내에 여러 반복 작업을 가장 효율적으로 해낼 수 있는 수단을 발견해냈다.

전체의 효율성 속에서 일부는 지루함을 느끼기도 했다. 이런 면에서 보면 조직은 하나의 커다란 기계와도 같다. 모든 조각은 자기 자리를 충실히 지키면서 서로 어울려야만 했다. 조직은 규칙에 의해 운영되었다. 생산직 근로자들에게 생각하라고 봉급을 주는 것은 아니었다. 헨리 포드는 일손을 몇 명 뽑았는데 사람이 들어왔다며 불평한 적도 있다. 아무 규칙이 없는 상황에서는 새로운 규칙을 만들기 위한 규칙이 있었다. 조직이라는 거대한 기계가 최대의 효과를 올리기 위해서는 모든 행동은 100퍼센트 예측이 가능해야 했다. 생산직 근로자는 직무 규정집이나 작업 규칙에 충실했으며, 사무직 근로자 역시 관리운영규정(SOP)을 충실히 따랐다. 한 중간급 임원이 1950년대 가장 유명한 카운슬러였던 노만 필 박사에게, "20년 근무 후, 현재 자기 일에 아무 만족도 느끼지 못하고 지루해하면서도 꽤 많은 돈을 벌고 있어 회사를 떠날 용기가 없는 사람은 무엇을 어떻게 해야 하나요?"라고 물은 적이 있다. 필 박사는 다른 일자리를 찾는 것은 생각할 수도 없고, 현재 일에 변화를 가하는 것도 너무 무모하다고 말했다. 그리고는 운명을 받아들이라고 조언했다. "정신적으로 깨어나야 합니다. 그리고 현재 상황에서 내가 무엇을 이룰 수 있는지를 알도록 노력하세요."[19]

지금까지의 내용은 돈 버는 일과 삶의 나머지 부분에는 엄격한 경계선이 있음을 감안한 것이다. 20세기 중반에는 직장과 집은 다른 곳이었다. 집은 교외에 있는 것이 보통이었다. 대부분의 생산직 근로자들도 집안에서 다른 사람이 또 돈을 벌지 않아도 중산층의 생활을 유지해나갈 수 있었다. 그러나 일부 중산층 여성들은 그럼에도 불구하고 교사직과 같이 여성들에게도 개방된 일부 전문직에 종사하기도 했다. 가난한 여성들은 돈을 벌기 위해 파출부 일을 계속했다. 그러나 대부분의 여성들은 광고에 나오는 것처럼 집이 깨끗해질 때까지 쓸고 닦기를 반복하고, 온갖 정성을 다해 아이들을 키우면서 집 안에 계속 머물러 있었다.

남성과 여성 간의 이러한 책임 분배는 새로운 문제를 낳기도 했지만, 널리 받아들여졌다. 세일즈맨을 대상으로 하는 한 잡지는 "처음에는 남편의 직장 생활에 대해 여자들이 약간의 화를 낸다. 조금 지나면 드러내놓고 질투심을 나타낸다." 이것이 특히 위험한 부분이다. "질투심을 잘 통제하지 못하면, 회사가 생각하는 남편의 가치에 돌이킬 수 없는 해를 끼칠 수도 있게 된다"고 경고했다. 해결책은 가정주부들이 여성유권자연맹이나 사친회, 심지어 학교 이사회 같은 곳에 참여해, 자신도 '가치가 있다'는 느낌을 갖는 것이었다. 그러나 또 다른 위험이 도사리고 있다. 남편이 회사에서 빠른 속도로 승진을 거듭하면 남편과 아내 사이가 벌어질 가능성이 있다. 남편은 출장을 다니고 사회의 유명인사를 접할 수 있는 기회를 갖게 되지만, 아내는 아이를 키우는 것 외에는 다른 활동이 없기 때문에 삶의 색다른 변화를 느낄 수 없게 된다.[20] 이때의 해결책은 살고 있는 지역에서의 자원봉사와 같이 더 큰 만족감을 주는 일에 뛰어드는 것이었다.

크지 않던 임금 격차와 중산층의 확대 대량 생산 조직은 하위 근로자의 임금을 올려주고 고위 근로자의 임금에는 제한을 두어 임금의 상하폭을 압축시켰다. 노조는 임금이 너무 낮은 수준으로 떨어지는 것을 막았으며, 기업은 고위 간부들에게 관대할 정도의 보상을 해줄 필요가 없었다. 이들은 모두 조직 내에서 승진을 통해 그 자리에 올랐으며 다른 기업이 스카우트해갈 염려도 없었기 때문이다. 고위 간부에 대한 이런 제약에는 다른 원인도 있었다. 일반적으로 고위 간부가 중간 근로자나 하위직 근로자의 몇 배나 되는 돈을 버는 것은 보기 흉하다고 생각했기 때문이다.

대규모 조직은 승진 인사를 제외하고는 근무 연수가 같은 근로자에 대해 차등을 두지 않았다. 같은 직위에 있는 대학교수나 병원 관리자, 언론인, 공무원 등과 마찬가지로 근무 연수가 같은 모든 중간급 임원의 봉급은 거의 비슷했다. 간단히 말해, 한 사람의 지위와 임금은 조직의 틀 안에서 결정되었다. 1950년대 사회학 관련 자료를 보면 이렇게 되어 있다. "기업이 점점 정부 조직의 형태를 띠어가고 있다. 근로자의 수입은 입사 연도와 승진 여부에 달려 있다. 수입은 조직 내에서의 기능적인 역할에 따라 결정된다." 따라서 "수입 분배 구조는 불평등을 줄이는 쪽이었다. 소유주의 몫이 근로자와 비교해 더 적었으며, 전문직과 사무직 종사자들은 단순 운영직과 생산직에 비해 자신들이 가지고 있는 장점의 일부를 잃어왔다"는 것이 그리 놀랄 일은 아니었다.[21]

20세기 중반에는 미국 전체 가정의 거의 절반이 별 어려움 없이 중산층에 속해 있었다(당시 중산층이란 1953년 화폐 가치 기준으로 세금을 제한 1년 소득이 4,000~7,500달러인 가정을 말했다). 이런 중산층 가정의 대부분은 전문직 종사자나 기업체 임원이 아니라, 대량 생산 시스템의 거대한 피라미드에서 생산의 흐름을 관장하던 숙련·비숙련 공장 근로자, 사무직, 세일즈맨, 도·소매업체 근로자들이었다는 사실은 주목할 만하다. 대부분이 직장을 통해 의료나 연금 혜택을 받았다.

당시 성공의 의미는 지역 사회에서 존경받고 돈도 잘 벌면서 승진도 잘되고, 교외에 집을 가지고 있고 가정에 문제가 없으며, 사람들이 대체로 좋아하며 널리 칭찬을 듣는 사람이었다. 많은 미국인들에게 이런 열망은 비현실적인 것이 아니었다.

그렇다고 해도 1950년대의 미국은 커다란 불평등의 요소를 안고 있었다. 극빈자는 사회의 주목을 거의 받지 못했다. 인종 차별은 뿌리 깊이 박혀 있었으며, 흑인은 공공연하게 2급 시민 자격과 하위 직종으로 밀려나곤 했다. 교사나 간호직을 제외한 전문직은 여성에게는 머나먼 길이었다. 그러한 장애물이 무너지기 시작한 것은 몇십 년이 지난 후였다.

고용의 개념이 없어진 시대

21세기로 접어들면서 그 동안 암묵적으로 지켜지던 고용의 법칙은 거의 사라졌다. 앞부분에서 자세히 살펴보았던 신경제 논리에 의하면, 이러한 고용의 법칙은 현재의 직장 상황과는 점점 더 관련이 없어지고 있다. 민간 부문 근로자 중 노조원은 10퍼센트도 채 안 된다. 사무직 '조직맨'도 이제 사라져가고 있다. 대부분이 아직도 봉급에 의존하고 있지만, 과거와 같은 고용 계약은 빠른 속도로 자취를 감추고 있다.

막을 내린 안정된 일자리 매년 일정한 수입을 보장해주던 안정적인 일자리는 일부를 제외하고는 사라졌다(아직 남아 있는 일자리 중에 고용에 관한 연구를 하는 종신직 교수직이 있다). 구매자의 선택 범위가 넓어지고 이동이 쉬워짐으로써 어느 조직이든 조직원에게 일정한 수입을 계속 보장해주는 것이 거의 불가능해졌다. 이렇게 급변하는 환경에서 살아남기 위해서는 조직은 모든 고정 비용(특히 가장 많은 부분을 차지하는 고정 비용 중 하나인 임금)을 구매자의 선택에 따라 조정이 가능한 가변 비용으로 바꾸어야 한다. 그 결과 수입을 예측하기가 점점 더 어려워지고 있다. 일자리가 불안정해지고 있다는 확실한 증거가 아직 없다고 생각할 수 있다. 그렇다면 일자리의 의미를 다시 생각해보자. 과거에는 '영구직'이나 '정규직' 등으로 분류되던 것이 일자리다. 그 일자리가 이제는 매달 혹은 매년 그 봉급의 차이가 상당히 커지고 있다. 그렇다면 이것을 실제적인 측면에서 의지할 수 있는 일자리라고 할 수는 없을 것이다.[22]

이렇게 불안정한 상황은 여러 경우에서 쉽게 찾아볼 수 있다. 거의 모든 사람이 '소프트 머니(soft money)'로 살고 있다. 소프트 머니는 수입이 매 기간마다 계약이나 매출에 따라 변동한다는 의미다. 전체 민간 노동력의 1/10에서

1/3까지 차지하고 있는 것으로 추산되는 임시직·시간직 근로자나 프리랜서, e—랜서(인터넷이나 통신을 주로 이용하는 프리랜서—옮긴이), 계약직, 프리 에이전트 등이 늘어나고 있다는 말은 많이 들어왔다.[23] 그러나 매년 심지어 매달 자신들이 얼마를 벌 수 있는지에 관한 확신이 없는 근로자의 실제 수치는 추정치 중의 최대 수치보다 훨씬 더 높다. 정규직 근로자의 봉급에서 판매 커미션, 개인 보너스, 팀 보너스, 이익 분배액, 초과 근무 수당, 스톡 옵션과 같이 업무 성과와 관련 있는 수입의 비중이 점점 늘고 있다. 이런 수입은 증가하는 만큼 쉽게 감소할 수 있는 것이다.[24] 또 한 기업 내에서도 프로젝트나 고객에 따라 이동하는 직원의 수가 늘어나고 있다. 만약 일할 프로젝트가 없거나 프로젝트 담당자가 함께 일을 하려 하지 않는다면, 조용히 물에서 나와 남들 노는 것이나 구경해야 한다. 물론 봉급은 이에 맞게 하향 조정된다. 이들이 계속해서 정규직 근로자에 포함될 수도 있겠지만, 고용되어 있는 상태라고 말할 수는 없다.

25인 이하의 소규모 기업이 새로운 일자리의 대부분을 만들어내고 있지만, 이 기업의 정규직 근로자의 수입 역시 예측하기 힘들다. 소규모 기업은 대기업보다 사라지는 속도가 훨씬 더 빠르기 때문이다. 소규모 기업의 평균 근무 연수는 4.4년으로, 1,000명 이상 대기업의 8.5년과 비교된다.[25] 게다가 많은 대기업들이 현재의 정규직 근로자를 정규직 계약자의 형태로 전환하면, 시장의 위험 요소가 이들에게 옮겨가면서 근무 의욕은 더 높아지므로 더 많은 돈을 벌 수 있다고 느끼고 있다. 뉴욕에서 1979년 이전에는 택시 임대 사업이 불법이었다. 많은 택시를 보유하고 있는 회사가 기사를 고용하고 수입금의 일부를 매일 나누는 식이었다. 의료보험과 퇴직금을 제공하는 회사도 많았다. 그러나 택시 회사들은 기사에게 택시를 대여하면 더 많은 돈을 벌 수 있다는 것을 알고 법 개정에 압력을 가했다. 1990년대 말이 되면서 대부분의 택시 기사들이 독립 사업자로서 12시간 택시를 대여하는 데 90~135달러를 지불하고 있다. 물론 의료보험이나 연금 혜택은 없다. 바쁘게 움직이면 이전보다 더 많은 돈을 벌 수도 있지만, 결국은 반대 상황으로 끝나곤 한다. 택시 관련 교통 사고가 늘어난 것도 우연의 일치는 아닐 것이다.[26]

각종 혜택 역시 임금만큼이나 변동폭이 크다. 1980년에는 70퍼센트 이상의 근로자들이 회사로부터 일정 형태의 의료보험 혜택을 받았다. 1990년대 말이 되면서 그 수치는 약 60퍼센트로 떨어졌다. 그리고 어떤 형태의 혜택을 제공할 경우라도 근로자의 부담을 올리는 등의 방법으로 그 액수를 줄이고 있다.[27]

비영리 부문의 고용 역시 불안정하기는 마찬가지다. 과거 정기적으로 기부금을 내곤 했던 개인이나 단체들이 소비자나 투자자만큼이나 변심을 잘하고 있다. 대학 외부에서 들어오는 보조금이나 연구 지원비가 대학 봉급에서 차지하는 비중이 점점 더 늘어나고 있다. 그러나 이러한 지원이 앞으로 어떻게 될지 예측이 힘들어진 상황에서 대학은 계약직에 더 많이 의존하고 있다. 1970년 대학 교수진의 단 22퍼센트만이 시간 강사였다. 그러나 1990년대 말 40퍼센트 이상으로 증가했는데, 여기에는 강의를 맡고 있는 대학원생의 수(점점 늘어나고 있다)는 포함되지 않은 것이다.[28] 그렇다면 대학에서 강의를 하고 있는 사람 중 절반 이상은, 일자리가 있는 농장을 찾아다니는 사람들처럼 학문의 숲을 헤치고 다니는 순회 선생님이라고 할 수도 있다.

끊임없는 노력의 필요성 이제 근로자의 수입은 직위나 근무 연수가 아닌 고객에 대한 그 근로자의 가치에 더 많이 좌우되고 있다. 잘나가는 기술을 가진 올해 23세의 기크가 자신보다 직급이 세 단계나 높은 간부보다 몇 배나 더 많은 수입을 올린다고 놀랄 필요는 없다.[29] 현재 미국에서 가장 경쟁이 치열한 업계를 보면, 재능 있는 사람들이 등장해서 물러나는 시간까지의 기간이 계속 짧아지고 있다. 월 스트리트, 실리콘 밸리, 할리우드 스타들은 자신의 경쟁력이 유지되는 10~15년 동안 돈을 벌어야 하는 프로 운동선수의 모습을 닮아가고 있다. 20대 소프트웨어 엔지니어의 수요는 매우 높다. 그러나 이들이 40대에 접어들면 이제는 한물갔다고 봐야 한다. 컴퓨터 공학을 전공하고 대학을 졸업한 후 6년 동안은 전체의 60퍼센트가 소프트웨어 프로그래머로 일하지만, 20년이 지나면 단지 19퍼센트만이 남는다는 통계 조사도 있다. 이 사실은 재학생들을 끌어오기 위해 높은 초봉과 후한 계약금을 제시하지만, 왜 만족을 못 하는지를 잘 설명해주고 있다. 이들은 자신들의 가치가 얼마 안 가 없어진다는 사실을 알고 있다.[30]

나처럼 흰머리가 난 사람들은 피하고 싶은 주제이지만, 창조력과 나이는 반비례한다는 사실은 이미 오래 전에 확인되었다. 수학 분야는 젊은 수학 천재들의 획기적인 발견이 있었기에 가능한 학문이라고 해도 과언이 아니다. 역사상 위대한 음악 작품은 대개가 젊은 작곡가의 손에서 나왔다. 위대한 연구 실적은 젊은 과학자, 위대한 시는 젊은 시인에게서 나왔다. 나이가 든 사람들은 창조력만큼은 아닐지라도 계속해서 그 가치를 인정받고 있는 경험과 지혜, 판단력 등으로 부족한 창조력을 메우고 있다. 결과적으로 나이가 많거나 중년에 이른 근로자들의 수입은 제자리걸음 혹은 감소세를 보인다. 그리고 실직한 중년층은 전반적으로 실업률이 낮은데도 새로운 일자리를 찾기가 힘들다.[31]

그냥 쉽게 별 힘들이지 않고 살아갈 수 있는 상황이 아니다. 지속적인 노력 없이는 계속 일을 할 수 없다. 돈을 벌지 않는 이유로 집에 있다는 말을 하기도 어렵다. 둘 사이를 가로막던 경계선은 사라지고 있기 때문이다. 어린아이가 있는 여성들도 이제 대부분 돈을 벌고 있다. 공식적인 근로시간이 엄연히 있지만, 이에 상관없이 모든 남성과 여성이 항시 '대기 상태'에 있어야 한다. 직장과 집을 구분해주던 물리적인 경계선도 희미해지고 있다. 전체 근로자의 거의 1/3이 하루에 최소한 얼마 동안은 집에서 일을 하고 있기 때문이다. 또 어느 곳에서 일을 하든지 관계없이 이동전화, 호출기, 이메일, 팩스 등으로 항상 고객과 연결할 수 있다. 다른 프로젝트를 위해서나 다른 고객을 만나기 위해 항상 이동한다. 이동을 너무 많이 하기 때문에 고정적인 직장의 개념보다는 여러 곳에 임시 자리만 마련해놓고 있는 경우도 가끔 있다.

하루에 여덟 시간, 1주일에 40시간이라는 규정은 거의 시대에 뒤떨어진 것이다. 근무시간은 이제 모든 방향으로 확장되고 있다. 신경제는 하루 24시간 1주일 동안 돌아간다. 남녀 모두 낮에 일하기 때문에, 저녁이나 밤에 쇼핑하고 볼일도 보고 외식도 해야 한다. 그렇다면 누군가는 그 시간에 일을 하고 있어야 한다는 말이다. 신경제가 하루 24시간 1주일에 7일 돌아가는 이유 중 하나다. 또 잠이라고는 모르는 세계화된 시장의 증가도 그 원인일 것이다. 다국적 기업, 전세계적인 증권시장, 불면증에 시달리는 고객, 모두 24시간 깨어 있게 만드는 요인들이다.

심화되는 불균형 기업은 더 이상 임금 체계의 상하폭을 좁히지 않는다. 오히려 서로 경쟁이라도 하듯이 인재를 끌어오고 또 빼앗기지 않기 위해 높은 임금, 계약금, 스톡 옵션, 연말 보너스, 헬스클럽 회원권, 회사 내 운동 공간 등을 제공하고 있다. 그러나 한편에서는 단순직 근로자의 임금과 수당이 삭감당하고 있다. 비영리 단체에서도 일반 기업보다는 심하지 않지만 이런 임금 격차가 발생하고 있다. 같은 교수라도 영어를 가르치는 사람보다는 금융을 가르치는 사람이 더 많은 돈을 번다. 대규모 기금의 최고경영자는 하급 직원의 몇 배에 달하는 수입을 올리고 있다.

기업이 계약의 네트워크 형태를 띠어가면서 이러한 불균형 현상이 더 심화되고 있다. 근로자들은 자신이 시장에서 갖는 '가치'를 이끌어내고 있는 상황이다. 이미 언급한 대로 혁신을 이끌어낼 인재에 대한 수요는 공급을 초과하고 있다. 또한 단순 생산 업무는 기계나 해외 근로자에 의해 더 적은 비용으로 가능하다. 물론 일부 단순직 근로자도 기크나 슈링크가 되기 위한 기술을 배울 수 있다. 그러나 계속 벌어지는 수입 격차는 그런 사람의 수가 모자라서 아직도 공급이 수요에 못 미치고 있다는 것을 보여준다.

　불균형에 관한 자료는 항상 논쟁의 대상이다. 그러나 현재의 추세에 대해서는 반박의 여지가 없다. 미국 통계청의 인구 조사에 의하면,[32] 1990년대 말 가구 소득의 격차는 1920년 이래로 가장 심한 상태라고 한다. 1940년대 말부터 1980년대까지 총 가구 소득 상위 20퍼센트가 차지하는 비중은 약 40퍼센트로 거의 변화가 없었다. 60퍼센트의 중산층이 총 소득의 54퍼센트를 차지했고, 나머지는 가장 가난한 20퍼센트의 몫이었다. 그러나 1980년대 초반부터 격차가 벌어지기 시작하면서, 1990년대 들어오면서 더욱더 벌어졌다. 상위 20퍼센트의 비중이 증가하기 시작하면서, 20세기 말에는 총 가구 소득의 거의 절반을 차지하는 정도가 되었다. 중산층의 몫은 48.6퍼센트로, 그리고 가장 하위층에 돌아가는 몫도 줄어들었다. 상위 20퍼센트 내에서조차도 소득과 부는 최상위층으로 이동하는 경향을 보였다. 총 소득의 15퍼센트로 제2차 세계대전 이후 일정 수준을 보여오던 상위 5퍼센트가 차지하는 비중은 1980년대부터 증가하기 시작하더니 20세기 말에는 거의 25퍼센트에 달했다. 그리고 최상위 1퍼센트가 차지하는 비중은 1990년의 11퍼센트에서 1999년에는 거의 18퍼센트까지 불어났다.[33]

　1990년대 초반 이후, 상위층의 수입은 중산층의 수입보다 거의 두 배에 가까운 증가 속도를 보였다. 1990년대의 경제 붐에도 불구하고 중산층 소득은 약간의 증가세를 보였을 뿐이다.[34] 또 주식 보유자의 수는 훨씬 더 늘어났지만, 1990년대 증시 붐이 가져온 혜택의 대부분은 역시 상위층으로 돌아갔다.

연방준비이사회 자료에 의하면, 1990년대 주가 인상분의 약 85퍼센트가 가장 부유한 10퍼센트에게로 돌아갔고, 40퍼센트가 최상위 1퍼센트의 몫이었다고 한다.[35] 이렇게 계속 벌어지는 소득과 부의 격차와 함께 각종 수당에서도 그 격차가 벌어지고 있다. 하위 20퍼센트에 대한 의료보험 혜택은 1980년에는 41퍼센트였던 것이 1990년대 말에는 32퍼센트로 떨어져, 다른 어떤 층보다 더 급격한 하락세를 보였다. 회사에서 제공하는 연금도 그 폭이 벌어지기는 마찬가지다. 20세기 말 현재, 모든 연금 관련 세제 혜택의 1/4이 연간 소득 10만 달러 이상의 상위 5퍼센트에게 돌아갔다.[36]

이런 변화가 가져오는 결과는 심각하다. 부유층과 중산층은 현재 각자의 세계에서 살아가고 있지만, 빈민층은 이 두 계층의 눈에 보이지 않는다. 20세기 말 현재 약 270만 명의 미국 1퍼센트 최상위층이 보유하고 있는 재산은 중하위층 1억 명의 재산과 같다. 미국의 대부분이 이들 소유라는 말이다.

이러한 불균형 현상이 눈에 보이는 것처럼 그렇게 심각한 문제가 아니라고 주장하는 사람들도 있다. 이들은 1996년부터 하위층 근로자의 실질 소득은 감소세를 멈추고 오히려 증가하기 시작했다고 말한다.[37] 사실이다. 그러나 감소에서 증가로 상황이 바뀐 것은 유별나게 낮은 실업률 때문이라고 해도 과언이 아니다. 하위층 근로자들이 여러 개의 일자리를 쉽게 찾아 그만큼 더 많은 시간을 일했을 정도로 실업률이 낮기 때문이다. 그러나 지금의 호황기가 영원히 계속될 것으로 기대할 수는 없다. 경기 순환 주기가 영원히 없어졌다는 주장도 의심스럽다. 또 다른 이는 소득 불균형의 척도는 어느 한 시기의 소득 상황만을 보여줄 뿐, 사람들이 하위층에서 벗어나 더 높은 층으로 이동하는 것을 반영하지는 못한다고 말한다. 사실이다. 그러나 연구 조사에 의하면 하위층이나 그 근처에서 시작한 사람은 결국 그곳에서 끝을 맺는다고 한다.[38] 가난한 사람들도 몇십 년 전과 비교하면 더 잘살고 있다고 주장하는 사람도 있다. 그러나 이들이 말하는 몇십 년 전이란 장거리 시외전화를 하려면 비싼 요금을 내야 했을 때, 약이 없어서 고혈압 치료가 어려웠던 때다.

지금 소개한 여러 주장에도 몇 가지 중요한 사실이 있다. 그러나 소득 격차의 심화라는 엄연한 현실까지 반박할 수는 없다. 임금과 수당의 전체 범위의 폭이 넓어졌다. 상위 근로자들은 과거의 상위 근로자들이 벌던 액수보다 엄청나게 더 많은 돈을 벌고 있으며, 하위 근로자들은 과거 하위 근로자들보다 상대적으로 수입이 더 적은 상태다. 그리고 그 중간 근로자들 간의 간격도 그 어느 때보다 벌어져 있다. 이러한 불균형의 심화는 다른 선진국에서도 찾아볼수 있다. 다만 미국만큼 분명하게 나타나고 있지 않을 뿐이다.

미국은 과거의 수직적인 조직 체제가 그 임금 체제와 함께 사라지면서 분열되고 있다. 자신의 시장 가치에 따라 임금을 받는 사람들이 더 많아지고 있다. 경기가 하늘로 솟구치던 1990년대에 실리콘 밸리에서 가장 돈을 많이 받는 경영자 100명의 평균 연간 수입은 네 배 가까이 증가해 700만 달러 이상을 기록했다(1주일에 50시간 일한다고 보았을 때, 시간당 2,800달러다). 여기에 스톡 옵션을 더하면 그 액수는 훨씬 더 높아진다. 이들의 가치가 왜 그렇게 높은 것인가? 소비자들이 이들의 새로운 발명품을 원하고 있으며, 투자자들은 실제 손익분기점에 이르지 않았다 해도 뭔가 행동을 취하고 싶어하기 때문이다. 같은 기간 동안 가정에서 컴퓨터를 조립하거나 소프트웨어 엔지니어 자녀들을 돌보아주는 일 등을 하는 실리콘 밸리의 하위 25퍼센트 근로자의 임금은 20퍼센트 하락한 시간당 9달러가 조금 넘는 수준이었다.[39] 이 사람들의 가치는 왜 이렇게 낮을까? 그 일을 할 수 있는 사람이 너무 많기 때문이다. 1999년 시애틀과 마이크로소프트 본사가 있는 레드먼드 지역으로 이루어진 워싱턴 주의 킹 카운티에서는 23만 5,000명의 소프트웨어 개발자들이 스톡 옵션을 포함해 각각 평균 28만 7,700달러를 벌었다. 그 지역의 일반 중산층 가정의 평균 수입은 3만 4,300달러였다.[40] 왜 이렇게 격차가 심한가? 세계적으로 소프트웨어 개발 서비스는 그 수요가 높지만, 그 지역의 다른 주민들은 수요가 그다지 높지 않은 소매업이나 식당, 호텔, 병원, 운송 서비스에 종사하기 때문이다.

코미디언 제리 사인펠드는 지난 시즌(1997~98) 자신이 출연하는 인기 프로그램으로 2,200만 달러를 받았다. NBC 방송국은 그 정도 가치가 있다고 생각한 것 같다. 매회 방영되는 동안 NBC는 분당 100만 달러의 광고를 내보냈다. 광고주들은 그 프로그램을 보는 사람이 많기 때문에 광고를 보고 자사 상품도 살 것이라고 생각했다. 실제 많은 사람들이 광고를 보고 제품을 샀다. NBC는 프리랜서도 늘려가고 있다. 스튜디오 기술 인력이나 메이크업 담당에게 가능한 한 최저의 임금(과거 노조와의 최저 임금보다 더 낮은 금액)을 지불하고 있다. 다른 방송국도 사정은 마찬가지며, 공중파 방송국을 위협하고 있는 케이블 TV도 여기에 포함된다. 바로 이런 케이블 TV 때문에 NBC는 모회사인 제너럴 일렉트릭(GE)이나 GE의 투자자들(그 중에 내 퇴직 기금 펀드도 있다)에게 잘 보이기 위해서 비용 절감책을 더욱더 사용할 수밖에 없다. 우리 동네 세탁소 점원은 1999년에 1만 3,500달러를 벌었다고 나에게 말했다. 무서운 사실은, 미국 경제가 아무리 호황을 누린다 해도 그녀가 세탁소에 월급을 올려달라고 요구하면 대신 일할 사람을 쉽게 찾을 수 있다는 것이다. 나 또한 세탁비로 지금보다 더 많은 돈을 지불하고 싶지는 않다. 물론 그녀에게는 그런 말을 하지는 않았다.

한 바퀴를 돌아 다시 과거로?

산업화 시대 이전에 이상적인 것으로 여겨졌던 개인의 책임이나 계약의 자유 같은 말을 다시 들을 수 있다는 것이 우연의 일치는 아닐 것이다. 고용인과 피고용인의 관계가 더 이상 지속되지 않는 상황에서 근로자 법적 보호장치는 점점 더 무의미해지고 있다. 1주일 40시간 근로 규정은 택시를 대여해서 사업하는 택시 기사나, 컴퓨터 앞에 앉아 주가를 놓고 도박하는 데이트레이너들에게는 아무 의미가 없다. 모두 자신의 선택에 따라 원하는 시간만큼 일한다. 이들에게는 단체교섭권 역시 의미가 없다. 또 소규모 기업에서 프로젝트별로 옮겨다니며 일하는 사람들, 자신을 프리 에이전트나 전문인이라고 칭하는 사람들에게도 별 의미가 없다. 누구와 교섭을 한단 말인가?

최소한의 작업장 안전 수칙에 관한 법도, 최소한 하루에 얼마 동안은 자신의 집에서 일하는 전체 근로자의 1/3에게는 의미 없는 규정이다. 근육통 발생을 막기 위한 인간 공학적인 규정도 컴퓨터로 지금 이 책을 쓰고 있는 나를 보호해주지 않는다(2000년 1월 어느 하루 동안, 노동부는 작업장 안전에 관한 규정을 가정에서의 작업으로까지 확대한 적이 있다. 그 지시가 얼마나 말도 안 되는지 분명해지자 노동부는 잽싸게, 아주 조용히 그 조치를 철회했다). 또 가정이나 건강상의 긴급 상황시 근로자가 직장을 떠날 수 있는 권리를 주는 '가정 혹은 의료 휴가법'의 도움도 특별히 받지 않는다. 우리 집에 긴급 상황이 생기면, 나는 컴퓨터를 끄고 아래층으로 달려내려갈 것이다. 그렇게 심각한 상황은 아니지만 그래도 골치 아픈 경우에는, 나는 내 자신과 열띤 논쟁을 벌일지 모른다. 하던 일을 지금 중단할까, 그렇다면 얼마나 오랫동안? 그러나 이 토론에 다른 사람이 끼여들 필요는 없다.

최저 임금제는 대량 생산 기업이 일정한 임금 비율을 정하고 대부분 영구 고용되던 시대에는 일리가 있었다. 그러나 고용의 개념이 없어진 시대에는 시장에서의 가치에 따라 임금을 받는다고 주장, 아니 그렇게 생각하는 것이 더 쉽다. 자신의 기술, 능력, 업무 의욕을 기준으로 자기 자신이 수입을 결정하는 것이다. 이런 관점에서 보면, 지금보다 더 많은 돈을 지불할 고객을 찾지 못한다면 이는 자신의 잘못일 뿐이다. 마찬가지로 실업 보험 역시 경기가 급락해 수많은 선량한 근로자들이 피해를 볼 수 있었을 때에는 일리가 있었다. 그러나 고용의 개념이 없어진 시대에는 실직에 대한 책임은 자신에게 더 많이 있다. 일자리를 찾지 못한다면, 이는 자신의 서비스에 대해 너무 많은 금액을 요구하고 있기 때문일지 모른다. 요구 금액을 더 낮추든지, 아니면 기술을 더 습득하든지, 아니면 자기 자신을 더 효과적으로 판매하든지 해야 할 것이다.

고용의 시대에는 주로 고용주를 통해 의료보험이나 연금 문제를 해결했다. 고용주는 근로자가 건강해야 자신에게 유리했으며, 근로자 또한 다른 사람이 아프면 골치가 아픈 면도 있었다. 그러나 사람들이 프로젝트나 새로운 일자리를 따라 이동을 거듭하는 고용의 개념이 없어진 시대에는 스스로 건강이나 퇴직 연금에 대한 책임을 지는 것이 더 합당하다.

그러나 단순한 개인의 책임 문제는 아니라는 것을 보여주는 두 시대 사이의 중요한 차이점이 있다. 고용 시대 때에는 시장이 대부분 지역적이었고 판매 경쟁도 거의 없었다. 따라서 자신이 어느 정도 가격을 설정할 힘이 있었다. 또 자신이 어려운 상태에 빠지거나 집에 수리할 것이 있으면 이웃에게 부탁하면 도와주곤 했다. 그런 면에서 보면 지역 사회가 초기 상태의 보험제도와 같았다고 볼 수 있다. 그러나 고용의 개념이 없어진 시대에는 반대로 소비자나 투자자 모두 더 좋은 조건을 찾아 전세계로 눈을 돌릴 수 있는, 극도로 불안정한 시장의 거센 폭풍 속에서 대부분의 근로자가 살아가고 있다. 그리고 가면 갈수록 자기 혼자 힘으로 해결해야 하는 경우가 늘어나고 있다. 사회보장제도는 줄어들고 있다. 심지어 일상적인 이웃 보험도 줄어들고 있는 형편이다. 자기 이웃이 누구인지 아는 사람이 거의 없다.

요약 : 새로운 일

약 30년 전 미국 경제는 대규모 생산에서 맞춤 생산 및 서비스로의 이동을 시작했다. 그 이후 점점 더 빠른 이동 속도를 보여왔다. 그 원동력은 기술이었다. 최근 인터넷과 전자상거래에서 그 정점을 이루고 있는 통신, 운송, 정보 분야의 신기술로 소비자의 선택 범위는 대폭 확대되고, 모든 고객(기업 고객 포함)이 더 좋은 조건으로 구매하고 또 그쪽으로 이동하는 것이 더 쉬워졌다. 넓어진 선택과 쉬워진 이동, 이 두 가지로 인해 모든 분야에서의 경쟁은 치열해졌으며, 모든 판매자는 줄기차게 혁신을 가해 비용을 줄이고 새로운 가치를 창출해야만 하는 상황이다.

과거 산업 경제하에서는 같은 상품을 오랫동안 판매하는 규모의 경제를 통해 돈을 벌었다. 그러나 이제는 얼마나 빨리 혁신을 하고 고객을 유치(그리고 유지)하느냐가 돈을 버는 관건이다. 과거에는 수직 구조의 대기업이 승리를 차지했지만, 이제는 좋은 아이디어를 만들어내면서 상황에 유연하게 대처할 수 있는 소규모 기업과, 이 아이디어를 시장에서 효과적으로 팔 수 있는 신용 있는 브랜드가 승자다.

이런 변화는 세계 어느 지역보다 미국에서 더 빨리 찾아오고 있다. 그 이유는 변화의 기반을 이루고 있는 통신, 운송, 정보 기술의 많은 부분을 최초로 개발한 나라가 미국이고, 또 미국 경제는 그 시작부터 다른 나라보다 규제가 약해 자본과 노동이 더 빨리 움직일 수 있었기 때문이다. 다른 나라도 미국의 뒤를 쫓고 있는 조짐이 나타나고 있다.

현재 우리는 엄청난 이익을 거두고 있다. 미국 경제는 지난 몇십 년 동안 엄청난 규모로 성장했고 활력 또한 넘쳐난다. 과거보다 실업 인구는 훨씬 더 줄어들었으며, 임금 인플레이션의 위험 없이 낮은 실업률을 유지하고 있다. 과거보다 훨씬 더 다양해진 상품과 서비스가 소비자를 기다리며, 환상적인 조건의 거래를 하는 것이 쉬워졌다. 물질적인 삶의 질 측면에서 보면, 우리들 대부분은 과거 그 어느 때보다 훨씬 더 좋은 상황에서 살고 있다. 최하 소득 계층 사람들이 과거보다(1970년이라고 해보자) 더 잘살고 있는지에 대해서는 열띤 논쟁이 벌어지고 있다. 이전의 경제적인 여유와 비교하면 여러 면에서 과거보다 더 잘산다. 그러나 대부분 미국 사람들의 경제적인 여유와 비교하면 과거보다 더 가난하다.

지금 이 마지막 질문에 대한 당신의 의견이 어떻든 간에, 우리가 단지 소비자만은 아니라는 사실은 반드시 기억해야 한다. 생계를 위한 일에 하루의 대부분을 바치고 있는 것이 우리들의 모습이다. 또 우리는 가족, 친구, 지역 사회라는 수많은 관계 속에서 살고 있다. 더 활기차고 혁신적인 경제로 가고 있지만, 이와 함께 일의 구성과 그 보상 방법에도 변화가 찾아왔다. 그리고 이 변화는 우리의 개인적인 삶도 바꾸어놓고 있다. 신경제가 주는 여러 혜택을 받기 위해서는 이런 변화를 겪을 수밖에 없다. 방금 찍어낸 동전의 양면과도 같은 것이다.

기술이 모든 구매자에게 더 많은 선택과 더 쉽게 이동할 수 있는 힘을 주었지만, 이로 인해 모든 판매자는 더 불안해하고 있다. 구매자에게는 득이 되는 활발한 경제와 기술 혁신이 판매자를 불확실한 그리고 불안정한 상태로 만들고 있다. 이제 거의 모든 수입은 더 불안정해지고 미래에 대한 예측이 더 힘든 상태가 되었다.

새로운 시대에서는 성패 여부에 따라 득실에도 엄청난 차이를 보이게 된다. 재능과 야망을 겸비한 사람들에게는 엄청난 기회가 제공된다. 산업 시대와 비교했을 때, 이들은 일반 봉급생활자보다 훨씬 더 많은 돈을 벌 수 있다. 그리고 이들이 하고 있는 일은 산업 시대의 경직된 일보다 훨씬 더 흥미롭고 자극적인 것이다. 그러나 끊임없이 노력하지 않으면 실패하게 되는 일이 더 많아지고 있으며, 근로자의 수입이 급격히 감소할지 모르는 위험성이 과거보다 늘어난 것 역시 사실이다. 수입과 부의 불균형은 현저히 심화되었다. 지난 1세기 동안 미국이 이 정도의 불균형 상태를 그냥 보고 지나간 적이 없을 정도다.

과거보다 더 급격해진 현 상황에서 과연 성공의 진정한 의미는 무엇일까? 더 힘들어진 현실 앞에서 아무 보호 장비 없이 어떻게 우리 자신과 가족 그리고 우리의 지역 사회를 위한 충분한 공간을 확보할 수 있을까? 지금부터 이 문제를 함께 생각해보자.

2부
새로운 삶

6 열심히 일하라는 유혹

수입의 전망이 불투명하고 일자리도 전보다 더 불안한 상태, 그리고 매달 들어오는 소득까지 불규칙적이라면 과연 사람들은 어떻게 할까? 더 열심히 일한다. 더 많은 시간 그리고 더 집중해서 일하게 된다.

공식 통계에 의하면, 미국인들은 평균적으로 더 많은 시간을 일하고 있다고 한다. 얼마나 많은 시간을 더 일하는지에 대해서는 이견이 있다. 일부에서는 미국인들이 더 오랜 시간 일한다는 것 자체에 대해서도 동의하지 않고 있다. 매년 봄, 통계청은 약 5만 가구를 대상으로 대규모 여론 조사를 실시한다. 그 중 항상 물어보는 것으로, 지난해에 돈을 벌기 위해 총 몇 주일 동안 일했으며, 1주일에 보통 몇 시간을 일했는지가 있다. 얼마나 열심히 일했는지 잊어 버린 사람도 있을 것이고, 또 과장하는 사람도 있을 것이다. 실제보다 더 오래 일했다고 생각하는 사람도 있을 테고, 또 일을 많이 하지 않았으면서 그것을 인정하고 싶지 않을 수도 있다. 따라서 완벽한 측정 방법이라고 볼 수는 없다. 돈 버는 일과 삶의 나머지 부분 사이의 경계선이 점점 사라지고 있기 때문에 또 다른 어려운 점이 있다. 어디까지를 일이라고 해야 하는지 불분명하다. 그런데도 이 조사가 현재로서는 최선의 자료다. 그리고 매년 같은 질문을 반복하기 때문에 대략적이나마 일정 기간 동안 근로시간의 증감 여부를 알 수 있다.

이 조사에 의하면, 돈을 벌기 위해 일하는 시간이 늘어나고 있다고 한다. 일반 성인 근로자는 현재 돈을 벌기 위해 1년에 거의 2,000시간을 일하고 있다. 이는 20년 전과 비교했을 때, 2주일이나 더 많은 수치다(특히 여성의 경우 증가폭은 더 크다). 자녀가 있는 평균적인 중산층 부부는 두 사람이 함께 3,335시간을 일하는데, 이는 1979년보다 8주일이나 더 늘어난 수치다.[1]

현재 미국인들은 일벌레로 소문난 일본 사람들보다도 더 오랜 시간 일하고 있다. 일본인의 현재 근로시간은 미국의 1980년 수준이다. 최근 발표된 UN 산하 국제노동기구(ILO)의 보고서에 의하면, 미국인들의 근로시간은 늘어난 데 반해, 다른 선진국에서는 대부분 근로시간이 줄어들고 있다고 한다. 1980년대 후반까지 미국 성인의 근로시간은 유럽의 경우와 거의 같았다. 지금은 미국 근로자가 유럽 근로자보다 1년에 350시간을 더 일하고 있다. 프랑스에서는 근로시간이 1980년대의 1,810시간에서 1990년대 후반에는 1,656시간으로 줄어들었다[2](그러나 이들이 미국의 전철을 밟아오고 있기 때문에 유럽과 일본에서도 근로시간이 늘어날 것으로 예상할 수 있다).

미국의 이런 경향은 여성들, 특히 주부들의 대폭적인 이동에서 가장 큰 원인을 찾아볼 수 있다. 가사에서 돈 버는 일로, 또 시간제에서 정규직으로의 이동이다. 이렇게 대규모의 사회적 변화는 단시간에 일어나지 않는다. 이런 변화를 모두 겪을 정도로 오래 살 수는 있지만, 그 동안의 변화가 얼마나 큰 것이었는지는 완전히 이해하지 못할 수도 있다. 1969년의 통계청 자료에 의하면, 20~55세 주부의 38퍼센트가 돈 버는 일을 했다고 한다. 지금은 거의 70퍼센트에 가까운 수준이다.[3]

그러나 일을 더 많이 하는 이유가 여성의 변화만이 전부는 아니다. 전문직 혹은 관리직 남성들의 근로시간도 더 길어지고 있다. 1980년대 중반 이후, 전체 전문직과 관리직 종사자 중 1주일에 최소한 50시간을 일하는 사람들의 비중이 거의 30퍼센트 이상 증가세를 보였다. 근로시간이 줄어든 사람들이 있다면 고졸 출신의 근로자일 것이다. 왜냐하면 경기가 좋지 않거나 기업에서 해고 결정을 내릴 때 제일 먼저 일자리를 잃게 되기 때문이다.

문제일까?

대부분의 사람들이 과거보다 더 많은 시간을 일한다고 해서 반드시 경제 사정이 더 나빠졌다는 의미는 아니다. 오늘날에는 전자 레인지, 즉석 조리 식품, 그리고 사방에서 찾아볼 수 있는 패스트푸드점 덕분에 식사 준비 시간이 과거보다 더 짧아졌다. 아이들을 키우는 데에도 여러 가지 방법을 선택할 수 있다(경제적 여유가 있을 경우). 그리고 인터넷 덕분에 쇼핑 시간도 줄어들고 있다. 일 이외의 다른 것을 위한 '자유' 시간과 비교했을 때, 정확히 얼마나 많은 시간을 일에 쏟고 있는지에 관해서는 여러 이견이 있다.[4] 과거보다 자유 시간이 더 많아졌다는 주장이 있다. 매릴랜드 대학의 사회학 교수 존 로빈슨과 펜 스테이트 대학의 소위 '레저 연구학' 교수 제프리 고드비는 연구 대상으로 선정된 사람들의 일기 속에 나온 시간별 활동 사항을 1965년에서 1985년까지 자세히 조사했다. 이 연구에 참가한 사람들은 돈을 버는 일에서부터 그렇지 못한 가사에 이르기까지 그날 한 일을 자세히 기록했다. 조사 결과 지난 20년 동안 자유 시간은 증가했다고 한다.[5] 그러나 표본의 수가 워낙 적었고, 자신이 하는 일을 열심히 기록할 정도로 살 수 있는 사람들은 일반적인 미국인이라고 보기에는 어려운 점이 있다. 게다가 두 교수는 최소한 1985년 이후로는 대부분의 미국인들이 과거보다 자유 시간이 줄어든 것 같다는 점을 인정했다. 그리고 두 교수의 연구는 우리에게 중요한 점을 알려주었다. 얼마나 많은 일을 하고 있는지 평가할 때에는, 돈 버는 일뿐만 아니라 그렇지 않은 경우까지도 고려해야 한다는 점이다.

작가 앨리스 워커는 20세기 초반의 어머니들이 무슨 일을 했는지, 다음과 같이 묘사하고 있다.

> 어머니는 우리가 입는 모든 옷을 만드신다. 심지어 오빠 작업복까지. 타월과 침대 시트도 만드신다. 매년 여름에는 야채와 과일 통조림을 만드시고, 겨울 저녁에는 침대 크기만한 누비이불을 만드신다.
>
> '일하는' 날에는, 들판에서 아버지 뒤가 아니라 옆에서 힘들게 일하신다. 어머니의 하루는 해뜨기 전에 시작해 늦은 밤까지 끝날 줄을 모른다. 잠시도 앉아 계시는 적이 없고 아무 방해도 받지 않고 자신만의 생각을 해볼 시간이 없다. 항상 일이 있거나 아니면 여러 아이들이 이것저것 물어보는 것에 신경 써야 한다.[6]

할 일이 많다는 것이 반드시 나쁜 것만은 아니다. 일은 삶에 질서와 의미를 줄 수 있기 때문이다. 또 자신의 가치와 중요성을 느끼게 해준다. 결국 근면은 서구의 도덕적 의식의 핵심 교리이며, 프로테스탄트 윤리의 초석이다. 이런 관점에서 보면 근면은 미덕인 셈이며, '자유 시간'은 죄악을 부르지는 않더라도 한 사람의 인격을 파괴할 수 있는 나태함을 의미한다. 미국의 복지제도 철폐에 관한 논쟁의 많은 부분은 이러한 믿음과 가치에 기인한 것이다. 그러나 요즘은 이에 관한 이야기가 너무 여러 곳에서 나오고 있다.

최근 밀튼 갈랜드라는 올해 102살의 최고령 봉급생활자의 인터뷰 기사를 우연히 보게 되었다. 갈랜드는 펜실베이니아 주의 웨인즈보로에 있는 프릭 컴퍼니라는 회사를 1920년에 입사해 78년 동안 계속 다니고 있다. 프릭은 다른 대부분의 미국 기업과 같은 속도로 근로자를 해고하지는 않은 것 같다. 인터뷰는 워싱턴의 전국언론인협회(National Press Club)에서 있었는데, 이 협회의 본사 건물에는 갈랜드가 1920년대 후반 직접 설치한 냉동설비가 있다고 한다. "현재 내가 하고 있는 일을 사랑한다"고 말하는 갈랜드는 회사의 국제특허 관련 업무와 신참 교육 업무를 현재 1주일에 20시간씩 하고 있다. 그는 "뭔가를 시작하면 그것을 좋아할 때까지 계속 하라고 충고하고 싶다. 그 일에서 전문가가 되기 전까지는 좋아할 수 없다. 일단 전문가가 되면 기다리는 것은 즐거움뿐이다"라고 말했다. 65세였던 37년 전에 퇴직했다면 현재 어디에 있겠는가라는 질문이 끝나자마자 나온 대답은 "무덤에"였다.[7]

한 가지 일을 가지고 어떤 사람은 고역이라고 생각하고 또 다른 사람은 커다란 보람을 느낄 수도 있다. 나는 정원 돌보는 것을 정말 싫어한다. 한 시간 동안 계속해서 잡초를 뽑는 것은 정말 할 일이 아니라는 생각뿐이다. 아마 내게 잡초 뽑기를 시키려면 엄청난 돈을 주어야 할 것이다. 그러나 정원 가꾸기가 삶의 즐거움인 친구가 있다. 그는 시간 있을 때마다 심지어 휴가 중에도 정원을 돌본다. 다른 사람을 돌보는 일에 커다란 만족을 느끼는 사람도 있다. 아이, 노인, 병자, 장애인을 돌보는 일은 그의 삶에 큰 의미를 줄 수 있다. 자기 자녀나 가까운 친척을 돌보든 도움을 필요로 하는 전혀 모르는 사람을 돌보든 커다란 의미를 지닐 수 있다. 그러나 이러한 일을 힘들어하는 사람들도 있다. 여성들은 이런 일이 닥칠 경우 자신들의 도덕적 의무라고 생각하면서도, 속으로는 얼마나 싫은지 인정하고 싶지 않을 수도 있다(사회는 다른 사람을 돌보는 일은 돈을 벌든 그렇지 않든 간에 도덕적으로 여성의 몫이라는 부담을 주고 있다).

또 때로는 똑같은 행동이라도 상황에 따라, 아니면 처음 그 행동을 어떻게 묘사했는지에 따라 기분 좋게 혹은 그 반대로 느끼는 경우도 있다. 심리학 교수 소피아 스노와 앨런 랑어는 연구 대상으로 선정된 보스턴 지역의 성인을 두 그룹으로 나누어 여러 가지 같은 일을 하도록 했다. 그 중 한 가지를 소개하면, 만화를 주고 그 그룹이 정한 분류(재미있음/재미없음, 남자에 관한 만화/여자에 관한 만화 등등)에 맞게 나누도록 하고, 각 만화에 있는 단어를 바꿔 다른 의미를 만들어보도록 하였다. 한 그룹에게는 이 작업을 '게임'이라고 했고, 다른 그룹에게는 '일'이라고 했다. 그리고 나중에 얼마나 재미있었는지, 또 하는 동안 다른 생각을 얼마나 했는지 질문을 해보았다. 재미있었다고 한 사람은 '일' 그룹보다는 '게임' 그룹의 사람들이 더 많았으며, '게임' 그룹 사람들이 '일' 그룹 사람들보다 작업 중에 다른 생각을 덜한 것으로 밝혀졌다.[8]

수천 명의 사용자가 동시에 즐길 수 있는 인터넷 게임을 개발하고 있는 내 제자는 그 일을 사랑하고 있는 것 같다. 단지 돈을 많이 벌 수 있다는 기대 때문은 아닌 것 같다. 정말로 재미를 느끼고 있는 것이다. 같이 일하는 사람들을 좋아하고, 인터넷 신생 기업 특유의 젊음, 끼, 그리고 몰두하는 모습을 사랑한다. 하루에 최소한 열두 시간을 일하고, 10시 전에 집에 가는 적이 거의 없으며, 주말에는 밀린 빨래밖에 하지 못한다면 과연 어떻겠는가? 그녀는 별로 개의치 않는 듯하다.

직업을 가진 여성들은 일반적으로 집 밖에서 돈을 벌면서 하는 일이 집 안에서 아무 경제적 보상 없이 하는 일보다 더 큰 성취감을 준다고 느낀다. 사회학자 알리 호치쉴드는 어떤 회사(이름은 밝히지 않았다)의 여성 근로자 130명을 인터뷰하고 그들의 행동을 관찰했다.[9] 많은 여성들이 집보다 회사에서 시간을 더 보내고 싶어한다는 것을 발견했다. 집에 있으면 더 어려운 일들이 자기 앞에 던져진다는 생각을 하고 있었다(화가 나서 말을 안 하는 아이들, 엄마의 손길을 기다리는 아기, 설거지, 자기 존재를 잘 몰라주는 남편 등). 자신의 능력을 직장에서 더 잘 알아준다고 생각한다. 또 일과 관계없는 사람보다는 직장 동료와의 우정이 더 강하다. 직장에서 하급자를 '돌보는 것'이 집에서 아이들을 돌보는 것보다 더 좋고 큰 만족감을 준다. 그리고 부모의 죽음과 같은 어려운 문제가 닥쳤을 때, 가족이나 종교에 의해 만난 사람들보다 직장 동료가 더 큰 힘이 된다고까지 생각한다(많은 남자들도 같은 생각을 했다). 호치쉴드는 매우 꼼꼼하게 연구를 진행하는 학자다. 그러나 그녀의 연구 결과는 전체 근로자에게까지 일반화될 수 없을지 모른다. 인터뷰했던 회사는 종업원들에 대한 대우가 유별날 정도로 좋았기 때문이다. 그렇다고 해도 집에서 아무런 경제적 보상 없이 하는 일은 집 밖에서 돈을 버는 일과 비교했을 때, 때로는 어렵고 보람도 없는 것이라고 느끼는 것은 분명한 사실이다.

어떤 일에 대해 한 개인이 전심전력을 다할 때, 혹은 그 일이 보수에 관계없이 사람의 재능이나 활력을 끌어낸다면, 그 일은 '소명'이라고 부를 수도 있다. 나는 자신의 직업을 공공 서비스이자 사랑과 의무에서 우러나오는 일이라고 생각하고 있는 의사들을 많이 보았다. 선생님들이나 사회사업가, 심지어 정치인 중에도 그런 사람들이 있다. 그러나 투자은행 직원 중에 이런 사람을 본 적은 없다. 그래도 한둘 정도는 있지 않을까 생각한다.

어떤 사람이 마음속으로 매력을 느끼는 일이라면 단지 돈만 보고 일할 때보다 더 열심히 더 열정적으로 일할 수 있다. 아인슈타인은 상대성이론을 연구하던 중에 자신의 사촌 엘사에게 "나는 태어나서 작년만큼 열심히 일한 적이 없는데, 마침내 몇 주 전에 문제를 해결했어. 이제는 좀 쉬어야겠어. 안 그러면 지금 당장 고장날 것 같아"라는 내용의 편지를 썼다.[10]

많은 작가나 화가, 철학자, 배우들이 그 일에서 느끼는 커다란 만족감이나 꼭 그 일을 해야겠다는 충동 때문에 일을 하고 있다. '자신의 뼈다귀가 무엇인지 아는' 이런 현상은 전혀 새로운 것이 아니다. 이 말은 19세기 작가 헨리 소로의 글 "당신의 삶을 놓치지 말 것이며, 항상 보조를 맞추면서 그 주위를 떠나서는 안 될 것이다. 자신의 뼈다귀가 무엇인지 알아내고, 뼈다귀를 찾았으면 갉아먹다가 일단 땅에 묻고 다시 파헤쳐서 계속 갉아먹어야 한다"에 나오는 것이다(개가 주인을 항상 따라다니면서 그 주위를 떠나지 않는 것처럼 우리도 삶에 대해 그러한 자세를 취해야 한다. 삶이 제공하는 여러 가지, 다시 말해 주인이 주는 여러 뼈다귀 중에 자신의 것이 어떤 것인지를 알아내고, 그 뼈다귀를 계속 갉아먹으라는 의미다. 즉 자신이 좋아하는 것을 열심히 하라는 뜻―옮긴이).[11] 물론 생계 때문에 다른 일을 할 수도 있다. 19세기의 위대한 작가이자 철학자였던 헨리 소로는 돈이 필요해서 측량 일을 했으며, T.S. 엘리엇은 은행에서 일했다. 나사니엘 호손은《주홍글씨》에 나왔던 세일럼 세관에서 근무했다. 월리스 스티븐스와 찰스 아이브스는 보험 판매원이었다. 윌리엄 포크너는 하루에 열두 시간씩 막노동을 할 때 남는 시간을 이용해《임종의 자리에 누워서(As I lay dying)》를 썼다고 한다. 허먼 멜빌은 1866년부터 1885년까지 뉴욕 세관의 검사관으로 있었다. 매튜 아널드는 장학관이었으며, 그 누구보다 미국을 깊이 이해했던 프랑스의 사회학자 알렉시스 토크빌은 공무원이었다. 17세기의 위대한 철학자 베네딕트 스피노자는 렌즈 연마 광택 작업으로 생계를 꾸려갔다. 아인슈타인은 특허사무소의 직원이었던 26세 때 상대성이론을 발표한 논문을 썼다. 윌리엄 윌리엄스는 의사였으며, 스탠리 보자스키(못 들어본 이름일지 모르겠다. 아직 그렇게 유명한 사람은 아니다)는 낮에는 법률사무소 직원으로 일하고 밤에는 뮤지컬 배우로 일하고 있다. 미국의 배우들이나 배우 지망생(특히 후자) 중에는 웨이터나 페인트공, 택시 기사 등의 일에 종사한 사람들이 꽤 많았다. 우리 어머니께서는 아버지 가게에서 하던 일을 그만두신 후, 파스텔 초

상화와 풍경화를 그리셨다. 지금은 당신의 그림을 팔아 그림 도구를 장만하신다. 고양이 한 마리도 덤으로 생겨 키우고 계신다.

그렇다, 문제다

그렇다면 과연 무엇이 문제일까? 바로 이것이다—대부분 사람들이 돈을 벌기 위해 일하는 시간이 엄청나게 늘어나고 있다. 늘어나고 있는 것은 공식 통계에 나오는 정식 근무시간뿐만이 아니다. 돈을 벌기 위해 하는 일이 과거보다 우리 삶의 나머지 부분을 더 많이 침범하고 있다. 또 일은 우리의 정신과 머리에 점점 더 부담스러운 존재가 되고 있다. 깨어 있는 시간 중에 더 많은 부분을 일에 할애하고, 심지어 곤히 잠들 때조차 완전히 자유롭지 못하다. 미처 예상 못 한 상황에서 발생하고 예측이 힘든 요구를 해오는 경우도 있다. 이런 면 역시 과거보다 그 정도가 더 심하다.

집에 있는 팩스, 음성 사서함, 이메일, 호출기, 이동전화, 카 폰 등이 끈덕지게 강요하는 것이 있다. 대답을 해야 한다는 것이다. 또는 당신이 어떤 사실을 알게 되었는데, 만약 누군가에게 이 사실이 중요하고 그 사람도 알고 싶을 것이라는 생각이 들면, 이런 기기들을 사용해야만 한다. 결국 이런 기기의 단 한 가지 목적은 우리가 다른 것을 하고 있을 때 우리가 어디 있는지를 알아내기 위한 것이다. 다시 말해 우리를 항상 대기 상태로 만들어놓고 있다. 마치 강도처럼 우리 삶에 침입한다. 운전 중이거나 비행기를 타고 있을 때, 아니면 그냥 걸어가고 있을 때처럼 과거에는 완전히 개인의 소유였던 작은 시간과 공간까지도 자기 것이라고 주장한다. 심지어 이들 기기들이 침략할지 모른다는 생각에, 우리 뇌의 아주 작은 부분은 항상 그 침략을 대비한 비상 상태로 대응할 준비를 하고 있다. 이것들이 없다면 업무 효율은 떨어질지도 모르겠다. 그러나 이들은 점점 더 개인의 영역 깊숙이 들어오고 있다. 몇 년 후에는 손목에 통합 접속 장치를 차고 다니게 될지 모른다. 이 장치를 통해 우리가 미리 지정해놓은 사람이라면 밤낮 구별 없이 우리와 이야기할 수 있을 것이다. 서로 얼굴을 보면서 말이다. 물론 원하면 그 장치를 끌 수도 있다. 그리고 누구에게 그러한 권리를 주는가는 우리 자신이 결정할 것이다. 그러나 최소한 하루에 18시간은 그 장치를 켜놓아야 하는 부담과 사랑하는 사람뿐만 아니라 업무상 중요하다고 생각하는 사람까지도 포함할 경우, 침입자의 리스트가 얼마나 길어질지 한번 생각해보자.

통근시간도 길어지고 있다. 집을 떠나 출장을 가 있는 시간 역시 늘어났다. 미국여행업협회에 따르면, 미국인들은 1996년에(가장 최근 자료) 4,290만 건의 출장 여행을 했다고 한다. 이는 5년 전보다 21퍼센트 늘어난 것이다. 다른 조사에 의하면, 근로자 다섯 명 중 한 명은 정기적으로 1박을 하는 출장을 떠나고 있다고 한다('정기적'이라는 용어의 정의는 나오지 않았지만, 최소한 한 달에 한 번 정도라고 추정할 수 있다).[12] 또 각종 회의, 워크숍, 세미나, 멀리 떨어진 곳에서의 미팅 등이 과거보다 훨씬 더 자주 열리고 있다. 이렇게 1박을 하는 회사 '행사'는 1998회계연도에 총 80만 5,000건으로 1996년의 58만 건에 비해 큰 폭으로 늘어났다고 한다.[13]

이러한 새로운 일 때문에 우리가 얼마나 마음을 빼앗기고 정신적인 부담을 갖는지 측정할 수 있는 방법은 없다. 그러나 과거보다 더 커진 것만은 분명하다. '항상 쫓기는 느낌'이라고 말하는 미국인의 비율이 1960년대 중반에서 1990년대 중반 사이에 거의 50퍼센트 이상 늘어났다. 같은 기간 동안에 '거의 항상 매우 열심히 일한다' 혹은 '야근하는 경우가 자주 있다'고 말하는 사람도 현격하게 늘어났다.[14] 사무실이 분명히 있는데도, 이제 집에 있는 컴퓨터는 말 그대로 일하는 곳의 의미를 갖는 '워크스테이션(work stations)'이 되고 있다. 일은 집과 사무실을 왔다갔다하고 있다. 서류 가방 가득히 들어 있는 서류와 보고서의 형태가 아니라, 조그만 디스켓이나 무게가 전혀 안 나가는 이메일 첨부 파일의 형태로 오가고 있다. 정기적인 인터넷 사용자의 1/4이 사무실에서 일하는 시간은 줄어들지 않는데 집에서 일하는 시간은 늘어나고 있다고 말한다.[15]

시장은 항상 열려 있고, 여러 기기를 통해 언제라도 접촉이 가능한 상태다. 따라서 무언가 다른 것을 하기로 분명하게 결정한 시간 외에는 일을 하지 않는 데에 대한 변명거리는 이제 없다. 그러나 일을 하는 공간적 제약이 점점 없어지면서 무언가 다른 것을 하겠다는 결정을 내리기가 더 힘들어지고 있다. 건축가 프랭크 루포와 대니얼 로웬은 최근 두 명의 젊은 월 스트리트 펀드 매니저가 의뢰한 아파트를 설계했다. 이 아파트에는 치밀한 계획하에 여섯 군데에 비디오 모니터를 설치해 기민함이 생명인 이 두 사람이 세계 시장의 동향을 24시간 내내 집의 어느 곳에서도 볼 수 있게 했다고 한다. 심지어 목욕탕에서도 말이다.[16]

돈 버는 일이 우리 삶의 나머지 부분에까지 밀고 들어오면서, 어쩔 수 없이 다른 것들이 밀려나고 있다. 아이들과 같이 하는 시간이 줄어들고 있다는 소식에 많은 사람들이 관심을 보이고 있다. 백악관 경제자문위원회에 의하면, 미국 부모들은 30년 전의 부모들과 비교해서 1주일에 자녀에게 쓰는 시간이 평균 22시간 줄어들었다고 한다(그렇다고 반드시 모든 아이들이 22시간 관심을 잃고 있다는 의미는 아니다. 아이들 수가 과거보다 적기 때문이다. 실제로 1998년의 엄마들이 깨어 있는 시간 동안 아이들과 보내는 시간은 1965년의 엄마들과 거의 같은 것으로 나와 있다. 오히려 수면 시간은 줄었는데도 말이다.[17] 여기서 말하려는 것은, 어른들이 일반적으로 아이들과 보내는 시간이 줄었다는 것이다). 밀려나는 것이 또 있다. 친구, 배우자, 부모, 자원봉사 활동, 가사, '소명'이라고 생각하는 활동, 재미있는 일들, 단순한 의무라고 생각하는 것에서 돈을 벌지는 못하지만 큰 성취감을 주는 활동에 이르기까지 모두 우리 마음속에서 밀려나고 있다.

일을 해서 돈을 벌어야 한다는 부담 때문에 다른 모든 것들이 엄격히 통제되고 있다. 아이들은 꽉 짜여진 일정에 맞춰 이것저것 하느라고 분주히 움직이고, 주말은 항상 심부름, 행사, 접대, 사람들과의 바쁜 만남 등으로 가득 차 있고, 휴가는 아직도 멀었는데 혹시 잘못될 경우를 대비한 계획부터 미리 세우고 있다. 이러는 동안에도 머릿속은 항상 무언가로 가득 차 있다. 아직 끝내지 못한 일, 아직 만나보지 못한 고객, 다가오는 마감 시간 등. 마치 거실 창 밖에서 들리는 자동차의 소음처럼 이 모든 것들은 삶의 나머지 부분을 충실히 살아보려고 하는 당신을 가만히 놓아두지 않는다.

내가 장관으로 재직하고 있을 때 알게 된 것처럼 돈 버는 일은(특히 그 일이 재미있거나 돌아오는 것이 많다면) 우리 삶의 나머지 부분을 밀어낸다. 이 책을 이 부분까지 읽을 정도의 시간을 내고 그럴 힘이 남아 있다면, 아직 절망적인 상태는 아니다. 그래도 일로 인한 부담감은 점점 더 커지고 있다. 도대체 왜 그럴까?

수입 유지

미국인들이 더 열심히 일하는 가장 분명한 원인은 가정의 수입을 유지하기 위해서다. 1970년대 후반과 1980년대부터 일하는 여성들이 늘어나기 시작했는데, 이는 남편의 봉급이 오르지는 않고 제자리거나 줄어들었기 때문이다. 이미 말한 것처럼, 많은 단순직 근로자들이 일정하게 인상되는 봉급을 받으며 안정된 직장 생활을 하던 20세기 중반의 대량 생산 시대는 사라져가고 있다. 대량 생산의 경제로 생산직 근로자가 중산층에 들어갈 수 있었다. 이제 대량 생산 대신 소비자의 취향을 고려한 맞춤 생산의 시대가 오고 있다. 우리가 원하는 바로 그것을 거리에 구애받지 않고 가장 유리한 가격에 제공하는 시대적인 변화로 인해 생산직 근로자는 중산층에서 밀려나고 있다. 1979년, 고졸 출신의 30세 정규직 남자 근로자의 경우(현재 화폐 가치로) 연간 평균 3만 2,000달러를 벌었다. 지금은 약 5,000달러가 줄어들었다. 이 공백을 메우기 위해 돈을 벌고 있는 여성의 수가 더 늘어났으며 근로시간도 늘어났다.[18]

또 다른 현상도 있다. 배우자 없이 혼자서 아이를 키우는 미국인의 수가 (특히 여성) 늘어나고 있다. 30년 전에는 전체 가정의 15퍼센트 정도였지만, 지금은 30퍼센트가 넘고 있다.[19] 여성들이 직장에 나가는 다른 이유 중 하나로 이 현상을 꼽기도 한다. 져야 할 책임이 늘어났기 때문이다. 그러나 이런 주장은 원인과 결과가 뒤바뀐 것이다. 과거와 달리 여성들은 직장을 가지게 되고 반면에 남성들은 경제적 기반을 잃어가고 있다. 그렇기 때문에 남성 배우자를 떠난(아니면 아예 처음부터 결혼을 하지 않은) 여성들의 수가 늘어났다고 하는 것이 맞을 것이다. 남자의 수입은 줄어들고, 자신이 혼자서 돈을 벌 수 있는데도 자신을 학대하거나 진가를 알아주지 않는 남자를 뒷바라지하는 별도의 '숙제'를 왜 떠맡겠는가? 더 자세한 이야기는 나중에 하자.

건초를 만들어라

그러나 남자의 수입 감소를 보완해야 할 필요성이 일에 더 많은 시간과 에너지를 쏟는 유일한 이유라고 볼 수는 없다. 왜냐하면 잘살고 있는 상류층 사람들도 더 열심히 일하고 있기 때문이다. 무엇 때문에 그렇게 힘을 더 쏟는 것일까? 이미 말한 대로 수입을 예측하기 힘들고, 거의 모든 사람이 이에 해당된다. 오늘은 많이 벌 수도 있지만, 내일은 그 액수가 줄어들고, 다음주에는 하나도 없을 가능성이 있다. 아무도 모르는 것이다. 안정된 직장을 가졌던 과거에는, 미래에도 물가 인상에 맞춰 조정된 봉급이 나오리라는 것을 확신할 수 있었다. 이런 자신감으로 할부로 자동차도 구입하고 융자를 받아 집도 구할 수 있었다. 그러나 지금은 수입이 어떻게 될지 모른다. 그래도 할부로 차를 구입해야 하고, 주택 자금도 필요하다. 또 신용카드는 한두 개 정도, 혹은 열 개까지도 가지고 있다. 가스나 전기, 전화처럼 매달 꼬박꼬박 고지서가 나오면 내야 할 요금도 있다. 이렇게 써야 할 돈은 정해져 있는데 수입을 예상하기 어렵다면 이를 어떻게 해결할 수 있을까?

모든 사람에게 영향을 주고 있는데도 별로 언급되지 않는 새로운 일의 한 측면이 바로 이 부분이다. 내일 나오는 고지서의 요금을 내기 위해서는 오늘 더 열심히 일할 수밖에 없다. 미래의 수입을 예측하기 힘들기 때문에 수입이 괜찮은 일이라면 가능한 한 열심히 하려고 한다. 빚을 지는 경우도 있다. 빚을 지게 되면, 내일이 되면 없을지 모를 오늘의 기회를 받아들여야 하는 부담감만 더 커질 뿐이다. 즉 햇볕이 내리쬘 때 건초를 만들지 않으면 안 되는 상황이다.[20]

물론 과거 경제에서도 생산직 근로자들이 '시간 외 근무'를 해야 할 이유는 있었다. 시간 외 근무가 필요한 경기 호조가 언제까지 계속될지 모르기 때문에 기회가 있으면 일을 했던 것이다. 그러나 1990년대의 호황기 중에는 시간급 근로자들은 일반적인 호황기 때보다 훨씬 더 많은 시간 외 근무를 했다. 물론 타의에 의한 경우도 있다. 기업이 인력을 추가로 충원하는 것을 원치 않았고, 미국 노동법에 의거해 시간급 근로자에게 시간 외 근무를 요구할 수 있었기 때문이다. 그러나 회사가 요구한 것도 아닌데 자원해서 시간 외 근무를 하는 사람들이 늘어났다. 점차 줄어들고 있는 생산직 근로자들은 자신들의 수입이 얼마나 불규칙적인지를 알고 있었기 때문이다. 따라서 일을 더 할 수 있는 기회가 생기면 이를 최대한 활용했던 것이다. 이러한 기회가 더 없을지 모른다는 생각 때문이 아니라, 일자리 자체가 없어질지도 모른다는 이유 때문이었다.[21] 기업은 언제라도 외형을 줄이고(다운사이징), 해외로 사업을 이전할 수 있다. 아니면 다른 주의 기업과 합병해 그 지역으로 옮겨갈 수도 있다. 회사에 어떤 변화가 생기든 다음달 고지서는 계속해서 나올 것이다.

전문직이나 관리직에 있는 사람들도 햇볕이 내리쬘 때 건초를 만드느라 바쁘게 움직이고 있다. 노동통계청 자료를 보면, 1주일에 50시간 이상 일하는 전문직과 관리직 인원이 1985년 이래 1/3 이상 증가했다는 것을 알 수 있다.[22] 이들은 대부분의 다른 직종 종사자들보다 더 열심히 일하고 있다. 남성 대졸자의 거의 40퍼센트와 여성 대졸자의 20퍼센트가 1주일에 50시간 이상 일하고 있는데, 이는 고졸 이하의 근로자와 비교했을 때 네 배에 해당하는 비율이다.[23]

왜 이렇게 돌아가고 있는 건지? '정규직'으로 여겨지는 많은 근로자들 중에 실제로는 판매 커미션, 초과 근무 수당, 성과급 보너스, 프로젝트 보조금 등이 수입에서 차지하는 비중이 커지는 사람들이 많아지고 있다는 것을 기억하자. 이들은 지금부터 여섯 달 후, 아니면 당장 다음달에 얼마를 벌지 확실히 알 수가 없다. 기업이나 비영리 단체가 상황에 더 기민하게 대처하기 위해 봉급과 같은 '고정' 비용을 가변 비용으로 바꾸고 있는데, 이는 사실상 기업들이 불확실한 시장의 경제적 리스크를 근로자 쪽으로 옮기는 것과 마찬가지다. 문제는 이런 근로자들도 주택 할부금이나 전기 요금과 같은 고정 비용을 해결해야 한다는 점이다. 그 결과 돈을 많이 벌고 있는 근로자들조차도 일이 있을 때 전력을 다해야 할 가능성이 높아진다. 줄어들 때를 대비해서 커미션이나 각종 수당 및 보너스를 쌓아놓는 것이다.

뉴욕의 한 컨설팅 회사에 다니는 내 친구 한 명은(최근에 아빠가 되었다) 하루에 14시간, 1주일에 70시간을 일하고 있다. 이제 아이가 생겼으니 그렇게 열심히 일하고 싶지는 않다고 말한다. 또 그렇게 일하라고 회사에서 요구한 것도 아니다. 실제 그 회사는 재능 있는 인재를 끌어모으기 위해 '가족 친화적'인 회사라는 이미지를 부각시키려고 노력 중이다. 문제는 회사의 규모가 작아서 일감의 변동이 심하다는 것이다. 따라서 일이 계속 들어올 때 가능한 모든 시간을 업무에 투입해야 된다고 그는 생각하고 있다.

새롭게 떠오르는 신경제에서는, 이미 강조한 것처럼 소비자는 무한한 선택의 기회를 가지며 언제라도 그 선택을 바꿀 수 있다. 따라서 지금 당신이 판매자로서 '매우 잘나간다면', 지금 이 상태를 최대한도로 이용하고 싶어할 것이다. 앤디 워홀은 미래에는 모든 사람이 15분 동안 유명해진다는 유명한 말을 남겼는데, 이제는 30초가 될 가능성이 높다. 지금은 사람들의 주목을 끌어야 하는 시대다. '잘나가는 쪽'에 있든지 끝내주는 무언가로 사람들의 욕구를 충족시키지 않으면 안 된다. 이런 상황 속에서는 기회가 왔을 때 이를 최대한 활용해야 하는 부담이 항상 있게 마련이다. 현재 주목받고 있는 사람들 역시 자신의 바람보다는 더 오랜 시간 더 열심히 일할 것이다. 햇볕이 밝게 빛날 때 건초를 만들어두기 위해서다.

낙오할 수 없다

신경제에서 사람들을 더 열심히 일하게 만드는 세 번째 요소는 경쟁에서 뒤처지지 않고 이겨야 하기 때문이다. 과거와 얼마나 다른지 다시 한 번 보자.

20세기 중반의 경제 체제는 안정과 느슨한 경쟁에 그 기반을 두고 있으며, 최소한의 혁신 정도였다. 그러나 새롭게 떠오르는 경제 체제는 불안정과 치열한 경쟁에 기반을 두고 있으며, 가능한 최대의 혁신이 이루어지고 있다. 이런 상황에서 그냥 바람 부는 대로 흘러갈 수는 없을 것이다. 경쟁자가 당신의 시장을 깨고 들어오고 싶어하기 때문이다.

Broadcast.com이라는 인터넷 기업의 공동 창업자이자 최고경영자인 올해 37세의 토드 와그너는 "근무시간의 문제가 아니다. 깨어 있는 시간의 문제다"라고 말했다. 와그너의 아이디어는 인터넷을 통해 실시간으로 생방송 프로그램을('스트리밍 미디어'라고 부른다) 방송하는 것이었다. 와그너와 Broadcast.com은 이름을 알리고 소비자를 끌기 위해서 신속한 행동을 취해야 했으며, 그 게임은 아직도 진행 중이다. 수많은 경쟁 상대가 비슷하거나 같은 아이디어를 가지고 Broadcast.com을 따라잡기 위해 노력하고 있다. 와그너의 하루는 해가 뜨기 전에 시작해서 투자자와의 미팅, 기술진과의 아이디어 교환, 마케팅과 광고 상황 체크, 소비자 의견이나 불만 사항 점검 등으로 이어져 자정을 넘기는 일이 허다하다. 와그너는 "깨어 있는 동안에는 가능한 한 최대의 일을 하려고 노력한다"고 말한다. 이 회사의 공동 창업자이자 사장을 맡고 있는 마크 큐반은 "이기기 위해서는 어떤 대가를 지불해야 할까? 바로 '전력 질주'다. 당신의 사업을 다른 누구보다도 빠른 시간 안에 구축해야 한다. '전력 질주'에는 결승점이 없다. '성공했어'라고 말할 수 있는 시점은 절대 오지 않는다"라고 수사적으로 표현하고 있다.[24]

와그너와 큐반은 신경제의 특징을 정확하게 대변해주는 월간지 《Fast Company》에 소개되었다. 나는 이 잡지에 기고한 적이 있으며, 편집자인 앨런 웨버와 빌 테일러는 잡지 창간 훨씬 이전부터 알던 사이다. 잡지가 나오기 전에, 어떤 비전을 가지고 잡지를 만들 것인지 물어본 적이 있다. 그들은 소규모로 급속한 성장을 이루고 있는 회사의 경영진이나 사업가 그리고 정보 기술 관련 신생 기업에서 일하고 있는 젊은이들을 전문적으로 다루겠다는 좋은 아이디어를 가지고 있었고, 지금 큰 성공을 거두고 있다. 이 두 사람에게 휴식이란 없다. 느긋하게 일하고 있는 모습을 한 번도 본 적이 없다. 그러나 이들을 보고 미친 듯이 일한다고 하면, 요즘 상황에서는 과장된 표현이 아닌가 싶다. 현재의 모든 경쟁사와 또 미래의 경쟁사들은 앨런과 빌이 이루어낸 것을 보고 같은 시도를 하려들 것이다. 아니 더 잘하려고 할 것이다. 최근에 앨런은 커피를 마시면서 "순진했어. 한때는 잡지를 창간해서 목표를 달성하면 그 다음에는 쉴 수 있을 줄 알았거든. 하지만 이제는 선두를 유지하기 위해 더 열심히 일하지 않으면 안 되는 상황이야"라고 말했다.

경쟁은 공급 체인의 모든 곳에서 더 치열해지고 있다. 이는 고객을 유지하기 위해서는 그야말로 모든 사람이 더 열심히 일해야 한다는 뜻이다. 이제 하나의 기업은 계약과 또 하도급 계약의 거미줄 속에 인터넷을 통해 연결되어 있는 전문가 집단의 형태를 띠어간다는 말을 기억하는지? 이런 시스템 속에서 공급업체들은 가격과 품질, 작업 완료 속도 등에서 전자 입찰을 통한 경쟁을 끊임없이 벌이고 있다. 이 시스템에 속해 있는 모든 기업이나 전문가 그룹은 상대방을 입찰에서 이기고 다음 계약을 따냄으로써 고객을 유지하지 않으면 안 된다.

어떤 프로젝트에 입찰하면서 현재 능력 이상의 조건을 약속하는 경우도 흔히 있다. 이전보다 더 싼 가격에 하겠다거나, 이전보다 더 어려운 조건의 제품 규격을 소화해내겠다는 것, 아니면 작업 완료 속도를 더 빨리 하겠다는 약속 등이다. 소프트웨어 프로젝트 입찰을 하면서 지난번에는 60일이 걸렸는데 이번에는 45일 만에 하겠다고 약속할 수도 있다. 이때 지키지 못할 무모한 약속을 감히 할 수는 없다. 가장 중요한 자산인 대외 신용도는 약속대로 이행하느냐에 달려 있기 때문이다. 그러나 고객을 계속 유지할 수 있는 유일한 길은 경쟁자보다 앞서나가는 것이며, 앞서나갈 수 있는 유일한 길은 자신들의 능력을 계속 확장시키는 것밖에 없다는 사실도 잘 알고 있다. 따라서 더 싸고 좋은 제품을 더 빨리 소비자 손에 전달할 수 있는 새로운 방법을 항상 개발해야만 한다.

이런 상황에서 실제 일하는 사람들은 어떻게 해야 할까? 더 열심히 일해야한다. 지난번 마감 시한은 맞추기가 매우 어려웠다. 이번 마감 시한은 더욱더 어렵다. 비용을 줄이고 지난 프로젝트 때보다(당시에도 어려웠는데) 작업 효율을 높이기 위한 방법을 또 찾아야 한다. 이를 위해서는 모자라는 부분을 메우고 새로운 방식을 시도하기 위한 노력을 더 하고, 할 수 있는 데까지 자신을 밀어붙이는 수밖에 없다. 밤늦게 퇴근하고 다시 아침 일찍 나오는 생활이 반복되고, 마감 시한이 다가올수록 하루는 더 길어진다. 가족이나 친구와 보낼 시간이 생겨도, 마음은 여전히 프로젝트 쪽에 가 있는 자신을 발견하곤 한다. 어쩌면 꿈까지 꿀지도 모르겠다.

'낙오할 수 없다'는 부담감은 다른 여러 형태로 다가올 수도 있다. 한 달간 휴가를 가기로 했다가 결국은 휴가 계획을 취소해버린다. 휴가 기간 중에 당신을 필요로 하는 고객을 경쟁자에게 빼앗길 수 있는 위험한 행동은 하고 싶지 않기 때문이다(때로는 경쟁자가 바로 당신 옆자리에 앉아 있을지도 모른다). 일하는 시간을 줄여볼까 고민하다가 그것 역시 포기한다. 그 그룹 내에서 별로 중요하지 않은 사람으로 여겨지는 것이 싫어서다. 또 일을 일찍 끝내고 갈 경우, 자신이 사무실에 없는 동안 매우 중요한 회의가 열릴 수도 있다. 전체 경쟁 환경에 변화를 줄 수 있는 새로운 소프트웨어에 대한 정보를 자신만 모르게 되는 경우가 발생할 수 있다. 또 새로운 고객을 만날 기회도 없어지게 된다.

간단히 말하자면, 길이 두 가지밖에 없다는 것이 문제다. 빠른 길과 느린 길, 이렇게 두 가지다. 신경제는 두 길 사이의 중간 노선을 그렇게 많이 제공하지 않는다. 물론 시간이나 월 단위로 봉급을 받는 사람들이 사라지는 것은 아니지만 봉급의 많은 부분이 얼마나 열심히, 얼마나 일을 잘하느냐에 따라 결정되고 있다. 전문직이나 관리직, 모든 종류의 기크나 슈링크들에게 '낙오하지 않는 것'은 필수 사항이다. 시장과 기술이 너무 빨리 변하고 있기 때문에, 뒤처지지 않기 위해서는 항상 그 과정에 참여해야 한다. 만약 느린 길을 택했다면, 갈수록 더 뒤로 처지며 빠른 길로 다시 돌아오기는 힘들 것이다. 움직임이 빠른 분야에서는 시간제 선택이 자동적으로 그 직업에서의 끝을 의미하는 경우가 종종 있다. 휴가를 더 오래 가거나 작업 시간을 줄이고, 가족 휴가를 가거나 심지어 '안식년'을 보내겠다는 선택을 하는 전문직 종사자들이 거의 없는 것이(소위 '가족 친화적인 기업'이라는 곳에서조차도) 바로 이런 이유 때문이다. 조금만 밖으로 나가려는 선택은 영원히 나가겠다는 선택이 될지도 모르기 때문이다.[25]

더 많은 돈

신경제에서 사람들을 더 열심히 일하게 하는 마지막 요소를 살펴볼 차례다. 지난 몇십 년 동안 부와 소득 격차가 더 벌어졌다. 사람들은 자신이 생각하는 이상적인 자리에 미치지 못했을 때 더 열심히 일하는 것이 보통이다. 이것은 쉽게 이해할 수 있다. 그러나 지금 말하고자 하는 것은 더 벌어진 격차 속에서 정상을 향해 나아가고자 하는 충동을 느끼는 사람들이다. 과거 경제에서 자신과 같은 사람들이 일을 더 열심히 해서 벌 수 있었던 돈보다 훨씬 더 많은 돈을 벌려는 위치에 서 있는 사람들이다. 아마 이런 사람들은 삶의 여유가 있을 정도로 돈을 많이 벌고 있기 때문에 일을 덜할지도 모른다고 생각할 것이다.

1970년대 이후로 남편의 봉급이 계속 인상되어온 아내들조차도 직업 전선으로 나가고 있으며, 남편의 수입이 제자리거나 줄어들었기 때문에 일을 하는 여자들 못지않게 열심히 일하고 있다. 남편이 대졸 학력을 가진 부부의 경우를 보자. 남편 봉급이 1970년대 이후로 꾸준히 상승해왔지만, 아내 역시 더 열심히 일하고 있다. 그 결과 남편과 아내가 1년에 돈을 벌기 위해 일하는 시간이 남편이 고졸 출신인 부부의 경우보다 거의 두 배에 달할 정도로 증가했다.[26] 만약에 아내가 대졸 출신이라면, 아마도 지금보다 더 열심히 일할 것이다. 1970년에는 남성 대졸자와 결혼한 여성 대졸자 중 일을 하는 비율은 40퍼센트가 채 안 되었다. 그러나 현재는 남편의 봉급이 자신보다 훨씬 높을지라도 3/4에 달하는 여성 대졸자들이 돈을 벌고 있으며, 이 중 어린 자녀가 있는 경우가 차지하는 비중도 더 높아지고 있다[27](개인 소득보다 가구 소득에 있어서의 불균형폭이 더 크게 벌어지고 있는 이유가 바로 여기에 있다).

굳이 돈을 벌지 않아도 되는 여성들이 왜 그렇게 열심히 일을 하고 있을까? 재미있고 성취감을 주는 일이 더 많아졌을 뿐만 아니라, 과거보다 훨씬 더 많은 수입을 올릴 수 있는 기회도 많아졌기 때문이다. 대졸 여성의 경우는 특히 그렇다. 그래서인지 여성의 대학 진학률이 급격히 상승하고 있으며, 현재 여대생 수가 남학생 수보다 많다. 여성의 직업에 대한 야망도 함께 상승하고 있다. 1968년에는 신입 여대생의 거의 40퍼센트가 선생님이 되고 싶다고 답했다. 6년 후 전문 직종이 여성에 대한 문호를 개방하기 시작하자 신입 여대생의 단 10퍼센트만이 선생님이 되기를 원했고, 그 이후 이 수치는 별 변동을 보이지 않고 있다[28](재능 있는 여성들을 다시 학교로 끌어모으기 위해서는 지금보다 봉급을 훨씬 더 많이 주어야 할 것이다. 내가 아는 대부분의 선생님들은 가르치는 것을 사랑한다. 그러나 사랑만으로는 불충분하다. 재능 있는 젊은이들은 여성뿐만 아니라 남성도 교직보다 훨씬 더 많은 돈을 벌 수 있는 직업을 선택할 수 있는 기회가 많아졌다. 교직에서는 수요와 공급의 법칙이 아직은 유효하다). 배우자 없이 아이를 키우는 사람들에게서도 같은 경향을 찾아볼 수 있다. 고졸 출신의 경우 일을 하는 사람은 30년 전에 비해 16퍼센트 증가했다. 대졸자는 20퍼센트 증가한 수치를 보이고 있다.[29]

이는 당연한 결과다. 소득 사다리가 더 길어지면서 상단에 있는 사람들은 과거 그 어느 때보다 훨씬 더 많은 돈을 벌 수 있는 상태다. 따라서 이 사람들이 일을 덜하기로 결정한다는 것은, 경제적인 손실도 그만큼 더 커지는 결과를 낳는다. 현재 수입의 두 배를 주지만 가족과의 시간을 1주일에 이틀 더 포기해야 하는 일자리를 제안받았다고 하자. 그 일을 선택하지 않는다면, 가족과의 이틀간의 저녁 시간을 위해 엄청나게 많은 돈을 희생하는 것이다. 비록 그 돈이 꼭 필요한 것은 아닐지라도 그렇게 큰 폭으로 수입이 늘어나면 당신과 가족이 지금보다 훨씬 더 편안하고 안정된 생활을 누릴 수 있을 것이다. 그러므로 잃어버린 돈을 생각하면 가족과의 이틀 밤이 당신에게는 더 '손해가 큰' 것으로 느껴진다.

1. 2년 전에 우리 아들 중 한 아이가 대규모 크로스컨트리 대회에 참가한 적이 있다. 놓치지 않고 꼭 보겠다고 다짐했었다. 아이들과 더 많은 시간을 보내기 위해 장관직도 내놓은 나였는데, 그 무엇도 나를 막지는 못할 것이라고 생각했다. 그런데 다른 도시에서 진행 중인 프로젝트에 내 도움을 요청하는 전화를 받았다. 시기가 그보다 더 이상 나쁠 수도 없었다. 그 프로젝트는 경기와 같은 날 아침에 시작될 예정이었고, 미룰 수가 없는 상황이었다. 만약 시작을 함께 하지 못하면 차라리 처음부터 같이 하지 않는 편이 더 좋았다. 보수 또한 꽤 괜찮았다. 보기 드문 제안이었다. 그 전화를 받기 전까지는 경주만을 학수고대하고 있었는데, 이제 곤경에 빠진 것이다. 경주도 보고 프로젝

트도 참가할 방법은 없었다. 결국 프로젝트를 거절하고 경주를 보러 갔다. 그런 결정을 내려서 매우 기뻤다. 전혀 후회가 없는 결정이라고 말할 수 있으면 참 좋겠다. 그러나 그 이후로 그날 경주를 보러 간 것이 얼마나 '비용이 높은' 결정이었는지 여러 번 생각했다. 제안이 들어오기 전에는 그 비용은 제로였다. 그런데 이제 매우 엄청난 액수가 되어버린 것이다.

내 경우도 어려운 결정이었다. 그러나 경제의 사다리 상단에 위치한 사람들의 경우처럼, 걸려 있는 돈의 액수가 계속 올라간다면 어떻게 해야 할까? 한 가족이 있다. 일을 덜하는 것을 고려하고 있다. 남편은 아이들과 더 많은 시간을 보낼 수 있는 직장으로 옮길 것을 생각하고 있다. 아내는 지역 사회의 자원 봉사를 하기 위해 시간제로 일하는 것을 고려하고 있다. 이렇게 일을 줄이면, 이 가족의 수입은 최상위 5퍼센트의 중간 정도 위치에서 상위 20퍼센트의 중간 정도로 떨어질 것이다. 소득 사다리의 길이가 더 짧고, 제일 상단과 하단 사이의 거리가 더 가까운 20년 전만 해도, 그런 결정은 이 가족 수입의 29퍼센트 감소로 이어졌을 것이다. 물론 커다란 희생이다. 그러나 그 결정으로 가족 수입의 약 44퍼센트가 줄어드는 오늘날과 비교하면 그렇게 커다란 문제가 아니다.[30] 과거 29퍼센트 정도의 수입 감소는 받아들였을지 모를 가족도 44퍼센트라고 한다면 그만큼의 희생은 가치가 없다고 결정할 것이다. 더 길어진 경제 사다리의 모든 단 사이의 거리가 과거보다 더 벌어졌기 때문에, 한 단이라도 아래로 내려가면 과거보다 더 많은 거리를 내려가야 하는 결과를 낳게 된다.

같은 맥락에서 한 단 위로 올라간다는 것은 과거보다 훨씬 더 많은 거리를 올라갈 수 있다는 말이 된다. 그래서 추가로 더 일하는 매시간 매시간이 그렇게 중요하게 느껴지는 것이다. 그렇다면 왜 최근 대졸자들이 몇십 년 전의 대졸자들보다 더 열심히 일하는지 이해가 된다. 또 '경제적인 풍요로움'에 관심이 있다고 말하는 대학 신입생의 수가 30년 전보다 훨씬 더 많은 이유이기도 하다. 60년대 말 이후로 매년 대학 신입생을 무작위로 추출하여 가장 중요하게 생각하는 개인적인 목표에 관한 설문을 하고 있다. '경제적인 풍요로움'과 '의미 있는 인생 철학 계발' 등이 설문지의 보기로 제시되었다. 1968년에는 '경제적인 풍요로움'이 매우 중요하다고 답한 학생은 전체의 41퍼센트에 그쳤다. 그러나 시간이 지나면서 그 수가 계속 늘어나더니, 1998년에는 74퍼센트가 '경제적인 풍요로움'이 중요하다고 답했다. 반면에 '의미 있는 인생 철학 계발'은 그 반대였다. 1968년에는 75퍼센트가 선택했지만, 그 이후로 꾸준히 하락세를 보여 1998년에는 41퍼센트에도 못 미쳤다.[31]

그렇다고 오늘날의 대학생이 과거 대학생보다 물질적인 것을 더 중시한다고 볼 수만은 없다. 실제 다른 조사를 보면, 지역 사회 자원봉사 활동에 나서는 학생들의 수는 기록적인 수치를 보이고 있다. 변한 것이 있다면 앞으로의 성패 여부에 따른 득실의 폭이 커졌다는 것이다. 소득 사다리의 길이가 과거보다 훨씬 더 길어졌기 때문에, 한 단 상승은 과거보다 훨씬 더 큰 이익을 의미한다. 따라서 '경제적인 풍요로움' 대신 '의미 있는 인생 철학 개발'을 선택하는 데에 따르는 경제적 손실 역시 늘어났다. 대학 신입생이 30년 전에 자신의 최우선 사항을 선택할 때에는, 남성 근로자 중 수입이 가장 많은 10퍼센트는 소득 사다리의 중간에 위치한 사람들보다 70퍼센트 정도 많은 수입을 올렸다(당시 여자는 기회가 매우 제한적이었으므로 남자라고 말하는 것이다). 그러나 오늘날에는 그 수치가 70퍼센트가 아니라 두 배가 넘는다. 또한 최상위 1퍼센트와 중간층의 거리는 다섯 배나 증가했다.

마찬가지로 학생들이 유망 직종과 관련 있는 학과에 훨씬 더 많은 관심을 보이며(경제학과 경영학이 대부분 대학교에서 인기 순위 1위다), 졸업 후 자신이 원하는 직업을 구하는 데에 도움이 될 인맥을 형성하는 데 더 신경을 쓴다고 해서, 이들이 과거 세대보다 더 욕심이 많다고 볼 수는 없을 것이다. 이들이 현재 취하는 행동에 따라 미래 수입에 미치는 영향이 과거보다 훨씬 더 크기 때문이다. 수입 격차가 커지면서 조금만 위로 올라가도 과거보다 더 많은 영향을 미치며, 반대로 올라가지 못하는 경우도 그렇다. 오늘날 부모들이 자녀들이 '제대로 된' 학교나 대학에 들어가는 것에 더 집착하는 것도 그만큼 득실의 폭이 커졌기 때문이다. 제대로 된 학교는 고소득의 직업을 얻을 수 있는 길로 여겨지고 있는데, 지금 말한 고소득의 증가폭은 중간 수준의 소득 증가폭과 비교했을 때 과거보다 훨씬 더 큰 상황이다.

내가 1968년에 대학을 졸업했을 때에는 변호사나 투자 은행 쪽이 아닌 대학교수를 목표로 하는 사람은 약간의 수입을 포기하면 됐고, 교수직이 주는 정신적인 보상이 경제적인 손실을 메워줄 것이라고 생각했다. 새로운 천년이 시작되면서 대학교수와 변호사, 혹은 투자 은행 직원 사이의 봉급 격차는 엄청날 정도로 벌어져 있다. 최근 뉴욕의 한 변호사 사무소에 취직한 제자 한 명이 연봉과 계약금을 합쳐 받은 돈은 올해 53세의 종신 교수가 받는 연봉의 거의 두 배에 달하고 있다. 이 제자는 그 교수에게 바로 몇 주 전에 인사를 하고 떠났다. 그 교수가 1968년에 대학을 졸업하면서 같은 유혹을 받았더라면, 아마도 정신적인 보상 때문에 그 유혹을 견디어냈을 것이라고 생각하고 싶을 것이다. 그러나 그는 솔직히 확신할 수 없다고 한다.

젊은 대학 졸업생이 변호사 사무소, 투자 은행, 인터넷 기업보다 공립학교의 선생님에 더 관심이 있다고 하면, 현재의 교직 봉급 체계로는 교직에 대한 그의 헌신적인 태도를 시험하는 것밖에는 되지 않는다. 1999년 공립학교 선생님의 평균 연봉은 3만 9347달러였다. 월 스트리트를 주름잡고 있는 20대 혹은 30대의 많은 젊은이들이 같은 해 받은 보너스의 일부 정도밖에 안 되는 액수다.

불균형의 심화로 인해 하단에 위치한 사람들은 괜찮은 정도의 수입을 올리기 위해서 전보다 더 열심히 일해야 하고, 상단에 위치한 사람들은 열심히 일하지 않을 경우 전보다 더 큰 희생을 해야 하기 때문에, 전반적으로 열심히 일한다. 다른 나라에서도 마찬가지 현상이 나타나고 있는 듯하다. 하버포드 대학의 린다 벨 교수와 하버드 대학의 리처드 프리먼 교수는 다른 나라의 자료를 검토하면서 사람들이 열심히 일하는 것이 수입 불균형의 정도와 관련 있다는 것을 알아냈다. 미국과 같이 불균형이 심한 곳에서는 독일과 같이 그렇게 심하지 않은 곳보다 매년 더 많은 시간을 돈 버는 일에 투자하고 있다고 한다.[32]

여러 나라의 근로자들을 대상으로 다음 세 가지 보기를 주고 자신의 직업에 대한 생각을 고르라는 설문 조사 결과는, 두 교수의 연구 결과를 한층 더 뒷받침해주고 있다. (1) 그냥 필요한 만큼만 열심히 일한다. (2) 열심히 일하지만, 이로 인해 내 삶의 나머지 부분이 침해되는 정도는 아니다. (3) 내 삶의 나머지 부분이 침해되더라도 항상 최선의 노력을 하려고 한다. 불균형 정도가 다른 나라보다 심한 미국에서는 60퍼센트 이상이 (3)번 항목을 선택했다. 불균형의 정도가 가장 약한 독일에서는 단 37퍼센트만이 (3)번을 선택했다. 미국과 독일의 중간 정도 수준인 영국에서는 55퍼센트가 (3)번을 선택했다.[33]

열심히 일하는 것과 잘사는 것

들어가는 글에서도 밝혔듯이 대공황 때 영국의 경제학자 케인스는 2030년에는 영국이 경제적으로 훨씬 더 안락한 생활을 누리고, 영국 국민들은 일을 훨씬 덜하게 될 것이라고 예측했다.[34] 전자의 경우는 맞지만, 후자의 경우는 틀릴 가능성이 꽤 높다.

그러므로 우리의 삶을 지금보다 훨씬 더 단순하게 할 수 없다고 주장하는 것이다. 요즘 한창 유행하는 말 중에 '다운시프팅'이라는 것이 있다(downshifting, 말 그대로 기어를 아래로 내리면서 삶의 속도를 늦추는 것. 돈은 덜 벌지 몰라도 스트레스에서 벗어나기 위해 단순한 삶을 추구하는 것을 말한다—옮긴이). 이런 삶을 살면서 행복해하는 사람들을 꽤 많이 알고 있다. 나 역시 워싱턴에서 하루 15시간 일하던 것을 보스턴 근처에서 하루 9시간 정도로 그 강도를 내렸으며, 지금 기분은 이보다 더 좋을 수 없을 정도다. 지금 이 장에서는 사람들이 무엇을 할 수 있고 또 무엇을 해야 하는지에 관한 주장을 하는 것이 아니다. 왜 사람들이 그렇게 해오지 않았고, 현재의 구조가 지속되는 한 앞으로도 그렇게 하지 않을지 모른다는 말을 하기 위해서다.

남들과 달리 다운시프팅의 길을 걷는 사람들은 아직 그렇게 많지 않다. 지난 몇 년 동안 대부분의 미국인들이 돈을 벌기 위해 열심히 일하고 싶어한다는 결과가 나온 여론 조사가 꽤 많았다. 이보다 훨씬 전에 있었던 비슷한 성격의 여론 조사를 보면, 열심히 일하는 것에 지금보다는 관심이 덜했던 것을 알 수 있다. 미국인들의 취향이 변했다는 뜻도 될 것이다. 몇십 년 전보다 훨씬 더 오랜 시간 일하는 현상을 보면서, 정말로 미국인들의 취향이 변했다는 쪽으로 결론을 내릴지도 모르겠다. 그러나 분명한 것은 대부분의 미국인들이 하는 말과 행동은 환경에 따라 달라진다는 점이다. 미국인들이 열심히 일하고 싶어하는 것은 앞으로의 수입이 과거보다 그 전망이 더 불투명하고, 경쟁이 더 치열하고, 수입의 불균형이 더 심화된다는 전제가 깔려 있기 때문이다. 직업의 구조나 봉급이 현재와 다른 상태라면 아마도 일은 덜하고 '싶어할' 것이다.

일에 대한 태도에 관한 국제적인 조사 중 현재 자료 입수가 가능한 가장 최근의 조사 결과에 의하면, 단 8퍼센트의 미국인만이 일을 덜하고 돈도 덜 버는 쪽을 선호하고 있다고 한다. 그러나 독일은 38퍼센트, 일본은 30퍼센트, 영국은 30퍼센트라고 한다.[35] 물론 이런 차이가 미국인에게는 천성적으로 일 중독자로 만드는 유전적 요인이 있다거나, 다른 나라보다 일과 소비를 훨씬 더 중시하는 문화적 특성 때문이라고 말할 수도 있을 것이다. 그러나 내 생각에는 두 가지 다 아닌 것 같다. 지금까지 이 장을 잘 읽어왔다면, 일의 구성 방식과 보상 방법의 차이 때문이라는 것을 알 수 있을 것이다.

미국인들이 열심히 일하는 것은 심리적으로 그렇게 '하고 싶기' 때문이 아니라, 매우 역동적인 시장 속에서 살아가고 있기 때문이다. 이런 환경 속에서 매우 높이 올라갈 수도, 아니면 아주 낮은 곳으로 추락할 수도 있다. 얼마나 높이 혹은 낮게 우리의 위치가 변할지 알 수 있는 방법은 없다. 앞으로 어떤 기회가 올지, 또 언제 그런 기회가 올지 예측도 불가능하다. 우리가 아는 것 이라고는 이런 상황을 최대로 활용하기 위해서 현재 우리 자신을 매우 세게 밀어붙이는 것밖에 없다는 것이다. 유럽이나 아시아, 그리고 다른 지역의 사람들도 이런 시스템 속으로 들어가고 있다. 시간이 지나면 그들도 더 열심히 일을 '하고 싶어' 하게 될 것이다.

일반 조사에서 흔히 나오는 질문보다 더 깊이 있는 질문을 던져볼까 한다. 과연 우리는 신경제가 주는 여러 가지 동기 부여 요인에 따라 살고, 또 일하고 싶어하는 것일까? 경제적으로 잘살기 위해서 우리가 치러야 할 대가는 무엇일까?

7 자신을 팔아라

앞으로 수입이 아주 많아질 수도, 아니면 거의 없을 수도 있다. 이는 우리가 열심히 일해야 할 충분한 동기가 되고 있다. 그런데 열심히 일한 것이 경제적인 성과를 보기 위해서는 과연 어떻게 해야 할까? 이제 대규모 기업에서 승진에 의해 위로 올라가는 것을 기대하기는 어렵다. 대부분 기업들이 제휴와 계약의 네트워크를 형성하며 기존의 수직적 조직 체계를 무너뜨리고 있기 때문이다. 그렇다면 이제 누가 당신을 위로 올려주겠는가? 바로 당신 자신이다. 신경제에서 위로 올라가는 유일한 길이 있다면, 바로 당신이 당신 자신을 수면 위로 부각시키는 것이다.

20세기 중반만 해도 자기 PR에 나서는 사람들은 사회적 안정에 위협적인 요소라고 해서 기피했다. 소위 '조직맨'들은 모나지 않고 사회에 맞는 존재가 되는 것을 목표로 했다. 조직맨들이 가지고 있는 가장 큰 포부는 "특별히 나서지 않으며, 너무 열심히 하지 않는 것이다. 다시 말해, 가운데 있는 사람"이

되는 것이었다고 윌리엄 화이트는 밝히고 있다.[1] 조직맨들은 조직의 요구에 열과 성을 다해 순응했으며, 이를 본 사회학자들은 전체주의의 망령을 본 것처럼 경악을 금치 않을 수 없었다. "단체에 복종하는 것을 더 선호하는 이념상의 대규모 변화가 있다. 동료 집단이 모든 것의 척도가 되어버렸고, 각 개인은 단체의 공격을 막아낼 수 있는 방어 수단을 전혀 가지고 있지 않다"고 사회학자 데이비드 리스먼은 1950년에 경고했다.[2] 당시 사회학자들은 개성을 잃지 않는 것이 과제라고 생각했다. "조직이 주는 마음의 평화는 개인으로서는 굴복이다. 좋은 뜻에서 이를 준다고 해도 크게 달라지는 것은 없다"고 화이트는 결론을 내리면서, 독자들에게 조직에 맞서 '싸울 것'을 촉구했다.[3]

대규모 조직 밖에서 성공할 수 있는 사람이 거의 없었기 때문에 맞서 싸우라는 말을 듣고 영웅심에 불탄 사람도 있었을지 모르지만, 이를 실행에 옮겨 승진한 사람은 없었을 것이다. 한 사람의 사회 생활은 '자신의 할 바를 다해야 하는' 조직의 가장 아래 부분에서 시작한다. 열심히 일하고 적당히 잘 보이면 조직은 계속해서 당신에게 더 많은 책임을 부여한다. 그 순간부터 당신의 사회 생활은 조직에 달려 있게 되는 것이다. 다시 말해 조직의 성공이 당신의 성공이었다.

이제 당신의 사회 생활은 당신에게 달려 있는 시대다. 개인의 경제적인 성공은 자기 자신을 어떻게 잘 판매하느냐에 달려 있다. 당신을 파는 일이야말로 한시도 놓아서는 안 될 중요한 일이다.

훨씬 더 중요해진 인맥

자신의 판매는 올바른 인맥에서부터 시작한다. 물론 인맥은 과거 경제에서도 중요했다. "중요한 것은 네가 누구를 알고 있으며, 네 얼굴에 미소가 있어야 한다는 것이지. 사람을 직접 만나는 거야, 벤!" 세일즈맨 윌리 로맨이 자기 동생에게 한 말이다.[4] 지금은 조직의 사다리가 점차 사라져가고 있기 때문에, 자기 자신을 팔려고 하는 사람이나 그 서비스를 고용하려고 하는 미래의 구매자 모두에게 인맥의 중요성은 과거보다 훨씬 증대되고 있다.

대학 졸업장이 없으면 당신 자신을 파는 데 어려움을 겪을 것이다. 설사 졸업장이 있다고 해도 자신의 판매는 이제 시작에 불과할 뿐이다.[5] 졸업장의 가치가 예전 같지 않기 때문이다. 1960년만 해도 미국 성인 중 대졸자는 8퍼센트에 불과했다. 지금은 25퍼센트가 대졸자이고, 빠른 속도로 늘어나고 있다. 고교 졸업생 중 2/3가 학업을 멈추지 않고 있다. 신입 사원의 절반 이상이 최소한 2년제 대학 졸업자이고, 거의 1/3이 4년제 대학 졸업자들이다. 선진 경제 환경에서는 이렇게 교육을 더 받는 것이 적절한 선택이다. 지식을 쌓으면 좋은 아이디어를 찾아내고 이를 계속 개발해나가는 능력을 갖출 수 있기 때문이다. 그러나 대학 졸업자의 수가 대폭 증가하면서 단순히 학위가 있다는 사실이 자신을 판매하는 도구로서 과거만큼 도움을 주지는 못하고 있다.

명문대학 졸업장은 도움이 된다. 그러나 많은 부모들이 생각하는 것만큼은 아니다. 이미 말한 대로 신경제는 재능 있는 기크와 슈링크, 다시 말해 창조력과 독창성이 있고, 다른 사람들이 무엇을 원하는지 꿰뚫어볼 수 있는 능력을 가진 사람에게 가장 큰 보상을 내려준다. 경영자들은 이런 재능을 풍부하게 소유한 젊은이가 반드시 명문대학으로만 진학하는 것은 아니라는 사실을 알고 있다. 그리고 이런 재능은 대학 교과 과정에서 확연히 드러난다거나 쉽게 수치로 나타낼 수 있는 것도 아니다. 대규모 투자 은행의 인사 담당자는 굳이 아이비리그 출신의 올 A학점 졸업생만을 면접 대상으로 삼지는 않는다고 말했다. 그런 학생들은 지금까지 살아오면서 항상 복종하는 자세로 일관해왔고 다른 사람의 기분을 좋게 하는 데 너무 신경을 써왔다고 생각하기 때문이라고 했다. 그는 기존의 시스템을 물리칠 수 있는 사람, 항상 새로운 것을 생각하고 적극적인 성향을 가진 사람을 원하고 있다. 지금까지 면접 결과, 그리 크지 않은 규모의 대학 출신 운동선수로 수학을 전공하고 평균 B+학점 정도의 학생이 가장 결과가 좋았다면서, 다른 여러 가지 조합도 시도해보고 있다고 말했다. 신경제의 경제적인 성공은 명문대학의 졸업장보다는 적극적인 자세와 창조력에 더 많이 좌우된다.[6]

진실을 말하자면, 직장을 구하는 데에 있어 대학 교육이 갖는 진정한 가치는 대학에서 배운 것보다는 대학에서 만난 사람과 더 큰 관계가 있다. 재학 중에 여름방학 아르바이트를 구할 때나 첫 직장을 얻을 때, 그리고 나중에 사업상 고객을 만들 때 친구의 부모나 그 부모의 친구들이 필요한 사람을 소개해줄 것이다. 동창회가 잘 조직된 학교를 다니면 더 앞서나갈 수 있다. 명문대학이라면 인맥의 가치는 더 높을 것이다. 아이비리그 대학의 교육이 다른 곳보다 뛰어난 점이 있다면, 웅장한 도서관이나 교수들의 능력보다는 대학에서 얻게 되는 인맥 쪽일 것이다.[7]

직원을 고용하려는 기업에서는 믿을 수 있는 사람의 소개를 더 높이 평가한다. 정보의 홍수 속에 빠져 정말로 좋은 상품에 대한 안내를 필요로 하는 구매자들에게 믿을 수 있는 브랜드 포털이 점점 더 중요해지는 것과 같은 이유다. 공급이 모자라는 노동 시장에서조차도 돌아다니고 있는 이력서는 담당자가 처리할 수 있는 수준보다 항상 많게 마련이다. 이제 곧 인터넷의 드넓은 세계는 첫 직장을 구하거나 지금보다 더 좋은 일자리를 구하려는 수많은 사람들의 전자 이력서가 담긴 구직 관련 게시판으로 가득 찰 것이다. 내 학생 중 몇명은 전자 이력서에 어떤 내용을 적어야 디지털 이력서 관리 시스템에 의해 확실히 포착되는지를 알고 이에 맞춰 이력서를 작성하고 있다. 또 이들은 컴퓨터를 이용해 이력서와 증명서를 수천 곳의 기업에 팩스로 보내고 있으며, 기업의 주소를 더 알아내기 위해 인터넷 데이터베이스를 정밀 검색하고 있다. 한 학생은 각 기업이 원하는 것에 맞추어 자신의 학업이나 경력 중 필요한 사항을 강조하여 만든 이력서를 무려 5,000군데 이상 보냈다고 자랑스럽게 말하기도 했다.

그러나 신규 채용이 이루어지고 있는 대부분의 중소기업은 엄청난 수에 달하는 이런 '맞춤식' 전자 이력서를 모두 점검할 능력이 안 된다. 그리고 이들 기업은 단순히 수치에 의해 평가될 수 없는 자질을 갖춘 인재를 찾고 있다. 이들 기업은 자신들의 '인적 자산'이 가장 중요한 자산이고 채용할 수 있는 인력의 수가 제한되어 있기 때문에, 신입 사원을 채용하면서 많은 실수를 범할 여유가 없다. 따라서 알고 있는 친구나 관계자들의 추천을 통한 채용에 더욱더 의존하고 있다.

매일 내 우편함에 도착하는 엄청난 양의 광고 메일, 소위 '정크 메일'이라고 하는 것을 생각해보자. 현재 내가 봉투를 열어보는(고지서나 수표를 제외하고) 메일은 인편으로 전달되는 것뿐이다. 그리고 반송 봉투에 있는 이름을 내가 알 경우에는 바로 연락을 취한다. 대부분의 경우 읽지도 않고 삭제해버릴 정도로 그 수가 늘어나버린 이메일의 경우도 마찬가지다. 내가 확실하게 아는 사람들에게서 온 것만 읽는다고 보면 된다. 또 내 아내와 나는 전화에 설치된 장치를 이용해 어디서 온 전화인지 확인하고 받는다. 여기서도 내가 알고 있는 이름이 중요한 역할을 한다. 현재와 같은 통신의 과부하 시대에서 사람을 채용할 때 개인적인 추천서는 아는 사람에게서 온 편지나 이메일, 전화와 같은 것이다. 아주 편리하게 정보를 걸러주는 역할을 한다.

인맥 이용

　가장 좋은 인맥이라고 하면, 기업의 인사 담당자를 아는 사람이 직접 좋은 말을 해주는 것으로, 이 경우는 두 단계를 거치게 된다. 그러나 꼭 두 단계일 필요는 없다. 세 단계도 좋고, 때로는 네 단계도 가능할 것이다. 최근 Sixdegrees.com이라는 인터넷 기업을 우연히 알게 되었다. 이 사이트에 가서 친구나 아는 사람의 이름을 입력하면, 프로그램에 의해 당신이 만나고 싶어하는 사람으로 이어갈 수 있는 차트를 제시해준다. 예를 들어, 미국에서 가장 힘있는 사람이자 연방준비이사회 위원장인 앨런 그린스펀에게 메시지를 전달하고 싶다고 해보자. 프로그램은 당신의 친구인 허먼이 뮤리엘이라는 사람을 알고 있고, 뮤리엘은 레스터를, 레스터는 페넬로프를 알고 있으며, 페넬로프는 찰스를 알고 있다고 가르쳐준다. 찰스는 그린스펀과 친한 사람이다. 따라서 이론적으로는 허먼에게 말해 뮤리엘에게 부탁해달라고 말하고, 계속 단계를 밟아 찰스에게 그린스펀이 당신의 전화를 받을지 여부를 물어볼 수 있다. 아니 최소한 당신에게 웃고 있는 사진 정도를 보내줄 수 있는지를 물어볼 수 있다. 물론 Sixdegrees의 시스템이 매번 이런 식으로 잘 돌아가지 않을 수도 있지만, 그러나 기술에 힘입은 새로운 시스템은 이렇게 작동한다는 것을 보여주는 효과는 있다.

　여섯 단계 이내에서는 모든 사람이 어떻게든 연결된다는 이론의 기원은 예일 대학의 사회학 교수 스탠리 밀그램이 1960년대에 실시한 실험이다. 밀그램은 일종의 연쇄 편지 형식의 소포를 네브래스카 주의 오마하에 살고 있는 160명에게 무작위로 보냈다. 그 소포에는 보스턴에서 일하는 한 증권 중개인의 이름이 들어 있었다. 밀그램은 이 소포를 받은 사람들에게, 그 소포를 중개인과 가까운 사람에게 전달할 수 있다고 생각하는 사람에게 보내달라고 부탁했다. 그 소포를 받은 사람은 자기 생각에 중개인과 더 가까운 위치에 있을 것 같은 사람들에게 계속 소포를 보내면서 이 소포는 미국 전역 여기저기를 돌아다니게 되었다. 마침내 대부분의 소포가 다섯이나 여섯 단계를 거쳐 그 중개인에게 도착했다.[8] 이렇게 해서 '여섯 단계의 분리(six degrees of separation)'라는 용어가 탄생하게 된 것이다.

그러나 영업직에 종사하는 사람이라면 아는 내용이지만, 인맥이라고 다 같은 것은 아니다. 밀그램의 실험에서도 사람마다 가지고 있는 인맥이 달랐으며, 중개인에게 도착한 소포의 절반 정도는 단지 세 사람만 거친 경우였다고 한다. 자신의 판매에 관심 있는 사람에게 필요한 교훈은 평상시 많은 사람을 알고 있는 사람을 찾아내는 것이다.[9]

몇 년 전, 마르시아 르윈이라는 여성이 자신의 딸이 취직하는 데 도움을 주기 위해 정치적인 연줄을 이용한 적이 있다. 르윈은 자신의 친구인 뉴욕 출신의 전 보험회사 임원 월터 카예를 접촉했다. 카예는 민주당에 30만에서 35만 달러 정도의 정치 헌금을 내는 인물이었다. 카예는 퍼스트 레이디 힐러리의 친구였는데, 우연의 일치는 아니었을 것이다.[10] 카예의 도움으로 마르시아의 딸 모니카는 백악관의 인턴으로 들어간다. 나머지 이야기는 말 안 해도 다 알 것이다.

대학생 인턴 제도가 경제적으로 갖는 중요한 가치 중 하나는 인턴 제도가 주는 인맥에서 찾을 수 있다. 각종 협회 및 회의도 같은 맥락에서 볼 수 있다. 경제 전반에 걸쳐 서로의 명함 수를 불리기 위한 행사는 매우 활발하게 벌어지고 있다. 미국에서 가장 성장 속도가 빠른 서비스 업종 중 하나인 회의업계는 이를 최대한 활용하고 있다. 지명도 있는 도시라면 사람들간의 관계 형성을 위한 장이 될 컨벤션 센터를 이미 건설했거나 현재 건설 중에 있다.

베이징 대학 재학생의 10퍼센트가 현재 공산당원이다. 이는 1991년의 5퍼센트에서 증가한 것이고, 입당 지원자도 계속 증가세를 보이고 있다. 사회적 상승을 생각하고 있는 중국 학생들이 공산주의 이론에 대해 과거 세대보다 특별히 더 열광적이어서가 아니다. 이들의 관심은 중국의 개방 경제 속에서 흥미롭고 유망한 일자리를 얻는 것이다. 공산당이야말로 중국 최고의 구직 네트워크다. 30대의 한 젊은 여성 당원은 《뉴욕 타임스》와의 인터뷰에서 '뛰어난 노동자'가 되는 것만으로는 좋은 일자리를 확실히 기대할 수 없다고 말했다. 다른 사람과는 다르게 튀어야 할 필요가 있다는 것이다. "사람들이 나를 조금이라도 인식할 수 있도록 하려면 당에 들어가는 것이 유일한 수단이다"라고 말했다.[11]

정치적 인맥

때로는 민주주의에 비참한 결과를 낳기도 하지만, 정치적 인맥 역시 다른 종류의 인맥과 크게 다를 바는 없다. 정치적 인맥의 경제적 가치는 워싱턴 D.C.의 케이 스트리트에서 매우 정확히 측정할 수 있다. 많은 사람을 알고 있는 로비스트의 늘어나는 수입과 선거 모금 운동의 열기를 보면 잘 알 수 있다. 다른 종류의 인맥과 마찬가지로 강력한 힘을 지닌 워싱턴의 실력자에게 접근하기 위한 경쟁은 통신, 운송, 정보 기술의 발전으로 더 치열해지고 있다. 실력자의 사무실에 가보면 팩스, 전화 메시지, 이메일, 심지어 살아 있는 선거구민으로 넘쳐나는 것을 볼 수 있다. 따라서 이런 혼잡을 뚫고 실력자의 귀에 실제로 속삭일 수 있는 사람에 대한 수요는 증가하고 있으며, 이에 따른 보상도 급등하고 있다.

전 국회의원은 과거 관계 덕택에 실력자의 귀에 접근할 수 있다. 가장 최근 통계에 의하면 전문 로비스트 중 128명이 국회의원 출신이다. 재선에 실패한 다음에 로비 활동을 시작하는 사람도 있지만, 점점 더 많은 의원들이 자신의 인맥을 가지고 돈을 벌기 위해 자발적으로 의회를 떠나고 있다. 한 조사에 의하면 1990년대에 의회를 떠난 전직 의원 중 20퍼센트 이상이 로비스트의 길을 가고 있다고 한다. 이전과 비교했을 때 상당히 늘어난 수치다.[12] 의원 보좌관들 역시 자신들의 인맥을 활용해 점점 더 많은 돈을 벌고 있다. 고위 보좌관의 평균 재직 수명이 계속 떨어지고 있는 것이 이런 이유 때문이다. 전·현직 의원의 친척까지도 역시 같은 이유로 꽤 바쁜 생활을 보내고 있다.[13] 이것을 도덕적 부패 현상으로 보기보다는 실력자에게 접근하기 위한 치열한 경쟁이 낳은 결과라고 보는 것이 더 정확할 것이다. 의원, 보좌관, 친척 등이 로비스트가 되지 않을 때 잃게 되는 수입을 생각해보면, 로비스트가 아닌 다른 길을 택한다는 것은 매우 값비싼 결정이라고 할 수 있다.

돈이 굉장히 많은 사람이라면 실력자를 직접 만나는 것도 가능하다. 현대 미국의 정치 부패 현상은 눈에 드러나는 뇌물의 형태를 띠거나, 심지어 특정 표와 관련 있는 정치 헌금의 형태를 띠는 경우는 거의 없다. 훨씬 더 복잡한 모습을 보인다. 돈이 정치를 부패로 몰고 가는 것은 분명하다. 그리고 현재 시스템에서는 심한 냄새가 난다. 그러나 이를 특정 정책이나 법률안을 돈을 주고 산다는 관점에서 보면 정말 부패한 모습을 놓칠 수도 있다.

대체로 이렇게 진행된다. 한 부자가 대통령과 커피 한잔 하자는 초대장을 받는다. 아니면 국회 위원회 위원장과의 커피라고 하자. 이 부자가 아무 노력도 하지 않은 상태에서도 초대장이 날아올 수 있고, 아니면 자신이 초대장을 보내도록 만들었을 수도 있다. 두 가지 중 어느 경우든 이 초대장이 부자에게 갖는 진정한 가치는, 자신이 대통령이나 워싱턴의 다른 실력자의 주목을 끌 만한 능력을 갖추고 있다는 것을 다른 이들에게 확실히 심어준다는 것이다.

이 사람의 사무실에 가보면 커피를 마시면서 이야기를 나누는 모습의 사진이 상대의 자필 서명과 함께 보란 듯이 벽에 걸려 있는 것을 볼 수 있다. 그 정치인이 감사의 메모를 보내오면 이를 또 교묘하게 다른 사람도 보게 만들기도 한다. 다음번에는 골프를 치기로 했다는 소문이 돌기 시작한다.

이로 인해 이 부자가 얻는 것은 감히 계산하기가 불가능할 정도다. 실력자의 귀에 접근할 수 있는 영향력 있는 인사의 대열에 갑자기 오르게 된다. 이런 명성은 사회적으로나 경제적으로, 그리고 여러 가지 면에서 그 사람에게는 매우 중요하다. 사업상 사람을 만나도 자신이 제안한 것은 무엇이든 약속을 지킬 수 있다는 느낌을 주게 된다. 대통령이나 의회 지도자의 주목을 끌 만한 사람인데, 저 높은 곳에 닫혀 있는 문을 열고 자신이 원하는 바대로 분명히 나갈 수 있는 사람이라고 상대방은 생각하게 된다. 이런 생각이 옳지 않다는 것은 그리 중요하지 않다. 이렇게 힘있다는 모습을 보이면, 그 순간부터 그의 고객이나 공급업체, 채권자, 투자자, 계약업체가 과거보다 더 적극적으로 함께 일하고 싶어한다는 것이다.

정치인은 그 대가로 직접 그 사람으로부터 선거 자금을 받을 수도 있지만, 그렇지 않은 경우도 있다. 그러나 정치인에게 있어서 선거 자금이 이 거래의 핵심은 아니다. 이 부자를 통해서 정치인은 다른 여러 부자들의 네트워크에 접근할 수 있는 것이다. 그 사람의 친구들, 사업 파트너, 동료, 이사회나 클럽의 회원들이 있다. 과거만 해도 정치인과 기업가의 이런 계약은 그 정치인의 가치나 목표에 나쁜 인상을 줄 수도 있었다. 이상한 소문이 돌기도 했다. 그러나 지금은 이런 관계가 다른 사업가들에게 확신을 준다. 같이 찍은 사진이나 정치인의 친필 메모, 골프 회동, 커피 마시는 모습 등을 보고 들으면서 '우리 동료가 이 사람을 좋아하고 믿는다면, 우리도 마음을 더 열어야 하지 않을까?'라는 생각이 드는 것이다. 그 부자는 자리를 만들어 다른 사업가들을 그 정치인에게 소개한다. 이 사람들은 그 정치인이 나쁜 사람은 아니라는 결론을 내린다. 그 다음에는 조찬, 만찬, 골프 초대로 이어지고, 네트워크의 멤버들은 확신을 갖고 매력을 느끼며 유혹에 빠진다. 얼마 후 새롭게 알게 된 사업가들이 돈을 내게 되고, 다른 사람들에게 그렇게 하라고 권하게 된다. 새로운 인맥이 만들어진 것이다.

정책이 바뀐 것은 없다. 어떤 법안이 통과되거나 표심에 변화를 준 것도 없다. 그러나 그 정치인이 사업가 네트워크에 속한 많은 사람들과 커피를 마시고 식사를 하면서, 필연적으로 정치인의 세계관에는 변화가 오게 마련이다. 서로가 서로를 유혹하는 셈이다. 정치인은 부자들에게 다른 실력자를 만날 수 있는 기회를 제공하고, 반대로 정치인은 돈 많은 사람들을 더 많이 알게 된다. 서로가 서로를 더 굳건히 다져주고 있다. 이제 그 정치인은 경제인들로부터 같은 종류의 제안이나 염려, 우선 정책 사항에 관한 이야기를 듣는다. 물론 부자들이 이구동성으로 똑같은 내용만 말하는 것은 아니다. 그러나 넓게 보면 기본적으로는 모두 같은 생각을 가지고 있다. 불편하게 느끼는 경제인에게는 간접적으로 혹은 피상적으로만 이야기를 청취한다. 그런 사람은 커피 모임이나 식사 때 잘 보이지 않는다. 골프도 같이 치지 않는다. 아주 편하게 개인적인 이야기도 섞어가면서 커피 마시는 중간 중간에 직접적으로 자신의 세계관을 피력할 기회가 이 사람에게는 잘 오지 않는다. 정치인은 이들의 우려를 여론 조사를 통해 듣지만, 편안하게 느끼는 사람들이 해줄 때와 같은 식으로 그 문제에 빠져들지는 않는다. 이런 경우에는 정치인의 마음을 구매한 것이 아니다. 단지 정치인의 귀에 조그마한 흔적만을 남겼을 뿐이다.

미국은 이러한 자신의 모습은 숨긴 채 특정 국가에 대해 '정실 자본주의 (crony capitalism)'에서 빠져나오지 못하고 있다고 정기적으로 비난한다. 자유 시장으로의 경제 발전을 이루고 있지만, 유명인사들이 친구나 친지에게 경제적으로 중요한 특혜를 주고 있다는 주장이다. 그러나 미국 역시 그러한 비난을 받을 수 있다. 다른 곳과 마찬가지로 미국에서도 개인적인 인맥이 점점 더 중요해지면서, 거미줄 같은 강력한 인맥의 세계에 속해 있는 사람은 확실하게 유리한 위치를 차지하고 있다.

인맥이 없는 사람들

많은 면에서 신경제는 차별을 두지 않는 고용주와 같다. 재능 있는 기크와 슈링크의 공급이 부족하기 때문에 능력 있는 사람을 차별할 수 있는 여유가 없다. 인종, 민족, 성 차별은 재량권이 엄청난 경영자라면 모를까, 거의 생각할 수 없는 사치품이다. 경쟁이 치열하기 때문에 경영자는 자신이 좋아하는 쪽이 아닌 고객과 투자자가 좋아하는 쪽을 택할 수밖에 없다. 그 결과 교육 수준이 높은 많은 흑인과 라틴계가 미국의 중산층으로 진입하고 있으며, 일부는 상위 그룹으로 올라가는 경우도 있다. 여성들 역시 전문직과 관리직에서 지위가 올라가고 있다. 가장 신속하게 상황에 대처해가는 기업을 보면 구성원이 다양하다는 사실을 알게 된다. 현재 가장 빠른 성장세를 보이는 부문의 일류 기업을 살펴보면, 과거 대량 생산 시대 때의 기업 임원실에서 보던 것보다 훨씬 더 다양한 사람들이 모여 있음을 분명히 발견하게 될 것이다.

그렇지만 기업 경영진, 법률 사무소, 컨설팅업체, 펀드 매니저, 종신 고용직 교수, 그리고 각종 기금이나 병원 및 비영리 단체의 경영진 등에서 소수 민족과 여성들의 참여는 아직까지 미흡하다. 사방이 탁 트인 가장 꼭대기층에 있는 사무실 유리창은 아직까지 너무 두꺼운 이중 유리로 되어 있다. 흑인이나 라틴계의 경우는 아직까지 전반적인 경제 상황이 그리 좋지 않은 것과도 관련 있다. 유색 인종의 젊은이들은 부모는 한 명밖에 없고 좋은 학교 교육의 혜택을 받지 못한 채 아직도 가난한 동네에서 자라나고 있다. 여성의 경우는 가족을 갖고 싶다는 생각에 기업에서 한직으로 옮겨가거나 아예 회사를 떠나는 것도 그 이유가 될 것이다. 그러나 고위직에 소수 민족이나 여성이 상대적으로 부족한 다른 이유로, 점점 더 중요성을 띠고 있는 인맥을 들 수 있다. 백인 남성에 비해 유색 인종이나 여성들은 아직도 인맥이 부족하다.

과거의 '그냥 오래 알고 있는' 네트워크는 '증명되는' 네트워크로 바뀌고 있다. 다시 말해, 네트워크에 있는 사람들이 이미 알고 있으며 또 자신들이 그 능력을 보증할 수 있는 사람에게 가장 좋은 일이 가고 있다. 고등학교만 겨우 졸업한 가난한 집 아이들은 고위층에 있는 사람에게 자신에 대해 좋은 말을 해서 일자리나 고객을 소개해줄 수 있는 친구도, 아버지의 친구도, 친구의 아버지도 없는 형편이다. 고위직을 노리는 여성들도 이사회나 종신 교수단에 자신의 능력을 증명해주고 일부 남성들이 가지고 있는 여성에 대한 회의적인 생각을 없애줄 수 있는 여성 집단이 없다. 인터넷을 이용한다고 이런 단점이 보완되는 것은 아니다. 통신 기술의 발달은 실제로 구직 정보의 홍수로 이어졌으며, 이런 상황에서 사람들은 개인적인 추천에 더 많이 의존하고 있다. 그러나 추천을 해주고 필요한 협조를 해주는 사람들의 대부분이 아직도 백인 남성이다. 신경제가 소수 민족이나 여성에게도 더 활발한 참여의 기회를 주기 위해서는, 사회적으로 충분한 인맥을 가지지 못한 사람들까지 포함할 수 있도록 인적 네트워크가 확대되어야 할 것이다.

이름을 알리자

인맥은 하나의 출발점이다. 발판과 면접의 기회, 첫 직장을 제공하고 실력자의 귀에 다가갈 수 있는 기회를 준다. 그러나 새롭게 떠오르는 경제에서 당신 스스로 이름을 알리기 위해서는 새로운 사업을 항상 당신 쪽으로 끌어올 수 있는 방법이 필요하다. 이미 이러한 능력을 가진 사람과 관계를 맺고 이를 발판으로 자신의 능력을 키워간다면 성공할 수 있다. 2장에서 살펴본 틈새시장을 노리는 소규모 기업과 대규모 브랜드 사이의 공생 관계와 매우 유사하다.

많은 사람들이 인터넷을 통해 새로운 시장에 쉽게 진입할 수 있으므로 이름을 알릴 필요성이 줄어든다고 잘못 생각하고 있다. 그리고 상품이나 서비스가 뛰어나면 고객을 자동적으로 끌어모을 수 있다는 것도 잘못된 생각이다. 유명작가 스티븐 킹이 웹을 통해 베스트셀러를 발표해 큰 인기를 얻고 있는데 나라고 안 될까 하고 생각할 수도 있다. 완성은 오래 전에 됐지만 아직 출판되지 않은 당신의 책을 꺼내어 인터넷에 올리고 직접 판매 방식으로 수백만 부를 팔 수 있지 않을까 생각할 것이다. 당신 자신을 바보로 만들지 마라. 당신의 작품이 훌륭하다 할지라도 여러 소음과 구호 속에 파묻혀 그 존재는 사라질 것이다. 바로 여기서도 신경제의 다른 부문과 마찬가지로 구매자는 안내인이 필요하다.

가수 토드 런그렌은 화려한 일렉트릭 기타와 신시사이저 퍼커션에 랩과 블루스 메들리를 합친 최근 작품의 샘플을 소비자가 다운로드할 수 있는 인터넷 사이트를 운영하고 있다. 음악이 마음에 들면 노래에 대한 구독 신청을 한다. 그러면 1년 내내 스튜디오에서 음악이 완성된 후 바로 이를 받아 들을 수 있다. 런그렌은 이런 방식으로 레코드 회사와 그 회사 레이블의 마케팅, 광고 담당자들을 거치지 않고 운영하고 있다. "레코드 회사에 가서 계약을 하려면, 일단 그쪽에서는 얼마나 많은 사람들이 레코드를 살 것인지 그 수치에 기초해 나에게 선금을 준다. 실제로는 내 팬들이 2~3년 후에나 낼 돈의 일부를 내게 빌려주는 것이다." 런그렌은 자신의 사이트에서 과거 음반 판매 산업 시대식 모델에 대해 이렇게 말하고 있다.[14] "최근 발전하는 기술을 보고, 청중에게 직접 다가가 내 음악을 구매할 것인지 물어보고, 음악이 만들어지는 대로 바로 전달할 수 있다는 생각이 떠올랐다."

아름다운 목소리나 실력 있는 밴드를 가지고 있는 사람들은 인터넷에 산재해 있는 MP3 사이트에 자신의 음악을 올릴 수 있다. 그러나 그렇게만 한다고 많은 사람들을 끌어모을 것으로는 생각하지 말자. 너무나도 많은 가수와 밴드가 이미 인터넷에 자리잡고 있으며, 그 수는 계속 증가하고 있으니 말이다. 누군가 당신을 쫓아오게 하려면 이름을 알려야 한다. 런그렌은 가수 생활을 인터넷에서 시작하지도 않았으며, 항상 새로움을 추구하는 그의 음악은 인터넷을 통해 직접 많은 팬을 끌어모은 것도 아니다. 사이버 세계에 진출하기 전에 이미 그를 따르는 사람들이 있었으며, 마케팅의 상당한 도움을 받았다. 그가 속해 있던 레코드 레이블의 광고 마케팅 담당자들이 런그렌의 음악에 사람을 몰아주었고, 순회 공연 때 역시 마찬가지였다. 그러나 온라인으로 옮겨가면서 런그렌은 종래의 마케팅 활동을 '집 안으로' 가지고 왔으며, 그 기법상에도 변화를 주었다. 사이트와 관련해 디자인과 관리 운영자 그리고 프로그래머를 뽑았으며, 홍보 및 마케팅 관련 인력과 런그렌 브랜드 관리를 총괄할 사람도 갖추었을 것이다. 간단히 말하자면 인터넷이 있기에 마케팅의 필요성이 줄어든 것이 아니다. 인터넷은 단지 홍보를 위한 또 하나의 수단에 지나지 않는다는 말이다.

런그렌처럼 레코드 회사에서 개인 브랜드로 옮겨가는 것은 비단 인터넷뿐만 아니라 신경제 전반에 걸쳐 나타나고 있다. 우량 고객을 많이 확보하고 있는 모건 스탠리 딘 위터(Morgan Stanley Dean Witter)의 뉴욕 지점으로 가보자. 모건 스탠리에는 많은 사람들이 자신의 이름을 알리기 위해 바쁘게 움직이고 있다. 기관 투자자에 대해서는 인터넷 투자에 관한 조언을, 인터넷 신생 기업에게는 공모 방법과 시기에 관한 조언을 해주고 있는 메리 미커도 그 중 한 사람이다. 미커의 인기는 하늘을 찌를 듯이 높다. 올해 40세인 그녀는 월 스트리트에서 최고의 인터넷 분석가 중 한 명으로 꼽히고 있으며, '인터넷의 여왕'이라는 칭호까지 들을 정도다. 그녀는 보통 하루에 약 50통의 보이스 메일, 100통의 이메일, 그리고 10여 건의 언론 인터뷰나 행사 참가 요구를 받고 있다. 비서와 업무 보조 인력만 해도 꽤 된다. 자신도 예상 못 할 정도로 이리저리 바쁘게 다니고 있다. 인터넷 기업들은 그녀의 조언을 듣고 싶어 안달이다. 투자자 역시 마찬가지다.

이 모든 것이 과거 경제 체제에서 그랬던 것처럼 모건 스탠리가 미커를 똑똑하고 통찰력이 있다고 느껴 승진시켜주었기 때문에 가능한 것은 아니었다. 미커가 똑똑하고 통찰력이 있는 것은 분명하다. 그러나 지금 그 자리에 오를 수 있었던 것은 미커 자신의 노력 때문이었다. 경영학과 심리학을 복수 전공했던 그녀는 메릴 린치에서 2년간 일하고, 그후 코넬 대학에서 MBA 학위를 받았다. 1986년 살로먼 브러더스의 뉴욕 지사에 들어가 PC 업계 분석 업무를 맡게 된다. 3년 반 동안 근무한 후, 역시 PC 분석가로 뉴욕의 Cowen & Company로 자리를 옮긴다. 1991년 초 PC 관련 부분의 전문가를 필요로 했던 모건 스탠리가 그녀를 채용한다. 1993년 겨울, 모건 스탠리는 아메리카 온라인(America Online)이라는 인터넷 서비스업체의 공모 주간사가 되었다. 적자가 계속되고 한 주당 주가가 약 95센트밖에 되지 않았지만, 미커는 고객에게 AOL의 주식 매수를 권했다. 현재 AOL의 주가는 175달러다. 이 책을 읽을 시점에서는 주가가 훨씬 더 높을 수도 또 낮을 수도 있다. 상관없다. 1993년 이후 AOL의 급상승이 미커 자신의 주가가 폭등하는 데 큰 기여를 했다.[15] 1990년대 중반, 그녀와 동료들은 〈인터넷 보고서(The Internet Report)〉라는 제목의 방대한 분량의 논문을 발표했다. 인터넷 혁명을 다룬 이 논문은 인터넷의 상업적인 잠재력에 대해 회의적인 눈길을 보내고 있던 컴퓨터업계에서 뜨거운 논쟁을 불러일으켰다. 그녀는 두 편의 논문을 더 발표했는데, 역시 커다란 호응을 얻었다. 그녀는 인터넷 분야에 대한 사고를 주도하는 위치에 오른 것이다.

1999년 미커가 벌어들인 돈은 약 1,500만 달러라고 한다. 이제는 미커가 자신 쪽으로 사업을 끌어오기 위해 모건 스탠리가 필요한 것보다 모건 스탠리가 사업을 자사 쪽으로 끌어들이기 위해 미커를 더 필요로 하게 되었다. 1999년 모건 스탠리는 인터넷 기업의 공모 주간사로 참가하면서 약 1억 달러의 수입을 올렸다. 이 중 많은 부분이 미커가 있기에 가능했다. "우리는 모건 스탠리와 경쟁하는 것이 아니다. 미커와 경쟁하고 있다"고 한 경쟁사의 첨단 기술 투자 담당자는 말하고 있다.[16] 미커 브랜드가 회사에 가져다주는 가치에 맞는 보상을 지급하는 것이 모건 스탠리로서도 이익이다. 아마도 미커는 다른 회사가 그녀의 브랜드 가치를 더 크게 평가해서 도저히 거절하지 못할 제안을 해오지 않는다면, 아니면 그런 제안을 해올 때까지 모건 스탠리에 계속 남아 있을 것이다.

이제 각 개인은 자신이 속한 조직 내에서가 아니라, 자신의 분야에서 이름을 알리면서 앞길을 헤쳐나가고 있다. 몇십 년 전만 해도 대부분의 언론인들은 익명의 세계에서 힘들게 일했다. 5, 60년대 잡지를 보면 그 기사를 쓴 사람의 이름은 거의 나오지 않았다. 브랜드는 그 잡지의 소유이지 언론인의 소유가 아니었기 때문이다. 그러나 최근 몇 년 동안 뚜렷한 변화가 나타나고 있다. 《타임》지는 지난 4반 세기 동안 매주 발간, 85쪽, 커버 스토리, 약 20개의 기사, 단신, 해설, 에세이와 같은 형식으로 거의 아무 변화 없이 발간되어 왔다. 그러나 한 가지 측면에서 커다란 변화를 보여주었다. 필자나 기자의 존재를 점점 더 크게 부각시켜왔다는 점이다. 1970년대 기사에는 아무 이름도 없었다. 1980년대 초에는 기사의 약 절반 가량이 끝부분에 볼드체로 필자나 기자 이름을 담고 있었다. 1988년이 되면서 에세이 작가의 이름이 글 제목 아래 선보이기 시작했다. 1990년《타임》지는 전체 기사의 약 절반 가량 제목 밑에 주요 필자나 작가의 이름을 넣기 시작했다. 그리고 1990년대 중반이 되면서 기사의 가장 윗부분에 이름을 넣기 시작했다. 이제는 별도의 페이지를 만들어 칼럼니스트와 기고가의 약력과 사진을 소개하고 있을 정도다.

언론계에서 이렇게 각 개인을 부각시키는 것은 독자들이 그 글을 쓴 사람이 누구인지 알고 싶기 때문이 아니다. 바로 언론인이 자기 자신을 판매하고 있기 때문이다. 이들은 직업의 안정성 면에서는 다른 분야보다는 떨어지지만, 큰 성공을 거둘 가능성은 더 많다. 많은 언론인들이 자신의 명성을 쌓아가기 위해 여러 곳으로 계속 이동하고 있다. 인쇄 매체의 언론인이 해낼 수 있는 가장 큰 일은 TV에 등장해서 고정 게스트가 되는 것이다. 재능 있는 사람이 항상 필요한 잡지나 신문사는 자신의 존재를 부각시키려는 이들의 노력을 기꺼이 수용하고 있다. 그러다가 유명하게 되면 잡지 판매에도 도움이 되므로 회사에도 이익인 셈이다.

컴퓨터 소프트웨어 분야에서도 마찬가지다. 제작자의 이름이 프로그램 시작 때나 심지어 포장지에도 들어가 있다. 고객사의 이름이나 그 동안의 성과를 광고하는 데 더 큰 힘을 쏟고 있는 법률 사무소, 투자 은행 그리고 다른 전문가 파트너 집단에서도 역시 이런 경향을 찾아볼 수 있다. 이런 움직임은 영화계에서는 오랫동안 지속되어온 관습이다. 영화계에서는 계약을 협상할 때

각 개인의 이름 크기나 위치를 놓고 항상 의견 충돌을 빚고 있다. 할리우드는 자신의 브랜드 구축에 항상 여념이 없는 재능 있는 사람들이 오랫동안 모여 있는 곳이다.

정치계를 보면, 장래가 유망한 정치인은 자신의 정당 이미지 구축보다는 개인 이미지 구축에 더 관심을 쏟고 있다. 자신에게 기부금을 내는 사람을 직접 그 대상으로 하고 있으며, 정당과는 독립적인 위치에서 자신의 이미지를 개발하고, 입법화 과정에서 자신의 업적을 부각시키고, 자신에 대한 뉴스를 만들어내는 데 주력하는 정치인이 늘어나고 있다. 과거 같으면 제시 벤추라는 정당 정치 세계에서 오랫동안 힘들게 일하고 난 후에야 미네소타 주지사가 될 수 있었을 것이다. 벤추라는 그 대신에 세계프로레슬링연맹(WWF)의 화려한 조명 아래에서 핑크빛 모피를 두르고 경기에 나서는 프로 레슬러로, 그리고 그 다음에는 라디오 토크쇼 진행자로 이름을 알렸다. 항상 대통령 선거에 후보로 나서고 있는 팻 뷰캐넌은 특정 정당 소속이 아니다. 뷰캐넌은 호전적인 TV 토크쇼 진행자라는 브랜드 이미지를 가지고 있다. 1999년 대선 출마 가능성이 언급된 할리우드 스타 워렌 비티, 연예계 거물 오프라 윈프리, 뉴욕의 부동산 재벌 도널드 트럼프에게 언론이 호의를 가지고 잠깐 동안 주목한 적이 있다. 물론 그리 오래 가지는 못했지만, 이름이 알려진 사람이라면 누구든지 대선에 나설 수 있다는 사실만으로도 정치가 개인 마케팅 체제 쪽으로 얼마나 진행되었는지를 알 수 있다. 미국 정치는 이제 할리우드의 길을 가고 있다. "할리우드와 미국 정치 사이의 전반적인 관계는 결혼만큼이나 자연스러운 것이다. 기본적으로 같은 사업을 하고 있기 때문이다. 관객의 주목을 받기 위해 기를 쓰고 있는 것이다"라고 TV 제작자 노먼 리어는 말하고 있다.[17]

경기에 참여하라

몇 년 전만 해도 대부분의 사람들은 개방된 시장에서의 자신의 가치를 알지 못했다. 자신들의 서비스를 제공할 수 있는 개방된 시장 자체가 많지 않았기 때문이다. 조직의 일부로 그 안에 계속 머무르는 경향이 있었다. 경쟁사로부터 스카우트 제안을 이끌어내는 것은 경쟁사가 자신들을 유혹해 데리고 가는 것만큼이나 보기 좋은 모습이 아니었을 것이다. 그러나 이제는 많은 사람들이 시장에서의 자신의 가치를 알고 있다. 다른 동료들과 마찬가지로 '경기 중'에 있기 때문이다. 젊은 변호사들을 위한 'Greedy Associates' 같은 전문 인터넷 게시판을 보면 현재의 시세에 관한 정보가 항상 나온다. 자신들이 새로운 직장을 찾고 있다는 것을 게시판을 통해 알리고, 경쟁사에서는 결사적으로 입찰에 응하고 있다.

뜨고 있는 스타는 현재 자신이 받고 있는 액수보다 훨씬 더 나은 조건을 경쟁사에서 이끌어낸다. 그리고는 현재 회사의 임원 앞에서 그 제안을 흔들어 보인다. "사실 여기를 떠나고 싶지는 않습니다. 이곳은 일하기 너무 좋은 곳이지요. 그 동안 저에게 너무 잘해주신 것도 있습니다"라고 아주 슬프게 말하면서 능청스럽게 "그런데 제가 어떻게 해야 할까요?"라고 묻는다. 말하고자 하는 것은 분명하다—"이 정도 혹은 더 주지 않으면 나는 간다."

일부 기업에서는 적정 급여 수준을 정하기 위해 경쟁사의 입찰 가격에 의존하기도 한다. 내가 알고 있는 한 컴퓨터 엔지니어가 봉급 인상을 요구했다고 한다. 그러자 사장은 내 친구에게 경쟁사에서 얼마를 제시하는지 알아보고 그 금액에 맞게 올려주겠다고 했다는 것이다. 그 사장 이야기로는 내 친구의 시장 가치를 결정할 때는 그 가치를 시장에서 테스트해보는 것보다 더 좋은 방법은 없다는 것이다.

얼마 전 일이다. 당시 연봉 30만 달러를 받고 있던 브라운 대학의 총장은 취임한 지 겨우 18개월밖에 지나지 않았는데, 반더빌트 대학으로부터 거의 세 배에 달하는 제안을 받았다. 과거에는 아이비리그의 대학 총장은 최소한 10년은 총장직에 있는 것이 관례였다. 그러나 이제는 아니다. 브라운 대학 총장은 이사회에 그 제안에 대해 말했다. 그러나 그 액수를 맞춰주지 않자 돈을 더 많이 주는 곳으로 잽싸게 떠나버렸다. 이 사건은 수천 명의 브라운대 학생들에게 신경제에서의 돈과 신의에 관한 커다란 교훈을 주었을 뿐만 아니라 많은 사람의 가슴을 아프게 했다. 그를 스카우트한 반더빌트 대학 이사회의 한 이사는 왜 그렇게 야단스럽게 떠들어대는지 이해할 수 없다고 말했다. 도매 서점 사업을 하고 있는 그녀는 "내 회사의 경우 항상 다른 기업에서 우리 직원을 데리고 간다"라고 말했다.[18]

'헤드 헌터'들은 앞으로 나올 자리에 적당한 유망 후보자 명단을 보유하고 있다. 이 후보자들은 현재 다른 곳에서 행복하게 일하고 있는 사람들이다. 한 헤드 헌터는 명단을 내게 보여주면서, "언젠가는 무언가 다른 것을 원할 겁니다. 그리고 또 언젠가는 완벽한 무엇인가가 이들에게 문을 열겠지요. 저희는 장기적인 관점에서 미리 관계를 갖기를 원합니다. 현재 잘나가는 유망한 사람들, 그리고 이들을 필요로 하게 될 유망 기업과의 관계 모두지요"라고 말했다.[19]

프로야구에서는 프리 에이전시 제도가 도입된 후 오랫동안 이런 방식으로 운영되어왔다. 각 팀과 유명 선수들은 각각 스스로 자신의 브랜드를 키워간다. 내 아들 애덤을 데리고 보스턴 레드삭스 경기를 구경하러 펜웨이파크에 간 적이 있다. 애덤이 제일 좋아하는 선수는 육중한 체구의 1루수 모 본이었다. 모 본은 보스턴의 어느 선수보다도 장외 홈런을 더 쉽게 더 자주 때려내는 선수다. 그가 타석에 들어서자, 애덤은 제발 볼 넷이 나오지 않기를 조용히 기도하는 것이었다. 모 본은 이렇게 더 많은 팬들을 야구장으로 오게 했으며, 그에 대한 경제적 보상 역시 계속 상승했다. 작년 모 본은 보스턴 팀에 대해 연봉 인상을 원했다. 그는 구단이 제시한 5년 계약에 약 6,400만 달러 제시액을 거절했다. 그는 더 좋은 조건을 제시한 애너하임 에인절스로 이적하면서 실망한 팬들에게 "보스턴 팀에서의 생활은 무척 즐거웠습니다. 현재 상황에 대해 나쁜 감정은 없습니다. 동료들에게 고맙다는 말을 하고 싶고, 레드삭스 팀과 *그들의* 팬들에게 항상 행운이 함께 하길 기원합니다"라고 말했다. '그들의' 부분은 다른 팀으로 옮겨가면서 호칭이 바뀐 것을 강조하기 위해 일부러 이탤릭체로 적었다. 레드삭스와 모 본이라는 두 개의 브랜드가 이제 서로 다른 길을 가는 순간이었다. 모 본은 "나는 이사가는 것이 아니라 단지 다른 곳으로 일하러 가는 것이다"라고 설명했다.[20]

경제적 보상에 대해 여러 기업이 서로 입찰에 나서게 되면, 어느 팀이나 조직 내에서의 최고와 최저 연봉 사이의 간격이 넓어진다는 중요한 결과를 낳는다. 법률 사무소나 다른 전문가 파트너 집단을 보면 기우제를 통해 비를 내리게 하는 것처럼 고객을 끌어들이는 사람은 신중하게 자신의 일만 처리하는 사람들보다 몇 배 많은 돈을 집으로 가지고 간다. 이들은 단순히 회사의 상품을 파는 것이 아니라 자기 자신을 팔고 있기 때문이다. 이들이 고객을 유치하는 것은 심혈을 기울여 쌓아올린 자신의 명성과 인맥 때문이다. 몇 년 전만 해도 이런 것은 그다지 중요하지 않았다. 모든 파트너들이 거의 같은 액수의 돈을 벌었다. 그들은 파트너였으니까 당연한 것이었다. 그리고 은퇴해서 물러날 때까지 서로의 곁을 떠나지 않을 것으로 생각했다. 그러나 신경제에서는 가치가 높은 사람은 다른 곳으로 갈 수도 있다. 자신의 개인 브랜드의 가치를 반영하는 보상을 기대하는 것은 당연하다. 받지 못한다면 더 후한 대접을 해주는 다른 곳으로 가게 되는데, 이때에는 자신의 개인 브랜드(자신이 관리하던 고객)까지 함께 가지고 간다.

이런 입찰 경쟁이 벌어질 가능성이 가장 낮은 곳은 아무래도 주요 대학의 종신직 교수 집단일 것이다. 과거에는 대학과 같은 고상한 학문적 환경에 있던 종신직 교수는 수십 년 동안, 죽을 때까지, 심지어 사후에도 다른 곳으로 옮기지 않는 것이 관행이었다. 같은 강의실에서 몇 세대의 학생들에게 같은 강의를 하고, 이미 발표한 논문을 일부 수정해서 발표하고, 매년 같은 학술회의에 참가하면서 말이다. 주요 명문대학에 몸을 담고 있다는 사실만으로도 이들의 야심을 만족시키기에 충분했다. 작가이자 철학자인 고(故) C.P. 스노는, 케임브리지 교수들은 뛰어난 사람들이 아니며 단지 서로를 우수하다고 인정해주는 사람들이라고 말했다.

그러나 이렇게 곰팡이 냄새가 나는 이곳에서도 변화의 조짐이 보이고 있다. 1998년 가을, 컬럼비아 대학은 로버트 베로에게 당시의 하버드 대학 종신 교수직을 버리고 컬럼비아 대학의 경제학과 교수로 와주면 1년에 30여만 달러를 주겠다고 약속했다. 30만 달러라면 당시 하버드, 컬럼비아, 그리고 다른 일류대학의 예술 및 과학 관련학과 교수 최고 연봉의 거의 두 배에 달하는 액수였다. 《뉴욕 타임스》에 의하면[21] 컬럼비아 대학은 베로 교수에게 넉넉한 공간의 연구실 세 개와(비좁은 대학 건물 내에 있는 연구실은 건물 밖의 주차 공간만큼이나 사람들이 탐을 내는 것이었다), 고액의 연구 지원비 그리고 전도가 유망한 젊은 경제학자 여러 명을 선발할 수 있는 권한을 주기로 했다고 한다. 그것이 전부가 아니었다. 컬럼비아 대학은 입학 자격이 엄격한 맨해튼의 한 사립학교에 베로의 아들을 입학시키고, 베로의 아내는 연봉 5만 5,000달러의 대학교 직원으로 갈 수 있게 해주고, 베로 가족 전체를 위해 2,300평방 피트의 대학 소유 아파트를 내부 시설을 완전히 개조해 시세의 반값에 임대해주기로 했다고 한다.

나는 베로 교수를 개인적으로 알지 못한다. 그러나 능력 있는 사람이라는 것은 확실하다. 그의 연구 이론은 경제학 분야에 상당한 영향을 끼쳤고, 하버드에 오기 전에 이미 유명인사였다. 컬럼비아 대학의 제안이 중요한 의미를 갖는다면, 베로 교수나 컬럼비아 대학이 갖는 의미 때문이라기보다는 가장 신성한 학문의 전당에서조차 이제는 개인 브랜드라는 새로운 시장이 생겼다는 사실 때문이다. 그때까지는 '컬럼비아 대학'이나 '하버드 대학'이라는 브랜드가 교수 한 사람의 이름보다는 훨씬 더 큰 의미를 지녔다. 두 대학 모두 대체로 자기 학교의 유망한 박사 과정 학생들을 키워 이들을 선발해 교수진을 서서히 구축했다. 물론 때로는 아픔을 감수하면서 젊고 능력 있는 다른 대학 출신의 교수를 영입한 적도 있다. 또 종신직 교수 중에는 이제 더 이상 그 가치가 높지 않은 교수가 생기는 것이 사실이지만, 두 대학은 오랜 기간에 걸쳐 명성을 쌓아온 위대한 학자들을 계속 수용하고 있다.

그러나 이제 하버드와 컬럼비아 대학도 빠르게 움직이는 하나의 네트워크로 변모하고 있다. 이 네트워크가 재능 있는 교수나 학생을 계속 유치하기 위해서는 현재 보유하고 있는 재능 있는 사람들이 중요한 역할을 한다. 대학 브랜드의 명성 덕분에 교수나 학생의 개인적인 명성이 높아지고, 또 이로 인해 학교의 명성이 다시 높아지고, 그런 식으로 더 저명한 교수나 우수한 학생을 유치하는 선순환의 과정을 유지해야 할 필요가 있다. 현재 재능 있는 사람들은 한곳에 있지 않고 이동 중이기 때문에, 현재의 선순환이 계속 지속된다고 장담할 수 없다. 그래서 이제는 뛰어난 재능을 가진 사람을 도매로 사올 수도 있다. 즉 봉급과 여러 부수입의 조건만 좋다면 한 학과 전체를 가로챌 수도 있게 된 것이다.

컬럼비아 대학이 베로 교수에게 대학 기준으로 봤을 때 엄청난 액수를 기꺼이 지불하기로 결정한 것은, 그 교수가 경제학 분야에서 가지고 있는 명성 덕분에 컬럼비아 대학의 명성에도 큰 도움이 되고, 앞서 말한 선순환에도 속도를 가할 수 있기 때문이다. 컬럼비아 대학은 베로 교수를 통해 경제학과 전체를 지금보다 더 번쩍거리는 학과로 새로 만들 가능성도 있다. 실제 베로 교수는 컬럼비아 대학과의 협상 과정에서 학교측에서 계약 사항의 일부로 영입해 주기를 바라는 경제학자 10~12명 정도의 리스트를 제출한 것으로 알려져 있다. 아마 이들 중 많은 수는 컬럼비아 대학에 베로 교수가 있다는 점과 같이 들어가게 될 사람들의 명단을 보고 매력을 느낄 것이다. 한 학과 교수진을 힘들게 한 명씩 채워나가는 것이 아니라 학과 전체를 사들이는 것이다. 이번 일괄 영입안에 대해 시카고 대학의 한 경제학과 교수는 "성공을 거둔다면 교수진 구축과 교수진 구매 사이의 결정에서 사람들의 생각이 바뀔 것이다. 돈이 말을 할 것이고 기습 공격이 효과를 발휘할 것이다"라고 말하고 있다.

컬럼비아 대학에서는 베로 교수에게 최초 안을 제시하기 전에 경제학 분야의 다른 스타 교수들에게 베로 교수가 사람들을 얼마나 끌어모을 수 있을지 자문을 구했다. 자문을 해준 사람 중에는 저명한 경제학자 밀튼 프리드먼도 있었다. 프리드먼 교수는 "베로는 젊고 앞을 내다보는 능력이 있다. 사람들은 그에게 끌릴 것이다"라고 긍정적인 답을 했다고 한다. 한 컬럼비아 대학 경제학과 교수는 이번 계약을 "우리는 베로 교수가 생산해낼 커다란 액수의 흑자를 구매하는 것이다"라고 비용과 이익 측면에서 말하고 있다.

이 공격은 하버드의 심장부를 강타했다. 하버드 브랜드만 가지고는 학교의 유명 교수진이 계속 머물러 있기에 충분하지 않단 말인가? 그때까지 다른 대학교의 제안에 대해 대응한 경우가 한 번도 없었다고 자랑삼아 말했던 하버드의 경제학과장은 베로 교수를 저녁식사에 초대해 새로운 연구 센터 건립과 다른 여러 가지 사항이 들어 있는 하버드의 역조건을 제시했다. 무슨 말을 했는지는 모르겠지만 그날 식사는 효과적이었다. 베로 교수가 하버드에 남기로 결정했기 때문이다. 그러나 하버드로서는 아슬아슬한 승리였다. 다시 반복하고 싶지 않은 경험을 한 학과장은 앞으로의 공격에 대비하기 위한 '군자금'을 늘려가고 있는 중이라고 한다.

이 사례는 베로 교수가 몸담았던 두 브랜드, 즉 하버드 브랜드와 베로 브랜드 간의 미묘한 긴장 관계를 보여주었다는 점에서 흥미를 끈다. 베로 교수가 교수로 재직하면서 해온 연구와 저술 활동은 하버드의 명성에도 도움을 주는 동시에 베로 자신의 브랜드 개발에도 공헌했다. 자기 자신이라는 회사를 위해 일함으로써 하버드 대학을 위한 일을 해온 셈이다.

그러나 하버드 대학조차도 사업가 마인드를 지닌 한 개인에만 의존해서는 살아남을 수 없다. 학교 전체를 대상으로 투자를 할 사람이 필요한 것이다. 당신이 베로 교수가 거의 컬럼비아로 갈 뻔한 경우를 목격한 하버드대의 젊은 조교수라고 가정해보자. 학교는 당신이 연구도 하고 논문도 발표하기를 원하고 있는 것은 분명하다. 이 외에도 당신의 분야에서 당신을 위한 일이 아닌 학교에 도움을 줄 수 있는 것을 원하고 있기도 하다. 다시 말해 학생을 가르치고, 학생에게 조언을 해주고, 동창회에서 연설을 하고, 교수위원회에서 활동하기를 원한다는 뜻이다. 자신의 브랜드 구축의 반대 개념인 이런 학교 행사에 얼마나 많은 시간과 에너지를 바칠 수 있을 것이라고 생각하는가? 가능한 한 적은 시간을 내려고 할 것이다. 교수 생활을 마칠 때까지 하버드대에 계속 있을 가능성은 희박하다는 사실을 알고 있다. 힘 닿는 데까지 당신의 브랜드를 구축하면 나중에 엄청난 보상이 기다리고 있다는 사실을 이제 알 수 있다.

신경제 안에서는 사업가 마인드를 가진 교수가 그들의 브랜드명을 이용해 경제적인 이득을 취할 수 있는 기회가 계속 늘어나고 있다. 유명한 교수가 인터넷을 통한 강의를 하고 학과를 개설하면서 자신의 개인 브랜드를 판매할 때가 곧 올 것이다. 수업료를 통해 간접적인 방식으로 돈을 지불하는 학생을 1

년에 100명 가르치는 대신, 전세계 10만 명의 학생들을 직접 만날 수 있게 된다. 10만 명이 각각 10달러씩만 대가를 지불해도 100만 달러라는 계산이 나온다(누가 그 학과와 브랜드의 소유주인지, 다시 말해 스타 교수인지 아니면 명목상 교수로 재직 중인 학교인지에 관한 법률적 논쟁이 분명히 달아오를 것이다).

지금 말한 내용은 모든 기관에 걸쳐 일반적인 현상이 될 것이다. 재능 있는 사람의 이동이 더 심해지고 시장의 경쟁이 더 치열해지는 지금, 자신의 조직에 시간과 에너지를 바치는 것보다는 아무래도 자기 자신의 브랜드 구축에 더 의욕을 보일 것이다. 속해 있는 조직의 임무 특성상 자신의 열정을 자제해야 하는 경우가 아니라면, 가장 우선적인 과제는 자기 자신을 판매하는 것이다.

베로 교수 케이스가 흥미를 끄는 또 다른 이유가 있다. 베로 교수가 자신의 '가치'를 결정하는 행동을 완전히 드러내놓고 한 이후 전국 각지의 교수들이 현재의 보상 수준과 자신이 다른 곳에서 제시받은 조건을 비교하면서 자신의 상대적 '가치'를 가늠해볼 수 있게 된 것이다. 그렇게 되자, 아예 몰랐다면 편히 살 수 있었던 교수들도 만족하지 못하는 상태가 발생하게 되었다. 과거 경제하에서는 한 업계에서 거의 같은 경력에 같은 직위를 가지고 있는 사람은 거의 비슷한 액수의 돈을 받았다. 어떤 경우든 봉급은 이야기할 성질의 것이 아니었다. 그러나 서로 다른 조건을 제시하는 신경제하에서는 자신이 버는 돈이 동료와 다를 가능성이 있다. 그리고 자신이 얼마를 버는지, 또 동료들은 얼마를 버는지 알려질 가능성이 높다. 그러면 다른 동료와의 상대적 '가치' 비교가 가능해진다. 이런 정보보다 더 어떤 사람을 고민에 빠지게 하고 원한을 갖게 하는 것이 또 있을까?

모 본은 보스턴 레드삭스에서 제시한 6,400만 달러를 가지고도 편안히 잘살 수 있었을 것이다. 세금과 LA의 물가를 생각하면 애너하임이 제시한 7,200만 달러가 그렇게 큰 액수는 아니다. 그러나 뉴욕 메츠는 1998년 마이크 피아자에게 9,100만 달러를 제시했고, 레드삭스는 페드로 마르티네즈에게 7,500만 달러를 주고 있다. 모 본은 자신의 가치가 최소한 페드로만큼은 된다고 생각했을지 모른다. 따라서 레드삭스가 최후로 제시한 6,400만 달러는 구단측의 생각이 모 본과 다르다는 것을 의미한다. 모 본의 상대적 가치에 대한 이러한 의견 차이 때문에 모 본이 짐을 싸게 된 것이 아닐까?

얼마 전 동료 교수 중 한 명이 더 좋은 조건을 제시한 학교로 옮겨가기로 결정했다. 그는 매우 귀중한 존재였으며, 다른 사람과 비교했을 때 얼마를 버느냐를 상관할 사람은 아니었다. 왜 떠나는지 물어보았다. 아주 오랫동안 나를 쳐다보더니, "여기서는 내 가치를 인정해주지 않아"라고 말했다.

처음에는 이해가 되지 않았다. 그 친구는 수상 경력도 많고, 주요 학과의 학과장이었으며, 그를 아는 모든 사람이 대학을 위해 그가 한 일을 인정하고 있으며, 학생들 또한 그의 강의를 너무도 좋아했기 때문이다. 왜 자신의 가치가 없다고 생각했을까? 그는 현재 자신이 받는 돈이 다른 많은 교수들에 비해 특별히 높지 않다고 말하면서, 다른 대학에서 자신을 영입하기 위해 가능한 모든 수단을 동원했다고 말했다.

다른 교수들이 이곳에서 혹은 다른 대학에서 얼마 받는지를 몰랐다고 해도 진가를 몰라준다는 생각이 들었겠냐고 물어보았다. 잠시 생각하더니, 그렇다면 상황이 다를 것 같다고 말했다.

다를 것이다. 그럴 경우에는 돈 외에 다른 수단으로 자신의 가치를 생각했을 것이다. 같은 학교 다른 교수들의 봉급이나 다른 부수입과 비교했을 때, 또 다른 대학에서 제안해온 액수와 비교했을 때 자신이 현재 얼마를 벌고 있는지 보다는 더 드러나지 않으며 더 유연한 수단을 가지고 판단했을 것이다. 그러나 숫자로 되어 있는 봉급은 다른 사람과 쉽게 비교할 수 있게 해준다. 특히 그 정보가 공개될 때에는 더욱 그렇다. 내 생각에는 그 친구가 자신이 다른 사람보다 돈을 더 많이 받아 더 풍요한 생활을 누릴 수 있다는 것에는 그렇게 크게 신경 쓰지 않았을 것으로 본다. 오히려 자신이 선택한 직업에서 돈이 의미하는 자신의 가치에 더 예민했을 것이다. 자신이 하고 있는 일에 어느 정도 가치가 부여되는지 알려주는 신호이기 때문이다. 그 친구는 자신의 가치를 더 알아주는 곳에 가고 싶었을 뿐이다.

승자에게 모든 것이 돌아가는 것은 아니다

로버트 베로와 같은 사람이 다른 사람들보다 상당히 높은 수입을 올리는 현상에 대해 최근 유행하는 이론이 하나 있다. 국내 혹은 세계 시장에서도 소수의 몇 사람만이 크게 두드러지면서 신용을 얻게 되고, 이들이 '모든 것을 취한다'는 이론이다.[22] 한편으로는 맞는 말 같기도 하다. 아이비리그 대학의 신입생으로 들어올 수 있는 사람은 몇 사람밖에 안 되고, 베스트셀러에 오를 수 있는 책도 제한되어 있다. 그러나 시시각각 변하는 역동적인 경제에서는 실제로 이런 현상은 거의 없을 것이다. 각각의 거대 브랜드 뒤에는 더 작은 규모의 개인 브랜드와 상당한 재능과 영업 능력을 갖춘 많은 사람들이 있게 마련이다. 이들의 도움을 받아 거대 브랜드가 더 좋은 실적을 올리면서 해당 개인 브랜드의 명성도 올라가기 시작한다. 이들은 조직을 마케팅하는 것이 아니라 자기 자신을 마케팅하고 있기 때문에, 자신의 새로운 가치를 반영하는 임금 인상을 요구할 수 있다. 만약 수용이 되지 않으면 조건이 더 좋은 곳으로 가면 된다.

1999년 봄, 주주들에게 보내는 연례 편지에서 마이클 아이즈너 디즈니 회장은 디즈니 소유의 ABC TV의 새로운 코미디 시리즈 〈SportsNight〉에 대해 열변을 토했다. 그는 편지에, "환상적이다. 궁극적으로 ABC를 제1의 방송국으로 만들기 위한 초석의 하나다"라고 썼다.[23] 아이즈너가 이렇게 열광하는 것에는 문제가 없다고 생각하자. 그런데 이런 히트작으로 인해 올라가는 '가치'는 과연 누구의 것일까?

〈SportsNight〉은 디즈니의 소유가 아닌 것으로 밝혀졌다. 이 프로그램은 영화 제작자인 론 하워드와 브라이언 글레이저 그리고 오랫동안 할리우드에서 에이전트로 활동한 토니 크란츠가 운영하는 제작사에서 만든 것이다. 이 세 사람은 ABC뿐만 아니라 경쟁사인 NBC, 그리고 Fox Broadcasting에서 여러 편의 히트작을 만들어낸 사람들이다. 하워드, 글레이저, 크란츠가 '잘나가는' 사람들이다. 〈SportsNight〉가 히트를 친다면 광고주들은 ABC에 거액의 광고비를 지불하고 30초짜리 광고를 내보낼 것이다. 그러나 그 외의 모든 돈은 디즈니로 흘러가지 않는다. 만약 디즈니가 하워드나 글레이저, 크란츠로부터 계속 〈SportsNight〉을 공급받고 싶다면 자신이 거둔 수입 중 일부를 이들에게 주어야 할 것이다. 왜냐하면 현재 이들의 시장 가치는 과거보다 더 올라갔기 때문이다. 이렇게 프로그램을 구매하는 모든 방송국들의 경쟁 속에 이들의 명성은 올라가고 있다.

하워드, 글레이저, 크란츠 역시 자신들이 벌어들인 돈을 프로그램을 기획한 재능 있는 작가와 프로듀서들에게 배분해야 할 것이다. 이들 중에 이 프로그램에 대한 아이디어를 생각해내고 초기 연재분의 일부를 집필한 아론 소르킨이라는 사람이 있다. 그러나 할리우드에서 그의 명성은 그 이전부터 상승세를 타고 있었다. 그는 영화 〈A Few Good Men〉, 〈The American President〉의 대본을 쓴 사람이다. 〈SportsNight〉이 큰 히트를 기록하면 그의 가치 또한 동반 상승한다.

따라서 아이즈너가 디즈니 주주들에게 〈SportsNight〉이 '초석'의 하나라고 말한 것은 정확히 말하면 사실이 아니다. 〈SportsNight〉은 성공했지만, 디즈니의 주주들이 기대하는 만큼 돈을 더 번 것은 아니었다. 그 이유는 아이즈너가 과거와 같이 수직적 조직의 가장 꼭대기에 자리하고 앉아서 '초석'을 소유하고 있는 것이 아니라, 단지 끊임없이 계속되는 결합과 계약의 네트워크상의 한 점에(비록 큰 점이기는 하지만…) 위치하고 있기 때문이다. 네트워크상의 모든 점은 자신이 원할 경우에는 미래에는 다른 네트워크의 한 점으로 이동할 수 있다. 따라서 여러 점 중의 하나에 해당하는 아론 소르킨과 같이 재능 있는 사람의 목소리가 커지면서 시장에서의 자기 가치를 당당히 주장하고 나서게 된다. 따라서 '승자가 모든 것을 취한다'는 가능성은 그만큼 줄어들게 된다. 만약 소르킨에게 충분한 보상이 주어지지 않으면, 디즈니의 경쟁사가 ABC로부터 그를 빼내올 수 있다. 소르킨이 1999년 가을 NBC의 히트작 〈The West Wing〉을 만들 때 그런 일이 발생한 적이 있다.

신경제에는 모 본처럼 모든 것을 다 취하는, 아니 거의 모든 것을 취하는 독보적인 존재는 거의 없다. 정상이나 혹은 정상 가까이에 있는 나머지 사람들이 두드러진 활약을 보이는 것은 사실이다. 이들은 꼭 필요한 재능과 인맥을 가지고 있고, 능숙하게 자기 자신을 판매하기 때문이다. 그렇다고 이들이 모든 것을 다 취하는 것은 아니다. 이들은 자신이 의존하고 있는 주변 사람들과 수입의 일부를 나눈다. 또 이렇게 수입의 일부를 받은 사람은 다시 자신들이 의존하고 있는 사람들과 또 나눈다. 이런 현상은 하나의 거대한 네트워크 안에서 계속 아래로 옆으로 그 범위를 확장해간다. 재능 있는 사람들이 자신의 분야에서 이름을 떨치면서 이들의 가치도 올라간다. 할리우드의 아론 소르킨 같은 사람이 항상 남보다 앞서가게 된다.

정상에는 소수가 있고 다른 사람들은 한참 뒤처져 있는 상태가 아니라, 많은 재능 있는 사람들이 정상을 향해 올라가고 있다. 상위 1퍼센트는 눈부신

활약을 보이고 있으며, 상위 5퍼센트는 과거 그 어느 때보다 더 좋은 상황이다. 상위 20퍼센트 역시 안락한 생활을 즐기고 있다. 그러나 사다리 각 단의 거리는 과거보다 더 벌어져 있다. 이미 말한 대로 중산층의 발전이 부진했으며, 그 밑 단에 있는 사람들은 상대적으로 더 퇴보한 상태에 놓여 있다.

시장 지향적인 남성과 여성

과거 경제에서는 다른 사람들이 좋아하면 앞서갈 수 있었다. 자기 계발에 관한 도서들은 아주 진지하게 《How to Win Friends and Influence People》에 대한 조언을 주고 있다(우리 나라에서는 《어떻게 친구를 만들고 상대를 설득할 것인가?》라는 제목으로 출간—옮긴이).[24] 성공적인 '조직맨'은 모든 사람의 인정을 받았다. 아서 밀러의 소설에 나오는 윌리 로맨은 아들에게 성공 방법을 다음과 같이 일러준다— "다른 사람들이 너를 좋아하면, 부족함 없이 살 수 있을 것이다. 사람들이 좋아하게 되면 부자로 죽을 수 있다는 것이 이 나라의 좋은 점이다."[25]

20세기 중반의 저명한 사회학자 데이비드 리스먼은 '타인 지향적인' 성격이라는 용어를 만들어냈다. 동료들에게 인정받는 것을 최고의 목표로 추구하는 사람들을 가리킨다. 리스먼은 20세기 중반 미국인의 전반적인 특성을 다음과 같이 표현했다. "사람들의 인정을 받을 때에만 성공할 수 있다. 따라서 이렇게 인정을 해주는 집단이 모든 힘을 쥐고 있다. 이런 집단은 실존하는 경우도 있고 그냥 사람들 마음속에만 존재하는 경우도 있다."[26]

신경제에서는 다른 사람들이 좋아하는 것보다 자신의 마케팅 작업을 잘해야 앞서나갈 수 있다. 이제는 집단에 잘 적응하거나 동료들의 인정을 받는 것이 목표가 아니다. 반대로 동료들 사이에서 특출한 존재로 부각되고, 고객에게 당신을 연결시켜줄 사람들에게 깊은 인상을 남기는 것이 목표다. 과거 조직의 형태는 사라지고 있다. 대신 그 자리에는 자신에 대한 믿음이 확고하고 다른 사람을 설득해 자신을 믿게 만들 수 있는 개인들이 들어서고 있다. 이를 위해서는 집단을 중시하는 사고보다는 자존심을 충분히 내세우는 것이 더 중요하다. 겸손의 미덕보다는 자신감을 표출하는 것이 더 효과적이다. 힘을 갖기 위해서는 힘을 느껴야 한다. 금융계의 거물 수지 오르먼이 말한 것처럼 '부자가 되기 위한 용기'가 필요하다는 뜻이다.[27] 오르먼은 "자신이 생각하는 가치 수준까지 실제 가치가 오르기 위해서는 먼저 자신이 생각하는 가치부터 상승해야 한다"고 말한 바 있다. 경영 컨설턴트 톰 피터스는 "오늘부터 당신 자신이 브랜드다. 나이키, 코카콜라, 펩시와 하나도 다를 바 없는 브랜드다. 성공하기 위해서 해야 할 가장 중요한 것은 '당신'이라는 이름의 브랜드를 관리하는 마케팅 책임자가 되는 것이다"라고 말하고 있다.[28] 경영 컨설턴트들은 이렇게 한 개인의 경제적 발전에는 정신적인 자기 실현이 필요하다고 강조하고 있다. 당신이 가치를 갖는 것은 시장이 당신에게 보답을 해주기 때문이고, 당신이 경제적으로 성공하는 것은 당신 자신에 대한 열렬한 믿음이 있기 때문이다. 당신 자신을 하나의 상품으로 포장해서 성공적으로 판매함으로써 당신의 가치를 높일 수 있는 것이다.

이렇게 전반적인 측면에서 조언과 컨설팅을 해주는 사람들 뒤에는 더 구체적으로 한 개인을 상품화하는 분야의 전문가들인 개인 프로모터, 홍보 전문가, 개인 마케터, 이미지 컨설턴트 들이 있다. 단순한 패스트리 요리사를 요리책의 저자로, 케이블 TV 쇼나 요리 사이트의 호스트로, 새로 나온 양념이나 주방기구 등의 광고에 출연하게 해주는 사람들이다. 맨해튼에 있는 Le Cirque의 패스트리 요리사인 자크 토레스는 "요리사로 취직하면 일정 봉급에서 시작한다. 그 봉급은 단계적으로 올라간다. 그러나 정말로 이보다 더 잘살고 싶으면 요리 컨설팅, 요리책, TV 쪽으로 나가야 한다"고 말하고 있다.[29] 부동산업자의 '개인 마케팅' 전문가 돈 홉스는, 부동산업자들에게 '자신의 마케팅'을 위해 광고비를 사용하라고 조언한다. 자신은 다른 5,000명의 부동산업자와는 다르다는 점을 부각시키는 작업에 광고비를 써야 한다는 말이다. "'저는 조 블로, 부동산업자입니다'라는 광고 대신, 두 소녀가 아빠에게 달려가고… 아빠는 차에서 나온다. 부드러운 음악이 흐르고… '여러분이 중요하게 생각하는 것은 론 쿠벡에게도 중요합니다.' 두 명의 금발 아이들은 아빠의 품 안에 안기고… 아주 감동적인 음악이 흘러나온다. 중요한 것은 고객의 감정을 자극하는 것이다"라고 홉스는 말한다.[30]

몇 해 전만 해도 법에 의해 의사는 광고를 할 수 없었다. 의사는 상업 문화의 일부가 아니고 또 그렇게 되어서도 안 된다고 생각했기 때문이다. 물론 의사들은 히포크라테스 선서에 따라 충실히 본연의 임무를 다했다. 그러나 지금은 '의사 홍보 전문가'의 도움을 받아, 일부 의사들은 다이어트 서적, 건강 정보, 그리고 무설탕 메이플 시럽에서 스테로이드 호르몬 프레그네놀론과 같은 여러 가지 상품을 판매하고 있다.[31] 인터넷을 통한 의료 상품의 판매가 늘어나고 있는 추세다. 치과 의사들 역시 홍보 전문가를 고용해 최신 라미네이팅 기법을 홍보하고 있다(라미네이팅 기법이란 치아 전체를 깎아내고 덮어씌우는 방법 대신, 치아의 앞면만을 살짝 깎아내고 세라믹을 얇게 주조해서 붙여주는 방법−옮긴이). 래리 로젠탈이라는 박사는 전동 칫솔에서 치간 청결용 실(덴탈 플로스)까지 자신의 이름이 들어간 소비재 상품을 선보이고 있다.[32]

재능 있는 사람들은 자신의 주식까지 팔고 있다. 록 스타 데이비드 보위는 개인 채권을 발행하면서, 투자자들에게 자신이 앞으로 받을 음반 수입과 공연 수입료의 일정 부분에 대한 권한을 주었는데, 발행한 지 한 시간도 안 되어

5000만 달러에 달하는 채권이 모두 팔렸다고 한다.[33] 쿱 박사도 자신의 이름이 들어간 사이트를 개설하면서 상당한 보상을 받은 것으로 알려져 있다. 마사 스튜어트 역시 법인을 만들고 자신의 주식을 팔고 있다. 스튜어트는 어떤 상품에 단순히 자신의 이름을 빌려주는 정도가 아니다. 그녀는 자신의 쾌활한 성격을 팔고 있다. 손으로 만들면서도 어떻게 하면 세련미를 겸비하는지에 관한 정보, 각종 집안 장식 아이디어, 그리고 집에서 할 수 있는 요리법 등을 소개하고, 시트로넬라 양초를 처음부터 시작해 완성할 시간 정도는 있어야 하지 않느냐는 그녀의 생각에 많은 이들이 공감하고 있다. 그녀의 투자자들은 마사 스튜어트 브랜드가 그녀를 떠나서도 상당한 가치가 있기를 바라고 있다. 그러나 그녀가 자신의 돈을 받고 일에서 손을 놓는다면, 브랜드는 마사 스튜어트와 불가분의 관계였음을 알게 될 것이다.

야심 있는 정치인들도 과거처럼 자신의 정치 신조나 당의 강령 등을 알리는 데에서 벗어나, 홍보 작업을 위해 전문 컨설턴트를 고용하면서 개인 마케팅에 나서고 있다. 마케팅을 효과적으로 펼치고 있는 정치인들은 그렇지 않은 사람들보다 정당에 대한 의존도가 더 낮다. 이는 마케팅이 잘되고 있는 교수에게 대학의 필요성이 줄어들고, 유망한 언론인에게 특정 신문의 필요성이 덜하고, 뜨고 있는 작가에게 특정 TV 방송국이나 제작업체가 덜 필요하고, 재능 있는 농구 선수에게 특정 팀이 덜 필요하고, 스타와 같은 투자 분석가에게 특정 투자 회사가 덜 필요한 것과 마찬가지다. 다른 모든 조직과 마찬가지로 정당 역시 사업가 집단이 되어가고 있다. 정당이나 당의 강령을 그렇게 중요시하지도 않는데, 왜 정치인들이 이전투구의 양상을 띠면서 계속 대립하는 모습을 보일까 의아하게 생각할 수도 있지만, 놀랄 만한 것은 아니다. 한 정당이나 어떤 정당의 원칙이 아닌 한 개인을 마케팅하고 있기 때문에, 서로간의 경쟁은 필연적으로 개인적인 대립으로 이어질 수밖에 없다. 선거에서 승리하려면 상대의 이미지는 파괴하면서 자신의 이미지를 높여야 한다. 상대방의 흠집 파헤치기는(좋게 말하면 '상대 연구') 이제 미국 선거에서 쉽게 찾아볼 수 있는 모습이 되어버렸다.

일단 자신을 판매하려고 나서면 이것저것 해야 할 것이 끊임없이 생긴다. 그리고 개인적인 인간 관계도 침범을 받게 된다. 한 개인이 상품일 경우에는 모든 관계가 결국 사업상의 계약으로 바뀌게 된다. 단지 사람들이 자기를 좋아하길 원했던 데이비드 리스먼의 '타인 지향적인' 사람과는 달리 새롭게 등장한 시장 지향적인 남성과 여성은 계약을 맺는 데에만 관심이 있다. 그러나 친구나 친지 혹은 아는 사람을 통해 판매에 나설 경우에는 모든 관계가 가슴속에 감추어놓은 동기로 인해 그 빛을 잃게 될 가능성이 있다. 워싱턴, 뉴욕, 할리우드, 실리콘 밸리 그리고 기타 계약 성사의 중심지에서는 '친구'와 점심 식사를 같이 하면서도 상대방이 자신을 팔기 위해, 혹은 무언가를 사기 위해 만난다는 생각을 늘 한다고 한다. 또 그 생각이 자주 맞는다고 한다.

시장 지향적인 사람의 가치는 다른 동료들이 그 사람을 얼마나 인정해주느냐가 아니라, 그 사람의 서비스에 대해 다른 사람이 기꺼이 지불할 수 있는 금액에서 나온다. 따라서 항상 자신에 대한 수요가 있도록 만드는 것이 가장 중요하다. 한동안 안 보이던 사람을 만났을 때 처음으로 묻는 질문 중 하나는 '잘 지내십니까?'가 아니라 '바쁘세요?'로 바뀌었다. 사람들은 바쁘면 수요가 있는 것이고, 수요가 있다는 것은 잘 지낸다는 쪽으로 생각한다. 흔히 불평조로 들리는 '너무 바빠!'라는 말이, 정말 그런 뜻으로 말한다 해도 이제는 더 이상 탄식으로 들리지 않는다. 바쁘다는 불평은 돈 버는 일 외에 다른 것을 위한 시간이나 에너지가 거의 남지 않았으며, 앞서나가야 한다는 끊임없는 필요에 의해 친구나 가족까지 잊었다는 말도 될 것이다. 그럼에도 불구하고 시장에서는 성공했다고 여겨진다. 시장에서의 성공이야말로 시장 지향적인 사람들의 최후의 목표일 테니….

　20세기 중반 리스먼의 타인 지향적인 미국은 자신의 정체성을 단체에 잃을 지도 모를 위험 속에 있었다. 신경제의 출발점에 있는 시장 지향적인 사람은 자신의 정체성을 팔아야 하는 위험 속에 있다. 어떤 것이 더 위험할까? 과거 만 해도 어떤 사람에 대한 최악의 말은 자신을 팔았다는 것이었다. 그러나 이 제는 자신을 팔지 못한다는 것이 최악의 말이 될 것이다.

8 　　　　　　　　　　　줄어든 가족

　새로운 일로 인해 가정 생활에 피해가 온다는 것에는 큰 이견이 없다. 오히려 어떻게 발생하고 있으며, 또 어떤 형태를 띠고 있는가에 대해 더 큰 관심이 쏠리고 있다.

　20세기 중반의 핵가족은 안정된 직장을 가진 남편, 평균 2.7명의 아이를 돌보면서 습관적으로 집안 청소를 하고 가사를 돌보는 아내, 온 식구가 모여서 먹던 저녁식사와 같은 모습이었다. 그러나 이제는 과거에서나 찾아볼 수 있는 이상한 모습이 되어버렸다. 대량 생산 시대 이전인 19세기 중반으로 가보자. 한 지붕 밑에서 사는 사람들을 보면 매우 복잡하고 또 한편으로 변화가 잦았다. 자주 왔다갔다하는 일가 친척, 태어나서 자라거나 유아기 때 죽는 아이들, 아기를 낳다 죽은 어머니를 대신해 들어온 양어머니, 사고나 감염, 혹은 질병으로 아버지가 죽은 뒤 들어온 양아버지 등의 형태를 볼 수 있었다. 그리고 집 안에 식량이 떨어지지 않게 하려면 남자, 여자, 아이 할 것 없이 모든 식구가 장시간 동안 힘든 일을 해야 하는 경우가 종종 있었다. 당시 경제는 지금보다 훨씬 더 한 치 앞을 내다볼 수 없는 상황이었다(물론 당시 삶도 그랬다).

산업 시대를 건너뛰고 난 오늘날의 가족 상황 역시 변동이 심하다. 그러나 이는 19세기 중반처럼 죽음 때문이 아니라 일 때문이다. 지금은 일 때문에 과거보다 더 오랜 기간 집을 떠나 있기도 하고, 심지어 가족들과 같이 있을 때도 일 생각밖에 하지 않는 경우도 있다.[1] 신경제의 요구에 잘 대응할 수 있기 위해 필요한 장소 제공의 틀 안에서 존재하는 것이 요즘의 가족이다. 사회학자들은 DINS라는 신조어까지 만들어냈을 정도다. DINS란 double income, no sex의 약자로 부부가 맞벌이를 하면서 성관계를 갖지 않는다는 뜻이다. 현대의 부부들은 침대에서는 잠 자는 것 외에는 다른 것을 못 할 정도로 항상 피곤에 절어 있는 상태다. 이런 부부들은 얼마 되지 않는 시간을 서로 조정해 최대의 효과를 내기 위해 배란 예정 측정기를 많이 산다. 일단 아기가 태어나면 부부는 일과 양육을 교대로 담당한다. 한 사람이 낮에 일할 동안 다른 사람은 아기를 돌보고, 저녁에는 역할을 교대하는 식이다.[2] 쪽지를 통해 다른 사람이 없는 동안 누구에게 전화가 왔는지, 아기의 하루는 어땠는지, 저녁에는 무얼 먹으라는지와 같은 대화를 나눈다.

경제적인 효율성을 위해 집에 아무도 없는 시간이 늘어나고 있다. 부모가 모두 밖에 나가 있거나 직장이 근처일 경우에는 하루에 집 밖에 있는 시간이 더 길어진다. 어린아이가 있을 때에는 놀이방(day care)에 맡겨진다. 연로한 부모들은 혼자 살거나 아니면 양로원으로 간다. 모든 식구가 저녁식사를 같이 할 만큼 스케줄을 맞출 수 있는 집은 거의 없다. 직장에 나가는 부모가 들어오는 시간은 아이들이 저녁을 먹고 난 한참 뒤다. '온 식구가 모여서 함께 저녁을 먹는다'고 확실하게 말할 수 있는 기혼자의 수는 지난 20년 동안 50퍼센트에서 34퍼센트로 1/3 정도 감소했다.[3]

심지어 1주일에 한 번 만날 정도로 스케줄을 맞춰야 하는 가정도 있다. 크레이그 포먼은 바쁜 직장인들이 시간을 더 효율적으로 사용할 수 있도록 도움을 주는 웹 사이트 myprimetime.com의 CEO다. 매주 일요일 저녁 6시 30분 포먼은 그의 아내 세실과 올해 일곱 살인 아들 엘리엇을 만난다. "나의 1주일은 시작도 끝도 없습니다. 창업을 했으니 그에 맞게 사는 겁니다. 많이 돌아다니고 이동전화는 몇 대씩 가지고 다니지요. 1주일에 한 번 만나는 자리를 통해 서로 얼굴도 보며 다음주에 관한 이야기를 합니다"라고 《Fast Company》지와의 인터뷰에서 밝혔다.⁴⁾ 지난 가족 모임에서는 엘리엇에 관한 이야기를 했다고 한다. 엘리엇은 현재의 집이 있는 샌프란시스코로 이사 오기 전까지 프랑스어 학교를 다녔는데, 이곳에서도 프랑스어 가정교사를 두어야 하는지가 이야기의 주제였다고 한다. "가족 모임은 마치 회사의 프로젝트 상황 보고회의 같습니다. 서로 돌아가면서 다음주에 무엇을 할 건지, 또 무슨 문제가 있었는지 이야기를 하니까요"라고 포먼은 말했다.

서로 모여서 함께 살았던 1970년대의 전형적인 미국 가정의 모습을 잠깐 살펴보고, 4반세기 후의 가족의 모습과 한번 비교해보자. 가장 큰 차이점은 자녀가 있는 부부의 비율로, 1972년의 45퍼센트에서 1998년에는 26퍼센트로 감소했다. 반면에 자녀 없이 독신으로 살고 있는 사람들은 16퍼센트에서 32퍼센트로 늘어났다.⁵⁾ 간단히 말해, 미국의 전형적인 가정이 자녀가 있는 기혼에서 자녀가 없는 독신 쪽으로 바뀌었다는 것이다. 20세기 중반에는 〈Father Knows Best〉나 〈Leave It to Beaver〉 같은 시트콤이 당시 미국 가정의 일반적인 모습을 보여주었다. 오늘날의 시트콤은 〈Ally McBeal〉이나 〈Friends〉와 같이 결혼하지 않고 동거 중인 젊은이들의 이야기를 다루고 있다.

1970년대에 시작된 몇 가지 상황이 이러한 변화를 잘 설명해준다. 먼저 출산에 있어 여성의 목소리가 더 강해졌다. 과거보다 더 효과적인 피임약이 널리 보급되었다.[6] 그리고 1973년 대법원은 임신 초기 단계에서는 중절을 원하는 여성과 이에 따라 낙태 수술을 하는 의사를 주 정부가 금지할 수 없다는 판결을 내렸다. 하지만 단지 이 사실만으로는 모든 변화를 설명할 수 없다. 여론 조사에 의하면 대가족을 원하는 사람들의 수가 급격히 감소했다고 한다. 1972년에는 전체 성인의 56퍼센트가 가장 이상적인 자녀의 수는 최소한 세 명이라고 답한 데 비해, 1990년대에는 이런 생각을 가지고 있는 사람이 40퍼센트에도 못 미친다고 한다.[7]

1970년대 이후로 그 속도가 더 빨라진 것이 또 하나 있다. 아니 실제로는 서로 밀접한 관계에 있는 두 가지다. 두 가지 모두 지금까지 우리가 살펴본 더 큰 규모의 사회적인 추세와 관련이 있다. 두 가지를 각각 다음과 같이 소개한다.

가정의 커다란 변화(I)

1970년대부터 여성들을 직장으로 나가게 한 첫번째 요인은 남편이나 배우자 수입의 상대적인 감소 현상이다. 대량 생산에서 혁신적인 아이디어와 개인적인 서비스로의 이동은 그때까지 대부분의 생산직 업무를 맡아왔던 남자에게는 특히 어려움을 주었다. 남자들의 수입이 줄어들면서 가족의 수입을 유지하기 위해 배우자가 돈 버는 일에 참여하기 시작했다[8](물론 그 전에도 가난한 집 여성들은 계속 일을 해왔다).

수입의 감소폭에 대해서는 서로 이견이 있지만 남성 생산직 근로자의 수입 감소를 보여주는 자료는 많다. 어떤 면에서 보면, 2001년의 생산직 근로자 가정의 경우 물가 상승률을 감안하면 수입이 더 줄어들었다고는 하지만, 오히려

1979년 때보다 더 나은 생활을 하고 있다고 볼 수 있다. 새로운 기술 혁신 덕택에 일부 상품과 서비스의 가격이 과거보다 더 내려갔으며, 많은 상품의 품질이 개선되었고, 또 새로운 제품과 서비스가 계속 등장하고 있기 때문이다. 장거리 전화요금, TV, 항공권 그리고 이외에도 여러 가지 가격이 내렸다. 이제는 디지털 녹음장치, 교육용 소프트웨어, 비아그라도 살 수 있다. 의사는 조그만 암세포의 흔적을 찾기 위해 MRI 기계를 이용해 우리 몸의 단면을 정밀 검사할 수 있다. 더 오래 살 가능성이 높아졌다는 말이다. 그리고 이미 강조했듯이, 구매자 천국의 시대에서 쇼핑도 더 효율적으로 할 수 있는 시대가 되었다.

그러나 이런 시대에서조차도 과거 자신이 가지고 있던 사회적 지위에 비해 상대적인 박탈감을 느끼는 사람들도 있다. 미국인들의 전체적인 생활 수준이 계속 상승세를 보이고 있지만, 확고하게 자리를 잡지 못한 가족들은 현재 자신들이 생활 기반을 잃어가고 있다고 생각한다. 그런 가족의 남녀 모두 자리를 다시 잡아야 할 필요가 있기 때문에 과거보다 더 많은 시간을 돈을 벌기 위해 일하고 있다. 이들이 이렇게 일하는 동기는 더 잘사는 이웃을 시기해서가 아니라, 자신이나 식구들이 최소한 이 정도는 살아야 인정을 받지 않겠냐는 생각에서다. 많은 생산직 근로자 가족들은 1970년대 후반 이후로 단지 그 자리를 유지하기 위해 계속 힘들게 달려왔다는 느낌을 가지고 있다. 특히 여성의 경우 정말 힘들게 달려왔다.

가정의 커다란 변화(II)

다른 이유 때문에 직업 전선에 합류한 여성들이 있다. 새로운 아이디어를 개발하고, 문제를 해결하고, 비용 절감책을 제시할 수 있는 창조적 근로자의 수입은 계속 늘어만 갔다. 바로 이런 창조적 근로자에 해당하는 사람들이 두 번째 종류의 여성들이다. 여성을 위한 새로운 기회는 경제가 여성에게 문호를 개방하기 시작한 1970년대에 제공되기 시작했으며, 그 이후로 그 속도를 더해오고 있다. 앞으로는 재능 있는 여성들을 기다리고 있는 기회가 지금보다 훨씬 더 많을 것으로 예상된다.

내가 1960년대 후반 대학생이었을 때, 당시 여대생들은 대부분 선생님이나 간호사가 될 것으로 생각했다. 그리고 1970년대 초반이 되자 격은 높지만 상대적으로 보수가 낮았던 이 두 직업에 마음을 두고 있는 여학생은 극히 일부에 지나지 않았다. 다른 기회가 생기기 시작했고 보수도 훨씬 더 많았기 때문이다. 전향적인 사고와 능력을 갖춘 여성 운동가들의 힘겨운 노력으로 많은 분야의 문호를 여성에게 개방한 것도 이런 변화에 한몫을 했다. 뒤이어 나온 고용 차별 금지법도 도움이 되었다. 그러나 더 많은 창조적인 두뇌를 필요로 하는 신경제가 없었다면 그 문은 아직도 닫혀 있을 것이다. 1970년대 이래 신경제가 점점 더 자리를 잡아감에 따라 교육 수준이 높은 여성들을 위한 수입과 기회는 급등해왔다.

이런 두 번째 부류의 여성들이 가족의 수입을 유지하기 위해 직업을 갖게 된 것은 아니다. 이런 여성들의 남편은 대체로 수입이 상위 20퍼센트에 여유 있게 들며 교육 수준도 높은 사람들이다. 다음 사항을 비교해보자. 1979년에는 부자 남편을 둔 여성의 55퍼센트가 직장을 나가며, 평균 1만 5800달러(1996년 달러 기준)를 벌었다. 1990년대 후반에는 75퍼센트가 일을 하며, 평균 2만 7175달러를 벌고 있다. 지금 예로 든 113퍼센트의 수입 증가는 남편이 상위 20퍼센트에 들지 않는 여성의 수입 증가율을 훨씬 상회하는 것은 물론, 상위 20퍼센트 밖의 남편 수입 증가율보다 더 빠른 것이다. 가구 소득에

있어 상하위권의 격차가 왜 그렇게 심하게 벌어졌는지를 이를 통해 또다시 알 수 있다.[9]

그렇다면 이 여성들은 굳이 그럴 필요가 없었는데도 왜 직업 전선에 뛰어들었을까? 집 밖에서 일한다는 데에서 오는 자연스러운 만족감 외에도, 일하지 않는 데에서 오는 비용이 계속 증가한다는 문제에 직면하게 되었다. 직업의 기회가 더 많아지고 그에 따른 보상도 더 커짐에 따라 집이나 가족을 중시한 나머지 직업을 갖지 않는 데에서 오는 희생도 함께 커진 것이다.

이는 또한 왜 더 많은 여성이 대학에 가고 있는지를 보여주기도 한다. 여기서 더 많은 여성이란 남성보다 더 많음을 뜻한다. 젊은 여성의 약 70퍼센트가 현재 고등학교를 졸업하고 대학에 가고 있다. 반면에 남자 고등학교 졸업생의 경우는 64퍼센트에 그치고 있다. 만약 현재 추세가 2007년까지 계속될 경우 여대생은 920만 명인데 비해 남자 대학생은 690만 명에 그칠 것으로 보인다.[10] 불과 몇 년 전만 해도 남자 대학생이 여자 대학생보다 훨씬 많았던 때의 상황에서 완전히 역전된 것이다. 20세기 중반에는 모든 자녀를 대학에 보낼 형편이 안 되면 아들을 보내는 것이 일반적이었으며, 딸은 집에 있게 했다. 당시에는 대학 교육을 받은 아들이 딸보다는 직장을 더 쉽게 구한다고 생각했기 때문이다(맞는 생각이었다).

고등교육을 받았더라도 여성은 같은 일을 하는 남자에 비해 수입이 더 적다. 이미 말한 대로 사회에서 성차별이 완전히 사라진 것은 아니기 때문이다. 그러나 현재 추세로라면 언젠가는 여자들이 따라잡을 것이라고 확신해도 좋을 것이다. 신경제의 보상 기준을 보면 여자라고 해서 남자보다 그 기준에 덜 부합하는 것이 아니기 때문이다. 그 기준은 바로 창조성과 다른 이의 마음을 읽을 수 있는 능력이다. 이 두 가지는 앞에서 기크와 슈링크의 특성이라고 소개했다. 또 이미 말한 대로, 교육은 미래의 수입과(또 좋은 일자리를 얻게 해주는 좋은 인맥과) 밀접한 관계에 있다. 따라서 여성 대졸자의 수가 남자를 따라 잡음에 따라 임금 격차 또한 줄어들 것이다. 이미 이런 경향을 볼 수 있다. 맞벌이 부부의 경우를 보면 여성의 입지가 계속 상승하고 있다. 1980년에는 일하는 아내 다섯 명 중 남편보다 수입이 더 많은 사람이 한 명이 채 되지 않았다. 그러나 2000년이 되면서 거의 세 명 중의 한 명꼴로 나타나고 있다. 고등교육을 받은 아내 중에는 거의 절반 가량이 남편보다 수입이 더 많다.[11] 또 관리직과 전문직에서 여성이 차지하는 비중이 점점 더 커지고 있다. 교사와 간호사를 제외하고, 1970년에는 모든 관리 및 전문직 여성의 비율은 20퍼센트가 되지 않던 것이, 1999년에는 36퍼센트 이상까지 증가했다. 특히 최고 전문직에 있어서는 1970년의 9.2퍼센트에서 1998년의 25퍼센트 이상으로 대폭 증가한 모습을 보이고 있다.[12]

그러나 곤란한 문제가 하나 발생한다. 이미 말한 대로, 신경제에서의 최고 전문직을 수행하려면 거의 모든 것을 일에 바쳐야 한다. 전부 아니면 무의 세계, 빠른 길 아니면 느린 길일 뿐, 그 중간은 없다. 빠른 길에 계속 남길 원한다면 고객과 함께 밤늦게까지 일하면서 항상 대기해야 하고, 많은 사람을 만나 인맥을 다져야 하며, 끊임없이 소개되는 신기술과 보조를 맞추어야 한다. 그러나 아직도 많은 여성들이 가사에서 가장 큰 역할을 하고 있으며, 불행하게도 많은 남성들이 그것을 원하고 있다. 한 집에서 돈도 가장 많이 벌어오고 집안일도 가장 많이 한다는 것은 거의 불가능에 가깝다.

아기를 갖고 싶어하는 경우를 보자. 여자는 앞으로 높은 수입을 올릴 가능성이 있다. 남자도 여자만큼이나 아기를 원할 경우에는 여자는 양육에 있어 최소한 절반에 대한 책임을 남자가 지는 쪽으로 협상을 할 수밖에 없다. 그러나 남자가 양육의 책임을 회피할 경우에는 결혼을 해도 가사를 서로 절반씩 부담하는 것이 어려워질 것이다. 그렇게 되면 현재 많은 여성들의 경우처럼 빠른 길과 아이가 있는 느린 길 중 하나를 선택할 수밖에 없을 것이다.

얼마 전 일이다. 매우 유명한 법률 사무소에(자넷 리노 전 법무부장관이 한때 일했던 바로 그곳) 파트너로 참여하고 있던 앨리스 헥터는 이혼하면서 남편인 로버트 영에게 딸들에 대한 양육권을 잃었다. 그녀는 회사에서 오랜 시간 힘들게 일하는 데 반해 당시 실업자였던 남편은 집에서 아이들과 함께 있었다. 이혼 및 양육권에 관한 소송에서 헥터는 대부분의 맞벌이 부부가 아이들과 보내는 시간만큼 자신도 아이들과 시간을 보냈다고 주장했다. 그랬을지 모르겠다. 그러나 그런 식의 주장은 판사를 설득시키지 못했다. 판사는 아기를 돌보는 데에 두 사람 중 누가 더 많은 시간을 썼느냐에 더 관심이 많았다. 판사는 아버지에게 아이들의 양육권을 주면서 "기록상으로 보면 학교에서 돌아온 아이들을 맞이한 것도, 병원에 데리고 간 것도, 아이들의 학교 활동에 활발히 참여한 것도 남편이라는 것이 분명하다"라고 말했다. 판결이 있은 후 남편은 "아내가 직장에 그렇게 많은 시간을 바칠 수 있었던 것은 내가 아이들과 함께 있는 집을 직장으로 생각했기 때문입니다. 아빠도 엄마가 될 수 있습니다"라고 덧붙였다.[13]

이 사건을 통해 앞으로의 상황을 예견할 수 있다. 여성은 모든 것을 가질 수 없다. 남성 역시 마찬가지다. 만약에 부부가 정규직 맞벌이를 한다면, 두 사람 중 한 명은 빠른 길과 느린 길 중 하나를 선택해야만 한다. 만약에 어떤 여성이 앨리스 헥터와 같은 실수를 범하지 않으려면, 수입이 더 많아지고 이에 따라 권위와 명예가 올라가는 것보다는 아이들 키우는 것에 더 신경 써야 한다. 다시 말해, 자신들은 양육권을 확실히 가질 수 있도록 더 느린 길에 머무르고 남편을 빠른 길로 들어서게 해야 할 것이다.

경제가 변하면서 결혼과 일에 대한 태도 역시 변했다. 1970년대 후반을 예로 들면, 대부분의 미국인들은 아내가 가구 소득에 기여조차 해서는 안 된다고 생각했다. 1980년대 말이 되면서 새로운 경제가 미국인들에게 더 크게 다가오면서, 방금 말한 시대착오적인 생각을 갖는 미국인은 절반을 약간 넘는 (51.7퍼센트) 정도였다. 그러나 1990년대 초가 되면서 여성이 가구 소득에 기여해야 한다는 데 동의하는 사람이 절반을 넘었으며, 1990년대 말에는 신경제에 완전히 적응한 남자와 여자들이 그 비율을 2/3까지 끌어올렸다. 마찬가지로 1970년대 중반에는 전체의 2/3 정도가 남성은 집 밖에서 일을 하고 여성은 집이나 가족을 돌보는 것이 가족 전체를 위해서도 훨씬 좋다고 생각했지만, 1990년대 말이 되면서 전체의 2/3가 이에 동의하지 않게 되었다.[14]

크게 줄어들고 있다

여성들이 직장을 갖는 이유로 두 가지를 말했다. 그런데 그 이유에 상관없이 여성들이 직장에 나가면서 가족의 규모가 줄어들었다. 여성들은 과거보다 아기를 덜 낳고 있으며, 아예 낳지 않는 경우도 있다. 이것은 더 낳을 여유가 없어서일 수도 있고, 아기들이 필요로 하는 시간과 에너지를 줄 수 없기 때문일 수도 있다. 물론 두 가지 모두인 경우도 있다.

모든 기업이 고정 비용을 가변 비용으로 돌려, 모든 사람들의 일자리와 봉급에 대한 미래의 확신이 더 줄어든, 다시 말해 위험도가 더 높아진 경제하에서 많은 여성들은 (그리고 남성들) 본인이 부담하는 고정 비용 중 가장 비중이 높은 아기를 원하지 않고 있다. 아이들을 '고정 비용'에 비유하니 냉정하게 들리지만, 이는 아이들이 필요로 하는 것이 연속적으로 발생한다는 말을 하기 위함이다. 그리고 아이가 제대로 자라기 위해서는 어느 정도 가정이 안정적이고 의지할 수 있어야 한다. 그러나 신경제는 연속적이지 않다. 게다가 불안정하고 의지하기도 어렵다.

따라서 경제가 변함에 따라 기혼 여성의 출산율이 지속적으로 떨어지는 것은 놀랄 만한 사실이 아니다. 20년 전 기혼 여성 1,000명이 98명의 아기를 출산한 데 비해 1990년대 후반에는 그 수가 80으로 떨어졌다. 그리고 신경제가 그 세력을 확장함에 따라 그 비율은 계속 떨어질 것이 분명하다. 전혀 아기를 낳지 않기로 하는 것이 이제는 더 이상 드문 일이 아니다. 1970년대 후반에는 중년 여성 중 아기를 낳지 않은 사람은 약 10퍼센트에 불과했다. 주로 자신의 일에 삶을 바치고 있는 교사, 수녀, 간호사 등이었다. 이들의 이런 결정은 존경받았지만, 한편으로는 아기를 낳은 일반 여성들과는 동화되지 못하는 경향이 있었다. 이제는 아기를 낳지 않겠다는 결정이 그리 이상하지 않다. 40~45세 사이의 중년 여성의 19퍼센트가 아기를 낳은 적이 없다. 이들 중에는 행복한 결혼 생활을 하고 있는 사람도 있다. 이들은 단지 아이들 키우는 것 외에 다른 재미를 추구하고 있을 뿐이다.[15]

아이를 가지려는 계획을 하고 있는 여성들도 그 시기를 늦추고 있다. 10대 출산율은 대폭 감소해, 1990년 말에는 지난 1906년 정부가 조사를 시작한 이후 가장 낮은 수치를 기록했다. 이는 인종이나 민족에 관계없이 보편적으로 나타나고 있다. 20대 여성의 출산율은 거의 변동이 없는 상태다. 유일하게 30대에서만 출산율이 늘어났다.[16] 내 고향인 매사추세츠 주에서는 30세 이하의 여성보다 이상의 여성이 아기를 더 많이 낳고 있다.

여성이 출산 시기를 늦추는 것은 신경제의 요구에 대한 100퍼센트 합리적인 대응책이다. 극빈층 여성의 경우는 자신이나 남편에게 여유가 있을 때까지 아기를 낳지 않는 경우도 있다. 전문직 여성은 유명 기업에 들어가거나 아니면 단독으로 위치를 잡을 때까지 출산 시기를 미루고 있다. 모든 여성들이 일단 아기를 낳으면 과거보다 수입이 줄어들 것이라고 느끼고 있는데, 그것은 사실이다. 현재 남자들의 봉급 수준에 가장 근접해 있는 여성은 아기가 없는 젊은 근로자다. 그러나 일단 첫번째 아기를 낳으면 빠른 길과 느린 길 중 하나를 선택해야 한다. 대개는 느린 길을 선택한다. 그후에는 남자에 비해 입지가 약화되기 시작한다. 물론 앨리스 헥터와 같은 막강 여성의 길을 가지 않겠다고 다짐해야 한다.

아기가 줄어들고 출산이 늦어지는 것은 신경제의 맥락에서 이해가 가능하지만, 왜 결혼까지 우리 주변에서 사라지고 있는 것일까? 약 1세기 전 결혼에 대한 통계가 나오기 시작한 이래 지금처럼 결혼 가능성이 낮았던 때는 없었다. 구체적인 수치를 보자. 결혼율이 급격히 떨어지기 시작한 것은 1970년대다. 당시에는 성인의 68퍼센트가 기혼자였고, 15퍼센트가 결혼을 한 번도 하지 않은 사람들이었다(나머지는 이혼, 별거, 사별 등이다). 1990년대 말을 보면 전체 성인 중 기혼자는 56퍼센트밖에 되지 않으며, 23퍼센트가 결혼을 한 번도 하지 않은 사람들이다.[17]

대량 생산 경제가 1970년대에 축소되기 시작하면서 대부분 생산직 근로자의 임금이 상대적으로 정체를 보이거나 떨어졌으며, 그 이후로 감소폭이 더 커졌다는 사실을 기억해야 한다. 수입이 떨어지지 않은 경우에도 앞으로의 상황이 더 불투명해진 것이 사실이다. 그 결과 여자가 남자에 대해 갖는 생각이 과거와 달라질 수밖에 없다. 결혼에서 사랑을 완전히 배제하자는 의미는 아니다. 그러나 대부분의 여자들이 결혼 결정을 내릴 때 완전히 비이성적으로 사랑만 생각하지는 않는다. 결혼을 하게 되면 누가 어떤 면에서 가계에 도움을 줄지 고려하는 것이 보통이다. 25년 전에는 과거 대량 생산 경제에서 안정된 일자리를 가지고 있는 남자라면 큰 도움을 줄 수 있었다. 또 대부분 여성들이 독자적인 수입원이 부족했다. 이런 상황에서는 남자로 인한 안정적인 결혼 생활은 여자에게 커다란 의미를 지니고 있었다. 그 이후로 남자가 지니는 그러한 의미는 마치 하락세에 있는 기업의 주가가 떨어지듯이 계속 줄어들었다.

이번에는 여자의 독자적인 수입원에 대해 보자. 비록 남자에 비해 훨씬 낮은 수준에서 출발해 아직도 뒤처져 있는 것이 사실이지만, 여자의 주가는 전반적으로 상승세를 타고 있다. 또 설사 남자가 현재 큰 문제가 없다고 해도 미래 예측이 힘든 경제 시스템 속에서 앞으로 어떻게 될지 알 수 없다는 것도 고려해봐야 한다. 만약 일자리를 잃고 다른 일자리를 구하지 못한다거나 일자리를 구했다 해도 보수가 매우 낮다면, 과연 여자에게 그 화풀이를 하지 않는다고 누가 보장할 수 있을까?[18]

따라서 여자들도 나름대로의 예방책을 마련하는 것이 합리적이다. '계속 있으려면 돈을 내라'와 같은 방식의 규칙을 가지고 자신의 생각을 보여줄 수도 있을 것이다. 그 규칙은 가계 지출에 공헌을 하는 한 있어도 되지만, 더 이상 공헌하지 않게 되거나 혹은 그 정도가 급강하하게 되면 여기서 나가야 한다는 것이다. 대부분의 미혼 여성들이 이렇게 돈만 중요시하는 방식으로 결혼을 생각하라고 제안하는 것은 아니다. 여기서 말하려는 것은, 신경제에서는 이런 계산이 100퍼센트 합리적이라는 사실이다. 그리고 의식적으로 혹은 무의식적으로 이런 계산을 하는 여성들이 늘어나고 있다.[19]

도덕주의자들은 이혼 사유가 더 엄격해야 한다고 주장한다. 일부 주에서는 결혼 생활이 흔들리기 시작하면 일단 전문가의 상담을 먼저 받을 것을 요구하고 있다. 또 결혼 전에 준비 과정을 더 철저히 할 것을 요구하는 주도 있다. 플로리다 주에서는 결혼 예정 커플이 '결혼 교육' 과정을 이수하면 결혼 허가증 비용을 할인해주기도 한다. 더 많은 것을 생각하고 난 후에 자신들의 완벽한 결합을 위해 최선을 다하라고 말하는 것, 그리고 서로를 떠나기 전에 더 많은 것을 생각하라고 하는 것에는 전혀 잘못이 없다. 그러나 그런 노력은 문제의 핵심에서 빗나가는 것이다. 결혼이 줄어드는 가장 큰 이유는 도덕성이 떨어져서도 아니고 서로가 신중하지 못해서도 아니다. 가장 큰 이유는 경제의 변화로 인해 결혼 생활에 대한 기여도에도 커다란 변화가 왔기 때문이다. 결혼하면 상당한 경제적 안정이 있을 것이라고 생각하게 해주는 남자가 그리 많지 않다. 여자들은 더 이상 경제적인 안정을 위해 결혼하지는 않는다. 아니, 결혼을 하게 되면 자신의 개인적인 경제적 안정 상태가 위험해질 수도 있다. 이혼율의 증가 속도가 하락세를 보이고 있는데, 이는 결혼을 하는 여성이 줄어들고 있기 때문이다.

도덕적 위기일까?

도덕주의자들을 특히 화나게 하는 것이 있다면 미혼 여성의 출산 증가율이다. 20세기 중반에는 전체 출산의 5.3퍼센트만이 미혼 여성과 관계 있었다. 그러나 1990년대에는 미혼 여성의 출산이 전체 출산의 32퍼센트가 넘고 있다. 다른 나라에서도 비슷한 경향을 볼 수 있다. 영국에서는 한 세대만에 그 비율이 네 배 증가해 미국과 거의 같은 상태다.[20]

사생아 문제라는 심각한 위기가 있는 것은 사실이지만, 흔히 말하는 것과 같은 심각한 위기 상황은 아니다. 결혼하는 여성의 수가 줄고 있다는 것을 기억하자. 그리고 결혼을 한다고 해도 아기를 훨씬 덜 낳고 있다는 것도 기억하자. 따라서 아기가 태어난다면 엄마는 미혼일 가능성이 점점 더 높아지고 있다. 물론 그 아이에게는 나쁜 일이지만(이 이야기는 나중에 더 자세히), 그렇다고 사회적인 경향이 급격히 사생아 출산 쪽으로 기울고 있다고 볼 수는 없다. 결혼한 여자가 아기 세 명을 낳고 미혼인 여자가 한 명을 낳았다고 해보자. 네 아기 중 한 명이 사생아다. 그렇다면 결혼한 여자가 아기 두 명을 낳고 미혼인 여자가 한 명을 낳을 때와 비교해보자. 이때는 세 명의 아기 중 한 명이 사생아다. 그렇다고 사생아 비율이 증가한 것인가? 단지 출산 아기의 총수와 비교했을 때 증가했다고 볼 수 있다. 그러나 두 번째 상황에서 미혼 여자가 한 행동은 첫번째 상황과 하나도 다를 바가 없다. 다시 말해, 흔히 말하는 '사생아의 위기'의 일부분은 결혼 감소와 기혼 부부의 출산 감소라는 더 큰 사회적 경향의 부산물이다. 아기를 덜 낳고 또 아예 낳지 않는 여성이 늘어나면서 미혼 여성의 출산율에도 정체 현상이 시작되고 있다.[21]

잘못 알고 있는 절반의 진실이 하나 더 있다. 흑인 아기의 거의 70퍼센트가 미혼 흑인 여성에게서 태어난다. 그러나 흑인 여성들의 출산 자체가 줄어들고 있다는 사실은 잘 알려지지 않고 있다. 출산율이 가장 급격히 떨어진 것은 기혼 흑인 여성이다. 이로 인해 흑인 사생아 비율은 자동적으로 높아질 수밖에 없다. 왜냐하면 흑인 아기가 태어나면, 그 어머니는 기혼이 아닌 미혼일 가능성이 더 높기 때문이다.[22] 그러나 미혼 흑인 여성들도 아기를 덜 낳고 있다. 이들의 출산율은 1989년 이래로 꾸준히 감소세를 보이고 있으며, 1990년대 말에는 지난 40년 동안의 최저 수준을 기록하기도 했다. 간단히 말해, 흔히 주장하는 흑인 여성들 사이의 '비도덕적인' 사생아 증가의 물결은 없다는 뜻이다.[23]

그렇다면 왜 흑인 여성들의 전반적인 출산율이 줄고 있는지 살펴보는 것도 흥미로울 것이다. 그에 대한 답은 백인 여성의 답과 비슷하지만 그 정도는 더 심하다고 할 수 있다. 1970년대부터 흑인 남성의 수입이 급격히 떨어졌다. 그 결과 그 공백을 메우기 위해 흑인 여성들은 과거보다 더 오랫동안 더 열심히 일할 수밖에 없었다. 또 이와 동시에 흑인 여성에게는 더 많은 또 더 좋은 일자리의 기회가 주어졌다. 그 결과 아기를 낳고 직장에 가지 않는 비용이 더 커지게 되었다. 이는 백인 여성의 경우와 마찬가지다. 실제 흑인 여성의 출산율

감소는 백인 여성의 경우보다 그 정도가 더 컸다. 이는 흑인 여성이 백인 여성보다는 훨씬 뒤진 상태에서 출발했지만, 수입 증가 속도는 백인 여성보다 더 빠르다는 것과 깊은 관계가 있다. 현재 고졸 흑인 여성의 수입은 고졸 백인 여성과 거의 같다(백인 여성이 1,000달러를 벌 때 흑인 여성은 926달러를 번다). 그러나 이와는 반대로, 고졸 흑인 남성은 아직도 고졸 백인 남성에 비해 한참 뒤처져 있는 상태다(백인 남성이 1,000달러를 벌 때 흑인 남성은 732달러를 번다). 대졸 흑인 여성은 대졸 백인 여성의 수입과 비슷하다. 그리고 고등학교와 대학교를 졸업하는 흑인 여성의 비율은 계속 증가하고 있다.[24] 따라서 흑인 여성은 10대에 아기를 낳아 그 순간 삶이 수렁으로 빠지게 되면 30년 전보다 훨씬 더 높은 '기회 비용'의 부담을 안아야 한다.

지금까지의 내용을 혼자 아기를 키워가며 극심한 빈곤 상태 속에서 살고 있는 여성들의 슬픈 현실을 최소화하기 위한 쪽으로 받아들여서는 안 될 것이다. 이 글을 쓰고 있는 지금 전체 미혼모의 40퍼센트가 수입이 충분하지 못해서 매우 열악한 상황에 놓여 있다. 그러나 이런 미혼모의 문제는 그들이 혼자 살고 있는 것이 아니라는 점이다. 실제 이들 중 많은 사람들이 남자와 함께 살고 있다. 결혼해서 상황이 더 좋아질 수 있는 사람이 있고, 또 그렇지 않은 경우도 있을 것이다. 앞으로 남편이 될지도 모를 이런 남자들의 많은 수가 돈을 거의 벌지 못하고 있다. 일부는 학대 행위도 일삼고 있다. 이런 남자들은 산업 시대 이후의 변화로 가장 심한 타격을 입은 사람들이다. 따라서 이들과 결혼하거나 혹은 계속 결혼 생활을 유지하기보다는 잠시라도 가계에 더 보탬이 될 수 있는 일시적인 파트너를 구하는 것이 더 현명한 판단일 때가 가끔 있다.

자신이 키우지도 못할 아기를 낳아 가난하게 살고 있는 여성의 비율이 증가하는 것이 문제가 아니다. 이미 강조한 바와 같이 모든 여성들이 아기를 덜 낳는 쪽으로 가고 있으며, 이는 가난한 여성의 경우도 마찬가지기 때문이다. 진짜 문제는 자신이 키울 여력이 없는데도 아기를 낳는 여성이 있다는 사실이다. 이런 여성 중 일부는 신중하지 않거나 아무 책임감 없이 행동했을 수 있다. 또 결혼을 생각했지만 갑자기 안 좋은 일이 생겼다거나 자신이 믿었던 남자가 배반했거나 아니면 더 뿌연 안개 속에 빠진 경제가 내리친 일격을 맞았을 수도 있다.

소득 사다리 하단에 있는 일을 해서는 미혼모가 아기를 키워나가기에 충분한 돈을 벌 수 없는 것이 엄연한 현실이다. 여자와 마찬가지로 소득 사다리 하단에 있는 남자와 함께 살면서 생활비를 분담한다고 해도 사정은 달라지지 않는다. 1996년의 사회복지 개혁법 덕분에 가난하고 직장이 없는 엄마들이 정부 지원에 대한 '의존도'가 줄어들었을지는 모르지만, 가난으로부터 이들을 구해주지는 못했다. 복지개혁 이후 아기가 있는 혼자 사는 여자의 취업율이 증가했고, 이들 중 다수가 현재 일을 해서 돈을 벌고 있다. 그러나 한 세대만의 최고의 호황이라는 지금도 빈곤한 상태에 있는 사람들의 비율은 거의 변함이 없는 것이 엄연한 사실이다. 복지 혜택을 받던 빈민의 대부분은 현재 일하고 있는 빈민이 되어 있다. 이 책을 읽고 있을 때쯤 경기 호황 기류에 이상이 생기기 시작하면 이들의 문제는 과거보다 훨씬 더 크게 부각될 것이다.

정리하자면, 진짜 문제는 미국 가정 내의 '도덕적 위기'라기보다는 신경제 상황에서 일을 해서 버는 것과 아이들이 필요로 하는 것(경제적 지원, 보살핌, 엄마의 관심 등) 사이의 불균형이 점점 더 심화되고 있다는 사실이다. 남자들의 수입은 과거 예상 수입은 물론이고 현재의 합당한 생활 수준에 필요한 수입 수준에도 못 미치는 경우가 흔하다. 대부분의 일은 과거보다 더 많은 시간과 에너지를 바칠 것을 요구하고 있다. 상황은 이렇게 변하고 있지만, 아이들이 필요로 하는 것은 예나 지금이나 같을 수밖에 없다. 이런 기본적인 불균형 때문에 많은 여성들이 아기를 덜 낳거나 뒤로 미루거나 혹은 아기를 낳지 않고 있다. 여자들(혹은 남자들)이 아기를 덜 좋아해서도 아니고, 키우는 데에서 오는 보람이 줄어든 것도 아니다. 아기를 낳으면 새롭게 떠오르는 경제 시스템이 요구하는 것에 쉽게 적응할 수 없기 때문이다. 경제 상황이 지금과 다른 상태라면 아기들은 더 환영받을 것이다.

그래도 대부분의 여성들은 여전히 아기를 낳고 있다. 그리고 이런 어머니들의 대부분이 현재 일을 하고 있다. 해야 하기 때문인 경우도 있고, 일하지 않는 데에서 오는 비용이 너무 높기 때문이기도 하다. 아이들이 아직 어린 경우도 있다. 20세기 중반에는 6세 이하의 아이를 가진 여자 중에 단지 15퍼센트만이 직장 생활을 했다. 경제 변화가 시작된 1970년대가 되면서 39퍼센트로 늘어났으며, 20세기 말이 되면서 65퍼센트로 늘어났다. 이 비율은 계속 오를 것으로 예상된다.

이런 사회적 조류를 알면, 일하지 않고 복지 혜택을 받고 있는 가난한 엄마들에 대해 왜 사람들이 더 이상 공감하지 않는지 그 이유를 알 수 있다. 20세기 중반만 해도 어린아이가 있는 엄마는 집에 있는 것이 일반적인 사회 규범이었다. 일하는 남편을 둔 여자는 남편의 봉급에 의지했다. 남편이 없는 경우에는 복지 혜택에 의지했다. 그러나 20세기 말이 되면서 이제는 어린아이가 있는 엄마가 집 밖에 나가 일하는 것이 사회 규범이 되었다. 집에 있는 부모로서의 여자에서 근로자로서의 여자로 사회 규범이 바뀌면서 사람들은 의문을 제기하기 시작했다. 가난한 엄마라도 누구는 복지 혜택을 받을 정도로 가난하지 않아서 직장에 나가고 있는데, 왜 누구는 정부 보조금을 받으면서 집에서 아이와 함께 있느냐는 의문이었다. 그 누구도 명쾌하게 답을 할 수 없었다. 그래서 어린아이와 함께 집에 있는 모든 어머니들에게 보조금을 지급하는 대신(일부 유럽 국가들은 그렇게 하고 있다), 미국은 간단하게 그 지원 자체를 없애버리는 쪽을 택했다.

가사는 외부업체에게

1776년 애덤 스미스는 스코틀랜드 고지대에 흩어져 살고 있는 자급자족 농가의 비효율성에 대해 강조한 바 있다. 여러 일을 해야 하는 이 빈농들의 사례를 이용해 도시에서 볼 수 있는 분업의 장점을 설명했다. 이제 우리는 스미스의 이러한 기본 개념이 전례가 없을 정도로 가정 생활에까지 확대 적용되고 있는 시대에 살고 있다. 과거에는 가정에서 이루어지던 모든 일이 현재는 외부의 전문가들에게 계약에 의해 맡겨지고 있다. 식사 준비, 청소, 양육, 양로, 심지어 개 산책까지 이에 해당된다. 신경제가 더 활성화되면서 이러한 가사의 외부 계약은 더 확대될 전망이다.

어떤 특정 가사를 외부에 맡길지의 여부를 결정하는 과정은 한 기업이 특정 기능의 아웃소싱 여부를 판단하는 과정과 같다. 일단 식구가 직접 할 때만큼 외부업체가 그 일을 잘할 수 있는지 여부를 판단하고, 식구가 그 시간을 다른 목적으로 사용한다는 점을 고려한 후에 비용을 비교해 더 낮은지 여부도 판단한다. 여기서 다른 목적이란 대체로 돈을 버는 일이기 때문에 계산은 간단하다. 일을 해서 세금을 내고 난 후 주어진 시간당 얼마를 벌 수 있는지를 계산하고, 여기에 그 일을 함으로써 얻게 되는 정신적인 만족감을 더한다. 그리고 지금 그 일을 하지 않을 경우 내일은 그 일이 없을지도 모른다는 점과(햇볕이 들 때 건초를 만들어라) 항상 열심히 일하는 당신의 명성에 해가 될 수도 있다는 것을 고려해야 한다. 이 모든 것을 외부업자 및 업체에게 들어가는 비용 및 작업의 품질과 비교한다. 물론 당신이 직접 집안일을 할 때 만족감을 얻는다면 이 역시도 고려 대상에 넣어야 한다. 전자의 합이 후자보다 많다면 외부에 맡기는 것이다.

각 가정은 이런 계산을 항상 하고 있다. 물론 기업만큼 체계적이지는 않더라도 상대적인 비용이나 이익에 관한 느낌을 가지고 사는 것은 확실하다. 남자와 여자 모두 돈을 벌기 위해 더 열심히 일하고 있으므로, 과거보다는 더 많은 일을 외부에 맡기고 있다. 1996년이 되면서 외식비 중 식당에서 직접 먹는 경우보다 먹지 않고 가져가서 먹는 음식에 더 많은 돈을 지출했으며, 1997년에는 이 두 가지 외식 비용 합계가 식료품비 지출을 능가했다.[25] 그리고 슈퍼마켓에는 닭고기, 수프, 연어, 야채, 캐서롤 등의 즉석 조리식품 수가 늘어나고 있다. 또 원한다면 전화나 팩스, 인터넷을 이용해서(homeruns.com이나 ko2mo.com) 식사나 식료품을 주문할 수도 있다.

애틀랜타에 본사를 두고 청소 대행업을 하고 있는 메이드 브리게이드 사는 지난 10년 동안 매년 20퍼센트의 사업 확장을 거듭해왔다. 고객의 80퍼센트가 직장 여성이라고 한다. 소액의 회비를 내면 스트림라인(www.streamline.com) 사에서는 차고에 커다란 박스를 설치해준다. 냉장 시설과 보안 시스템이 완비되어 있는 이 박스는 집에 사람이 없을 때 반납하거나 혹은 집으로 배달되어 올지 모를 거의 모든 물건(세탁물, 비디오 테이프, 사진 현상, 식료품, 약 등)을 위한 박스다. 스트림라인의 마케팅 팀장은 "기업과 마찬가지로 각 가정도 거래를 하는 업체의 수를 합리적으로 조정해나가고 있다"고 말한다.[26] 스트림라인에서는 아이들을 피아노 수업에 데려가고 오는 서비스는 아직 하지 않고 있지만(박스가 아이들이 들어가기에는 약간 답답하다), 다른 업체에서는 이미 하고 있다. 아이들을 한 장소에서 다른 장소로 이동시켜주는 봉고차 서비스(private van service)를 이용하는 가정도 있다. 맨해튼에 있는 한 부유층 아파트에서는 바쁜 부모를 대신해 아이를 데리고 나가 밀크셰이크를 사주고, 병원 진료도 예약하고, 인기 밴드의 콘서트 표를 사다줄 수 있는 인력을 항상 대기시켜놓고 있다.[27]

내가 어렸을 때 생일을 맞이하면, 어머니께서는 밀가루, 설탕 그리고 다른 기본 재료를 사용해서 케이크를 구워주셨다. 내 여동생이 한 살이 됐을 때에는 케이크 반죽을 구입해서 만드는 정도로 나 때와는 조금 달라졌다. 그리고는 커다란 변화가 왔다. 내 아이들이 어려서 생일을 맞이하자, 아내와 나는 케이크의 글씨만 별도로 부탁하고 이미 만들어져 있는 케이크를 주문했다. 이제는 부모들이 아이들 생일을 전문으로 하는 식당에 생일 파티 전체를 맡겨도 전혀 이상할 것이 없다. 이런 식당들은 케이크는 물론 풍선과 게임, 경품 등을 모두 준비하고, 가장 중요한 아이들 통제와 청소까지 다 해준다. 돈을 더 내면 광대 분장을 한 아저씨도 등장하고, 비디오 촬영까지 가능하다. 그 동안 아빠 엄마는 다른 볼일을 볼 수도 있다.

길드 시대 때 상류층 가정은 하녀와 마부, 요리사, 정원사, 보모 등을 채용했다. 돈이 많았기 때문에 이런 일은 돈을 주고 시키고 그 시간에 놀러다닐 수 있었다. 오늘날의 상류층 가정 역시 가사 전담 스태프를 갖추고 있다(뱅크 원의 연구 수석인 다이앤 스윙크는 "직장보다 집에 거느리고 있는 직원이 더 많다"고 말하고 있다. 다이앤은 가정부, 유모, 요리사, 정원사를 고용하고 있다. "기본적으로 내 자신도 조그만 회사다"라고 말하고 있다).[28] 그러나 두 시대의 상류층에는 차이가 있다. 오늘날 상류층 가정은 남는 시간을 놀면서 보내지 않는다는 점이다. 돈을 벌고 있다. 다시 말해, 돈 버는 일에 사용하기 위한 시간을 구매하고 있는 셈이다. 물론 일을 해서 돌아오는 것이 외부인에게 맡기는 데 드는 비용보다 더 높다는 계산을 하고 있다.

외부업체에 맡기는 가장 큰 일은 역시 양육이다. 부모가 직장에 가 있는 동안 누군가는 보살펴주어야 할 다섯 살 이하 아이들의 수는 1000만 명이 넘는다. 이 아이들 중 44퍼센트는 형과 언니와 같은 가족이나 친척이 돌보고 있으며, 30퍼센트는 놀이방 같은 시설에, 15퍼센트는 일반 가정에 맡겨지고, 나머지는 유모나 이웃이 찾아와 돌봐주고 있다.[29] 이런 복잡한 체제 속에서 개인적인 관심을 쏟기는 쉽지 않다. 그러나 앞으로 더 자세히 살펴보겠지만, 이 시장은 효과적으로 운영되고 있다. 개인적인 관심의 양과 질은 서비스 가격과 직접적인 관계가 있다는 정도만 말해두겠다.

양육 문제에 있어서도 경제가 바뀜에 따라 사람들의 태도 역시 바뀌었다. 아이가 있는 여성들이 직업 전선에 나오기 전인 1970년대에는 엄마가 일을 하게 되면 '아이들과 따뜻하고 안정적인 관계'를 가질 수 없다고 일반적으로 생각했다. 그러나 1990년대 후반이 되면서 2/3 이상이 그런 관계가 가능하다고 답했다.[30]

전통적으로 집에서 여자들이 해온 일 중 하나인 부모를 모시는 일도 양로원이나 장기 보호 시설, 호스피스, 간호사 등과 같은 외부인에게 맡기는 경우가 점점 더 늘어나고 있다. 그리고 일부 가정에서는 자신들이 시간과 에너지가 더 있을 경우 서로의 배우자에게 보여줄 수 있는 개인적인 관심과 보살핌까지도 외부에 맡기고 있다. 마사지 치료사, 코치, 카운슬러, 정신적 가이드, 개인 트레이너, 정신과 의사 등에 의존하고 있다.

지금까지 열거한 보살핌, 수리, 배달, 요리, 청소, 정원 손질, 생일 파티 등이 집 안에서 이루어졌을 때에는 거래가 없었기 때문에 공식적인 '국민소득' 집계에 포함되지 않았다. 여성이 하는 일이 국가 계정에 나타나는 일은 없었다. 그러나 이제 이런 일들을 외부에 맡기는 경우가 늘어나고 있기 때문에 해당 분야가 성장 산업으로 떠오르고 있으며, 국민 생산은 그만큼 더 증가하고 있다. 또 승수 효과(multiplier effect)도 있다. 이렇게 외부업체에 맡기는 일을 해서 돈을 버는 사람들 중 많은 사람들이(대부분이 여성), 자신이 번 돈을 가지고 자기 자신의 가정 내에서 시간이나 에너지가 없어서 하지 못하는 일을 또 다른 사람에게 맡기고 돈을 지불하고 있기 때문이다.

우리 어머니께서 내 생일 케이크를 직접 구우셨을 때에는 그 노동 행위가 단지 간접적으로만 경제 통계 수치에 기여했다. 농업 생산에 조금 도움이 되었거나 어머니가 사신 케이크 재료의 소매 판매 형태로 말이다. 여동생 케이크를 만들기 위해 케이크 반죽를 사셨을 때는 국민 생산의 '가공 식품' 분야가 조금 성장했을 것이다. 내 아들을 위한 케이크 주문은 케이크 주문 판매라는 서비스 분야에 일조했다. 생일 파티 계약은 그 규모가 성장세를 보이고 있는 서비스 분야(파티 기획자, 웨이터, 광대, 비디오 기사 등의 개인적 서비스)에 훨씬 더 많은 것을 더해주고 있다. 각 단계마다 케이크가 특별히 더 맛있어진 것은 아니지만 경제 성장에는 더 큰 기여를 하고 있다.

우리에게 남은 것

'가정'의 법률적 정의에는 과거에는 당연히 여겼던 네 가지 간단한 기준이 들어 있다. 가족의 구성원들은 평생 서로에게 헌신적인 모습을 보였다. 가족들은 한 지붕 아래에서 많은 시간을 함께 보냈다. 가족은 자손을 낳고 이들이 어른으로 성장하는 데에 도움을 주었다. 그리고 서로를 경제적으로 그리고 개인적인 관심과 보살핌으로 뒷받침해주었다.

대부분의 가족들은 이 네 가지를 아직도 잘 지키고 있다. 그러나 그 정도 면에서는 과거만 못하다. 그리고 사회적인 추세는 반대 방향으로 흐르고 있다. 가장 큰 이유는, 지금까지 살펴본 일의 구성 방식이나 보상 방법에서의 변화 때문이다. 사람간의 만남은 점점 더 일시적인 모습을 띠고 있으며, 같이 보내는 시간은 줄어들고, 부부는 아이를 덜 낳고 있으며, 배우자간의 경제적인 뒷받침은 사라져가고 있으며, 관심과 보살핌은 외부업체에게 맡겨지고 있다. 이런 추세가 미래까지 계속된다면 '가족'의 의미는 과거와는 완전히 다른 모습을 보일 것이다.

그렇다고 반드시 문제라는 말을 하려는 것은 아니다. 사람들은 이러한 새로운 방식의 '가족' 생활을 원하고 있다. 최소한 사람들이 스스로 선택한 것이라는 겉모습만 보면 원하고 있다고 말할 수 있다. 그리고 이미 소개한 바대로 이상적인 가족상도 자신들이 내린 선택에 일치하는 방향으로 바뀌었다. 물론 이런 변화 과정에서 아무 부담감이나 문제가 없었던 것은 아니다. 아이나 노인을 위해 믿을 수 있고 경제적 부담 없는 서비스를 찾는다는 것도 매우 힘든 일이며, 일과 가족 사이에서 지금보다 더 나은 '균형' 상태를 찾고 싶다고 말하는 사람들도 많은 것이 사실이다. 그러나 전체적으로 보면, 사람들은 가족의 규모를 줄이고 가족의 일을 외부에 맡기면서 신경제에 적응해나가고 있다.

경제 기술적인 요소로는 모든 것을 설명할 수 없다. 그리고 지금까지 가정에 일어난 상황을 말하면서 100퍼센트 경제 기술적 요소 덕분이라고 찬사를 보낸다거나, 혹은 100퍼센트 경제 기술적 요소 탓이라고 비난을 해서도 안 될 것이다. 이외에 어떤 문화적인 변화 또한 작용하고 있는 것도 사실이다. 그러나 가족 구조나 가족에 대한 태도의 변화가 1970년대에 시작해 현재 그 속도가 더 빨라지고 있는 경제 시스템의 변화와 직접적으로 그 맥을 같이 해왔다는 점은 놀라울 따름이다. 과거 대량 생산 경제 시스템은 대부분의 남성에게는 지금보다 더 안정적인 직장과 봉급을, 여성에게는 지금보다 적은 일자리 기회를 제공했다. 지속적인 혁신이라는 현재 경제 시스템의 특징은 매년, 심지어 매달 수입이 어떻게 될지 예측이 과거보다 힘들다는 것, 그리고 과거보다 상하위 계층의 수입 격차가 더 넓다는 것, 또 시간적·정신적으로 전보다 더 열심히 일하게 만든다는 것이다.

신경제가 소비자와 투자자로서의 우리에게 커다란 혜택을 주고 있는 것만은 분명하다. 더 많은 선택의 기회가 주어지고 더 좋은 조건으로 더 쉽게 이동이 가능하니 말이다. 또 재능만 있다면 남자와 여자 모두에게 더 많은 돈을 벌 수 있는 기회도 제공한다. 그리고 거의 모든 여성에게 전적으로 남편에게 생계를 의존하기보다는 자신의 일자리를 가질 수 있는 선택권을 주고 있다.

이러한 상황을 고려하면, 사람들이 가족에 대해 내리는 결정은 100퍼센트 합리적인 것이다. 그러나 이보다 더 근본적인 선택은 아직까지 우리 앞에 제시되지 않았으며, 더 기본적인 질문은 던져지지 않았다─신경제가 제시하는 새로운 현실이 우리의 가정에 어떤 결과를 낳게 될지 완전히 이해한 상태에서도 우리는 과연 그 모든 현실을 선택할 것인가? 다시 말해 신경제는 우리가 부담하는 비용만큼의 가치가 있는 것일까?

9 돈 주고 사야 하는 관심

모든 것의 중심, 바로 당신의 삶에 관계된 것입니다. J. P. Morgan의 개인 금융으로 알려진 독특한 세계에서는 단지 당신의 자산을 키우고 관리하지 않습니다. 실제 삶을 어떻게 경영해나갈지에 대한 모든 안내가 여기 있습니다.

— 광고, 2000년 3월

새로운 일의 구성 및 보상 방식으로 인해 '개인적인 관심' 분야의 가치가 올라가고 있다. 개인적인 관심 분야는 국민총생산에서 차지하는 비중이 계속 증가하고 있으며, 사람들의 수입과 지출에서 차지하는 비중도 계속 늘어나고 있다. 현재 가장 빠른 성장세를 보이고 있는 직종 중에 '관심 서비스업'이 있다. 아이들, 노인, 장애인, 우울증이나 걱정이 많은 사람들은 물론 자기 자신에게 누군가 더 관심을 가져주길 바라고 또 그에 대한 대가를 기꺼이 치르는 건강한 사람들 모두를 대상으로 보살펴주고 관심을 갖고 감독해주는 서비스

직종이다.

이런 관심 산업의 성장에는 두 가지 구체적인 이유가 있다. 첫번째는 사람들이 과거보다 더 열심히 일하기 때문에 과거에는 집안일로 여겨졌던 것을 외부에 의뢰하는 경우가 늘어나고 있고, 이런 일 중 많은 부분이 관심을 가져주는 것과 관련 있다는 것이다. 두 번째는 기계의 발달을 들 수 있다. 공장에는 컴퓨터로 제어되는 각종 기기와 로봇이 있고, 서비스 분야를 보면 자동 현금 입출금기, ARS(자동 응답 시스템), 그리고 거의 모든 세상 일을 처리하게 될 여러 디지털 기기 등이 있다. 그런데 이런 기계가 못 하는 단 한 가지가 있다면, 바로 개인적인 관심을 보여주는 것이다(아마 로봇이 사람의 보살핌을 받고 있다는 느낌까지도 줄 수 있을 때가 언젠가 올지도 모르겠지만, 내 생각에는 그렇게는 되지 않을 것 같다). 따라서 자신의 일이 기계로 대체된 많은 사람들이 개인적인 관심 판매 서비스에 나서고 있으며, 그 수는 앞으로 계속 늘어날 것으로 보인다.

사람의 손길이 중요한 이유

기계보다 개인적인 관심을 항상 더 좋아하는 것은 아니다. 일상적인 예금 및 출금 업무의 경우, 나는 사람보다는 기계가 처리해주는 것을 더 좋아한다. ATM(자동 현금 입출금기)은 항상 그 자리에 있다는 장점 외에도 예의를 갖추거나 또 굳이 말을 할 필요도 없다. 그런 쪽으로 가뜩이나 피곤함을 느끼는데, 다른 중요한 경우를 대비해 에너지를 비축하고 싶은 심정이다. 그리고 주유할 때에도 사람의 서비스보다는 셀프 서비스를 더 좋아한다. 더 싸고 더 빠르기 때문이다.

그러나 사람이 가져주는 관심이 나를 더 즐겁게 해주고, 그런 관심이 없으면 기분이 우울해지는 것 역시 사실이다. 개인적으로는 웨이터가 여러 가지 말을 해주는 식당을 더 좋아하고, 판매사원이라고는 찾아볼 수 없는 백화점은 매우 싫어한다. 그러나 관심을 바라는 사람의 욕망은 이 정도 차원에서의 문제가 아니다. 실제로 과학자들은 사람이 건강하기 위해서는 어느 정도 개인적인 관심을 필요로 한다는 가설을 제시하고 있다. 1940년대 프랑스의 심리학자 르네 스피츠는 두 그룹의 유아를 비교하는 실험을 했다. 한 그룹은 생후 몇 달 동안 고아원에서 자란 아기들로, 먹고 입는 것은 그곳 간호사들이 잘 챙겨주었지만 개인적인 관심을 줄 여유는 없는 상황이었다. 또 한 그룹은 비행 여성들을 위한 보호소의 아기들로, 이 아기들에게는 엄마가 1 대 1로 관심을 가져주었다. 실험 결과 두 번째 그룹 아기들만이 정상적인 발육 상태를 보였다고 한다.[1] 최근 하버드 대학의 메리 칼슨 교수는 루마니아의 한 고아원 유아들을 대상으로 실시한 실험을 통해 스피츠의 연구 결과를 뒷받침했다. 이곳의 아이들 역시 먹을 것과 질병 치료에는 문제가 없었으나 개인적인 관심은 거의 받지 못한 경우였다. 신경과학자인 칼슨은 아기들의 뇌가 받은 영향에 가장 큰 관심을 가지고 있었다. 칼슨은 이 아이들이 정신적·신체적으로 발육이 지체되는 것을 알아냈다. 이 중 많은 아이들은 다른 원숭이와 물리적으로 격리된 생활을 한 아기 원숭이에게서 보여지는 것과 비슷한 반복적인 신체 움직임을 보여주었다고 한다.[2]

사람의 손길은 관심에 있어 중요한 요소로 보인다. 미숙아 두 그룹을 비교한 연구가 있었는데, 한 그룹은 인큐베이터에 넣고 성숙아로 자라기 위해 필요한 모든 환경을 제공했다. 두 번째 그룹에는 한 가지를 더했다. 하루에 세 번씩 열흘 동안 인큐베이터 구멍 안으로 간호사가 손을 넣어 아기의 몸을 마사지해주었다. 두 번째 그룹 아이들은 마사지를 받지 못한 아기들보다 몸무게가 47퍼센트 더 많았고, 6일 먼저 인큐베이터에서 나올 수 있었다. 몇 년이 지난 후에도 두 번째 그룹의 아이들이 몸무게가 더 나갔으며, 심리 및 운동 기능 테스트 점수도 더 좋았다.[3]

개인적인 관심은 성인의 건강 회복에도 도움이 되는 것 같다. 위험한 수술 경험이 있는 성인을 대상으로 한 연구에 의하면, 수술에 들어가기 직전이나 직후에 마취사로부터 다정한 이야기나 개인적인 질문과 같은 관심을 받았던 사람들은 마취사가 아무 말도 하지 않는 환자들보다 수술 후 진통제를 덜 요구했으며 더 빨리 퇴원했다고 한다.[4] 또 다른 연구에 의하면, 병원에 있는 기간 동안 가족이 병실에서 항상 돌보아주었던 환자들이 면회 시간 동안에만 가족을 볼 수 있었던 경우보다 회복이 더 빨랐다고 한다.[5] 또 다른 연구에 의하면, 유방암에 걸린 여성들끼리 서로 정신적인 교감을 나누는 모임에 참가한 사람은 그렇지 않은 사람보다 더 오래 살았다고 한다.[6]

유행병 학자들이 지금까지 실시된 연구 사업 중 가장 대규모적인 연구를 진행한 적이 있다. 캘리포니아 주 알라메다에 사는 4,000명의 노인을 대상으로 1965년부터 1974년까지 실시한 연구였다. 처음에는 건강 상태와 수입에 따라 대략 비슷한 사람들끼리 짝을 만들었다. 그리고 그후 9년 동안 모든 그룹에서 사망률을 조사했는데, 친구나 배우자, 혹은 친척과의 관계가 약했던 사람들은 돈독한 관계를 유지했던 사람들보다 사망률이 세 배나 더 높았다고 한다.[7] 1,000명 이상의 노인을 대상으로 한 다른 연구에 의하면, 노인이 신체적·정신적 상태가 좋아지고 있음을 보여주는 가장 중요한 두 가지 신호는 친구를 찾아가는 것과 모임에 나가는 빈도라고 한다. 다시 말해, 접촉을 더 많이 하고 관심을 더 받게 되면 건강도 더 좋아진다는 말이다.[8] 맥아더 재단이 지원한 다른 연구에서는 2년 반 동안 남자 노인들을 대상으로 하체의 힘과 신체 조절 능력 그리고 손재주의 변화를 측정했다. 그 결과 역시 신체적인 상태가 좋아짐을 보여주는 가장 좋은 신호는 다른 사람들의 정신적인 지원과 관심이라

고 한다.[9]

　카네기 멜론 대학 연구진은 최근 인터넷 사용의 심리적인 영향에 관한 연구 조사를 실시했다.[10] 피츠버그에 사는 169명을 무작위 추출하여 1~2년 동안 이들의 행동을 추적 조사했다.[11] 그 결과 인터넷을 많이 사용하면 할수록 우울증과 외로움이 더 깊어진다는 것이 밝혀졌다. 이 결과는 연구진뿐만 아니라 이 연구에 기금을 지원한 컴퓨터와 소프트웨어 기업들을 놀라게 했다. 기업들은 정반대의 결과를 기대했기 때문이다. 연구진들은 인터넷을 사용하면 이메일이나 채팅방을 통해 다른 사람들과 쉽게 접촉할 수 있기 때문에, 보통은 얼굴을 봐야 가능한 대인 관계를 더 풍부하게 해주고 따라서 심리적으로도 도움을 줄 것으로 생각했다. 참가자들은 연구 중에 실제로 이메일과 채팅방을 사용했지만, 많은 시간을 인터넷에서 보내면 보낼수록 가족이나 친구와의 직접적인 접촉 기회는 더 줄었다고 말했다. 이유는 가족이나 친구와 함께 하는 시간이 줄어들었다는 것이었다. 따라서 다른 사람과 상호 교류할 수 있는 시간은 전과 같거나 약간 더 길어졌는지는 몰라도, 관계의 질적인 측면에서는 더 떨어진 것이었다. 카네기 멜론 대학에 있는 인간과 컴퓨터 관계 연구소의 로버트 크라우드 사회심리학 교수는 "실험 결과 인터넷에서는 피상적인 관계를 쌓아가는 경우가 더 많으며, 이로 인해 다른 사람과 함께 한다는 느낌이 전반적으로 줄어든 것으로 볼 수 있다. 얼굴을 보지 못하고 거리도 멀리 떨어져 있는 사람과의 관계는 궁극적으로는 심리적인 안정과 행복감을 느끼는 데 필요한 역할을 하지 못한다"고 말했다.[12]

　심리적·정신적 건강에 사람간의 직접적인 접촉이 왜 그렇게 중요한지 그 이유는 정확히 알 수 없다. 그러나 뇌를 연구하는 신경과학자들은 몇 가지 추측을 하고 있다. 다른 사람이 긍정적인 관심을 가져주면 일반적으로 스트레스와 관련 있는 호르몬, 특히 에피네프린, 노르에피네프린, 코티솔과 같은 호르몬은 감소한다. 안고 흔들어주거나 마사지를 해준 아기의 소변을 보면, 그러지 않은 경우보다 이러한 스트레스 관련 호르몬의 함유량이 더 낮다.[13] 앞에서 언급한 노화에 관한 맥아더 연구에서도 사람과 더 많이 접촉하고 더 많은 관심을 받은 노인들의 소변에는 그러지 않은 노인들보다 에피네프린, 노르에피네프린, 코티솔의 함유량이 더 낮다고 한다.[14]

진화론의 관점에서 보면 사람간의 접촉이 스트레스를 줄인다는 것은 놀라운 것이 아니다. 인간도 처음에는 양식을 함께 나누어 먹고 서로를 보호해주는 집단에서 출발했을 것이다. 우리 뇌의 가장 원초적인 부분에서는 혼자 있거나 다른 사람과의 접촉이 없는 것은 위험한 상황이고, 많은 개인적인 관심을 받는 것이 안전의 제1요소라는 것을 기억할지 모른다.

21세기의 출발점에서 이러한 사람과의 접촉의 필요성은 새로운 문제로 대두되고 있다. 원하는 만큼 자유롭게 개인적인 관심을 받거나 주지도 못하고 있는 것이 일반적인 현상이기 때문이다. 새로운 일은 우리에게 너무도 많은 시간과 정신적 에너지 그리고 심리적인 관심을 요구하고 있다. 그래서 사람들은 어떻게 하고 있을까?

돈을 주고 개인적인 관심을 사는 사람들이 늘어나고 있다.

가격에 따라 다른 관심 서비스

근무시간에 칸막이로 둘러싸인 자리에 앉아 헤드폰을 쓰고 컴퓨터 모니터를 응시하며, 끊임없이 걸려오는 고객들의 문의 전화와 불평(가전 기기, 연금, 신용카드, 은행 계좌, 보험, 인터넷 구매, 가정 문제 등등)을 처리하고 있는 사람이 미국에서는 300만 명 이상, 그리고 유럽에서는 100만 명에 이르고 있다. 공장

일이 사라졌지만 아직도 일을 할 만한 사람들이 많이 남아 있는 신시내티, 영국의 리즈나 드레스덴 같은 곳에서는 이러한 콜 센터, 안내 데스크, AS 센터의 수가 빠른 속도로 늘어나고 있다.

그렇다면 왜 기업들이 전화 한 통에 5달러라는 비용을 들이면서 이런 일을 하는 사람을 계속 고용하고 있을까? 자동 응답 시스템을 이용하면 비용은 한 통당 5센트에 불과하다(물론 고객이 여러 번 버튼을 누르고 선택을 해야 답을 얻을 수 있지만…). 그리고 고객이 키보드로 질문을 올리기만 하면 되는 인터넷 서비스를 활용하면 2~3센트 정도밖에 들지 않는다. 그 이유는 다정한 사람의 목소리가 고객의 신의를 쌓을 수 있기 때문이다. AT&T의 소비자 상품 관리 이사 하워드 맥널리는 AT&T가 신설한 '0-0' 전화에 관해서 "새로 개설한 전화번호 안내 서비스는 전통적인 생산성의 개념보다는 사람의 서비스를 이용해 경쟁 우위를 확보하는 쪽과 더 밀접한 관련이 있다"고 말하고 있다.[15]

그러나 기업들은 콜 센터의 인원을 보강하면서도 비용이 더 낮은 고객 서비스 쪽에도 동시에 투자하고 있다. 앞으로 기업들은 고객 성향에 따라 고객을 분리하는 작업에 들어갈 것이 분명하다. 다시 말해 개인적인 관심을 받기를 원하고 또 그에 대한 비용을 기꺼이 지불할 고객들과 ARS나 인터넷을 통해 서비스를 받는 것에 만족하는 고객으로 말이다. 이제 고객은 자신이 내는 돈에 따라 다른 등급의 개인적인 관심을 받게 되는 것이다.

가격에 따른 관심의 차등제 정도로 한번 생각해보자. 가장 가격이 낮은 형태의 관심에는 사람의 요소는 전혀 없다. 단지 인터넷을 통해 자료를 보내주는 방식이다. 돈을 더 내면 사람 목소리가 나오는 로봇이나 아니면 3차원 홀로그램 영상으로 사람이 보이는 서비스를 받게 될 것이다. 돈을 더 많이 내면 전화에서 진짜 사람 목소리를 듣게 된다. 하지만 그 시간은 매우 짧다. 돈을 더 많이 내면 이제는 콜 센터 직원의 관심을 이끌어낼 수 있다. 이 직원은 시간이 들더라도 당신에 관한 정보를 뽑아내어 확인하는 작업을 해주면서 유용한 정보도 제공해주고, 당신이 특별한 보살핌을 받고 있다는 느낌도 갖게 할 것이다. 돈을 더 많이 내면 집이나 회사로 사람이 찾아올 수도 있다. 이보다 훨씬 더 많은 돈을 내면 원하는 서비스를 마음껏 받을 수 있을 것이다.

증권 중개업체 메릴 린치는 관심의 수직 체계를 만드느라 분주한 모습이다. 예치금 규모가 10만 달러 미만인 고객들 전화는 모두 고객 콜 센터로 연결시킨다. 여기서는 문의에 대해 일반적인 대답만 들을 수 있을 뿐이다. 이렇게 되면 메릴 린치가 자랑하는 전문 '경제 컨설턴트' 인력은 더 많은 커미션을 만들어주는 부자 고객을 위해 더 많은 시간을 사용할 수 있게 된다.[16] 얼마 전 메릴 린치에서 실적이 가장 좋은 지점 중 하나인 롱아일랜드 지점의 지점장이 정말 놀랄 만한 내용의 정책 관련 이메일을 증권 중개인들에게 보냈다. "돈이 많고 성공적인 개인과 기업을 위한 컨설턴트가 되기 위해서는 가난한 사람들을 위한 개인적인 서비스를 제공할 시간이 없다. 기억하라. 중요한 것은 더 큰 규모의 계좌에 들어 있는 더 많은 돈이라는 것을. 그러나 아직도 규모가 작은 계좌에 대한 서비스를 즐거운 마음으로 하고 있는 사람이 있다면 나한테 알려달라. 마음껏 가난한 사람에 대한 서비스를 할 수 있는 투자 서비스 그룹의 월급 사원으로 보내줄 테니."[17]

그렇다면 '돈 많고 성공적인 사람들'은 정확히 어떤 서비스를 받고 있을까? 고객의 상황에 맞게 구성된 투자 컨설팅은 그 중 일부일 것이다. 그 서비스의 많은 부분이 개인적인 관심이다. 확신을 주는 목소리, 늘 보아왔던 사람, 즉 믿을 수 있는 친구가 되어버린 누군가가 관심을 가져주는 것이다. 19세기 후반 길드 시대 때에는 사치란 보석이나 골동품, 그리고 여러 명의 하인들을 의미했다. 재산이 많은 사람들은 자신의 지위를 소스타인 베블렌이 만들어낸 유명한 표현인 '과시적 소비(conspicuous consumption)'를 통해 보여주곤 했다. 이들은 열심히 일하면서 사는 삶에서는 면제되었고, 육체 노동에는 적합하지 않으며, 노는 데에는 거의 무한대에 가까운 재능을 가지고 있었다.[18] 반면에 오늘날의 부자들은 돈은 많지만 시간적으로 가난하다. 따라서 이들에게 사치는 그 모습이 다르다. 각별한 사람의 관심이 오늘날의 사치다. 미친 듯이 바쁘게 돌아가는 삶을 가장 효과적이고 즐거운 것으로 만들기 위해 필요한 것이 바로 사람의 관심이다. 이들보다 재산이 없는 사람들은 자신들에게 필요한 것의 많은 부분을 제공해주는 과학 기술에 의존한다. 그러나 부자를 위한 서비스보다는 인간적인 요소가 더 적다.

올해 38세의 경영 컨설턴트인 미셸 시론은 런던의 호텔에 묵고 있다. 운전기사가 호텔까지 몰고 온 레인지 로버를 타고 히스로 공항까지 편안하게 간다. 공항에 가면 그녀가 차에서 내리기도 전에 승무원이 나와 수속을 밟아주고는 귀빈실로 안내한다. 그곳에서 차를 마시며 훈제연어 샌드위치의 맛을 본다. 그러는 동안에 미용사가 와서 머리를 손질해준다. 비행기에 타면 매니큐어 서비스와 목 마사지를 받는다. 승무원은 그녀가 원하는 것이라면 무엇이든지 다 들어준다. "여행하면서 스트레스를 전혀 느낄 수 없어요"라고 미셸은 (이런 경험을 한 실존 인물이다) 말하고 있다.[19]

미셸의 경우를 할인 티켓으로 비행기를 타는 사람과 비교해보자. 그녀의 이름은 제니퍼. 무거운 짐을 힘들게 들고 시끄럽고 사람 많은 히스로 공항을 헤쳐나간다. 수속을 밟기 위해 길게 늘어선 줄에 서서 한 시간을 기다리고는 발 디딜 틈도 없이 사람으로 가득 찬 대합실의 조그만 플라스틱 의자에 간신히 앉아 탑승 방송이 나올 때까지 기다린다. 사람들에 밀려 비행기에 타면 뒤편에 조그만 좌석이 기다리고 있다. 바삐 옮겨다니고 있는 승무원은 약간의 스낵을 던져주고는 비행이 끝날 때까지 다시 보기가 힘들다. 그리고 마침내 여섯 시간이 지난 후 도착하면, 이번에는 다시 짐이 나오기를 한 시간 가량 기다려야 한다. 여행이 끝날 때쯤이면 제니퍼의 스트레스 호르몬은 상당히 높은 수준을 기록하고 있을 것이다.

그러나 제니퍼의 입장에서 이렇게 힘들게 여행했다고 불평할 수도 없다. 항공 요금 자체가 미셸보다 훨씬 더 낮았기 때문이다. 어쩌면 이전에 자신이 내던 금액보다 더 낮았을지도 모른다. 항공사들은 다른 업체와의 경쟁 때문에 지출에 민감한 여행객에 대해서는 항공 요금을 인하할 수밖에 없는 상황이다. 연료 효율성이 높은 엔진, 첨단 에어로 다이내믹스, 전산으로 운영되는 예약 및 트래킹 시스템과 같은 기술의 발전이 있기에 요금 인하가 가능하다. 그러나 제니퍼는 이전보다 사람의 서비스는 덜 받았을지 모른다. 왜냐하면 제니퍼처럼 지출에 민감한 여행객들은 좋은 서비스보다는 낮은 요금에 더 관심이 많기 때문이다. 제니퍼는 덜 내는 쪽을 택했고, 그래서 관심을 덜 받은 것이다.

트랜스 월드 항공사(TWA)의 도널드 케이시 부사장은 자사의 새로운 전략을 소개하는 자리에서 "미국과 전세계적으로 '돈을 낸 만큼 받는다' 라는 원칙이 인식되고 있다"고 말한다.[20] 대부분의 항공사와 마찬가지로 TWA도 비즈니스 클래스 서비스를 강화하고 있다. 승무원과 귀빈실 안내원을 추가 배치하고, 고객의 기분을 좋게 해주는 서비스를 늘리고, 고객의 편의성을 높이는 등 전반적으로 고객에게 더 많은 관심을 갖는 쪽으로 바꾸고 있다. 그러나 이러한 서비스를 제공하기 위해 추가 인력을 고용하는 것이 아니고 기존의 인원을 재배치하여 서비스에 대한 비용을 지불하는 손님에게 더 많은 관심을 주고 있다.

항공사들이 미셸과 같은 고급 고객에게는 더 많은 관심을 쏟고, 제니퍼같이 지출에 민감한 고객에게는 덜 쏟는 이유는 간단하다. 그것은 메릴 린치가 중개인들에게 관심을 부자 고객 쪽으로 돌리라고 하는 이유와 같다. 바로 그곳에 기업의 수익이 존재하기 때문이다. 1999년 모든 항공 승객 중 최상층 비즈니스 고객들이 차지하는 비중은 9퍼센트밖에 되지 않았지만, 항공업계 수익에서 이들이 차지하는 비중은 44퍼센트를 기록했다. 따라서 항공사들이 제니퍼와 같은 고객을 대상으로는 치열한 가격 경쟁을 하면서도, 한편에서는 개인적 관심에 대한 비용을 지불하는 미셸과 같은 고객 쟁탈전을 벌이고 있다.

전세계에서 미셸과 같은 고객들이 더 많은 개인적 관심을 원하고 그에 대한 비용을 기꺼이 지불하는 한 이런 서비스를 더 높은 가격에 계속 받게 될 것이다. 제니퍼와 같은 고객들이 더 싼 요금을 원하고 또 그런 조건을 열심히 찾아다닐 때, 이들에게 주어지는 할인 요금은 계속 떨어질 것이다. 미셸에게는 더욱더 많은 개인적인 서비스가 주어질 것이고, 제니퍼에게는 부가서비스의 수는 줄어들지만 첨단 기술의 혜택은 계속 주어질 것이다. 실제로 미셸과 제니퍼는 구매하는 상품이 서로 다르다. 제니퍼는 단지 그곳에 가기 위해 돈을 내는 것이고, 미셸은 목적지에 도착하고 그리고 여러 서비스를 받기 위해 돈을 내는 것이다.

그러나 미셸의 호화스러운 여행 경비가 과연 그녀의 호주머니에서 나왔는지는 의심스럽다. 사업상의 출장이었기 때문에, 일부는 미셸의 고객이 냈을 수도 있다(고객이 주식회사일 경우에는 그 기업의 주주들이 낸 것이다). 또 기업이 경비 처리를 하면 세금 공제 혜택을 받게 되므로, 꼬박 세금을 내는 다른 일반 납세자들의 호주머니에서도 일부 나왔다고 볼 수 있다. 미셸은 물론 여행 중 즐거웠을 수도 있지만, 즐거움보다는 사업상 여행을 간 것이다. 그러나 미셸을 즐겁게 해주기 위해 들어가는 비용도 역시 회사 경비에 들어간다. 극진한 관심 서비스의 대부분은 서비스를 받으면서 동시에 많은 돈을 버느라 바쁜 사람에게 돌아간다. 특급 호텔에서 온갖 서비스를 받고, 고객과 함께 야구장 상단 스카이박스에서 월드시리즈를 관람하고, 화려한 식당에서 업체 관계자와 식사를 하는 것 모두 즐거운 일이다. 이 모든 것을 돈을 벌면서 즐기고 있으며, 게다가 세금까지 내지 않는다. 기업들은 재능 있는 인재, 호의적인 고객, 믿을 만한 공급업체를 끌어모으고 계속 유지하기 위해 이렇게 관심을 쏟는 데 들어가는 비용을 기꺼이 지불하고 있다. 다른 일반 납세자들이 일부 계산을 해주고 있기 때문에 더욱더 그렇다.

돈을 내고 원하는 모든 것을 받는다

기술이 발전하고 시간은 줄어든 이 시대의 사치란 다른 사람이 당신을 위해 많은 시간을 내어준다는 것이다. 숙박 일정을 일일이 챙겨주는 매력적인 호텔 직원, 방에 신선한 꽃을 제공해주는 호텔 관리인, 타월도 예쁘게 접어주고 베개도 흔들어 정리해주고, 부드러운 면으로 된 가운과 편하게 신을 수 있는 슬리퍼도 정리해주고, 자기 전에 더 필요한 것이 없는지 물어보기까지 한다. 아침 6시가 되면 컴퓨터 목소리가 아닌 사람의 목소리로 모닝콜을 해준다. 식당에 가면 지배인이 당신의 이름을 알고 있으며, 가장 좋아하는 자리로 직접 안내해준다. 웨이터는 항상 주변에서 기다리며, 와인 담당자는 추천 리스트를 보여준다. 그 동안 주방장은 당신이 가장 좋아하는 요리를 만들고 있다. 집에 돌아오면 아파트 관리인이 그 동안 배달된 우편물을 직접 건네주면서 가족의 안부를 묻는다.

가장 극진하고 값비싼 대접은 믿을 수 있는 절친한 친구와 같은 느낌을 주는 것이다. 부유층을 상대로 하는 패션 매장 애틀랜타 몰의 제프리 칼린스키는 특정 고객의 취향을 염두에 두고 직접 상품을 고른 후 한번 입어보라고 보내준다. 보낸 다음에는 어떻게 입는지에 관한 정보가 있는 안내서를 발송한다. 그리고 갑자기 고객이 밤에 긴급한 문의 전화를 해와도 그 상황에 맞는 코디 연출법을 설명해준다. 최고 우대 고객에게는 선물 공세를 퍼부으며 유럽에 함께 가서 패션쇼를 보기도 한다. 칼린스키의 고객 중 몇 명은 뉴욕에서 애틀랜타까지 비행기를 타고 그의 매장을 찾아오기도 한다. 한 고객은 "제프리는 내가 지금까지 한 번도 해보지 못한 것을 해보라고 권합니다. 모르는 것이 없는 사람입니다"라고 거침없이 말한다. 칼린스키는 교육을 통해 28명의 직원에게도 고객에게 극진한 개인적인 관심을 보여서 고객이 보살핌을 받고 있다는 느낌을 갖도록 할 것을 주문하고 있다.[21]

당신이 만약 한 달에 몇백 달러씩 내고 '개인 코치(personal coach)'의 서비스를 받고 있는 많은 사람 중의 하나라면, 아마도 단순한 조언이나 충고 이상의 것을 바라고 있을 것이다. 아마도 당신의 행복한 삶에 관심 있는 누군가를 원하고 있을 것이다. 다시 말해 당신을 위해서만 있어줄 수 있는 친구 같은 존재다. 실제 친구들의 대부분은 너무 바쁘기 때문에 어쩔 수 없다. "좋은 친구가 있는 것은 좋은 일입니다. 그러나 가장 친한 친구가 삶의 가장 중요한 부분이나 사업적인 면에서 모두 당신이 믿고 함께 할 수 있는 전문가입니까?"라고 개인 전문가 코치 협회의 광고는 질문하고 있다. 만약 개인 코치를 고용한다면, "가장 친한 친구와 코치, 모두를 가질 수 있습니다"라고 말하고 있다.[22]

이러한 '친구들'이 단순한 우정 이외의 다른 동기를 숨기고 있다고 해도, 이들을 찾는 사람들의 열기를 잠재우지 못하는 것 같다. 휴스턴에 본사를 두고 수천 명의 개인 코치를 배출해낸 Coach University의 창립자 토머스 레너드는 개인 코치의 수가 1990년대 초 이래 매년 두 배씩 증가하고 있다고 말하고 있다. 미네소타에 살고 있는 발레리 올슨은 한 달에 250달러에 30분씩 한 달에 네 번 만나는 고객 30명을 두고 있다. 연 수입은 10만 달러에 달한다. "코치들은 인간 관계라는 분위기 속에서 고객이 하고 싶은 말에만 초점을 두도록 교육

받고 있다. 코치는 고객을 심리적으로 분석하는 것이 아니라, 그냥 고객의 말을 들어주면서 공감하고 관심을 보여주는 것이다"라고 그녀는 말한다.[23]

개인 코치 외에도 개인 카운슬러, 정신적 가이드, 정신적 조언자, 각종 치료사의 수가 급격히 늘어나고 있다. 클린턴 대통령 역시 정신적 조언자 몇 명의 도움을 받았지만, 내가 알기로는 치료사는 없었다. 코치, 카운슬러, 정신적 가이드나 조언자의 서비스는 일반적으로 받아들이기 쉽다. 누구나 가끔은 내게 관심을 가져주는 친구가 있었으면 하고 느낀다. 진짜 친구나 가족은 이를 충분히 해줄 수 없다는 것을 알고는 있지만, 아직도 치료사를 찾는 사람들은 '문제'가 있는 것으로 생각하는 경향이 있다.

최근 몇 년 전까지만 해도 건강 온천은 여가를 즐기는 사람들이 휴가를 보내는 곳이었다. 심지어 몇 달씩 있는 사람도 있다. 유황 온천에서 '물의 진동을 느끼며', 인적이 드문 외딴 곳의 솔잎 향기 그윽한 공기를 호흡하고, 숲속을 천천히 걸으며 삼림욕을 즐기곤 했다. 그러나 이제는 경제적 여유가 있는 대부분의 사람들에게 그런 여유를 즐길 시간이 없다. 그러면서도 누군가의 보살핌을 받고 싶은 생각은 여전히 가지고 있다. 그래서 최근에는 도시 지역에도 온천이 늘어나고 있다. 이곳에서는 스트레스에 지친 부자들에게 개인적인 관심을 쏟아준다. 개인 트레이너의 수는 1990년대에 두 배 증가해 10만 명 이상이 되었다. 개인 트레이너에다 마사지 치료사, 롤프 마사지사(rolfers), 개인 미용사, 스타일리스트, 페디큐어 치료사(pedicurists), 향기 치료사, 에어로빅 강사를 더하면 개인적인 관심과 보살핌을 주는 사람들의 규모를 잘 알 수 있다.

요즘 하는 말 중에 '자신에게 잘하라'는 것이 있다. 이는 경제적 여유가 되면 이러한 서비스에 들어가는 돈에 인색해서는 안 된다는 뜻이다. 이런 서비스를 통해 사고 파는 것은 어떤 훈련이나 운동이 아니다(이런 것은 집에서 혼자

할 수도 있다). 그렇다고 필요한 조언이나 충고도 아니다(인터넷이나 책을 보면 나와 있다). 바로 다른 사람에 의해 보살핌을 받고 있다는 즐거운 느낌을 사고 파는 것이다.

미숙아가 마사지에 어떤 반응을 보이는지 기억할 것이다. 사람 몸을 쓰다듬으며 문지르고 잡아주게 되면 스트레스 호르몬이 줄어드는데, 누군가 다른 사람이 자기에게 관심을 보여줄 때에도 같은 방식으로 스트레스 호르몬은 줄어든다고 한다. 캘리포니아 주 레드우드 시티에 있는 Pacific Athletic Club의 직원들은 실리콘 밸리에 있는 각 기업의 임원 회의장을 방문해 회의실 의자에서 하는 마사지 서비스를 제공한다. 뉴욕의 Reebok Sports Club이나 Elizabeth Arden Red Door Salon Spa 같은 일류 시설에서는 다음과 같은 서비스를 제공하면서 그 동안 당신의 옷을 드라이클리닝해주는 서비스를 제공하기도 한다—해수 온천 페디큐어('발을 위한 얼굴 마사지'라고도 한다), 소금 향기 치료(굵은 소금으로 온몸을 문지른 다음 모이스처라이징 로션을 바른다), 이중 산소 요법(산성 과일즙으로 얼굴을 씻어낸 다음 마사지를 한다. 그리고 15분 동안 얼굴에 강하게 산소를 불어주어 '세포의 신진대사'를 촉진시킨다), 뜨거운 우유와 아몬드 페디큐어(따끈한 우유가 담긴 커다란 용기 안에 발을 넣고, 소금과 아몬드 오일을 섞은 용액을 발라 죽은 피부를 제거한다), 생강 마사지(생강을 갈아서 오일과 섞은 후 팔, 다리, 등에 바른다. 이는 피부의 '독성을 제거하고' 몸에 열기를 불어넣는 것이 목적이다). 뉴욕 웨스트 56번가에 있는 Felissimo에서는 강아지에게 향기 치료 서비스를 제공하고 있다. 이 서비스를 받으면 사랑하는 개에게 만족감을 다시 불어넣어 주인이 부르는 소리에 즐겁게 반응한다고 한다. 뉴욕 웨스트 18번가에 있는 Dog Spa and Hotel에서는 개에게 한 시간짜리 마사지 서비스를 제공하는데, 페디큐어를 추가하면 20달러(발톱 손질은 옵션), 뜨거운 오일 서비스를 추가하면 60달러라고 한다.

이런 서비스 외에도 사람과의 관계 역시 사고 판다. 매일 보던 개인 트레이너가 당신을 따뜻하게 맞이해주고, 마사지 치료사와 친구 사이가 되고, 롤프 마사지 혹은 주차요원과도 약간의 친근한 느낌을 갖게 되는 것 등이다. "회원들은 자신의 트레이너와 관계를 쌓아가듯이 주차요원들에게도 친밀감을 느끼고 있다. 서비스 측면에서 보면 또 다른 좋은 현상이다"라고 LA에 있는 스포츠 클럽의 운영 책임자 필 스웨인은 말하고 있다.[24]

관심 보호와 단순 보호

바쁜 사람들은 자신의 가족들이 필요로 하는 정도의 관심과 보살핌을 줄 수 있는 시간과 에너지가 부족하다. 가족들의 말을 듣고, 서로 이야기를 나누며, 당신이 그들을 생각하고, 존중하고, 사랑하고, 인정받고 있다는 느낌을 들게 하기 어렵다는 뜻이다. 이런 보살핌 중에는 돈을 주고 살 수 있는 것도 있다. 물론 돈을 받고 하는 사람은 한가족이라는 생각을 가지고 서비스하지는 않을 것이다. 그러나 가족간의 유대감이 반드시 돈을 주고 얻은 유대감보다 항상 더 좋은 것만은 아닐 수도 있다. 두 가지 모두 득이 될 수도 있지만 해가 될 수도 있다.

하지만 더 이상 필요한 비용을 지불할 수 없거나 정부의 보험 프로그램이나 직장에서 나오는 혜택이 줄어들게 되면, 먼저 없애야 할 것은 '개인적인 관심' 서비스일 것이다. 부가적인 서비스가 없어진 현재의 의료 서비스는 기술의 혜택은 더 많이 받고 있지만 사람이 보여주는 관심은 줄어든 상태다. 실제로 현재 의료 체계는 2중 구조로 변해가고 있는 중이다. 한편에서는 환자가 의사에게 직접 진료비를 내고 의사는 그 환자에게 많은 시간과 관심을 제공하고 있다. 또 한편에서는 의료보험 회사들이 더 낮은 진료비를 내주고 의사는 가능한 한 빨리 환자를 돌보는 것이다. 두 번째 경우에 의사의 수입은(간호사나 간호 보조사의 수입도 마찬가지) 환자들이 주관적으로 느끼는 의료 서비스의 질보다는 주어진 시간 내에 얼마나 많은 환자를 진료하느냐에 달려 있다(수입은 줄더라도 환자와 더 많은 시간을 보내려고 하는 것은 남자 의사보다는 여자 의사 쪽이 더 강한 것 같다. 최근 한 연구에 의하면 남자 의사들은 11분도 안 되는 시간에 환자 대부분의 진료를 끝내는 데 반해, 여자 의사들은 그 시간 내에 환자의 1/3밖에 진료를 보지 못한다고 한다).[25]

그러나 개인적인 관심은 부가적인 서비스가 아니다. 이 장의 도입부에서 인용한 연구에 의하면, 노인과 아이들뿐만 아니라 환자나 장애인도(아마 우리 모두) 관심과 보살핌의 관계 속에서 신체적 · 정신적으로 커다란 혜택을 입을 수 있다고 한다. 그러나 그런 관계가 없으면 그 사람이나 그 사람의 건강은 내리막길을 걸을 수도 있다. 사회학자 티모시 다이아몬드는 양로원에서 야간에 근무하던 한 간호사의 사례를 들었다. 그 간호사는 당시 87살의 할머니를 체크하기 위해 방에 들어왔다. "뭐가 필요하세요, 로즈 할머니?"라고 묻자, 그 할머니는 "내 옆에 있어줘"라고 답했다고 한다. 그러나 그 간호사는 자신이 체크해야 할 사람이 29명이나 더 있었기 때문에 그럴 수가 없었다.[26] 로즈 할머니가 원했던 것은 개인적인 관심뿐이었던 것이다. 누군가 옆을 지켜주지 않으면 할머니의 건강 상태는 아마 더 빨리 하강 곡선을 그을 것이다.

양로원은 단순 보호(custodial care) 서비스를 제공하고 있으며, 관심 보호(attentive care)는 많이 제공하지 못하고 있다. 단순 보호의 목적은 혼자 남겨질 경우 위험에 빠질 수 있는 사람을 단지 안전한 상태로 유지시키는 것이다. 관심 보호는 환자와 관계를 쌓고 고독에서 오는 스트레스를 풀어주고 상호 교류하며, 때로는 그들과 접촉하고 붙잡아줄 수 있는 것을 말한다. 미국의 근로 가정은 두 가지 중 하나를 제공해야 하는 상황이지만, 관심 보호는 상당한 지출을 감수해야만 한다.

미국의 노인 인구는 매년 2.7퍼센트씩 증가하고 있으며, 베이비 붐 시대에 태어난 사람들이 65세가 되는 2011년경부터 급등세를 보일 것이다. 신경제의 여파로 자녀들에게조차 필요한 관심을 베풀어주기 힘든 미국의 근로 가정에게 이러한 노인 붐은 더 큰 부담으로 작용할 것이다. 나라 전체로 보면 노인한 명을 돌볼 젊은이의 수가 줄어들 것이다. 일본과 같이 젊은층의 인구가 정체 상태이거나 줄어들고 있는 다른 선진국에서는 이미 노인층이 전체 인구에서 차지하는 비율이 급격히 증가하고 있다. 이 모든 노인들을 안전하게 모시는 것, 다시 말해 목욕, 식사, 욕창 세척, 외출, 기저귀 교환 등의 일은 꽤 어려울 것이다(이런 일의 일부를 할 수 있는 로봇을 발명했다는 소식을 최근에 들었다). 그러나 이 노인들이 필요로 하는 개인적인 관심을 주는 것은 더욱더 힘든일이 될 것이다. 현재 미국 정부는 양로원에 살고 있는 160만 노인에게 들어가는 비용의 2/3를 부담하고 있다. 그러나 장기적인 가정 보호나 각 지역에 있는 주간 복지관(day-care center)의 비용은 거의 부담하지 않고 있다(장기 가정 보호나 주간 복지관의 경우는 일반 양로원만큼이나 노인을 안전하게 모실 수 있을 뿐만 아니라, 친구나 가족들이 찾아와 더 많은 관심 보호를 해줄 수 있다). 그리고 정부가 가정 보호에 대한 비용을 부담한다고 해도 이는 의학적인 진료에 관한비용에만 국한될 뿐 관심이나 보살핌에 대한 비용은 해당되지 않는다.[27]

많은 아이들이 노인만큼이나 관심 부족증에 시달리고 있다. 아이들의 경우도 단순한 보호 시설보다는 관심을 가지고 아이들과 관계를 형성하는 분위기가 더 좋다. 그러나 여기서도 돈과 관계가 있다. 돈을 내야 관심을 얻을 수 있기 때문이다. 시설이 잘 갖추어진 곳에서는 아이들 한 명당 1년에 4,000달러에서 2만 달러를 받고 있다. 그러나 비용이 낮은 반대편 쪽의 시설은 근본적으로 다르다. 비용이 낮은 시설은 안전한 환경은 제공하지만 좋은 시설보다 아이들 한 명당 돌보는 사람의 수가 더 적은 것이 보통이다. 그리고 직원의 교육 수준도 더 낮고, 직장 이직률이 더 높다(봉급은 더 적은데 일은 더 많이 하기 때문이다). 이런 이유 때문에 값싼 시설의 아이들은 자신을 돌보는 사람들과의 관계를 형성할 수 있는 기회가 상대적으로 더 적어진다. 아이들 보호의 양과 질, 그리고 일관성 면에서 지금 나타나는 차이로 인해 아이들이 나중에 컸을 때 심각한 결과를 낳을 수도 있다.[28]

아이 때 받은 영향은 어른이 되어서도 계속 나타난다. 노스 캐롤라이나 주 채플 힐에 사는 111가구의 가난한 흑인 가정의 아이들을 조사한 연구가 있다. 이 아이들은 집안이 가난하기 때문에 그만큼 학교 공부도 더 못 하고 퇴학을 당하기도 하며, 결국 자신의 자식들도 가난한 집에서 태어나게 할 가능성이 많다. 연구는 아이들이 어린아기였던 1972년에 시작되었다. 무작위로 고른 57명에게는 다섯 살이 될 때까지 정규 아동 보호 프로그램을 적용했다. 이 프로그램에서는 선생님들이 아이들에게 많은 관심을 보여주며 개인적인 관계를 형성하였다. 그리고 아이 한 명당 선생님의 수도 매우 낮았다(아기 세 명당 하나에서, 일곱 살 아이의 경우는 아이 한 명당 하나까지). 이 선생님들은 공립학교 교사 수준의 교육을 받은 사람들로 연구 기간 동안 단 한 명도 떠나거나 교체된 사람이 없었다. 그리고 이들은 각 아이들의 지적인 면과 감성적인 면의 발달에 많은 도움을 주었다. 이 프로그램에 참가하지 못한 54명의 다른 아이들의 경우는, 사회 복지사들이 가끔 방문하여 아이들의 건강과 안전을 확인했지만 관심이 깃든 보살핌은 아니었다. 아이들이 다섯 살이 되면서부터 두 집단의 아이들은 비슷한 유치원, 초등학교, 고등학교를 다녔다.

이 연구는 아이들이 21세가 될 때까지 계속되었다. 다섯 살 이후로는 별 다른 차이가 없었다. 그런데 아이들이 21살이 되었을 때 살펴보니, 관심이 깃든 보호를 받은 아이들의 2/3가 대학에 다니고 있거나 보수가 높은 일자리를 가지고 있었다. 다른 그룹의 아이들 중에는 40퍼센트 정도에 그쳤다. 관심을 기울여가면서 아이를 돌보는 것은 현재 달러로 계산하면 아이 한 명당 매년 1만 1,000달러가 들 정도로 비용이 꽤 높았다.[29] 그러나 장기적인 효과를 감안한다면 그만한 돈을 들일 가치가 있다는 결론을 내릴 수도 있을 것이다. 그러나 대부분의 가정이 그럴 만한 경제적 여유가 없다는 것이 슬픈 현실이다.

양질의 아동 보호 서비스를 제공하는 것과는 별개의 문제가 있다. 그렇게 비용을 지불한 관심 서비스를 과연 아이들이 제대로 받고 있느냐의 문제다. 아기들이 부모에게 그런 서비스를 받지 못한다거나 부당한 대우를 받고 있다고 불평을 터뜨리는 것은 아니다. 물론 이는 노인이나 허약자, 정신병자, 장애인 모두에게 해당된다. 양로원에서 올바른 보호 치료가 되지 않고 있다는 뉴스는 정기적으로 나오고 있다. 많은 양로원이 거대 영리 기업의 일부다. 그리고 아동 보호 사업 역시 큰 사업 분야로 떠오르고 있다. 영리 기업은 주주들에게 높은 수익을 돌려주어야 한다. 이를 위해 관심의 질에 대한 투자를 줄일 가능성이 있다. 자신이 직장에 있을 때 이런 일이 벌어지고 있다는 사실에 불안해하고 있는 일부 부모들은 최신식 아동 보호 센터에서 제공하는 첨단 기술에 의존하고 있다. 이 시설의 천장과 벽에는 웹카메라가 설치되어 있고, 부모는 이를 통해 자신의 컴퓨터 스크린 한구석에 떠 있는 조그만 화면을 통해 아이의 모습을 하루종일 볼 수 있다.

새로운 경계선

당신이나 당신의 자녀가 창조적 분야에서(디자인, 컨셉, 계획, 전략, 계약, 통찰력 등을 고안하고 판매하는 분야) 성공하기 위해 필요한 선천적 재능, 교육, 인맥이 없을 경우에는 아마 개인적인 관심을 파는 분야에 종사하게 될 가능성이 있다. 창조적 분야 외에 일자리 수가 늘어나고 있는 유일한 분야이기 때문이다. 혹시 아직 모르고 있다면 알아두어야 할 사항이 있다. 개인적인 관심을 판매하는 사람들은 그렇게 많은 돈을 벌지 못한다는 사실이다. 몇 가지 이유가 있다. 먼저 그 일의 속성상 개인적인 관심은 상대적으로 생산성이 낮은 서비스다. 대량 생산을 할 수 없고 인터넷을 통한 유통도 불가능하다. 개인적인 관심은 1 대 1 서비스이고 이를 위해서는 반드시 시간이 필요하다. 소프트웨어 엔지니어, 경영 컨설턴트, 투자 은행가가 수많은 사람들의 삶에 영향을 줄 상품을 만들거나 서비스를 바꿀 수 있는 시간에 놀이방 선생님, 간호 보조사, 개인 트레이너는 단지 몇 명의 사람을 보면서 직접 업무를 수행할 뿐이다.[30]

두 번째 이유로, 전반적으로 공급이 모자라는 노동 시장에서도 개인적인 관심을 주는 사람들의 공급은 수요만큼 빠르게 증가하고 있다. 따라서 수입이 크게 늘어나는 데 장애가 된다. 가정 보호 분야의 간호사나 간호 보조사와 같은 특수한 경우에 때때로 공급이 모자라는 경우도 있지만, 전체적인 공급 인원은 상대적으로 풍부한 편이다. 개인적인 관심 분야에 종사하는 사람들 중에는 가계 수입을 유지하기 위해 일에 뛰어든 여성들도 있다. 또 최근 미국으로 이민 온 사람들도 많다. 또 돈이 필요해서 한 군데 이상에서 일하거나 더 오랜 시간을 일하는 사람들도 있다. 전화 교환원, 은행 창구 직원, 소매점 직원을 하다가 새로운 기술에 밀려 직장을 잃고 이 일에 종사하는 사람들도 있다. 새롭게 이 분야에 뛰어드는 사람들 대부분이 여자인 것은 사실이지만, 전에 다니던 회사의 구조조정이나 아웃소싱으로 직장을 나와야 했던 남자들도 그 수가 늘어나고 있다.

마지막으로, 개인적 관심 분야는 사회에서 그 가치를 특별히 높게 평가하지 않는다. 전통적으로 여성의 일이고, 대부분의 경우 돈을 내지 않았으며, 남자나 아이들 그리고 노인들은 이런 일은 당연히 여성들이 하는 것으로 생각했기 때문이다. 사람들이 여성에게 기대하던 일이었으며, 여성의 천직은 아닐지라도 하나의 의무 정도로 여겼다. 여성들이 직업 전선에 처음 뛰어들었을 때에는 간호사, 수녀, 교사, 항공기 승무원 등과 같이 낮은 봉급을 받으며 개인적인 관심을 주는 일이었다. 당시 흑인 여성들은 중산층 가정에서 가정부나 유모를 하면서 근근이 생계를 유지했다.[31] 이민 여성들, 특히 개도국에서 온 여성들 역시 이 분야에 상당수 진출했다. 허약한 노인들을 휠체어에 들어서 태워주고, 욕창을 닦아주고, 요강을 비우는 일 등 아직도 가장 힘든 종류의 일은 이런 여성들의 몫이다.

미국 전체에서 간호 보조사, 영양사, 관리인 등으로 양로원에서 일하는 사람들은 200만이 넘는다. 대부분 최소 임금 수준의 돈을 벌고 있는 여성들로 시간당 7~8달러 정도다. 가정 보호 분야에서 일하면서 집에 있는 노인이나 환자, 장애인을 돌보고 있는 사람들이 약 70만 명이다. 이들 역시 대부분이 여성으로 평균 시간당 8~10달러를 받고 있다. 그리고 병원에서 보조사, 청소원, 간병인으로 일하는 사람들이 약 130만 명으로 역시 그 정도의 돈을 벌고 있다. 미국에는 등록 간호사 수가 210만 명으로, 평균 시간당 10~25달러를 번다. 노동통계청은 지금 열거한 모든 분야에서 일자리가 대폭 증가할 것으로 예상하고 있다.[32] 앞으로 10년 동안 새롭게 나타나는 일자리 다섯 개 중 하나가 의료 서비스 분야에서 나올 것이며, 이 중 대부분이 개인적인 관심 서비스를 필요로 할 것이다.

미국에서 현재 아동을 돌보는 일에 종사하면서 돈을 버는 사람이 약 230만 명일 것으로 추산된다. 이 중 절반이 놀이방에서 일하고 있으며, 다른 사람들은 유모나 보조원 등으로 일하고 있다. 1998년 이들의 평균 임금은 시간당

6.17달러이며 특별 수당은 없는 것이 보통이었다. 이는 장의사(시간당 7.16달러)나 소독업 종사자(시간당 10.25달러)보다 적은 액수다. 아동을 돌보는 일은 대부분 여성이 맡고 있다.

현재 약 50만 명이 사회사업가로 일하고 있으며, 흔히 '인간적 서비스(human service)'라고 부르는 분야에 종사하는 사람의 수는 70만 명에 이르고 있다. 이들은 모두 심각한 문제가 있는 개인이나 가정을 돌보고 있다. 이들이 버는 돈은 시간당 평균 8~15달러다. 그러나 정신병자에게 관심을 갖는 사람들의 대부분은 추운 밤거리에서 이들을 발견하고 보호소에 수감하거나 경미한 범죄 행위로 체포한 경찰관과 이들을 수감하고 감시하는 간수들이다. 다른 곳과 마찬가지로 뉴욕 시에서는 집이 없어서 길에서 자는 것이 범죄에 해당된다. 집이 없는 사람들은 시가 운영하는 보호소에서 합법적으로 하룻밤을 보내거나(많은 보호원이 위험하다), 체포되어 감옥에서 밤을 보낼 수도 있다(많은 감옥이 위험하다).

식당 손님이나 호텔 손님에게 개인적인 관심을 베푸는 사람들 역시 상대적으로 적은 돈을 벌고 있다. 물론 고급 식당이나 호텔에서는 봉급이나 팁이 더 높다. 뉴욕 피에르 호텔 청소원의 초봉은 시간당 11달러이며, 시간당 16달러까지 올라가고 2주간의 휴가와 수당이 지급된다.[33] 리무진 운전 기사의 수요 역시 증가 추세인데, 이들은 시간당 10~25달러를 벌고 있다. 그리고 주차요원의 수도 급속도로 늘어났는데, 이들은 최소 임금에 팁을 더한 정도의 돈을 벌고 있다. LA 전화번호부를 보면 '주차요원 서비스' 분류에서 45개의 항목을 찾을 수 있다.[34]

가장 빠른 성장세를 보이고 있는 직종 중에 개인 트레이너, 헬스클럽 강사, 마사지 치료사, 매니큐어사 등과 같이 사람 몸을 단단하게 해주고, 찌르고, 자극하고, 때리고, 주무르고, 몸에 습기를 더해주고, 필요 없는 부분을 제거

해주는 분야가 있다. 이런 직종은 시간당 15~70달러를 받고 있다. 유명한 사람들의 전담 트레이너는 물론 더 많이 벌 수도 있다. 거의 모든 직종에 별도 수당은 포함되지 않는다. 이미 말한 대로 개인 코치 역시 급속도로 증가하고 있는데, 이들이 버는 돈은 각 고객들이 느끼는 서비스의 가치에 따라 달라진다.

대량 생산의 구경제 시스템에서는 자동차나 TV 제조업에 종사하는 사람들은 돈을 벌어서 자신들도 자동차나 TV를 구입할 수 있었다. 헨리 포드는 조립 라인의 근로자에게 당시로서는 많은 액수인 하루에 5달러를 주는 것이 사업적으로 일리가 있다는 유명한 말을 남겼다. 그 정도는 주어야 자신들이 대량으로 만들어내는 포드 자동차를 살 수 있었으니 말이다. 마찬가지로 은행 창구 직원, 전화 교환원, 소매점 판매원과 같은 서비스 직종 근로자들도 자신들이 은행을 가거나 전화를 사용하거나 상점에 가면 자신들이 제공하는 서비스와 같은 서비스를 이용할 수 있었다.

그러나 개인적인 관심을 팔고 있는 수많은 사람들은 자신들이 팔고 있는 서비스를 살 수 있을 정도의 많은 돈을 벌지 못한다. 그 대신 개인적 관심 서비스가 없는 여행 상품을 이용하고, 식당 안에서 먹지 않고 음식을 가지고 가며, 정말 필요할 때에만 병원에 가고(의료보험료를 낼 여유가 없는 사람들이 많다), 아이나 노인을 돌보는 것은 주로 친척이나 친구에게 의존하고 있다. 헬스클럽이나 리무진, 일류 식당에서의 저녁식사 등은 이들에게 맞지 않는다. 자기 차는 자신이 직접 주차한다.

이들은 자신이 개인적인 관심 서비스를 팔고 있는 지역에서 멀리 떨어진 곳에 살고 있는 경우가 많다. 그런 지역의 집값이 너무 비싸기 때문이다. 콜로라도 주의 바일이나 유타 주의 파크 시티에 있는 휴양지, 식당, 온천에서 일하는 사람들은 직장에서 먼 곳에서 살 수밖에 없다. 사장들이 직원들의 출퇴근 거리를 걱정할 정도다. 한 조사에 의하면, 바일 지역에서 한 시간에 10달러를 받는 일반적인 근로자가 그곳에서 살기 위해서는 정규직으로 다섯 군데에서 일해야 한다고 한다. "서비스 사업에서는 따뜻하고, 부드럽고, 적극적인 사람이 환영받는다. 그런데 하루 통근거리가 160킬로미터라면 원하는 대로 잘될지 걱정하지 않을 수 없다"고, 직원의 절반이 매일 이런 식으로 출근하고 있는 파크 시티의 한 휴양지 컨설턴트인 마일스 라데만은 말했다.[35] 내 생각에는 실제 출근거리가 160킬로미터인 사람은 거의 없을 것으로 본다. 그러나 거리상의 문제가 있는 것은 사실이다. 코네티컷 주 그리니치에서 일하고 있는 의료 보조사, 마사지 치료사, 개인 트레이너들은 평균 집값이 110만 달러인 그리니치에 집을 사지 않고, 브롱스에서 출근하는 쪽을 택하고 있다.

길드 시대 때 부자들도 먼 곳에 살고 있는 하인을 둔 것이 사실이다. 이 하인들은 자신들은 가져보지도 못할 방이나 마차를 깨끗이 닦고 청소했다. 그러나 대량 생산의 산업화로 인해 변화가 서서히 오기 시작했으며, 대량 생산된 상품과 표준화된 서비스를 사고 파는 대규모 시장이 열리면서 중산층이 모습을 나타내기 시작했다. 이는 근대 자본주의의 커다란 업적 중 하나로, 이로 인해 경제뿐만 아니라 사회적으로 단단한 모습을 갖추게 되었다.

신경제가 우리를 후퇴시키고 있는 것은 아니지만, 새로운 형태의 사회적 분할 상태로 이끌고 있는 것 같다. 대부분 사람들은 물질적으로 과거보다 더 풍요로운 상태인 것만은 분명하다. 예를 들어 제니퍼가 20년 전이었다면 항공권을 그렇게 할인받지는 못했을 것이다. 왜냐하면 당시에는 항공사간의 경쟁도 심하지 않았고, 요금 인하를 가능케 한 기술의 발전도 없었기 때문이다. 또 인터넷을 사용하는 사람들이 늘어나면서 가정 의료 보조사들도 인터넷을 통해 유리한 조건으로 일을 할 수 있게 될 것이고, 이에 따라 이들의 경제 상태도 호전될 것이다. 그러나 이런 모든 장점에도 불구하고 개인적인 관심 서비스 분야에서는 지금보다 훨씬 더 심한 불균형 현상이 앞으로 몇 년 동안 발생할 것으로 보인다. 이런 서비스를 받을 형편이 되는 사람에게는 더 많은 서비스가 몰리고, 그렇지 못한 사람에게서는 점점 멀어져가는 모습이다.

신경제에서의 일의 구성 및 보상 방식으로 인해 사람들은 더 오랜 시간 더 열심히 일하고, 과거 어느 때보다도 더 급박한 심정으로 자기 자신을 판매하고 있다. 그 결과 가족을 위한 공간은 줄어들면서 가족의 규모가 작아지고, 과거 가정 내에서 하던 일을 외부에 맡기고 있다. 한때는 배우자나 부모 혹은 자식들이 하는 일로 여겨졌던 개인적 관심 서비스가 이제 빠른 속도로 시장 경제 안으로 들어와 이 서비스를 구매할 여유가 있는 사람들에게 제공되고 있다. 그러나 이런 서비스를 전혀 받지 못하거나 충분히 살 수 없는 사람들이 서비스를 팔고 있는 사람들의 대부분을 차지한다는 것은 아이러니가 아닐 수 없다.

10 하나의 상품으로서의 지역 사회

빌리 아저씨(감정에 복받쳐서) : 메리가 그랬어, 조지! 메리가 그랬단 말이야. 네가 문제에 빠졌다고 메리가 몇몇 사람에게 말했어. 그리고 그 사람들이 온 마을로 흩어져 돈을 모으고 있어. 그들은 아무것도 묻지 않고 단지, "조지가 문제에 빠졌다면, 나만 믿으세요"라고 말했어. 아마 그런 광경은 못 봤을 거야.

— ⟨It's a Wonderful Life⟩, 영화, 1946년

우리의 개인적인 삶에 신경제가 미치는 마지막 영향은 우리가 살고 있는 지역과 관련 있다. 지역 사회는 가족이 다 못 해주던 것을 마무리해주곤 했다. 가정 교육은 그 지역의 공립학교에게 길을 내주었고, 아픈 사람은 집에서 돌보다가 그 지역의 병원으로 옮겨갔고, 도서관이나 운동장이 주민에게 개방되면서 이런 것을 갖추고 살 수 없는 대부분의 가정이 혜택을 입었다. '지역 사회'에 대해 생각하면 서로가 서로를 돌보는 모습이 연상될 것이다. 옛날 이웃

들, 교회, 자발적인 여러 모임, 뉴잉글랜드 지역의 주민 총회, 퀼팅 비(quilting bee, 이웃끼리 모여서 시간이 많이 걸리는 퀼트 작업을 서로 도와주던 것 — 옮긴이), 자원 소방 활동, 무료 급식과 같은 것들이다. 프랭크 카프라의 1946년 영화 〈It's a Wonderful Life〉의 마지막 장면은 미국인의 이상을 그대로 보여주고 있다. 조지가 절망 속에 포기하려던 순간, 과거에 조지에게 의지했던 마음씨 좋고 착한 이웃들에게 자신을 기댈 수 있다는 것을 알게 된다는 것이다. 그들은 공통의 가치와 우정 속에 서로를 하나로 생각하고 있었다.

이 장면을 탄식을 자아내는 최근 상황과 비교해보자. 이제 미국인들에게서는 공동 사회를 잘 찾아볼 수 없다. 우리는 더 이상 이웃과 같이하지 않는다. 옆집에 누가 사는지도 모른다. '볼링을 혼자서 치고 있다.'[1] 대부분의 사람들이 더 열심히 일하고 자기 판매에 더욱더 열을 올리고 있는 점을 감안하면, 이웃과 보낼 여력이 없다고 해도 놀랄 일은 못 된다.

그러나 더 이상 이웃과 같이하지 않는다는 것은 완전히 맞는 말은 아니다. 그것은 현재 상황의 가장 중요한 면을 제대로 설명하지 못하는 것이다. 우리는 여전히 서로 같이하고 있다. 아동 보호, 노인 보호, 학교, 의료 서비스, 보험, 헬스클럽, 투자클럽, 구매클럽, 오락 시설, 사설 경호원 그리고 이외에 혼자서 사기에는 너무 비싼 다른 모든 것들이 있다. 그러나 우리는 참가자로서 같이하지는 않는다. 소비자로서 함께할 뿐이다. 우리의 경제적 자원을 함께 모아서 가장 좋은 조건의 거래를 얻어내고 있다.

상품과 투자에 있어서 우리에게 더 많은 선택권을 가져다준 통신, 운송, 정보 기술의 발전으로 우리는 누구와 함께하고 또 무슨 목적으로 함께할 것인지에 대한 선택의 범위가 더 넓어졌다. 그리고 새로운 삶의 다른 면과 마찬가지로 우리가 선택한 지역 사회를 버리고 더 좋은 조건을 찾아 다른 지역 사회로 바꿀 수도 있다. 개인적인 관심과 마찬가지로 지역 사회 역시 시장에서 거래

가능한 상품이 되어가고 있다. 우리가 내는 돈만큼 얻게 되고, 우리가 얻는 것에 대해 정확히 필요한 액수만 지불할 뿐이다.

새로운 집단

역사를 살펴보면, 지역 사회의 구성원은 자신이 함께할 사람을 선택할 수 있는 여지가 별로 없었던 것이 일반적이다. 그 지역에서 태어나서 숨을 거두는 것이 보통이었다. 관계를 단절하거나 추방당하는 경우도 있었지만, 매우 드문 일이고 서로에게 좋지 않은 경우였다. 산업화 시대로 들어서고 한참 지난 후에도 대부분 대가족 제도하에서 함께 살았으며, 이웃이라는 울타리를 이루고 있었다. 당시에는 최소한 한두 세대 동안은 다른 곳으로 이주하지 않고 그 지역에서 계속 살았다.

이런 지역 사회에 살고 있는 구성원들은 지루함과 기회의 제한이라는 대가를 치르기도 했지만, 그 안에서 편안하게 서로를 돌보며 살아갔다. 역사가 이룬 가장 커다란 업적 중 하나는 사람들에게 지역을 선택할 수 있게 해주었다는 것이다. 현재에는 전례가 없을 정도의 많은 미국인들이(다른 선진국의 국민들도 그렇다) 자신이 태어난 지역을 떠날 수 있는 자유를 누리고 있다. 누구와 함께할 것인지 선택할 수 있으며, 원할 경우에는 다른 집단과 함께 어울릴 수도 있다. 예를 들면 다른 주거 지역이나 온천, 헬스클럽, 놀이방으로 옮겨갈 수 있다는 말이다. 클릭 한 번만 하면 사이버상의 공동체를 버릴 수도 있다. 운명으로 받아들이던 것에서 선택으로 바뀜에 따라 공동체 생활이 더 풍성해지고 더 조화롭고 더 행복해질 것이다. 그렇다면 운명으로 받아들였을 때에는 어떠했을까?

먼저 과거에는 어느 지역 사회에 속해 있다는 것이 개인의 삶에 많은 영향을 끼쳤다. 물론 여러 가지 다른 상황도 있었겠지만, 서로 지켜야 할 의무나 서로에게 주는 혜택면에서 그 규모가 상당히 컸다. 생산, 방위, 보살핌, 영양, 양육, 오락, 종교 등에서 서로 영향을 주고받았다. 사회의 참여자로서 사람들이 기대하는 만큼 기여했으며, 각 개인에게 할당된 만큼을 취했다. 지역 전체를 위한 생산이었고, 서로의 아이들이나 환자와 노인들을 보살펴주었다.

반대로 새로운 공동체 혹은 지역 사회는 아주 구체적인 혜택을 제공하고 있다. 자신이 원하는 것을 제공하는 지역 사회를 선택한다. 새로운 삶의 다른 면과 마찬가지로, 자신의 경제적 여건 내에서 선택할 수 있는 지역 사회 중 최고의 것을 선택할 수 있다. 그 사회에서 나가는 것이 매우 쉽고 얻을 수 있는 혜택이 한정되어 있기 때문에 과거만큼 그 사회에 헌신할 필요도 없다. 또 어려운 상황에서 다른 사람의 도움이 필요한 사람에게 과거와 같은 안정을 제공하지도 않는다. 물론 함께 돌보는 아이들끼리 친구가 될 수는 있다. 그러나 그런 과정에서도 과거만큼 자신에 관해서 많은 것을 보여줄 필요가 없다. 그리고 언제든지 그 관계를 끝낼 수도 있다. 물론 상대방도 마찬가지다.

그러나 여기에 함정이 있다. 선택이 자유롭고 다른 조건으로의 이동이 쉬워지면서 자신과 거의 비슷한 수입 능력, 리스크, 욕구를 지닌 사람들이 모여 있는 곳으로 스스로를 분류하고 있다. 과거 그 어느 때보다도 '어디에 사는지'와 '얼마를 버는지'가 밀접한 관계에 있다. '바일이나 그리니치 같은 휴양지와 그곳에 출근하는 사람들이 사는 곳'을 생각하면 이해가 쉽다. 신경제로 인해 힘든 사람들, 즉 수입이 가장 많이 줄어든 사람들이나 수입에 대한 예측이 힘든 사람들은 결국 가난한 지역에서 함께 살 수밖에 없다.[2] 이 지역의 학교는 최하 수준이다. 의료 혜택도 다른 지역보다 낙후되어 있다. 보험료도 더 비싸다. 아기를 가진 부모들이 함께 사용할 수 있는 시설이 있다 해도 양질의 서비스를 받을 정도의 돈을 마련하지 못한다. 이렇게 수입에 따라 지역 사회가 분류되는 현상은 몇 년 전부터 나타나기 시작했다. 현실적으로 분류 과정을 거쳐서 사회가 관심을 보이지 않는 지역으로 들어간 사람들은 정작 도움을 가장 많이 필요로 하는 사람들이다. 사회적 분류 과정이 과거보다 더 효율적으로 진행된 결과다.

분류 과정

현재 상황을 이해하기 위해서는 전반적인 분류 과정을 알아야 한다. 다른 모든 상황이 같다면, 자신이 (집을 사고) 어떤 지역으로 들어갈 때에는 그 투자에 대해 가장 높은 수익이 돌아오길 원한다. 가격도 최고, 서비스도 최고, 같이 사는 이웃도 가장 재미있고 흥미로운 사람들, 이렇게 자신의 돈으로 살 수 있는 최고의 상태를 원한다. 이미 그곳에 살고 있는 사람들도 마찬가지로 새로 들어오는 사람에게서 최고의 수익이 돌아오는 것을 원한다. 다시 말해 자신들보다 더는 아닐지라도 그 지역에 자신들만큼 기여하고, 함께 사용하는 여러 자원에 대해서 최소한의 요구를 하는 그런 사람들을 원한다. 자선사업이 아니라면 자신보다 더 가난한 사람들과 함께 산다는 것은 이치에 맞지 않는다. 결국에는 그 사람들을 도와줄 수밖에 없기 때문이다. 그리고 이미 살던 사람들이 굳이 앞장서서, 이사오게 되면 자신들 호주머니에서 돈이 나가야 할 사람들을 끌어들이거나 그런 사람들을 위해 혜택을 제공하는 것도 이치에 맞지 않는다.

최근 친구 한 명이 UCLA 대학에, 또 그의 아내는 LA 시내의 금융회사에서 근무하게 되었다. 그래서 두 사람 모두 통근거리가 50분 이내인 지역 중에서 살 곳을 찾아보기 위해 돌아다녔다고 한다. 몇 개의 후보 지역을 추려낸 다음, 그 중 여러 형태의 공동 주택에 대해 자세히 알아보았다. 마침내 자신들의 경제적 여건에 맞는 최고의 집을 선택했다. 자체 경비원, 유지 보수 인력, 여가 시설, 초고속 인터넷을 갖추고 있는 아파트 단지로, 주변이 안전하고 경치도 좋고 딸아이가 다닐 좋은 초등학교도 있는 지역이었다. 친구 부부는 결정을 내리면서 세금뿐만 아니라 당연히 아파트의 가격과 월세도 고려했다. 가난한 지역에서는 아이들이 별도의 학교 보충수업을 필요로 할 수도 있고, 사회사업도 더 많이 필요하기 때문에 추가로 세금을 내야 하는 경우도 있으며, 대가족일 경우 공공시설을 더 많이 사용할 수도 있다. 그렇다고 해서 이들 부부가 이런 가난한 가정이 거의 없는 지역을 의식적으로 찾아나섰던 것은 아니다. 단지 이들은 자신의 돈으로 찾을 수 있는 최고의 조건을 찾으려 했을 뿐이다. 정보도 많았고 선택의 여지도 많았다(납세자층이 다른 지역, 월세가 다른 개인 주택 지역 등등).

선택의 여지가 더 많고 더 좋은 조건으로 더 쉽게 바꿀 수 있게 되면, 분류 과정은 그 효과를 더욱더 발휘할 수 있다. 각 개인은 자신에게 최고의 조건을 제시하는 단체나 집단으로 들어가려 한다. 가장 좋은 도시나 지역 혹은 가장 좋은 개인주택 단지 같은 것뿐만 아니라, 대학이나 초·중·고등학교, 놀이방, 양로원, 요양원, 보험 집단, 전문 파트너십, 회사에서도 최고의 곳을 찾게 된다. 그리고 그런 단체는 기여는 가장 많이 하면서 요구는 가장 적게 하는 자신들에게 더 바람직한 구성원을 끌어들이기 위해 경쟁한다. 그 결과 가장 바람직한 후보들은 자신들끼리 모이게 된다. 전국적으로 혹은 전세계적으로도 이런 경향을 찾아볼 수 있다. 그리고 분류 작업의 효율성이 그 어느 때보다 높아지면서 이들은 자신들보다 가치가 떨어지거나 요구 사항이 많은 사람들은 배척하게 된다. 그렇게 되면 그 다음으로 바람직한 후보들끼리 또 함께 모이게 된다. 그리고는 자신들보다 처지는 사람들을 배척하게 될 것이다. 이런 식의 분류 과정은 그 다음 단계로 계속 내려간다.

아주 냉정한 계산처럼 들리겠지만 이는 사회 표면 아래 묻혀 있는 법칙을 드러내기 위한 것이다. 선택의 폭이 넓어지고, 더 많은 정보를 얻을 수 있고, 더 좋은 조건으로의 이동이 쉬워지면서 이 법칙은 점점 더 분명한 모습을 띠어갈 가능성이 있다. 지금 말한 분류 과정을 의식적으로 사용하는 사람은 거의 없다. 단지 많은 사람들이 합리적으로 생각하고 내린 결정의 결과일 뿐이다.

주택 분류

선택의 폭이 넓어지고 이동이 더 쉬워진 세계에서는 자신의 돈으로 얻을 수 있는 정도에 따라 일단 결정을 내리고, 기여는 덜하면서 공동 자원은 더 많이 사용하는 사람들을 돕지 않는 방향으로 선택하는 사람들이 계속 늘어나고 있다. 주거 지역이 상품화되면서, 다시 말해 일반 상품과 마찬가지로 한 지역이 시장에 나오면 그 가치를 평가하고 구매하는 형태가 되면서, 구매자는 자신이 원하는 바로 그 상품을 얻는 것이 더 쉬워지고 있다. 그리고 판매자는 구매자의 입맛에 맞는 조건을 제시하고자 하는 동기가 더욱 강해진다.

미국 주택 시장에서 가장 빠른 성장을 보이고 있는 개인주택 지역에서는 그 지역 내 각종 서비스 제공이 구성원들의 회비로 이루어지고 있다. 바일이나 그리니치와 같은 부유층 공공 타운십(township, 미국의 지방 자치 구역의 한 종류이며 미국 전역에서 사용되는 토지 측량법의 한 가지로 사방이 6마일씩 되는 36평방마일, 즉 6마일평방의 정사각형의 토지를 말한다–옮긴이)에서는 그런 서비스는 지역 재산세를 그 재원으로 하고 있다. 그러나 개인 지역이나 공공 지역 모두 기본적인 분류 과정은 같다. 개인주택 지역에서는 많은 사회적 서비스를 필요로 하는 대가족이나 아이들이 시끄럽거나 경미한 범죄에 가담할 수 있는 가정이 입주를 희망할 때에는, 상당히 높은 집값이나 회비를 요구하거나 각 주택마다 침실의 수를 제한해서 이를 막고 있다. 부유층 타운십에서는 각 가정마다 2~4에이커 정도의 대지 면적을 요구하거나 한 집에 여러 세대가 사는 것을 금하는 방식을 취한다. 바일 지역 주민들은 노동력이 부족한데도 자신들의 재산 가치에 위협을 줄지도 모를 저소득층이 들어오는 것을 원치 않고 있다. 일반 주택 중 주민들의 불평이 제기되지 않은 집은 바일에서 45마일 떨어진 범람이 잘되는 평야 지역에 있는 집이라고 한다.[3]

각 주나 지역별 세금에 반대하는 '시민 운동'을 주도한 것은 개인주택 소유주 협회로서, 자신들은 필요한 모든 것을 회비를 통해 지역 내에서 자체적으로 얻고 있는 상황에서 지역 외부에 살고 있는 가정을 지원하기 위해 돈을 내야 할 이유가 없다고 생각한다. 1990년 뉴저지 주 입법부는 개인주택 지역의 주민들에게 공공 쓰레기 수거와 제설 작업, 가로등, 그리고 다른 공공시설에 대해 이들이 낸 세금을 상환해주어 그러한 반대 의견을 진정시키기도 했다. 이 사람들은 이미 개인적으로 같은 돈을 내고 있기 때문이었다. 다시 말해 주택 소유주들은 자신들이 얻는 것에 대한 돈만 지불하고, 더 많은 것을 필요로 하는 다른 지역을 더 이상 돕지 않는다는 뜻이다.

나는 이런 현상을 '성공한 사람들의 분리'라고 부른 적이 있다. 그러나 최근 몇 년을 보면 이러한 분류 과정은 경제 사다리를 따라 내려가고 있다. 기혼에 자녀가 있는 가정의 비율이 줄어들고 노인 가정이 늘어나면서, 학교가 더 나빠져도 좋으니 세금을 덜 내겠다는 노인이 많이 살고 있는 학교구(school district, 미국 지방 자치 구역의 한 종류―옮긴이)의 수가 늘어나고 있다. 반면에 미국 시 당국에서는 중산층 주거자와 사업주들을 위한 '특별 서비스' 구역을 만들고 있는데, 이들은 쓰레기 수거와 청소, 치안 서비스를 더 받는 대신 그 서비스가 자신들의 구역 내에서만 이루어질 때에 한해 세금을 더 낼 용의가 있는 사람들이다. 배타적인 지역 사회는 더 배타적인 형태의 네트워크 성격을 띠고 있다. 머지않은 미래에 이들은 자신들의 가족, 학교, 소매점, 사무실 등을 초고속 네트워크로 모두 연결시킬 것이다. 그렇게 되면 교사는 부모와, 기업은 종업원과, 주민은 당국과의 대화가 더 쉬워질 것이다.[4] 배타적인 모습의 주거방식은 과거에는 일부 부유층에만 해당되는 것이었다. 그러나 이제는 중산층, 심지어 저소득층 주택 구매자들까지 이 대열에 합류하고 있다. 1970년에는 사설 경호원보다 공공 경찰의 수가 더 많았다. 그러나 지금은 경찰보다 사설 경호원이 세 배 더 많다. 캘리포니아에서는 네 배에 달한다.[5]

중산층과 저소득층의 분리 현상은 다시 인종별로 나누어지는 모습을 보이고 있다. 흑인 학생이 백인을 급우로 둘 수 있는 가능성은 1990년대에 이미 떨어졌다. 이러한 경향은 전국의 대도시 지역에서 찾아볼 수 있다. 1990년대 초에는 시카고 지역의 약 10퍼센트가 흑백의 통합이 이루어진 곳이라고 말할 수 있었다(흑인 가구가 10~50퍼센트를 차지하는 경우). 그러나 1990년대 중반이 되면서 그 비율은 3퍼센트로 떨어졌다.[6]

학교 분류

교육의 중요성이 나날이 증가하자, 부모들은 경제적인 여유가 허락하는 한도에서 자녀에게 최고의 교육을 시키는 데에 보다 더 적극적으로 나서고 있다. 최선의 교육 조건이라면, 다른 학생들이 자신의 자녀만큼 똑똑하고 야심이 있으며, 지적 호기심을 제공하는 경우일 것이다. 또 문제를 일으키거나 교사의 별도 지도가 필요해 선생님의 관심을 자녀로부터 앗아갈 가능성이 가장 적은 교육 기관일 것이다.

학교를 다니는 아이들에게 친구가 미치는 영향은 상당하다. 고등학교를 보면 대학 진학을 생각하고 있는 친구들이 많을 경우 그만큼 그 아이도 대학에 갈 가능성이 늘어난다.[7] 또 아이의 능력에 관계없이 자신보다 잘하는 아이들과 같이 있을 때 평균적으로 더 잘하게 되고, 덜한 아이들과 같이 있을 때는 더 못하게 되는 것이 일반적이다. 잘하는 학생이 처지는 학생들과 함께 있어서 해를 입는 것보다는 처지는 학생들끼리 한 교실에서 함께 있을 때 도움을 받는 정도가 더 크다고 한다.[8] 새로운 연구 결과에 의하면, 어린 시절 친구의 영향은 학교 울타리를 넘어 이들이 살고 있는 지역에서도 나타난다고 한다. 가난한 지역에 살던 가정이 주택 바우처(housing voucher, 정부가 저소득층 가정의 월세를 보조해주는 수단—옮긴이)를 받고 전보다 고소득층이 사는 교외로 이사간 이후, 아이들의 행동이 바우처를 받지 못한 가정의 아이들에 비해 상대적으로 더 좋아졌다고 한다.[9]

여기서도 분류 과정의 효율성은 증가한다. 잘살고 보다 큰 야망이 있는 부모들은 아이들에게 긍정적인 영향을 주고, 문제아는 쉽게 밀려나고, 학습 진도가 늦은 학생은 조용히 고립되는, 잘사는 교외 지역의 높이 평가받는 사립학교나 평판이 좋은 공립학교를 선택하고 있다(실제로 잘사는 지역의 좋은 공립학교의 '수업료'는 그 지역의 주택 구매 가격과 재산세에 포함되어 있다). 그렇지 않을 경우에는 공공 재원으로 운영되는 '차터 스쿨(charter school, 미국 공립학교 교육에 대한 불만이 고조되면서 주 및 지방 당국의 규제 없이 주로 학부모와 교사로 구성된 이사회가 운영하는 특수화된 공립 교육기관—옮긴이)'을 선택한다. 이학교는 학생들의 입학과 퇴학에 있어 일반 공립학교보다 더 많은 재량권을 가지고 있다. 대부분의 주에서 차터 스쿨은 드러내놓고 특정 학생들을 배척하거나 퇴학시키거나 하지는 않다. 그러나 학습 능력 장애가 있는 아이에게는 교육 서비스 제공을 하지 않고, 근처의 잘사는 동네 아이들만 입학을 허용하는 방식으로, 학교 입장에서 원하지 않는 학생이 들어오는 것을 교묘히 막고 있다(미시간 주의 차터 스쿨에 관한 최근 연구에 의하면, 대부분의 차터 스쿨이 특수 교육이 필요한 경우처럼 비용이 특히 많이 드는 학생은 입학시키지 않는 것으로 나타났다. 최고 부자들이 사는 학교구의 차터 스쿨은 그 지역 외 출신자들의 지원을 받지 않고 있다).[10]

부유층 지역의 학교구는 빈곤층 지역의 학교구에 보조금을 지급하라는 최근 법원의 판결이 나온 후, 개인적으로 설립한 '학부모 재단'이 급등하고 있는 것도 바로 이 분류 과정 때문이다. 별도로 추가 세금을 내지 않고 학부모들은 일종의 자선기업 형태인 이 재단을 지원해 자신이 사는 지역으로 돈을 지출하는 쪽으로 방향을 바꾸고 있다. 미국 전역에 걸쳐 1만 4,000개가 넘는 학교구의 12퍼센트 이상이 이 재단의 지원을 부분적으로 받고 있다.[11] 신축 강당 건설에서(매릴랜드 주 보위) 최첨단 기상대와 언어예술 프로그램(매사추세츠 주 뉴턴)까지 여러 분야에서 지원이 이루어지고 있다.[12] 《월 스트리트 저널》은 "학부모 재단은 자신의 돈을 자녀에게 다른 방법으로 연결시키려는 노력을 보여주는 것"이라고 말했다.[13] 그러나 자신의 자녀들보다 더 돈이 필요하고 교육 비용이 많이 드는 아이들에게는 제공되지 않는다는 사실은 언급하지 않았다.

이런 모든 분류 과정의 결과, 좋은 선생님이 많은 관심을 기울여야 할 빈곤층 자녀들은 역시 같은 상황에 있는 아이들과 처음부터 활용할 자원이 거의 없는 학교 시설에 함께 묶이는 현상이 더 늘어나고 있다.[14] 따라서 가난한 지역의 부모들이 교육 바우처(school voucher, 사립학교의 수업료를 공적인 지불 증서로 보조해주는 제도-옮긴이)를 선호하는 경향에 대해 놀랄 필요가 없다. 왜냐하면 바우처를 받으면 가뜩이나 모자란 선생님의 시간과 관심을 더 많이 앗아가고 아이들에게 나쁜 영향을 주는 문제아들로부터 자신의 자녀들을 분리시킬 수 있는 방법이 생기기 때문이다. 바우처 시스템에 속해 있는 학교는 방침에 따르지 않는 정도가 심한 학생을 퇴학시킬 수 있는 권한이 다른 학교보다 더 강하다. 가톨릭계 학교는 퇴학에 관한 선택권을 가지고 있다. 그 학교에 다니는 가난한 집 아이들이 공립학교의 같은 아이들보다 수학능력시험에서 성적이 더 좋은 이유 중 하나다. 이렇게 엄격하게 학교 방침을 밀고 나가게 되면 문제아의 퇴학은 그만큼 더 많이 발생한다. 그럼 이 모든 아이들은 어디로 가란 말인가? 이 아이들은 기본적으로 아이들을 맡아주는 역할밖에 하지 못하는 학교를 다니며 전체 교육 시스템의 가장 밑바닥에 함께 몰려 있다. 이런 학교에서도 다루기 힘들 정도의 아이들이라면 소년원으로 가게 될지 모른다. 그렇게 되면 분류 작업은 완결된다.

그러나 교육 체제가 이런 결과를 낳도록 의도적으로 행동에 나선 사람은 없을 것이다. 좋은 뜻을 가지고 있는 부모는 사립학교나 잘사는 지역에 있는 좋은 공립학교, 차터 스쿨, 지역 재단, 교육 바우처와 같은 수단이야말로 자신들의 경제적 여건이 허락하는 한도 내에서 자녀에게 가능한 한 가장 좋은 교육을 시키기 위한 방편으로 생각할 뿐, 조금 수준이 떨어지는 다른 아이들을 배척하기 위한 수단으로 여기는 것은 아니다. 그러나 실제로 이런 각 개인들의 결정은 대규모의 분류 과정에 일조한다. 그리고 일단 그 분류 과정이 시작되면 캘리포니아의 경우에서 보았듯이 자연 발생적인 경향을 띠기도 한다. 1960년대 캘리포니아는 학생 1인당 공교육비가 가장 높고 가장 좋은 학교 체제를 가지고 있던 주 중의 하나였다. 그러나 현재는 공교육비를 가장 적게 지출하고 최악의 학교 체제를 가지고 있는 주 중 하나가 되어 있다. 주민들이 부유한 지역과 빈민촌으로 분리됨에 따라 가난한 학교의 질이 떨어지기 시작했다. 1978년 지방 재산세율에 최고한도가 정해지고 모든 학교구에 대한 교육비 지출을 균등히 하라는 법원 판결이 나오면서, 캘리포니아 주는 주 전체를 대상으로 교육 재원을 조달하는 쪽으로 정책 방향을 바꾸었다. 다시 말해 잘사는 지역에서 낸 세금을 빈민촌으로 이동시킨 것이다. 이에 따라 잘사는 지역을 택한 부모들이 받을 수 있는 교육적인 혜택이 줄어들었다. 그래서 이들은 아이들을 사립학교로 보내기 시작하고 공교육 제도에 대한 지원을 중단했다. 그 결과 전반적인 공교육비 지출이 줄어들었고, 모든 공립학교의 질이 떨어진 것이다.

신경제에서 성공하기 위해서는 재능과 독창성, 자기 판매 능력 그리고 인맥 등이 필요하다. 이런 면에서 본다면, 다니는 학교의 질과 아이가 사는 지역의 성격이 점점 더 중요해지고 있다. 따라서 점점 더 효율성이 높아지고 있는 분류 과정을 통해 학교와 지역에 따라 아이들이 분리되고 있다. 부모들의 행동은 합리적이다. 그러나 개인에게 합리적이라고 해서 국가에도 반드시 그런 것은 아니다. 그리고 우리가 시민으로서 선택한 결과가 국가의 장래에도 반드시 합리적인 결정이 되는 것은 아니다.

대학 분류

당신이 대학 진학을 생각하고 있는 똑똑한 고등학교 졸업반 학생이라고 해보자. 20년 전이라면, 당신이 사는 주에 있는 최고의 대학을 마음에 두었을 것이다. 그러나 지금은 전국 대학에 대한 비교 자료를 훨씬 더 쉽게 접할 수 있다. U.S News의 대학 순위 자료가 있고, 인터넷을 보면 수많은 관련 자료를 찾을 수 있다. 또 과거처럼 주립대학이 가장 비용이 낮은 선택이 아닐 수도 있다. 고등교육에 대한 주정부의 지원이 과거만큼 그렇게 후하지 않기 때문이다 (이 이야기는 곧 나온다).

이렇게 전국적인 상황으로 (혹은 세계적인 상황으로) 바뀌면서 모든 대학들이 과거보다 더 치열한 경쟁 상태에 놓이게 되었다. 명성을 유지하고 또 더 높이기 위해서는 전국 아니 세계에서 가장 똑똑한 학생들을 유치해야만 하는 상황이 된 것이다. 학생과 마찬가지로 대학도 전국의 수재들에 관한 정보가 과거보다 더 풍부해졌다. 수재를 둘러싼 경쟁이 심화되면서 각 대학들은 과거보다 더 좋은 조건의 장학금을 제공하고 있다.

수재를 둔 부모는 이런 추세를 알아채고 마치 기업에서 좋은 인재를 데리고 가기 위해 경쟁하는 것처럼 각 대학들 간의 입찰 경쟁을 실시하고 있다. 카네기 멜론 대학은 수재들이 이미 다른 학교에서 제안을 받았다면, 그 제안을 들고 오도록 공공연히 밝히고 있다. 그 제안을 듣고 이에 상응하는 제안을 하거나 더 좋은 조건을 제시하겠다는 말이다. '다른 어떤 제안도 이길 수 있다!' 는 것이 이 대학의 슬로건이다. 하버드 대학은 늘 그렇게 해왔듯이 카네기 멜론보다는 조심스럽지만 역시 같은 제안을 하고 있다. "우리 학생 중 일부는 새로운 장학 프로그램을 가진 단체로부터 꽤 매력적인 제안을 받을 것이라고 생각합니다. 이 학생들은 우리 대학이 이에 대응하지 않을 것으로 단정지어서는 안 될 것입니다"라는 내용의 편지를 신입생에게 보낸다.

그러나 추세가 이렇게 바뀌면서 실제 지원을 더 필요로 하는 학생들을 위한 장학 제도는 감소하고 있다. 수상 경력 등에 따라 신입생을 선발하고 이들이 학교 다니는 데에 충분할 정도의 재정 지원을 해주었던 과거 방식은 이제 빠른 속도로 사라지고 있다. 최고의 학생, 가장 똑똑한 학생들에게 더 많은 장학금이 가고 있다. "과거의 경제적 지원은 자선사업이었다. 이제는 브랜드 경영과 같은 투자다"라고 마이클 맥피어슨 맥칼레스터 대학 총장은 말하고 있다.[15]

이는 특출한 재능, 뛰어난 조직력, 학습에 대한 높은 동기 의식을 가진 학생들이 과거 그 어느 때보다 몇 개의 명문대학으로 대거 몰린다는 것을 의미한다. 앞으로 잘 살아갈 가능성이 이미 높은 상태에서 대학에 들어간다. 이렇게 모인 학생들은 자신들의 성공 가능성을 더 한층 다져나간다. 서로의 재능과 야망을 가지고 서로에게 도움을 줄 뿐만 아니라, 학교를 통해 얻은 풍부한 인맥은 전체 학생들을 위한 더 좋은 일자리로의 안내자 역할을 해준다. 이들이 이렇게 모여 있으므로 그 학교 브랜드의 명성은 꾸준히 상승한다. 이들보다 능력과 동기 의식이 떨어지고 수학능력시험 점수가 낮은 학생들은 소위 '2류 대학'에 들어간다. 이곳에서의 경험을 바탕으로 명문대학만큼은 못하지만 그래도 나름대로 뛰어난 인맥을 갖게 된다. 이런 식으로 계속 아래로 내려간다(그러나 이전 장에서 이미 말했듯이, 대학 순위가 높다고 반드시 그 학교 내에 재능 있는 인재가 많다는 의미는 아니다. 그리고 소규모 대학 중 일부는 세계적인 교수와 학생들이 매력을 느낄 정도로 몇몇 특수 분야에서 그 우수성을 인정받고 있다).

지난 몇 년 동안 이런 추세는 지속되어왔다. 이제 새롭게 등장하는 것은 분류 과정의 효율성이다. 최고 대학을 가려는 학생이나 최고의 학생을 찾고 있는 대학, 이렇게 두 분야 모두에서 경쟁이 더 심해지면서 재능과 능력 있는 학생들이 과거 어느 때보다 한곳으로 몰리고 있다. 심지어 대졸자간에도 소득 불균형 현상이 증가하고 있는 것도 이 때문이다.[16]

위험도 분류

지역 사회가 해주던 전통적인 기능 중의 하나로 불행의 위험 요소를 구성원 간에 나누던 것이 있다. 어느 한 사람이 특별히 안 좋은 상태가 되지 않도록 모든 구성원이 기여했다. 20세기 초반에는 국가가 모든 국민들에게 사회보장제도를 제공해야 한다고 생각했다. 모든 미국인들은 "자신이 평생 속하게 될 보장제도로부터 직접 노년 연금을 받을 것이다. 만약 일자리를 잃게 되더라도 연금을 받게 된다. 아프거나 장애인이 되더라도 연금을 받는다"라고 루스벨트 대통령은 사회보장법에 서명하면서 말했다.[17]

그러나 분류 과정은 이러한 사회보장제도를 서서히 손상시키고 있다. 왜 그런지 이해하기 위해서는 일단 왜 당신이 자신과 가족에 대해 보장 장치를 만들고 싶어하는지에 관한 두 가지 기본 사항을 알아야 할 필요가 있다. 먼저 개인적으로 보험회사나 세금을 통해 정부로부터 보험 상품을 구매하는 이유는 앞으로 얼마나 많이 필요하게 될지 모르기 때문이다. 만약에 이를 안다면 보험이라고 할 수 없을 것이다. 단순히 매 5년마다 차가 필요할 것이라는 식으로 자신이 앞으로 필요로 할 것에 대비한 비용 정도에 불과할 것이다. 두 번째로 보험을 위해 실제로 지불하는 돈, 다시 말해 보험금이나 세금으로 내는 돈은 그 그룹 내의 다른 모든 사람의 평균 위험도 정도와 일치한다는 것이다. 어떤 그룹이든지 구성원의 위험도가 비슷한 정도라면, 또 메디케어나 사회보장제도와 같이 국가 차원의 그룹이라면, 당신에게 부과되는 비용은 다른 사람과 거의 같을 것이다(메디케어는 노약자들을 위한 국가의료보험-옮긴이). 다시 말해 더 좋은 조건을 얻을 수 없다는 뜻으로 그런 조건을 찾아나설 필요가 없게 된다. 이런 상황에서는 궁극적으로 돈 많은 사람들이 그렇지 못한 사람들을 도와주게 되는 결과를 낳게 된다. 사람의 운명은 어떻게 될지 모른다고 생각하면 이런 방식이 공평하다고 생각할 수도 있다.

강한 사회적 유대감이 없다면 이러한 상태의 보험 집단에 기여해야겠다는 동기 의식은 사라질 것이다. 왜냐하면 그 제도로부터 당신이 얻을 수 있는 것이 다른 사람이 얻는 것보다 훨씬 더 적다고 생각하기 때문이다. 루스벨트 대통령의 사회보장 계획에 원래 담겨 있던 '복지'는 소득을 올리던 남편이 세상을 떠난 엄마들을 위한 것이었다. 이런 불행은 어느 가정에나 일어날 수 있기 때문에 그 제도는 많은 사람들의 호응을 얻었다. 그러나 그러한 복지가 미혼모의 수입 지원을 위한 형태를 띠어가면서(미혼모 중 흑인이 많은 부분을 차지했다) 그 제도가 더 이상 보험으로 다가오지 않게 되었다. '혜택을 받을 자격이 없는' 빈민을 위한 구제의 모습으로 변해갔다. 복지정책에 대한 정치적인 지원도 사라져갔고 복지정책은 움츠러들게 되었다.

한편 더 넓은 층을 대상으로 했던 사회복지정책은 노인들 사이에서 계속 인기를 얻고 있었다(4년마다 정치권에서 메디케어나 사회복지정책에 보내는 박수 갈채를 보면 알 수 있다). 그러나 잘살고 건강한 사람들은 다른 생각을 하고 있다. 가난하고 아픈 사람들을 뒤에 놓아두고 자신들끼리 함께 뭉치면 더 좋은 조건을 이룰 수 있다는 생각이다.

그렇다고 전에는 없던 이기심 때문이라고 할 수는 없다. 바로 기술 때문이다. 기술의 발전에 힘입어 한 사람의 위험도에 대해 더 많은 것을 알 수 있기 때문이다. 예를 들어 당신 세포에 있는 유전자 코드를 보면 생명에 위협을 주는 병에 걸릴 확률을 알 수 있다. 부모나 조부모가 얼마나 오래 살았는지, 무슨 병 때문에 사망했는지와 같이 그 가족의 내력을 보면 더 많은 정보를 얻을 수 있다. 당신이 섭취하는 음식의 종류와 양, 얼마나 활동적인지, 어디 살고 있는지, 수입, 교육, 개인적인 습관과 중독 등 현재 살아가고 있는 방식을 분석하면 당신이 앞으로 병에 걸릴지 사고를 당할지와 같은 불행한 일의 발생 가능성에 대한 더 구체적인 정보를 얻을 수 있다. 간단히 말해 이제는 당신이나 당신에게 보험 서비스를 제공하는 지역 사회가 당신이 앞으로 어떤 도움을 받아야 할지에 대해 모두 알고 있다는 뜻이다. 또 그런 정보의 정확성도 높아지고 있다.

보험을 위한 분류 과정이 작동하는 방식은 사회사업이나 교육과 조금도 다를 바 없다. 가장 좋은 조건은, 당신의 돈이 당신보다 더 위험한 상태의 사람에게 보조금으로 지급되지 않는 경우다. 미국인들은 자신의 건강과 삶을 보장하기 위해 민간 보험 시장에서 천문학적인 액수를 지출하고 있다. 이 사업에서 경쟁하고 있는 보험업체들은 위험도가 낮은 사람을 목표로 삼아 더 낮은 보험료를 부과하고 있다. 더 많은 양질의 정보 입수가 가능해지면서 더 잘 먹고, 더 좋은 치료를 받고, 수입이 더 높고, 교육 수준이 더 높은 이런 사람들에게 부과되는 보험료 액수는 점차 줄어들게 된다. 그러나 모든 면에서 반대인 위험도가 더 높은 사람들은 더 많은 보험료를 내야 한다. 두 집단 사이의 이런 차이는 더 깊어질 것이다.

분류 과정은 민간 의료보험 분야를 갈라놓고 있다. HMO(각 개인과 계약을 맺고 계약자의 의료에 대해 책임을 지는 의료 서비스─옮긴이)들은 부유층이 사는 교외 지역이나 고비용 치료 가능성이 더 낮은 봉급이 높은 회사를 대상으로 활발한 마케팅 작업을 하고 있다. 반면에 기업들은 가장 중요하게 생각하는 직원에 대해서는 회사의 부담을 올리면서도, 봉급이 낮고 위험도가 높은 직원에 대해서는 회사 부담 액수를 줄이고 있다. 제록스 사는 1999년 말에 지금처럼 모든 직원을 위한 단체 의료보험 상품을 구매하는 대신, 직원들이 직접 보험 상품을 구매할 수 있는 바우처를 지급하겠다는 발표를 했다. 이 조치로 제록스의 비용은 줄어들고 위험도가 낮은 사람들이 더 높은 사람들에게 암묵적으로 해주던 지원도 더 이상 없게 되었다. 모든 직원에게 단체 의료보험 서비스를 제공하던 많은 대기업들이 구조 조정을 하고 외부업체에 아웃소싱을 의뢰하고 있다. 따라서 원래 모기업 차원에서 제공하던 단체 보험 계획에 남아 있는 직원은 대부분 핵심 관리자들인데, 이들은 보통 다른 직원들보다 더 잘 살고 더 건강하다.

반면 '관리 의료' 혁명은 보험 혜택을 못 받는 빈민층에 대한 진료 기회를 감소시키고 있다(managed care, 관리 의료는 의료비를 줄이기 위하여 의료기관의 문턱을 높이며 시행되는 의료 서비스도 제한한다. 각 환자에 시행되는 의료서비스에 대하여 보험회사가 적절성 여부를 판정하여 '불필요한' 의료 행위를 하지 않도록 막는다는 것이 보험회사의 주장이다—옮긴이). 시립병원은 가장 못살고 가장 위험도가 높은 사람들이 의료보험 혜택을 기대할 수 있던 마지막 지푸라기와 같은 존재였다. 진료비를 낼 수 없는 사람에게 무료 진료를 제공하고, 외상과 화상 응급실을 운영하고, 결핵 치료 시설과 AIDS 시설을 제공하고, 약물 중독, 가정 폭력 전문 센터, 최근 미국에 이민 온 사람들을 위한 시설 등이 있었다. 시립 병원이 이런 서비스를 제공할 수 있었던 것은 보험 환자에게 들어간 비용보다 조금 더 많은 액수를 병원이 제공받는 형식으로 의료보험 제도상의 간접 지원을 받고 있었기 때문이다. 그러나 HMO들이 비용 절감에 나서며 서로간에 치열한 경쟁을 함에 따라 시립병원에 돌아오던 그런 혜택이 없어지게 되었다. 실제 HMO간의 경쟁 때문에 병원 역시 중산층의 임산부와 같이 위험도가 낮은 환자들을 놓고 경쟁을 벌이고 있다. 반면에 보험에 들지 않은 약물 중독자나 부상 환자는 기피하고 있다. 또 이로 인해 의사들이 무료 진료 봉사에 할애하던 시간도 줄어들고 있다. 최근 한 조사는, 관리 의료 조직간의 경쟁이 가장 치열한 지역의 의사들이 행하는 무료 진료 봉사는 아직까지 경쟁이 본격화되지 않은 지역보다 25퍼센트가 적다고 밝히고 있다.[18]

메디케어는 원래 목적대로 모든 근로자가 참여한 기금을 통해 모든 퇴직자들에게 최소한의 의료보험 혜택을 제공했다. 그리고 자신이 퇴직할 때 어느 정도의 의료 혜택이 필요할지 아는 사람은 아무도 없었기 때문에, 그 제도는 꽤 공평한 것처럼 보였다. 그러나 잘살고 건강한 사람들이 이제 자신의 미래 상태에 대해 과거보다 더 잘 알게 되면서 만성적인 병에 걸린 사람들을 도와

주는 선택을 하지 않고, 개인적으로 '의료 예금 계좌(medical savings account)'를 만들어 자신에게 더 좋은 조건의 혜택이 돌아오도록 하는 경우가 많아지고 있다. 이렇게 모든 사람들에게 받아들여지고 있는 분류 과정으로 인해 아프고 가난한 노인들은 언제 그 비용이 삭감될지 모르는 공공 보험 집단에 남게 될 것이다.

원래 사회보장제도는 많은 돈을 받는 근로자들이 내는 세금의 일부를 이용해 더 낮은 봉급을 받은 퇴직자들의 상황을 개선한다는 것이었다. 직장 생활을 처음 시작할 때는 앞으로 얼마를 벌지 예측할 수 있는 사람이 없기 때문에 이 역시 공평한 제도로 보였다. 그러나 이제는 교육 수준이 높고 인맥이 넓은 젊은이들은 그렇지 못한 사람들보다 사회 생활을 통해 훨씬 더 많은 부를 축적할 수 있을 것이라는 생각을 하고 있다. 따라서 자신들의 돈으로 가난한 퇴직자들을 도와주는 것보다는 자신들과 마찬가지로 장래가 밝은 사람들과 뮤추얼 펀드 형식으로 합쳐서 그곳에서 발생하는 수익을 얻는 쪽을 선호하고 있다. 그들의 생각은 충분히 이해할 수 있다. 그러나 이렇게 분류 과정을 통해 사회보장제도를 '개인화' 함으로써 가난한 퇴직자들에게 돌아가는 혜택은 점점 줄어들고 있다.

리더의 새로운 역할

리더가 과거에 하던 일은 결정을 내리는 것이었다. 이제 새로운 일은 돈과 재능을 끌어모으는 (그리고 유지하는) 것이다. 이는 돈과 재능의 이동이 과거 어느 때보다 활발하기 때문이다. 기업, 대학, 박물관, 병원, 그리고 다른 기관의 리더들은 현재의 돈과 재능이 다른 많은 돈이나 재능과 함께 모일 수 있는 선순환을 일으키길 원하고 있다. 이렇게 하나로 모임에 따라 서로가 서로에게 주는 혜택을 누릴 수 있다. 속해 있는 그룹의 명성, 그 그룹의 혁신 능력, 그 과정에서 일어나는 서로간의 학습 과정, 구성원들을 위한 질 좋은 서비스, 그 그룹의 일원이라는 사실이 주는 낮은 비용과 위험 등의 혜택이다. 그러나 일정 시점에서 이러한 선순환이 방향을 바꾸어 악순환이 될 수 있다는 것이 문제다. 가장 재능 있는 인력이 더 좋은 조건을 제공하는 곳으로 옮기고, 다른 사람들도 이를 따라 같은 행동을 취하는 것이다. 대량으로 인력이 빠져나갈 수도 있다. 흔히 말하는 '고급 인력 유출(brain drains)'이나 '자본 이탈(capital flight)'의 결과를 낳는 것이다. 정보 입수와 이러한 탈퇴가 과거보다 더 쉬워지면서 앞으로는 이러한 대량 이동 상태가 더 발생할 가능성이 있다. 리더의 일은 이러한 악순환이 그 힘을 얻기 전에 멈추게 하는 것이다.

민간 분야의 경영진은 이제 더 이상 중요한 전략적 결정을 하지 않는다. 증권 전문가나 벤처 캐피털업체, 기관 투자자들에게 기업의 전망이 밝다는 것을 확신시키고, 스톡 옵션이나 흥미를 끄는 프로젝트를 가지고 인재를 끌어와서 계속 근무하게 만드는 데 노력하고 있다. 이런 작업이 최대의 효과를 얻기 위해서는 개인적인 노력이 있어야 한다. 1994년 IBM이 로터스 사를 상대로 30억 달러에 달하는 적대적 합병 인수를 시도한 후, 루이스 거스트너 IBM 회장 겸 최고경영자는 헬리콥터를 타고 뉴욕 주의 몬크에 있는 본사를 떠나 매사추세츠 주 케임브리지까지 날아갔다. 로터스의 가장 창조적인 인재 중 하나인 래이 오지가 회사에 남아주도록 설득하기 위해서였다. 오지는 한 기업의 직원들이 위치에 관계없이 서로 문서를 공유할 수 있게 해주는, 로터스 최고의 상품 노츠를 최초로 기획한 사람이다. 거스트너가 직접 개인적으로 설득 작업에 나섰고, 오지는 3년간 이직하지 않겠다고 약속했다. 오지는 1997년 말 회사를 나와 새로운 회사를 만들었다.[19]

비영리 단체의 리더 역시 재능과 돈을 끌어들이는 노력을 게을리하지 않고 있다. "요새 한 기관을 이끌기 위해서는 기회주의자가 되어야 한다. 모든 사회적인 상황을 이용해 자금 조달과 사교적인 만남을 생각해야 한다"고 뉴욕에 있는 The New Museum of Contemporary Art의 마르시아 터커 전 관장은 말하고 있다.[20] 대학에서는 단과대 학장들이 유명 교수 모시기에 바쁘고(이미 살펴본 대로 베로 교수의 경우와 같은 입찰 경쟁이 늘어나고 있다), 총장들은 모금 활동에 온통 정신을 쏟고 있다. 바드 대학의 리언 보스타인 총장은 "거지, 아첨꾼, 광대가 되어야 한다"고 말하고 있다.[21] 1933년에서 53년까지 하버드대 총장으로 있으면서 원자력의 민간 통제의 중요성에 관해 주장했던 제임스 코넌트와, 1929년에서 51년까지 시카고 대학 총장으로 있으면서 교육과 정의에 대한 도전적인 생각으로 미국을 뒤흔들었던 로버트 허친스는, 중요한 문제에 있어 미국인의 생각을 바꾸고 미래를 제시한 위대한 대학 총장들이었다. 이들이 총장직에서 물러나고 새로 들어온 사람들이 가지고 있던 비전은 커다란 액수를 모금하는 것에 집중되어 있었다. 새로운 천년이 시작되는 지금 하버드 대학의 총장은 닐 루덴스타인이라는 겸손한 사람이다. 잘 알려진 사람은 아니었지만, 하버드대 건물 벽에 자신의 이름을 새겨넣고 싶어하는 사람들로부터 많은 돈을 유치하는 데에 뛰어난 솜씨가 있음을 입증했다. 루덴스타인은 자신의 일을 잘하기 위해서 어떤 커다란 이슈에 대해 논란이 될 만한 입장은 피하고 있다. "하루에도 열두 번씩 하는 생각은 내가 어느 위치에 있어야 하느냐는 것이 아니라, 하버드가 어느 위치에 있어야 하느냐는 것이다"라고 그는 말했다.[22]

세일즈 통치

　정부 관료는 이보다 더 큰 규모로 구애 작전에 나서야 한다. 주지사나 시장은 높은 기술과 높은 수입을 가지고 있는 주민들을 자신의 지역으로 끌어오고 다른 지역으로 나가는 것을 막기 위한 경쟁에 나서고 있다. 이런 주민들은 자신들과 같은 부류의 사람들을 끌어오고 세계의 자본을 유치하면서 선순환의 성장 곡선을 유지시켜준다. 이동 정도는 교육 수준과 관련이 있다. 고등학교 중퇴자 중 다른 주로 이동하는 사람은 1.6퍼센트에 지나지 않는 반면 대학 졸업자는 거의 4퍼센트에 육박한다.[23] 교육 수준이 높은 사람은 다른 지역에 가서도 일자리 선택의 기회가 더 많으며 충분한 인맥도 확보하고 있을 뿐만 아니라, 사이버 공간을 통해 지역에 관계없이 자신의 서비스를 판매할 수도 있기 때문이다.

　교육 수준이 높은 창조적인 근로자를 어떻게 끌어오고 유지해야 할까? 이들의 세금을 낮춰주고, 안전하고 매력적인 생활과 근무 환경을 제공하고, 공항이나 휴양지, 박물관 이용 등에 특혜를 주고, 각종 경기장의 특별석을 제공하는 것 등이 있다. 그렇지 않으면 이들은 더 좋은 조건을 찾아 다른 곳으로 떠나버린다. 매사추세츠 주의 첨단 직종 근로자들이 최근 더 낮은 세금을 따라 뉴햄프셔 주로 이동한 것을 보면 잘 알 수 있다.

　주 정부나 지방 정부가 부과하는 세금이 이동성이 강한 고소득층에서 이들보다 이동의 자유가 덜한 저소득층으로 조용히 옮겨가고 있는 것도 이 때문이다. 고소득층의 소득에 더 큰 영향을 주는 소득세가 반대로 저소득층의 소득에 더 큰 영향을 주는 판매세, 휘발유세, 담배세, 주류세, 복권세 등으로 대체되고 있다. 1993년 이후로 주 정부의 금고가 넘쳐나자 주지사들은 세금을 내리기 시작했다. 그러나 주목해야 할 것은 이러한 세금 인하의 2/3 이상이 판

매세가 아닌 소득세였다는 점이다.[24]

또 주 정부의 대학교에 대한 지원이 줄어든 데에도 이러한 경향이 한몫 했다. 교육 수준과 이동 경향의 상관 관계를 감안해보면 잘 알 수 있다. 젊은이들이 고등학교를 중퇴하지 않고 대학을 졸업하는 데 주 정부가 도움을 준다면, 이는 그 근로자를 다른 주로 잃을 가능성을 배가시키는 것이다. "인력 유출 현상을 계속 겪어오고 있다"고 벤 넬슨 네브래스카 주지사는 불평하고 있다. 그는 네브래스카 주 학생들의 수학능력시험 점수가 높으면 높을수록 이들이 네브래스카를 버릴 가능성은 더 높다고 말했다.[25] 네브래스카 주는 졸업 후 최소한 3년 동안은 주를 떠나지 않는다고 약속한 학생에 한해서만 수업료를 보조해주고 있다.

주지사와 시장은 유망 기업도 자신의 지역으로 유치해 그곳에 머무르도록 설득 작업에 나서야 한다. 상품의 무게가 더 가벼워지고 수송과 통신 시설의 비용이 계속 내려감에 따라 지도상의 제약이 점점 없어지고 있다. 따라서 기업을 대상으로 한 유치 경쟁은 주 정부나 시 당국에서 고액의 보조금과 각종 세금우대 조치 등을 내세우면서 점차 더 가열되고 있다. 전세계적으로 법인세는 급강하하고 있다.

몇 년 전 나는 뉴욕과 뉴저지 그리고 코네티컷 주의 관료들이 서로 기업 쟁탈전을 하지 않는다는 내용의 합의서 조인식 사회를 맡은 적이 있었다. 그 합의는 단 열흘 후 깨졌다. 한 기업이 적절한 조치를 취해주면 기업을 옮기겠다는 제안을 몰래 했고, 세 지역 중 한 곳이 이를 들어주었기 때문이다. 현재 이세 지역은 같은 일자리를 가지고 서로 입찰 경쟁에 나서면서 1년에 25억 달러 이상을 지출하고 있다. 가장 우스꽝스러운 것은 이런 지역간의 경쟁으로 이득을 보고 있는 기업의 근로자들이 대부분 집을 옮기지 않는다는 사실이다. 1999년 보험 및 금융 서비스 기업인 취리히 센터 그룹은 코네티컷 주가 제공하는 1억 9,000만 달러의 세금우대 조치(직원 한 명당 47만 5000달러)의 대가로 사업 활동과 400명의 직원을 맨해튼에서 코네티컷 주 스탬퍼드로 옮긴다고 발표했다. 그러나 그 일자리가 코네티컷 주민들에게 옮겨가는 것은 아니다. 최소한 단기간 동안에는 그렇다. 맨해튼에 살고 있던 직원들이 단순히 스탬퍼드로 통근하는 것에 불과하다.

뉴욕 주 주지사와 뉴욕 시 시장은 뉴욕 증권거래소가 1902년부터 자리하고 있던 브로드와 월 스트리트 맞은편에 6층짜리 새 오피스 타워를 짓는 데 기록적인 액수인 7억 2,000만 달러의 세금 혜택과 보조금을 지급할 것이라고 자랑스럽게 발표했다. 뉴저지 역시 상당한 액수의 혜택을 제공하면서 증권거래소 유치를 시도해왔지만, 그 액수가 못 미쳤던 것이다. 뉴저지 주에 대해 좋지 않은 말을 하려는 의도는 없지만, 뉴욕 증권거래소가 아닌 '뉴저지 증권거래소' 상장 기업이 광채를 발하는 모습은 상상하기 어렵다. 게다가 몇 년이 지나면 전자거래 시스템이 기존의 거래소를 대체할 가능성이 있다. 그런데《뉴욕 타임스》사설에는, "만약 뉴욕 시가 이러한 입찰 게임을 거부하면, 다른 도시나 주에서 뉴욕 시의 미온적인 태도를 이용한다는 것이 현실이다. 그렇게 되면 맨해튼이 가지고 있던 명성이나 주민들은 좋은 조건을 찾아 떠나는 자유 계약 선수처럼 모두 떠나게 될 것이다"라고 말했다.[26]

더 안 좋은 것은 기업들에게 제공되는 이런 세금 혜택과 보조금은 이 지역의 더 못사는 사람들이 필요로 하는 공적 서비스의 희생 속에서 나온다는 점이다. 학교에 대한 투자가 줄어드는 것이 한 예다. 주 정부나 지방 정부는 1999년에 세금 혜택과 보조금 형태로 기업에게 170억 달러 이상을 주었다. 이 돈을 교육에 투자했다면 150만 명의 초등학생 한 명당 교육비가 1999년 평균의 두 배가 되고도 충분했을 것이다.[27]

공무원들은 학교를 운동 경기장과 바꾸기도 한다. 경기장 유치 경쟁 또한 달아올라서 빈민가의 학교에 해를 끼칠 정도가 되고 있다. 1999년 펜실베이니아 주는 필라델피아의 풋볼팀 이글스와 야구팀 필리스의 경기장과 피츠버그의 야구팀 파이레츠와 풋볼팀 스틸러스의 경기장에 모두 1억 6,000달러의 지원을 승인했다. 상당한 면적의 주차 공간과 각종 특별석으로 가득한 경기장들이다. 반면에 필라델피아의 공립학교는 아이들로 넘쳐나고 있으며, 지붕은 물이 새고, 물자 공급도 달리는 상황이다. 피츠버그의 학교는 3,000만 달러의 예산 부족 상태에 직면해 있다.[28] 1999년 클리블랜드는 풋볼팀 브라운스가 볼티모어로 옮겨가는 것을 막기 위해 1억 7,500만 달러의 혜택을 주었다. 그해 클리블랜드 시는 재원 부족으로 열한 군데의 공립학교를 폐쇄했다.[29] 이 글을 쓰고 있는 지금 프로야구팀 뉴욕 양키즈 구단주는 뉴욕 시에 새로운 야구장 건설을 요구하고 있으며, 뉴욕 시장은 기꺼이 그 요구를 들어줄 것으로 보인다. 그러나 재원이 바닥난 뉴욕의 학교에는 아이들이 넘쳐나고 있다. 왜 정치 지도자들이 이런 교환에 나서고 있는 것일까? 새로운 경기장을 건설하지 않으면 스포츠팀이 그 지역을 떠나기 때문이다. 그러나 빈민가의 아이들은 갈 곳이 없다.

이런 현상은 전세계적으로 발생하고 있다. 100년 전만 해도 미국은 전세계를 향해 "피곤에 지치고 가난한 사람들, 자유의 공기를 호흡하고 싶어하는 사람들을 미국으로 보내달라"고 요청했다.[30] 그러나 지금은 부자가 되고 싶어하는 똑똑하고 교육 수준이 높은 소프트웨어 엔지니어 유치에 더 열중하고 있다. 가난한 이민자들이 미국으로 몰려오는 데에는 우려의 소리가 높아지고 있지만, 미국 기업들은 외국의 첨단 기술 인력에게 미국의 비자 할당량을 철폐하기 위한 로비 활동을 맹렬히 해왔으며 성공을 거두었다. 다른 나라들도 인재를 유치하기 위한 노력을 하고 있다. 아일랜드는 세금 혜택을 주고 베스트셀러 작가를 유치하고 있다. 1998년 이란의 지도자는 세균전과 관계 있는 연구소에서 일한 경험이 있는 구소련 과학자들에게 한 달에 5,000달러라는 액수를 제시했다. 러시아에 있는 과학자들의 1년 연봉보다 많은 액수다. 이란은 자신들이 먼저 행동을 취하지 않으면 항상 불안 상태에 있는 중동 지역의 다른 나라가 이들을 데리고 갈 것이라고 했다.[31]

반면에 캐나다는 경영자, 의사, 간호사, 과학자, 그리고 다른 전문직 종사자들을 잃고 있다. 세금이 수입의 절반을 앗아가고 있는 것이 그 이유 중 하나다.[32] 59퍼센트에 달하는 세율과 12만 달러가 넘는 재산에 대해 부과되는 1.5퍼센트의 재산세를 내야 하는 스웨덴의 과학자와 엔지니어들도 본국을 떠나고 있다. 세계 각지에 본사를 두고 있는 다국적 기업들은 이들을 환영하고 있다. 캐나다와 스웨덴은 귀중한 인재들을 위해 곧 세금을 내려야 할 것이다.

국가 원수들도 전세계 투자자 유치에 나서고 있다. 과거 외교는 조약, 협정, 미묘한 세력 균형에 관한 것이었고, 가장 중요한 회의는 국가 원수간에 열리는 것이었다. 그러나 이제는 투자 유치와 자본 이탈 방지에 관한 것이 외교이며, 가장 중요한 회의는 국가 원수와 세계의 은행가 및 펀드 매니저 간에 열리고 있다. 각국의 대통령이나 총리들은 세계 투자자들에게 자본 유치에 대한 대가로 자신이 약속할 수 있는 것이라면 무엇이든지 약속하면서 투자를 유치하고, 또 유지하고 있다. 세계의 돈 흐름을 좌우하는 사람들의 환심을 사고 비위를 맞추고 있다. 거의 모든 나라에서 기업에 대한 세금을 인하하느라 바쁘다. 필요할 경우 투자자의 신뢰를 얻기 위해서 사회보장과 의료, 교육 분야의 공적 지출을 자제하며 예산 적자를 줄이고 있다.

요약 : 분류된 지역 사회

이런 모든 분류 과정의 결과 빈민층이 가장 필요로 하는 것에 들어가는 비용의 부담이 공평하게 빈민층에게로 이동하고 있다. 바로 분류 과정의 궁극적인 결과다.

학교나 대학, 아동 보호, 의료, 보험, 세금, 투자 수익 등에 있어 최고의 계약을 이끌어낼 수 있는 사람들, 다시 말해 협상력이 가장 뛰어난 사람들의 주가는 이미 최고가를 경신하고 있다. 이들은 대개 교육 수준이 높으며(아니면 그런 부모를 두었거나), 건강하고, 돈이 많고, 경제적인 안정 상태에 있는 사람들이다. 협상력이 떨어지는 사람들, 경제적인 변화로 가장 큰 부담을 지게 되는 사람들은 가장 형편없는 학교를 어쩔 수 없이 다니고, 대학 진학은 거의 생각하기 힘들다. 아동 보호는 최소한의 수준이거나 전혀 받지 못하고 있으며, 시장의 돌발 상황에 대한 아무런 보험 장치도 없다. 또 이들이 사회적으로 점점 더 고립되면서 인맥에 대한 의존도가 더 높은 신경제와의 끈을 잃고 있다. 극단적인 이 두 집단 사이에 있는 사람들의 협상력은 이들이 필요로 하는 것에 반비례한다.

이런 결과를 의도적으로 계획한 사람은 없다. 자기 자신과 사랑하는 사람들을 위해 각 개인이 내린 결정들이 함께 모여서 비롯된 결과다. 그렇다고 잘사는 사람들이 자신들보다 못사는 사람들에게 보내는 자선의 손길이 더 줄어들었다는 뜻은 아니다. 아마도 진심으로 도와주기를 원하고 있을 수도 있다. 숭고한 사업에 돈을 기부하는 사람들도 많이 있다. 이들은 자신들이 알고 있는 정도의 분류 과정을 놓고 잘못됐다는 생각을 가지고 있을 수도 있다. 그러나 원활하게 돌아가고 있는 분류 과정으로 인해 자신들보다 못사는 사람들의 상황을 제대로 알 수 없을 것이다. 설사 완전히 알고 있다고 해도 어쩔 수 없다.

분류 과정으로 인해 성패 여부에 따른 득실의 폭이 커졌기 때문이다. 자의에 의해 자신보다 더 못사는 지역을 선택했다고 해보자. 이럴 경우에는 편안한 이웃, 좋은 학교, 명문대학 진학의 기회, 양질의 의료 서비스, 귀중한 인맥 그리고 더 배타적인 지역에 속해 있는 데서 오는 여러 다른 혜택, 이 모든 것을 희생해야 한다. 합리적인 사회라면 사람들이 이렇게 숭고한 판단을 내려줄 것으로 기대해서는 안 된다.

분류 과정은 가능한 한 높은 소득을 올려야 하는 부담을 가중시키고 있다. 소득이 많아야 자신과 자신의 가족에게 여러 모로 뛰어난 지역 사회의 회원권을 사주기 때문이다. 소득이 낮으면 학교 시설이 떨어지고, 주차 공간이나 놀이 공간이 거의 없으며, 거리는 불안하고 여러 사회 문제가 있는 가난한 지역에서 살 수밖에 없을 것이다. 분류 과정의 효율성이 증가하면서 사람들이 원하는 지역의 회원권이 주는 혜택과 그렇지 못한 지역에서 살 수밖에 없는 데에서 오는 비용의 폭은 점점 더 커지고 있다. 판돈이 더 올라가고 있다는 말이다.

이것으로 이야기가 끝나는 것은 아니다. 우리는 현재 상황에 끌려갈 수밖에 없는 노예도, 분류 과정의 포로도 아니다. 우리는 우리가 원한다면, 한 시민으로서 갖는 의무는 경제적인 유용성의 단계를 뛰어넘어야 하고, 그에 맞게 우리 자신을 재편해야 한다고 주장할 수도 있다. 신경제의 다른 면에서처럼 이런 면에서도 우리에게 선택권은 있다.

3부
선택

11 개인의 선택

사랑하는 것과 일하는 것.

— 지그문트 프로이트, 사람이 잘할 수 있어야 하는 것들 [1]

우리는 대부분 과거보다는 더 잘살고 있다. 가지고 있는 것도 많다. 여러 면에서 구매자 천국의 시대에서 살고 있다. 그러나 이러한 경제적 풍요의 시대에 가장 깊은 곳에 자리잡고 있는 것은 돈으로 살 수 없는 우리 삶의 여러 면에 대한 걱정이다. 가족의 붕괴, 배우자나 부모로서 우리 자신의 부족함, 지속되기 어려운 진정한 우정, 언제 깨어질지 모르는 우리 사회, 우리 자신의 도덕성 유지 등에 관한 걱정이다.

우리는 더 많은 시간과 정신적인 노력을 돈 버는 것에 집중하고 있으며, 일 외의 생각을 하기가 힘든 상황이다. 이미 밝혔듯이, 일반적인 미국인의 근로 시간은 유럽인보다 1년에 350시간이나 더 많고, 일본인보다도 더 많은 시간 일하고 있다. 그러나 이러한 근로시간엔 전화나 팩스, 호출기, 이메일, 출장과 같이 개인의 삶을 침해하는 요소는 포함되지 않는다. 일하는 중이나 심지어 잠잘 때에도 우리는 일만을 생각하고 일 때문에 기뻐하고 때로는 걱정한다. 그러나 이런 것 역시 근로시간에는 포함되지 않는다. 항상 뭔가를 하지 않으면 안 되는 상태, 새로운 것을 만들고, 다른 사람을 가르치고, 확신을 심어주고, 판매해야만 하는 상태는 우리를 정신적으로 피곤하게 만든다. 1주일에 40시간을 근무할 때에도 탈진 상태는 발생할 수 있다. 친구나 가족 혹은 지역사회와 자기 명상을 위한 시간이 있다고 해도 이를 수용할 정신적인 공간이 없다. 일에 너무 빠져 있기 때문에 다른 것을 위해 우리의 힘을 할애하고 싶어하지 않는다. 삶의 나머지 부분 역시 구조조정을 당하고 외주업체에 맡기고 분류 과정을 겪고 있다. 과연 이것이 우리의 선택이란 말인가? 과연 이것이 성공의 미래란 말인가?

그런데 우리는 정말 무엇을 원하고 있을까?

경제학자나 대부분의 사회학자들은 어떤 사람이 원하는 것을 측정하는 가장 좋은 방법은 그 사람이 무엇을 하는지 관찰하는 것이라고 생각한다. 심리학자나 정신분석학자들은 원하는 것이 무엇이라고 말하는 것과는 관계없이 실제로 무엇을 원하는지는 그 사람이 선택하는 것을 보면 안다고 생각한다. 만약 다른 사람과는 다른 중요한 가치에 따라 살기를 원하고 그러한 선택이 가져다줄 희생을 기꺼이 감수할 수 있다면, 아마 그렇게 할 것이라는 말이다.

경제적 필요에 의해 더 열심히 집착해서 일을 해야만 하는 사람도 있다. 그러나 이런 필요 하나만 가지고는 현재의 추세를 설명하기에는 부족하다. 이미 과거부터 잘살고 있던 경영인이나 전문인들은 1980년대 중반부터 20세기가 끝나는 시점 사이에 더 부자가 되었다. 그러나 이 사람들 중 같은 시간 동안 1주일에 50시간 이상 일한 사람의 비율은 1/3 증가했다. 이미 말한 대로 더 많이 벌면 벌수록 더 열심히 일할 가능성이 높아진다. 더 열심히 일한다고 돈을 더 벌어서가 아니다. 그렇게 열심히 일함으로써 벌 수 있는 것 때문에 더 열심히 일하는 것이다. 남자 대졸자의 거의 40퍼센트, 여자 대졸자의 20퍼센트가 1주일에 50시간 이상 돈 벌기 위한 일을 하고 있다. 대졸자가 그렇지 않은 사람들보다 훨씬 더 많이 버는 것은 사실이지만, 1주일에 50시간 일하게 될 가능성 역시 대졸자가 4배나 더 높다.

부모의 수입이 많아지면 많아질수록 10대 자녀는 자신들의 삶이 부모의 삶보다 더 정신없이 돌아갈 것이라고 느낄 가능성이 높다는 것을 보여주는 자료도 있다. 13세에서 17세까지를 대상으로 한 조사에 의하면, 인종이나 성별에 관계없이 부유층 자녀가 빈곤층 자녀보다 자신들의 삶이 부모의 삶보다 더 힘들고 스트레스를 받는다고 말할 가능성이 훨씬 더 높다고 한다.[2] 아마도 빈곤층 자녀들은 부모들이 고생한 이야기를 듣고 자신들의 삶은 상대적으로 더 쉽다고 느끼는 반면, 부유층 자녀들은 열심히 하지 않으면 후퇴할 수도 있다는 암묵적인 경고가 들어간 부모의 '성공담'을 듣기 때문일 것이다. 부유층 독자를 겨냥한 잡지 《뉴요커》에 실린 로스 채스트의 만화가 생각난다. '성공으로 가는 길'이라는 제목의 이 만화에는 야구 모자를 쓰고 배낭을 맨 두 남자아이가 나온다. 한 아이가 다른 아이에게 "나도 같이 가서 놀고 싶지만, 경제가 전 세계적인 경쟁에 돌입했는데 그렇게 놀 수는 없어"라고 말한다.

대학생들도 더 열심히 일해 더 많은 돈을 버는 쪽으로 변하고 있는 것 같다. 앞에 나온 대로 1968년에는 대학 신입생의 41퍼센트가 '경제적인 풍요로움'을 중요한 개인적인 목표로 꼽았다. 당시에는 '의미 있는 인생 철학 개발'

에 관심을 가지고 있는 학생이 더 많았다. 그러나 경제적인 풍요로움은 그 이후 꾸준히 인기를 얻고, 인생 철학은 반대로 인기가 시들해졌다. 그러다가 1998년에는 신입생의 74퍼센트가 '경제적인 풍요로움'을 없어서는 안 될 것으로 꼽았다. 앞에서도 강조했듯이, 이 결과를 보고 오늘날의 학생들이 과거 세대보다 더 욕심이 많은 것으로 생각해서는 안 된다. 자신의 지역 사회에서 자원봉사 활동에 참가하고 있는 대학생의 수는 기록적이라고 할 정도로 많다. 다만 이들은 대학을 다니는 데 있어서 경제적인 목적을 더 생각하고 있을 뿐이다.

성인들 역시 아이들이 더 열심히 공부하는 데에 관심이 높아지고 있는 것 같다. 성인을 대상으로 '당신의 자녀가 자신의 인생을 준비하면서 습득해야 할 가장 중요한 것'을 꼽으라는 조사가 매년 실시된다. 보기로는 스스로 사고할 수 있는 능력, 복종, 열심히 공부하는 것, 다른 사람을 돕는 것, 다른 사람들이 좋아하고 인기가 많은 것, 이렇게 다섯 가지가 주어진다. 이 조사가 처음 실시된 1986년 이래 응답자의 거의 절반이 '스스로 사고할 수 있는 능력'을 계속 꼽아왔다. 그 동안 '복종'은 23퍼센트에서 1998년에는 18.5퍼센트로 떨어졌다. 또 그 중요성 면에서 꾸준한 상승세를 이어온 것이 '열심히 공부하는 것'이었다. 1986년의 11퍼센트에서 1998년의 18퍼센트로 증가했다.[3]

어떤 사람이 무엇을 원하는지 알아볼 수 있는 최선의 방법은 그가 하는 행동을 보는 것이라고 말하는 사회학자들의 관점에서 보면, 이 모든 내용으로부터 얻어낼 수 있는 최선의 결론은 미국인들은 자신이 원하기 때문에 자신과 자신의 자녀를 위해 열심히 일하는 것을 선택하고 있다는 말이 될 것이다. 그렇다면 '삶의 균형 유지'는 잊어야 한다. 가족과 친구, 지역 사회와 개인적인 소명 등이 중요하며, 이러한 삶의 나머지 부분을 위한 공간을 만들라는 말은 카메라를 의식한 껍데기 같은 척하는 태도일 뿐이다.

그러나 한 개인의 선택이 사회적 진공 상태에서 발생하는 것은 아니다. 우리가 어떤 선택을 하는 것은 그 선택에 따른 결과가 있기 때문이고, 그 결과는 사회가 내린 선택의 영향을 받기도 한다. 한 죄수가 철조망이 쳐진 높은 담을 기어오른다고 해서 그 죄수가 그런 행동을 원해서 하는 것은 아니다. 단지 그의 주변 환경이 그를 이렇게 위험한 행동을 하는 쪽으로 유도한 것이다. 수감 생활이 점점 더 힘들어지거나 아니면 감옥 바깥의 세상이 점점 더 살기 좋아지면, 그 죄수는 지금보다 담이 훨씬 더 높아지고 위험해지더라도 넘어보자는 선택을 할지 모른다. 그러나 이 내용을 가지고 그 죄수는 더 높은 담을 선호한다고 결론을 내린다면, 상황의 본질을 이해하지 못하는 것이다. 그가 계속 노력하는 것은 벽 안쪽의 삶과 그 밖에서 누릴 수 있는 삶의 차이가 점점 더 커지고 있기 때문이다.

요약 : 거대한 변화

미국인들은 왜 30년 전보다 더 열심히 일할까? 과거보다 일을 더 헌신적으로 받아들인다거나 진화 단계에서 한 단계 더 발전했기 때문은 아니다. 틀림없이 그 동안 다른 무엇인가가 발생한 것이다. 아니, 그 무엇인가는 아직도 진행중임에 틀림없다. 일반적으로 미국인은 유럽인보다 1년에 350시간 더 일하는데, 왜 더 많은 돈을 위해 아직도 더 열심히 일하길 원한단 말인가? 미국인의 뇌가 유럽인의 뇌와 다른 구조를 가지고 있어서도 아니다. 틀림없이 무엇인가 다른 이유가 있을 것이다. 그 이유는 미국인과 유럽인의 유전자상의 차이보다는 미국인과 유럽인이 처해 있는 상황과 더 관련 있을 것이다.

오늘날의 대학생은 30년 전의 대학생보다 왜 경제적인 면에 더 많은 가치를 두고 있을까? 욕심이 늘어난 것은 아니다. 그럼 무엇이 변했을까? 왜 오늘날 부모들은 불과 몇 년 전의 부모들보다 열심히 공부하는 것을 더 중요하게 여기고 있을까? 다시 말하지만 열심히 공부하지 않았을 때 올 결과에 대해 부모들을 더 걱정시키는 어떤 상황이 발생한 것이 틀림없다.

사람들이 왜 아기를 덜 낳을까? 과거보다 아기를 덜 사랑해서가 아니다. 틀림없이 무엇인가 다른 이유가 있다. 어느 지역을 선택하는 것이 몇 년 전보다 왜 그렇게 더 중요해졌을까? 좋은 학교가 있는 기분 좋은 곳에 대해 과거보다 더 많은 관심을 갖게 되어서가 아니다. 이 점에 있어서도 무엇인가가 사람들의 계산을 바꾸어놓았다. 지금 예로 든 모든 상황에서 한 개인의 일과 삶에 대한 선택은 개인의 차원보다 더 큰 사회적인 변화의 테두리 안에서 이루어진다.

그러나 이런 사회적인 추세가 기술의 변화 및 경제의 변화에만 그 이유가 있다고 한다면 너무 경솔한 결론이 될 것이다. 인간이라는 동물은 여러 가지에 의해 영향을 받는 매우 복잡한 생명체다. 그러나 앞 장의 내용에서는 기술과 경제의 변화가 우리 일의 구성 및 보상 방식을 어떻게 바꾸었고, 또 이로 인해 우리가 살아가는 방식에 영향을 주었다고 말한 바 있다. 그 내용을 요약해보자.

＊앞으로 수입이 어떻게 될지 과거보다 더 예측하기 힘들어졌다. 대량 생산 시스템이던 과거만큼 앞으로의 수입에 대해 확신을 가질 수 없다. 열심히 일하고 지금 하고 있는 일에 능숙할지라도 소비자가 다른 곳에서 더 좋은 조건을 찾아낸다면 그 서비스에 대한 수요가 갑자기 떨어질 수 있다. 이렇게 되면 이러지도 저러지도 못하는 상태에 빠지게 된다. 왜냐하면 생활비의 많은 부분이 주택 할부금, 집세, 자동차 월부금, 보험과 같이 고정비용

이기 때문이다. 그렇다면 어떻게 해야 할까? 이렇게 수입이 일정치 않게 되면 현재 행동이 과거와는 어떻게 달라져야 할까? 햇볕이 내리쬘 때 건초를 만들어야 한다. 미래에는 수입이 떨어질지 모른다는 위험이 있으므로, 지금 직업이 있을 때 더 열심히 일하는 것이다.

＊현재 자신이 가지고 있는 기술에 대한 수요가 높다면, 과거 경제 시스템의 소득 사다리의 꼭대기에 위치했던 사람들보다 더 많은 돈을 받을 가능성이 있다. 과거에는 주로 직위나 경력에 따라 봉급이 결정되었다. 이제는 아이디어와 판매 능력에 기초해 봉급을 받는 시대다. 정말로 뛰어난 기크나 슈링크라면 많은 돈을 벌 수 있다. 봉급 외에 푸짐한 고용 혜택과 함께 사무실 아래층에 헬스클럽이나 사우나 시설이 있을 정도로 근무 환경이 뛰어날 가능성도 있다. 그리고 하는 일은 흥미롭거나 재미있을 것이다. 그러나 다른 미국 사람이나 해외 근로자도 충분히 할 수 있거나 컴퓨터 제어기계, 인터넷을 통한 소프트웨어가 대신 할 수 있는 단순직에 종사하고 있다면, 과거보다 봉급이 줄어들 가능성이 있다. 지금까지 받아오던 고용상의 혜택도 없어질지 모른다. 헬스클럽이나 사우나 시설은 생각지도 말자. 일자리 자체를 잃을 수도 있다. 기크나 슈링크가 될 수 있는 교육이나 기술을 가지고 있지 않다면, 새로운 일은 상대적으로 낮은 봉급에 개인적인 서비스를 제공하는 쪽이 될 것이다. 물론 만족감을 느끼고 때로는 숭고하게 여겨지는 일도 있겠지만, 힘들거나 좌절감을 느끼게 하는 경우도 많을 것이다.

＊혹시 후자에 속하면서 대부분 사람들이 적당하다고 생각하는 생활 수준에 상대적으로 못 미칠 경우에는, 가정의 수입을 지탱하기 위해 더 열심히 일해야 한다. 또 배우자 역시 근무시간이 늘어날 수도 있다. 반대로 잘 풀리

고 돈을 많이 버는 경우에도 더 오래 더 열심히 일해야 할지도 모른다. 그러나 이유는 다르다. 그렇게 열심히 일하지 않을 때 감수해야 할 희생, 일이 주는 도전 정신과 재미 외에도 포기해야 할 추가 수입과 각종 부수입 등의 혜택은 과거 경제 때보다 훨씬 더 크기 때문이다. 이런 이유로 인해 고수입 직종을 선호할 가능성이 더 높다. 보통 정도의 수입에 만족하는 쪽을 택한다면, 몇년 전에 같은 선택을 했을 때보다 포기해야 할 것이 훨씬 더 많다.

＊현재 잘 해나가고 있다 할지라도 그 상태를 늦추어서는 안 된다. 시장 상황은 빨리 변하고, 고객에게는 쉽게 옮겨갈 수 있는 다른 여러 조건이 제시되고 있으며, 경쟁은 치열하기 때문이다. 자전거 페달을 밟지 않고 쉬면서 갈 여유가 없다. 현재의 명예와 경력에 의지할 수도 없다. 현재 멋있게 보이는 아이디어라도 그 수명은 며칠이나 몇 주가 고작이다. 경쟁사가 언제라도 그 아이디어를 모방하거나 그것보다 더 좋은 아이디어를 들고나올 수 있기 때문이다.

＊빠른 길이 아니면 아무것도 아니라고 생각해야 한다. 고객과 긴밀한 관계를 유지하고, 인맥을 개발하고, 자신의 분야의 새로운 기술에 항상 보조를 맞추어야 한다. 그렇지 못할 경우에는 수입이 대폭 줄어들고, 하는 일도 재미가 훨씬 덜할 것이다. 맞다. 새로운 일의 구성 방식하에서는 자신의 일을 어떻게 어디에서 할지에 관한 선택 범위가 넓은 것은 사실이다. 시간제로 일하면서 장기 휴가도 가고, 새로 태어난 아기와 집에서 안식년을 보내는 것도 훨씬 더 쉬워졌다. 그러나 조심하라! 지금 말한 것 중 하나라도 했다가는 커다란 대가를 치르게 될 테니 말이다. 오랫동안 자리를 비운 사이에 많은 일들이 발생하고, 누군가 대신 치고 들어와 고객과 인맥을 인수하고

많은 일들이 발생하고, 새로운 전문 지식을 개발하고 있을 것이다.
일단 이런 상황이 되면 다시 빠른 길로 쉽게 돌아갈 수 있다고 기대해서는
안 된다.

＊능력 있게 일을 잘 처리한다고 해서 꾸준히 승진의 계단을 밟고 올라가게
해주는 대기업 소속이 더 이상 아니다. 점점 자신을 돌보지 않으면 안 되는
시대가 되고 있다. 자기 스스로 자신을 부각시켜야 한다는 말이다. 똑똑하
거나 창조적이거나 독특한 아이디어가 있는 것만으로는 부족하다. 그런 사
람들은 많이 있으며, 모두 경쟁자들이다. 이 경쟁에서 이기려면 고객을 끌
어모으고 또 유지해야 한다. 자신이 제공하는 서비스에 대한 수요를 확장
하거나 유지하기 위해서 친구나 심지어 어렴풋이 알고 있는 사람까지 모든
인맥을 동원해야 할지도 모른다. 특정 회사나 조직에 시간과 노력을 투자
하는 대신, 자신의 이름을 부각시키기 위한 노력을 해야 한다. 자신의 서비
스에 대해 입찰 경쟁이 붙도록 유도해 자신이 '경기 중'이라는 인식을 심어
야 한다.

＊분류 과정이 과거 어느 때보다도 임무를 잘 수행하고 있다. 열심히 일하고
자신을 효과적으로 판매하고 좋은 성과를 거둔다면, 벌어들인 수입을 자신
처럼 성공적인 사람들과 함께 묶을 수도 있을 것이다. 다시 말해, 매력적이
고 안전한 지역에서 이들과 살 수 있다는 뜻이다. 아이들을 시설과 서비스
가 훌륭한 놀이방, 훌륭한 학교(입학 조건이 까다로운 상류 지역의 공립학교나
일류 사립학교), 그리고 나중에는 명문대학에 보낼 수 있다. 편안한 시설을
갖춘 헬스클럽의 회원이 되고(잘사는 타운십에 있는 '공공' 시설이나 개인 시
설), 합리적인 가격에 여러 보험 서비스를 받을 수도 있으며, 환자에게 관

심을 보이는 의사에게 양질의 의료 서비스와 명망 있는 의료 기관의 치료를 받을 수 있다. 그러나 만약 별로 내세울 것이 없다면 분류 과정의 푸대접을 받을 수도 있다. 수입 사다리의 제일 하단이나 그 근처가 자신의 자리라면, 그 지역은 살기 힘들고 위험하며 아이들 학교는 형편없고, 의료 서비스는 최소한 이거나 심지어 못 받을 수도 있다.

간단히 말해서, 당신이 일반적인 유럽인이나 일본인보다 더 열심히 일하는 가장 큰 이유는 일의 구성이나 보상 방식이 더 열심히 일하도록 만들고 있기 때문이다. 미래가 불확실해지고, 계층간의 소득 불균형은 더욱 심화되며, 분류 과정은 더 활발히 진행되고, 경쟁은 더 치열해지기 때문이다. 과거보다 더 열심히 일하는 다른 이유로는 모든 면에서 성패에 따른 득실의 폭이 훨씬 더 커졌기 때문이다. 젊은 대학생들이 과거보다 경제적인 면에 더 관심을 두는 것은 앞으로 거둘 경제적 보상이 과거보다 더 커졌기 때문이고, 경제적인 부를 성취하지 못했을 때의 결과는 과거보다 더 힘들기 때문이다. 부모가 자녀들의 학습에 더 관심을 갖는 것도 같은 이유 때문이다. 사람들이 아기를 덜 낳는 것은 일로 인해 아이가 뒷전으로 밀려나기 때문이다. 어디서 누구와 함께 살고 있는지도 더 큰 영향을 주고 있는데, 분류 과정이 과거보다 더 활발히 작용하고 있기 때문이다.

물론 모든 선택은 아직도 자신에게 달려 있다. 아무도 돈을 벌기 위해 그렇게 열심히 일하라거나 정신적인 에너지를 모아 집중해서 일에 매달리라고 요구하는 사람은 없다. 원한다면 일을 덜할 수도 있고, 자기 자신이나 친구들, 가족 그리고 지역 사회를 위한 공간을 마련할 수도 있다. 아기를 더 낳을 수도 있고 직접 아기를 키울 수도 있다. 또 코치나 카운슬러 형식의 '친구'와 같은 개인적인 관심 서비스를 사주지 않을 수도 있다. 자신의 경제 능력 내에서 살 수 있는 최선의 지역보다 더 가난한 지역에서 살 수도 있다.

한편에서 보면 이 모든 것이 자기 개인의 선택이다. 그러나 다른 편에서 보면 전혀 개인의 선택이 아니다. 왜냐하면 살고 있는 지역에 따라 얻거나 잃을 수 있는 것뿐만 아니라 더 열심히 일했을 때 얻는 것과 그렇지 않을 때 잃게 되는 것이 과거보다 더 크며, 특히 미국이 다른 나라보다 더 심하기 때문이다. 벽을 타고 올라갈 필요는 없지만 그렇게 하지 않았을 때의 결과는 지금까지의 어떤 경험보다도 더 쓰며, 그렇게 했을 때 돌아오는 보상은 지금까지의 어떤 경험보다도 더 달게 느껴질 것이다. 그리고 쓴맛과 단맛 모두 그 정도가 심해지고 있다.

그렇다고 일과 삶의 나머지 부분의 '균형' 상태를 개선하기 위한 모든 개인적인 노력을 버리라는 말은 아니다. 다만 전적으로 개인적인 것을 추구하는 데는 과거 몇 년 전보다 더 강한 불굴의 의지가 필요하다는 것을 경고하기 위함이다. 그리고 이 책에서 살펴본 바대로 이러한 상황이 계속된다면 앞으로는 훨씬 더 큰 결단력이 필요할 것이다. 계속해서 듣고 또 우리 자신에게 하는 말이 있다. 우리에게 진정 중요한 것이 무엇인지 더 잘 알게 되고, 시간을 더 효율적으로 관리하며, 삶을 단순화시킨다면, 우리가 원하는 그 '균형'은 우리 능력 안에 있다는 말이다. 이런 바람은 높이 평가할 만한 것이다. 그러나 그렇게 해서 지금과 같은 구매자 천국의 시대에 우리가 가지고 있는 걱정을 모두 해결할 수 있다고 믿는 것은 자신을 속이는 것이다. 현재 우리에게 벌어지고 있는 상황과 그 상황에서 우리가 할 수 있는 것을 경제와 사회라는 더 큰 틀이 아닌 개인의 문제로 간주하고 접근한다면, 이는 진실의 많은 부분을 놓치는 것이고 우리가 취할 수 있는 선택의 범위를 불필요하게 제한하는 것이다.

자신을 알자

물론 자신에게 정말로 중요한 것이 무엇인지 정확히 알아야 한다. 삶의 나머지 부분보다는 일에서 자신이 어떻게 하고 있는지를 더 잘 알고 있는 사람들이 더 많다. 직무 수행 능력은 계속 평가되고 있다. 우리가 경제적으로 어느 정도의 가치를 갖는지는 과거 그 어느 때보다도 더 정확히 알고 있다. 오르락내리락하는 봉급이 이를 그대로 보여주기 때문이다. 만약 평가 결과가 올라가면 직무 수행 보너스나 스톡 옵션을 받고 더 좋은 일자리로 오라는 제안이 들어온다. 만약에 결과가 떨어지면 봉급은 줄어든다. 그렇지만 우리 삶의 나머지 부분에 대해서는 평가의 손길이 미치지 않는다. 일을 떠나서는 다른 사람들이 내게 무엇을 기대하고 또 내가 내 자신에게 무엇을 기대하는지에 대해 확신이 없다. 뭔가가 부족하다는 막연하고 불안한 느낌은 가질 수 있지만, 실제 존재하지 않는 것을 어떻게 인식한단 말인가?

부유층 지역에 살고 있는 아이들이 학교에서 다른 아이들에게 총을 발사하는 사고가 발생한 데 대해 충격을 받으면, 사회 전체가 무언가 잘못됐다는 생각을 한다. 슬픈 일이지만 그런 사건은 빈민촌 지역의 학교에서 일어날 것으로 예상하지, 잘살고 세밀한 분류 작업을 거친 교외 지역에서 발생하리라고는 생각지 않는다. 이런 일이 발생하면 얼마 동안은 사회 각계각층의 저명인사들이 우리의 가치 체계에 무슨 잘못이 있는지, 우리 삶의 '균형'이 모자라는 것인지, 아이들과 같은 '중요한 것'에 시간과 에너지를 충분히 쓰고 있는지에 관해 공개적으로 의문을 제기하곤 한다. 그러고 나서 그 사건이 잠잠해지고 신문기사에서 사라지고 나면, 우리는 다시 돈 버는 일로 돌아간다. 어떨 때는 사건이 있기 전보다 더 미친 듯이 달려든다.

많은 여성들이 자신의 삶이 더 압박받고 있다는 것을 확실히 알고 있다. 그러나 자기 자신에게서 과연 무엇을 기대해야 하는지에 관해서는 잘 모르고 있다. 대부분 여성들은 정규직에 종사하고 있는 상황에서도 가계를 꾸려나갈 뿐만 아니라 아이들이나 남편(혹은 남자 파트너), 노인을 돌보는 커다란 책임까지 계속 떠맡고 있다.[4] 합당한 생활 수준을 계속 유지하기 위해서는 더 열심히 일해야 한다고 생각하는 여성도 있고, 빠른 길에 있는 현 상태를 유지하고 싶어서 더 열심히 일해야 한다고 생각하는 여성들도 있다. 오늘날의 여성 중에 자신이 해야 할 의무라고 생각하는 모든 일을 하루에 어떻게든 다 할 수 있는 여성이라면 운이 좋은 것이다. 그러나 고통을 겪은 후 알게 되는 것은 그렇게 할 수 없는 경우가 꽤 자주 있다는 사실이다.

남자의 경우는 삶의 무엇인가가 폭발했을 때 그런 고통스러운 순간이 찾아온다. 결혼일 수도 있고, 자신의 건강일 수도 있으며, 갑자기 문제를 일으킨 아이 때문일 수도 있다. 아니면 일에 대한 압박감으로 한밤중에 식은땀을 흘리며 잠을 깰 때에도 이런 순간이 찾아온다. 또 일이 주는 보람이 너무 커서 갑자기 삶의 다른 부분이 거의 사라졌다는 것을 알았을 때에도 이에 해당한다(내 경우가 그러했다).

그렇다면 우리가 마음속으로 어떤 선택을 하고 있는지 잘 알게 해주는 확실한 방법이 있을까? 아니면 이렇게 고통스러운 순간이 올 때까지 기다려야 할까? 최근 갑자기 늘어나고 있는, 일과 삶의 나머지 부분의 '더 바람직한 균형 상태'를 찾는 데 도움이 되는 책이나 카세트 테이프, 홈 스터디 코스, 뉴스레터, 안내 책자 등을 최근 2주일 동안 자세히 살펴보았다.

거기에서 권하는 방법 중 하나가 현재 자신의 삶에서 가장 좋아하는 것과 가장 싫어하는 것 혹은 가장 중요한 것과 가장 중요하지 않은 것의 리스트를 작성하거나 도표를 그린 다음, 실제 자신의 시간과 에너지를 어느 곳에 바치고 있는지 생각해보라는 것이다. 어떤 것에 대해 가장 중요한 일이 아니거나 가장 중요한 일이 되어서는 안 된다고 굳게 마음먹었음에도 불구하고, 가장 중요한 사항이 된 것이 무엇이 있을까? 같은 질문을 조금 더 소름끼치게 한다면, 죽음을 눈앞에 두고 있다고 가정하고 과연 어떤 것이 인생에서 가장 중요한 위치를 차지해야 했을까 곰곰이 생각해보는 것이다. 그때 가서 되돌아볼 때 가장 중요하고 또 가장 중요하지 않았던 것이 무엇일까? 후손에게 무엇을 남겨줄 것인지? 사람들이 자신을 어떻게 기억해주길 원하는지? 이런 질문을 한 후에 현재 실제로 어떻게 살고 있는지 비교해본다. 비록 이런 안내서의 내용을 뒷받침할 믿을 만한 자료는 찾을 수 없었지만, 안내서를 읽으면서 확실하게 느낀 것은 죽을 때 사무실에서 시간을 더 보내지 못한 것을 후회하는 사람은 없을 것이라는 사실이다.

이렇게 자기를 돌아보는 훈련이 우리에게 해를 끼치는 것은 아니다. 어떤 면에서는 득이 될 수도 있다. 이 훈련의 기본 내용은 간단하다. 우리에게 선택이 주어진다는 사실은 부인하고 싶겠지만 우리는 항상 선택을 하고 있다는 것, 그리고 이런 선택으로 인해 잃게 되는 것을 받아들이고 싶지 않다는 것이다. 내가 장관으로 있을 때, 나는 일 외의 나의 삶이 사라지고 있다는 사실을 인정하고 싶지 않았다. 왜냐하면 그 일을 너무나 사랑했기 때문에 그 일이 나에게서 무엇을 앗아가고 있는지 감히 생각해볼 엄두가 나지 않았기 때문이다. 그러면서도 나는 선택을 바꾸지 않았다. 책이나 카세트 테이프를 사거나 모임에 등록하고 개인 코치의 자문을 받고 있는 사람들은 이미 자신을 돌아보는 시간을 가지고 자신의 삶에서 무엇인가가 바뀌어야 한다고 결정할 수 있는 사람들이다. 그러나 더 어려운 부분은 과연 정확히 무엇을 바꾸어야 하는지를 결정하고 실제로 행동에 옮기는 것이다.

시간 관리

시간 관리를 더 잘하려고 노력하는 사람들이 있다. 이를 위해 책이나 카세트 테이프, 안내 책자, 코치나 모임의 도움을 받는다. 관리 효율 분야의 전문가 프레드릭 테일러의 〈시간과 작업 능률의 상호 관계에 대한 연구〉가 20세기 초반에 소개된 이후, 사람의 활동은 불필요한 단계를 제거하면 그 효율성을 높일 수 있다고 생각해왔다. 시간 관리를 처음 하는 사람들은 일단 어느 하루 동안에 자신이 하는 행동을 정확히 산출해내고 각각의 행동을 측정 가능한 단위로 나눠야 한다. 다시 말해서 '시간 일기'를 작성하는 것이다.

- 일어나서 씻고, 잠깐 운동, 옷을 입는다 — 40분
- 아침 식사를 빨리 끝내고 — 10분
- 조간 신문을 훑어본다 — 8분
- 잠시 개를 돌봐준다 — 4분
- 아들을 학교에 데려다준다 — 11분
- 출근한다 — 28분
- 근무 중 전화 통화 — 2시간 25분
- 이메일 답장 — 2시간 15분
- 회의 — 3시간 40분
- 일상적인 이야기 — 1시간 15분
- 퇴근한다 — 24분
- 개와 함께 산책 — 14분
- 집안 정돈, 휴지통 비우기, 쓰레기 내놓기 — 18분
- 저녁식사 준비를 돕는다 — 19분

- 가족과 함께 저녁식사 ─ 22분

- 설거지 및 정돈 ─ 18분

- 아들과의 시간 ─ 4분

- 각종 고지서 및 가계 정리 ─ 13분

- 집에서의 전화 통화 ─ 32분

- 글을 쓰고, 책을 보고, TV를 보고, 라디오를 듣는다 ─ 2시간 18분

- 집에서 이메일 작업(대학에 가 있는 아들에게 보내는 메시지 포함) ─ 45분

- 신문이나 잡지 혹은 책의 일부분을 본다 ─ 1시간 14분

- 아들 재우기 ─ 7분

- 잠깐 운동 ─ 12분

- 샤워 ─ 12분

- 잠자리에서 배우자와의 대화 ─ 14분

자, 이제 이 하루를 분석해야 한다. 당신이 생각하는 우선 순위를 염두에 두고 너무 많거나 너무 적은 시간을 사용하고 있는 행동을 골라낸다. 어떤 것의 시간을 늘리고 싶은데, 과연 다른 어떤 것을 줄일 수 있는지 생각한다. 이메일에 3시간을 사용하는데, 아들과는 22분, 아내와는 30분밖에(저녁식사 준비 시간 제외) 안 된다고? 이건 제대로 된 것이라고 할 수 없다. 이메일을 2시간으로 줄이고, 아들이나 아내와 보내는 시간을 30분씩 늘린다. 친구와는 전혀 만남이 없다. 그러니 일상적인 이야기에서 30분을 줄이고, 퇴근 시간에 다른 직장에 있는 친구와 30분 전화 통화를 한다. 지역 사회에 더 활발히 참여하겠다는 결의는 어떻게 할까? 시간을 내자. 그런데 잠도 충분히 못 자는 것 같은데. 회의 시간을 1시간 줄이고(회의 시간 동안 잘 때도 있지만…), 수면 시간을 1시간 늘리자. 운동도 조금 더 하고.

그러나 이렇게 뜻대로 되지 않았다. 어떤 것에 대해 시간을 줄이자고 결정하는 것은 쉽지만, 새로 만든 스케줄대로 하는 것은 거의 불가능하다. 내가 아는 사람 중에 벨트에 소형 디지털 타이머를 차고 다니는 사람이 있다. 다음 행동으로 넘어갈 시각에 그 타이머가 진동해 알려준다고 한다. 그렇다고 그 사람의 시간 관리가 더 효율적이 됐으리라고 믿지는 않는다. 전보다 신경과민 정도가 더 증가했음은 분명할 것이다.

기회나 위기에 대한 시간을 차단할 경우에는 그런 기회나 위기가 모습을 보이지 않는다는 것이 문제다. 뭔가 새로운 일이 발생해 놀라는 경우가 없다면 신경제는 아무 의미를 지니지 않는다. 치열한 경쟁과 꾸준한 혁신은 계획에 미리 포함시킬 수 없는 무엇인가를 필연적으로 일어나게 한다. 고객에게 위기 상황이 닥쳤거나 경쟁사에서 '킬러 앱'을 선보이거나 중요한 직원이 다른 회사로 옮기려고 할 수도 있다. 맡고 있는 책임이 많으면 많을수록, 다시 말해 시끌벅적한 상황에 더 가까이 있으면 있을수록 일과 관련된 시간이 요구하는 사항을 통제하기는 더 어려운 법이다.

또 다른 문제가 있다. 일에 소요되는 실제 시간이 전부가 아니라는 점이다. 정신적으로 에너지를 쏟고 집중해야 하기 때문이다.

마지막 문제는 일 때문에 그 동안 소홀히 했던 직장 외부의 사람들이 당신의 스케줄에 맞게 정확히 움직여주지 않는다는 점이다. 배우자는 이렇게 미리 정해진 스케줄을 탐탁지 않게 생각할 수도 있다. 가까운 관계에서 가장 좋은 것은 자발적이라는 점이다. 그런데 일정량의 시간을 관계에 할당하는 것은 마치 강아지를 풀어놓지 않고 개집에 들여보내는 것과 다를 바 없다. 비록 식사와 물은 제때 정확히 준다고 하지만, 개를 개집에 너무 오래 있게 하는 것은 죽으라고 하는 것과 같다.

아이들도 정해진 시간에 따라 움직이지 않는다. 여자아이들에 대해서는 아는 바가 전혀 없지만, 사내아이들은 정해진 시간에 따라 행동하지 않는다고 확실하게 말할 수 있다. 10대 남자아이들은 대합 조개 껍데기와도 같다. 먹을 것을 먹고 더러운 것을 뱉어내기 위해 잠깐 동안 입을 열 뿐이다. 그러고 나서는 굳게 입을 다문다. 입을 열고 있을 때 주변에 있다면, 그 안에 있는 놀라운 모습을 볼 기회가 주어지면서 함께 할 수 있는 잠깐의 시간을 가질 수 있다.

그 순간에 그곳에 있어야 한다. 조개가 금방 닫히고 나면 이제는 아무것도 볼 수도 할 수도 없기 때문이다. 'quality time(아이들이나 배우자, 혹은 친구들과 함께 다른 간섭 없이 충실하게 보내는 시간 — 옮긴이)'에 대해 들은 내용은 잊어도 좋다. 10대 남자아이들은 그런 것을 원하지도 않고 또 사용하지도 않는다. 다른 좋은 할 일이 있기 때문이다. 내가 장관직에서 물러나자 갑자기 텅 빈 주말이 다가왔다. 그래서 아이들에게 quality time을 제안하고 이를 받아주기를 기다렸다. "아빠, 죄송해요. 그 경기 정말로 같이 보러가고 싶은데요. 데이비드랑 짐과 함께 놀러가기로 되어 있어요." "아빠, 그 영화 정말 좋은데요. 솔직히 말하자면 다이앤과 같이 가고 싶어요." 아이들에게 계획을 세우고 우리만의 달력을 만들자고 제안했다. 그러나 막상 그때가 오면 항상 나 외의 다른 사람이나 다른 할 일이 생기곤 했다. 10대의 사내아이들과는 스케줄을 잡을 수 없다.

단순한 삶

삶을 단순하게 만들자고 결심하는 사람도 있다. '자발적인 단순함(voluntary simplicity)'이라는 운동에 관한 책, 회의, 뉴스레터, 각종 모임까지 있을 정도다. 이 운동의 기본 생각은 추구하는 목적만큼이나 간단하다. 최근에 나온 한 책의 표지에 이렇게 되어 있다. "줄이자! 일을 줄이고, 서두르는 것도 줄이고, 빚도 줄이자. 늘리자! 가족 및 친구와 갖는 시간을 늘리자. 지역 사회와 함께 하는 시간을 늘리자. 자연과 함께하는 시간을 늘리자."[5] 먼저 자신이 정말 필요로 하는 돈이 (혹은 권력이나 지위) 얼마나 되는지를 결정하라. 집이 지금보다 작아도, 외식을 덜해도, 모든 것이 줄어도 괜찮은가? 일단 그렇게 할 수 있다는 전제하에 자신이 더 가져야 하는 것 외의 일에 투자하는 시간을 줄여라. 더 단순하게 살고, 더 많은 삶을 자신을 위해 남겨놓으라고 한다.

이런 책을 보면 다이어트 계획이 생각난다. 단순함에 관한 책에서는 무엇인가를 더 얻으려고 하는 행동을 충동적인 폭식증과 같은 일종의 섭식장애(攝食障礙, eating disorder)로 여긴다. 사기는 하지만 정작 필요 없는 물건은 몸이 흡수할 수 없는 음식, 다시 말해 나중에 지방 세포로 변하는 음식과 같다는 것이다. 거대한 몸집을 원하지 않는다면 먹는 것을 줄이고 다이어트 계획에 맞춰 섭취하라. 먹고자 하는 열망을 다스려라. 삶을 단순하게 만드는 방법 중에 12단계의 다이어트 방법과 같은 것도 있다. 또 결심한 것을 포기하지 않게 도와주는 각종 모임도 있다.

그러나 현실에서는 얼마나 구매하느냐와 얼마나 먹느냐는 같은 것이 아니다. 몸에서 섭취할 수 있는 것에는 한계가 있다. 그러나 사고 싶은 상품과 서비스를 구입하며 얼마나 잘 사느냐에는 어떤 제한이 없다. 자발적 단순함 접근 방식에서는 '필요로 하는 것'은 '원하는 것'과 쉽게 구별할 수 있다고, 마치 '필수품'과 '사치품'을 구별하는 것과 같다고 전제한다. 그러나 삶에 필요한 최소한의 생필품 단계를 넘어서면 '필요로 하는 것'은 전적으로 주관적인 판단에 들어간다.

인간은 생존을 위해서는 그렇게 많은 것이 필요하지 않다. 약간의 비타민과 무기질을 포함해 하루에 약 1,000칼로리, 약 1.5리터의 물, 36.5도의 체온을 유지시켜줄 수 있는 덮을 것, 그리고 약간의 운동이면 된다. 이미 말한 대로 누군가 개인적인 관심을 보여주는 것도 도움이 된다. 항생제 역시 도움을 준다. 이 정도를 넘어서면 그 다음에는 여러 단계의 사치품 영역이 기다리고 있다. 1856년 소로는 자신의 글에서 "가장 싼 것에서 즐거움을 느끼는 사람이 가장 부자다"라고 말했다.[6] 19세기 '자발적인 단순함' 운동의 비공식 회장이었던 소로는 매사추세츠 주 콩코드 지방의 숲속으로 터벅터벅 걸어들어가서 월든 연못가에 있는 세간이라고는 거의 없는 오두막에서 살았다. 먹는 것은 직접 기르고 또 덫을 이용해 잡은 것으로 해결했다. "사소한 일에 우리의 삶이 허비되고 있다. 단순함! 단순함! 단순함! 수백 혹은 수천 가지의 일을 두세 개 정도가 되게 하라"고 소로는 적고 있다.[7]

기본적인 최소한의 필수품 단계를 넘어서면 사람들이 '필요'로 하는 것은 다른 대부분의 사람들이 가질 것으로 예상되는 것에 따라 달라진다. 필요는 박탈과 마찬가지로 환경에 따라 수시로 변하는 개념이다. 소로는 "사치품의 대부분, 소위 생활을 편하게 해주는 상품의 많은 부분은 필수적인 것이 아닐 뿐만 아니라 인류 발전의 명확한 장애물이다"라고 썼다.[8] 아프리카에서는 잘 사는 것으로 여겨질 사람도 지금 미국 땅에서는 모자란다는 느낌을 가질 수 있다. TV가 없다고 생명이 끊어지는 것은 아니다. 그렇지만 많은 사람들이 필수품 목록에 TV를 넣고 있다. 많은 가정에서, 특히 버스나 전차가 없는 지역에 사는 가정에서는 차가 필수품이다. 집 안에서 나오는 상수도 역시 필수품이다. 물론 돈 많은 사람들은 그런 시설이 없는 외진 곳으로 많은 돈을 주고 휴가를 떠나기도 한다. 컴퓨터는 아직은 필수품은 아니지만 곧 그렇게 될 것이다. 컴퓨터 없이 자란 아이들은 디지털적인 박탈감을 느끼면서 경제적으로 불리한 위치에 놓이게 될지 모른다.

당신이 얼마나 '필요'로 하는지에 관한 질문을 뒤집어서 한번 살펴보자. 얼마나 돈을 더 벌면 돈에 대한 걱정에서 자유로워질 수 있을지 자신에게 물어보자. 아마도 지금 현재 얼마를 벌고 있는지에 따라 답이 달라질 것이다. 연간 소득이 10만 달러가 넘는 아메리카 온라인(AOL) 가입자들을 대상으로 최근 실시한 여론조사에 의하면, 이들이 4만 달러 미만인 사람들보다 돈 걱정을 하지 않기 위해 필요한 돈이 훨씬 더 많다고 한다. 고소득자 중 1년에 9만 달러 이상은 더 벌어야 한다고 말하는 사람이 저소득자의 다섯 배에 달했다.[9]

《Real Simple》이라는 새로 나온 잡지(Time Inc.라는 거대한 어머니에게서 나온 또 하나의 상품)가 추구하는 것은 "삶의 모든 면, 즉 가정이나 음식, 돈, 옷, 건강, 외모, 일, 가족, 휴가 등의 모든 면을 단순하게 만드는 데에 도움을 드립니다. 없앨 수 있는 것은 없애고 당신이 사랑하는 것은 지킬 수 있는 방법을 제시합니다"라고 초대 편집장은 말했다.[10] 니만 마커스 진주, 드비어스 다이아몬드, 아텐시오 순은 제품, 토드&홀랜드 차(茶) (0.25파운드에 56달러짜리), 랠프 로렌 시트, 캐딜락의 카테라 승용차와 같은 생활 필수품의 화려한 광고가 넘쳐흘렀던 창간호에는 인생을 단순하게 만들기 위한 온갖 종류의 제안이 나와 있다. 가지고 있는 신용카드의 수를 줄이고 36달러짜리 수수한 울 티셔츠를 입으라는 것 등이다. 잡지를 보면 알겠지만 《Real Simple》은 무엇인가를 없애는 것에 관한 잡지가 아니다. 시간은 없는데 돈은 많은 여성들이 우아하고 세련된 상품 몇 가지를 사서 삶을 깔끔하게 정리 정돈하는 데 도움을 주는 잡지다.

이 잡지대로라면 당신이 '필요로 하는 것'이 무엇인지를 결정할 때에도 역시 힘든 선택을 해야 하는 것은 마찬가지다. 단지 이 선택은 돈 버는 일과 삶의 나머지 부분 사이의 선택이 아니라, 한 가지 바쁜 일과 다른 바쁜 일 사이의 선택일 뿐이다. 《Real Simple》을 읽는 독자들은 원하는 만큼 '간단하게' 살수 있는 돈이 있지만, 대부분의 사람들은 그런 여유가 없다. 일과 수입을 줄여서 삶의 나머지 부분을 위해 더 많은 시간과 에너지를 내기를 원한다면, 현재 그 삶의 나머지 부분을 더 쉽고 즐겁게 해주는 것의 일부는 밖으로 내던져야만 한다. 왜냐하면 이제는 그럴 여유가 없기 때문이다. 소로의 사치품은 나의 필수품이다. 고맙지만, 나는 숲속 오두막집에 살면서 덫을 놓으며 먹을 것을 구하고 싶지는 않다.

소로의 일기를 읽으면 항상 바쁜 소로의 모습을 볼 수 있다. 다른 사람에게 의지하지 않고 필요한 것을 돈 주고 사지 않으며, 스스로 집을 따뜻하게 하고 먹을 것을 구하기 위해 그는 극도로 열심히 일을 해야만 했다. 소로는 가족과 함께 지내지도 않았다. 또 친구도 많지 않았던 것 같다. 일기를 쓸 정도의 시간과 에너지가 있었다는 것 자체가 놀라울 뿐이다.

단순함은 단순하지 않다. 단순한 삶을 추구하기 위해 몇 년 전에 버몬트에 정착한 대학 친구 한 명은 저녁 늦게나 끝나는 허드렛일을 하기 위해 새벽 4시 30분에 일어난다고 한다. 그녀와 남편은 돈 버는 일을 하면서 생계 유지를 하고 있지 않다. 거의 모든 것을 스스로 해결해야 한다는 뜻이다.

전문화가 없었다면 우리의 삶은 지금보다 훨씬 더 힘든 상태일 것이다. 내 전문 분야는 학생들을 가르치고 집필하는 것이다. 며칠 전, 이렇게 해서 번 돈의 일부를 현재 집필할 때 사용하는 컴퓨터를 고치기 위해 사용했다. 음식을 먹기 위해 덫을 놓지도 않지만, 내가 컴퓨터를 고치지도 않는다. 모든 사람이 스스로 덫을 놓고 컴퓨터를 고쳐야 하는 시스템보다는 전문화된 식품 가공 및 컴퓨터 수리 시스템이 훨씬 더 효율적이다.

재미있기 때문에 직접 빵을 굽고 덫을 놓아 조그마한 동물을 잡는 것은 먹고 싶어서 해야만 하는 것과는 별개다. 컴퓨터 수리에서도 마찬가지다. 직접 할 때보다 돈을 주면 더 효율적으로 할 수 있는 일이 있다. 이런 일에 더 많은 시간을 쓰지 않고 자신이 원하는 일을 할 때, '단순함'은 이를 위해 어떻게 더 많은 시간을 낼 수 있는지에 관해서는 알려주는 것이 없다. 집에서 만든 수제품에 기초한 단순한 삶은 나에게는 너무나 복잡한 개념이다. 아마 당신에게도 그럴 것이다.

자신의 이상적인 삶과 현재의 실제 삶에 대해 더 깊이 생각하는 데에는 아무 문제가 없다. 우선 순위를 조정하고, 할 수 있다면 시간 관리를 더 잘하라. 원한다면 지금보다 돈이 없는 상태에서 살아라. 새로운 결심을 하라. 배우자나 파트너에게 더 많은 허드렛일을 해달라고 부탁하라. 빗속을 걸어보자. 목욕도 하자. TV는 그만 보자. 개인 코치의 도움을 받아라. 자신에게 영향을 미칠 수 있는 책을 읽어라. 이 중 하나만 해도 좋고 모든 것을 다 해도 좋다. 그러면 아마도 삶을 찾을 수 있을 것이다. 그러나 그렇게 될 것이라고 확신하지는 말아라.

살면서 내리는 선택에 우리는 개인적인 책임을 진다. 그러나 우리가 살아가는 더 큰 틀 속에는 우리가 내리는 어떤 선택을 더 쉽거나 더 어렵게 만드는 요인이 존재한다. 그러한 요인에 대한 인식 없이 혼자 개인적으로 '더 바람직한 균형 상태'를 찾아나서는 것은, 처음에 우리를 그렇게 불균형의 상태로 만들었던 더 큰 세력을 보지 못하는 것이다. 개인의 선택은 사회의 선택이라는 틀 안에 있다. 따라서 우리 앞에 있는 선택을 완전히 이해하기 위해서는 우리 모두가 함께 직면하고 있는 선택에 어떤 것이 있는지 알아야 할 것이다.

12 사회의 선택

과연 무엇 때문에 이 세상은 이렇게 힘들고 부산하게 움직이는 것일까? 탐욕과 야망의 끝은 어디일까?

— 애덤 스미스, 《도덕 감정론 (The Theory of Moral Sentiments)》 (1759)

미래의 모습에 대해 확신할 수는 없지만, 현재 추세로 보아 어떤 부분이 미래에도 계속될지는 이미 분명하다. 오늘날 우리는 혁신으로 넘쳐나는 역동적인 신경제의 부상을 보고 있다. 가까운 장래에는 소비자가 원하는 바로 그것을 거리에 구애받지 않고 가장 유리한 가격에 원하는 즉시 얻을 수 있는 시대가 될 것이다. 또 더 좋은 조건이 나타나면 눈 깜짝할 사이에 혹은 마우스 클릭 한 번으로 그쪽으로 이동할 수 있을 것이다. 투자자들 역시 전세계적으로 더 좋은 조건을 발견하면 즉시 그쪽으로 자신의 돈을 이동시킬 수 있을 것이다. 수요가 높은 서비스를 제공하는 사람들은 아주 쉽게 더 좋은 기회를 찾아이동할 수 있을 것이다. 일자리는 풍부할 것이다. 그 중 많은 일자리가 흥미롭고 보수도 높을 것이다.

이 그림대로라면 축하할 것이 많아 보인다. 그러나 우리를 최소한 잠시 멈추게 만드는 것도 많다. 현재 우리 눈앞에 나타나고 있는 경제 시스템은 우리에게 경제적인 불안감, 더 맹렬히 달려들어야 하고 또 삶의 나머지 부분을 더 침해하는 일, 수입과 부의 불균형 심화, 사회 계층화 현상의 심화 등도 안겨주고 있다. 이 모든 것은 개인의 삶, 가족과의 삶, 지역 사회 내에서의 삶을 사라지게 만들고 있다. 우리가 원하고 있는 방향으로 나아가고 있는지를 물어보아야 할 때인 것 같다. 다시 말해 우리 앞에 놓여 있는 사회적인 선택 사항들을 검토해보아야 할 때라는 뜻이다.

여러 가지 커다란 선택

신경제를 사회적인 선택이란 맥락에서 말한다는 것이 이상하게 들릴 수도 있다. 전세계적인 첨단 기술 경제의 부상은 이제 누가 통제할 수 있는 상황이 아니다. 한 가지 기술에 이어 또 다른 기술이 개발되고 있지만, 그 결과에 대한 확실한 결론은 내려지지 않은 채 상황은 전개되고 있다. 통신, 운송, 정보 관련 기술들이 이렇게 빨리 발전할 것이라고 그 누구도 명쾌한 결론을 내리지 않았다. 또 이런 기술이 기존의 대량 생산 경제를 고객의 입맛에 맞는 맞춤 상품 및 서비스 경제, 그리고 쉽게 더 좋은 조건으로 이동하는 경제 쪽으로 몰고 갈 것이라는 결론도 없었다. 또 이로 인해 경쟁이 치열해지고 기술 혁신에 박차를 가하고, 그 결과 경제 성장 속도가 더 빨라지고, 모든 종류의 구매에 있어 구매자 천국의 시대가 오리라는 결론이 나온 적도 없다. 특히 이런 모든 발전 과정의 부정적인 면을 받아들이겠다고 결정한 사람도 없었다.

몇십 년 전에 미국 하늘에 거대한 요정이 나타나 커다란 선택의 기회를 제공했다고 상상해보자. "현재의 경제 시스템을 유지하면서 지금 상태대로 계속 일을 하든지, 아니면 다음 조건을 한번 들어보아라. 다음 세기가 시작할 무렵 너희들 중 일부는 엄청난 부자가 되고, 대부분은 구매 측면에서 지금보다 훨씬 더 좋은 조건을 맞이할 것이며, 경제 규모가 커질 것이다. 하지만 그것이 전부는 아니지. (요정이 기분 나쁘게 웃는다.) 내가 제안하는 조건의 이면은 이렇다. 너희들 일자리는 더 불안해지고, 수입을 예측하기 더 힘들게 될 것이며, 수입과 부에 있어 불균형 현상이 심화되고, 사회는 분화 현상을 겪게 될 것이다. 더 열심히 일하게 될 것이며, 삶의 나머지 부분은 심한 압박을 받을 것이다. (다시 웃는다.) 자, 너희들의 선택이다. 시간은 15초를 줄 것이며, 다수의 의견을 따르도록 하겠다. (요정이 다시 웃는다. 웃음소리가 커지고 얼굴이 더 커지기 시작하더니, 사방이 웃음소리로 가득하고 얼굴이 하늘을 뒤덮을 정도가 된다. 그리고 모든 미국인들이 손을 들어 의사 표시를 한다.)

현재 모든 것을 다 아는 상태에서 당신이라면 어느 쪽을 택하겠는가? 전례가 없을 정도의 경제적 번영이 과연 그 대가를 치를 정도로 가치가 있을까? 물론 미국은 선택하지 않았다. 최소한 직접 선택한 것은 아니다. 선택을 하고 있다는 사실을 우리가 알고 있지는 않았다는 말이다.

실제로 경제 시스템에 대한 모든 종류의 선택은 사회가 하고 있다. 우리는 어떤 선택인지를 알 수도 있고 모를 수도 있다. '자유 시장'은 자연 상태에 존재하는 것이 아니다. 태초에 신이 만든 것도 아니며, 신의 의지에 따라 유지되고 있는 것도 아니다. 자유 시장은 인간이 만들어낸 것으로 개인의 권리와 책임에 대한 무수한 판단이 모두 합쳐져서 탄생한 것이다. 그렇다면 어디까지가 나의 판단이고 당신의 판단이고 우리의 판단일까? 이러한 경계선을 위협하고 있는 행동에는 어떤 것이 있으며, 또 그런 행동에는 어떻게 대처해야 할까—절도, 강제력, 사기, 갈취, 부주의? 또 자유 시장을 얻기 위해 무엇을 내주어야 하며, 또 무엇을 주어서는 안 되는 것일까?—마약, 섹스, 아기들, 유전자, 투표?

논리나 분석만 가지고는 답을 찾을 수 없다. 문화나 시대에 따라 그 답은 다르게 나올 것이다. 답은 한 사회가 가지고 있는 가치에 의해 내려진다. 사회의 결속, 경제 번영, 전통, 신앙심 등에 어느 정도 무게를 두고 있느냐에 따라 달라질 것이다. 어느 한 문화가 이 문제에 대한 답을 쌓아나감에 따라 그 문화 나름대로의 자유 시장이 만들어지는 것이다. 정치권에서는 그 문제를 정부와 시장 간의 하나의 거대한 선택으로 포장한다. 그렇게 되면 실제 그러한 선택이 아닌 재산의 소유 및 교환에 관한 규칙을 형성하는 수없이 많은 방법을 선택할 수 있는데도 우리는 이를 잘 볼 수 없게 된다. 물론 그러한 규칙이 없는 상태는 자유 시장이 아니다. 아니, 아무 시장도 아니다. 러시아를 보면 잘 알 수 있다.

우리 경제의 진화 과정은 수없이 많은 영리하고 근면한 사람들뿐만 아니라 (전세계적으로 이런 사람들이 있다) 상업적인 계약, 은행과 증권 시장의 구조, 과세 대상, 특허 및 저작권, 반 트러스트, 노동, 무역 지대, 국제 무역 등에 관해 내린 수없이 많은 결정에 의해 좌우되어왔다. 이런 결정의 성패 여부는 정부의 시장 '간섭'이 아니라, 어떻게 시장을 조직하느냐에 달려 있다. 이런 종류의 결정을 내리지 않는다는 것은 불가능하다. 결정을 내리지 않게 되면 이전의 결정에 의존할 수밖에 없으며, 그렇지 않을 경우에는 이전의 결정이 뚜렷한 지침을 제공하지 않은 분야에서는 불확실한 상태가 만들어지게 된다.

그렇다면 어떤 기준에 의해 시장 형성에 관한 이러한 또 다른 여러 결정을 내려야 하는 것일까? 판사나 국회의원, 논설의원 그리고 일반 시민 모두, 자신들의 생각을 정리해나갈 때에는 과연 어떤 대안이 경제 성장에 가장 큰 도움을 주며 물가를 내리고 더 좋은 상품을 생산해서 소비자의 복지를 증진시키느냐에 기초하는 것이 일반적이다. 그렇지 않으면 공정한지의 여부를 가지고 결정하기도 한다. 그러나 성장과 공정함 외에도 그런 선택이 우리의 전반적인 삶에 어떤 결과를 가져올지를 고려할 수도 있다. 예를 들어 어떤 경제 시스템이 경제적인 안정, 개인의 도덕적 가치, 가족간의 유대, 선량한 시민의식 등에 가장 큰 도움이 될지 등에 관한 고려다.

산업 시대의 여러 가지 커다란 선택

산업 시대가 시작되었던 19세기 말에서 20세기에도 현재 우리가 겪고 있는 문제와 비슷한 딜레마에 빠져 있었다. 당시 새롭게 떠오르고 있던 산업 경제는 더 싸고 더 좋은 상품이라는 면에서 엄청난 우위를 확보하고 있었다. 그 수가 증가하던 중산층은 당시의 신기술에 기반을 둔 대량 생산에 힘입어 각종 기기, 자동차, 신발, 옷, 주방용품, 가공식품 그리고 그 밖의 많은 상품을 접할 수 있게 되었다. 그러나 이러한 이점 뒤에는 대가가 있었다. 그 전의 미국을 살펴보면 대부분의 지역이 농업에 의존하고 주민끼리 친구로 이웃으로 서로 알고 지내는 조그만 마을의 자급자족 시스템을 가지고 있었다. 그러던 것이 반 세기도 채 안 되어 이민자와 가난한 사람들, 거대 기업 및 트러스트, 수입과 부의 불균형 심화, 수천 명의 봉급 생활자를 고용하는 거대한 공장으로 가득 찬 대도시 사회로 탈바꿈한 것이다.

산업화의 혜택이 과연 그런 가치가 있는지 여부를 물어본 요정도 없었다. 대신 당시 미국인들은 새로운 산업 시대의 질서 속에서 자신이 싫어하는 것과 매력을 느끼는 것을 바탕으로 수없이 많은 개인적인 선택을 내렸다.[1] 농장을 떠나 공장으로 갈 것인지, 마을을 떠나 도시로 갈 것인지? 그 동안 편안하고 익숙했던 것을 버리고, 더 높은 생활 수준을 가져다줄 수도 있고 지금보다 더 재미있는 것을 택할 것인지? 그리고 자신의 아이들에게 자신과 같은 선택을 하라고 할 것인지?

거기서 끝나지 않았다. 이러한 개인적인 선택은 그 시대의 사회적 선택으로 이어지기도 했다. 예를 들어, 기술의 발전으로 인해 손재주 있는 아이들이 생산에 참여할 수 있는 범위가 확대되었다. 이로 인해 농가의 아이들이 늘 하던 것과는 다른 선택을 하게 되었다. 어린 시절에는 공부하고 노는 시기인지, 아니면 그 시기를 공장에서 생산하는 데 바쳐야 할 것인지? 이러한 선택은 각 가정의 판단에 맡겨져 있었으며, 몇십 년 동안 가정이 판단하고 선택해왔다. 공장을 선택한 가정도 있었다. 그러나 시간이 지나면서 국가 전체적으로 아동 노동에 대해 반대 결정을 내리게 되었다.

산업 근로자에 대한 보호 장치가 더 필요하다는 믿음이 널리 퍼져 있었다. 미국은 젊은 남녀 근로자들이 안전하지 않은 작업 환경에서 얼마 되지 않는 돈을 벌기 위해 오랜 시간 일하는 모습을 보고 커다란 충격을 받았다. 법률이 통과되어 최저 임금과 최대 근로시간, 초과 근무수당이 정해지고, 노조와 단체교섭권이 인정되었으며, 건축 및 위생 관련 규칙을 통해 근로자의 건강과 안전을 보호하게 되었다.

새로운 산업화의 질서에 따라 미국 근로자들이 새로운 종류의 경제적 불확실성에 노출되자 근무 중 상해, 실업, 배우자의 갑작스러운 사망, 불충분한 퇴직 연금에 대한 사회적 보호 장치의 필요성을 느끼게 되었다.

산업화와 함께 경제적 불균형 현상이 급속도로 부상했다. 이에 대해 선진국들은 어떻게 했을까? 당시 개혁주의자들은 새로운 산업화 질서 속에서 성공을 하기 위해서는 중등교육(8학년) 이상의 교육이 필요하다고 생각했다. 20세기 초의 '고교 교육 운동'으로 인해 공립학교 무상 교육이 12학년까지 확대되었고, 16살까지 의무 교육을 실시했다. 유치원도 교육 제도에 추가되었다.

1913년 연방 소득세가 시작되었고, 해가 지나면서 누진세의 성격을 계속 유지해나갔다. 1950년대가 되면서 증권거래위원회의 공식 기록으로 최고 연봉을 받은 사람은 GM 사 사장 찰스 윌슨이었다. 그는 당시 달러 가치로 62만 6,301달러를 받았는데, 이 수입에 대한 연방 소득세는(이 연봉을 그해에 모두 지급했다면) 42만 6,000달러로, 윌슨에게 돌아가는 돈은 겨우 16만 4,300달러에 불과했다.[2]

기업간의 결합으로 나온 거대 기업에 대한 논쟁도 거세게 일어났다. 윌슨 대통령은 거대 기업을 분리시키지 않으면 시민의식을 기반으로 하는 미국 민주주의의 도덕성이 사라질 것이라고 우려를 표했다. 루스벨트 대통령은 대량 생산 기업의 위험을 최소화하면서 그 이점을 유지하는 최선의 방법은 규제라고 말했다.[3] 그리고 "기업간의 결합은 어쩔 수 없는 경제 법칙의 결과다. 기업간의 결합을 예방하려는 노력은 대실패로 끝났다. 그러나 해결책은 이러한 기업간 결합을 무산시키려는 데에 있는 것이 아니라 공공복지를 위해 이들을 완전 통제하는 데에 있다"고 발표했다.[4] 결국 미국은 늘 그렇듯이 타협책에 만족하고 말았다. 온건한 내용의 반 트러스트법이 시행되었고, 규제 기관은 업계와의 협의하에 규칙을 제정하게 되었다. 다른 나라들도 비슷한 법을 제정했다.

이 모든 논쟁은 신경제 질서의 과도한 몸뚱이를 통제하고 옳지 못한 면을 줄여나가면서 가능한 한 많은 이익을 이루어보려는 방법, 즉 어떻게 새로운 사회적 균형을 이루느냐에 관한 것이었다. 19세기 산업화 시대 이전에 적합했던 법률, 규칙, 사회적 관습은 임금 노동을 중심으로 조직되고 대기업들이 압도했던 국가 경제의 새로운 도전을 수용하기에는 매우 부적절했다. 그렇지만 산업화의 길이 과연 어떤 방향일지 알 수도 없었다. 따라서 미국은 당시의 가장 좋은 정보, 미래에 대한 육감, 그리고 오래 지속되어온 가치를 기초로 해서 선택을 내릴 수밖에 없었다.

이제 또 그래야 할 시기가 왔다.

신경제의 여러 가지 커다란 선택

우리가 현재 빠른 속도로 향해가고 있는 신경제, 그리고 새로운 사회에서는 과거의 선택 중 일부는 그 가치가 떨어지거나 더 이상 적합하지 않는 상태가 되었다. 이전 장에서 이미 언급했듯이 대기업 통제를 목적으로 했던 규제 중 많은 부분이 규모의 경제가 더 이상 필요 없어짐에 따라 폐지되었다. 그리고 현재에는 소규모 기업도 대기업과 효과적으로 경쟁에 나서고 있다. 트러스트 반대주의자들은 어느 한 시장에서의 단순한 규모나 지배 상황에 대해 과거만큼 걱정하지 않는다. 경제의 변화 속도가 너무 빠르고 경제의 많은 부분이 세계 경쟁 속에 노출되어 있기 때문에, 그러한 정적인 개념은 점점 더 그 관련성을 잃어가고 있다. 정작 더 걱정을 많이 하는 것은 마이크로소프트의 컴퓨터 운영체제와 같이 사람들간의 상호 교류 수단에 관한 표준에 있어 어느 기업이 지배적인 위치에 오르는 '과다한 끈끈함의 상태' 다. 이와 관련해 지적 재산권의 미래에 관한 논쟁이 벌어지고 있다. 유전자에도 특허권을 주어야 하나? 원클릭 인터넷 판매와 같은 비즈니스 모델은 어떻게 해야 하나? 수학 공식도 지적 재산권의 보호를 받아야 하나? 유전자 복제 방법은 어떻게 해야 하나?

이미 말한 대로 봉급, 근로시간, 근로 조건, 단체 교섭 등의 측면에서 고용주에게 책임을 지우는 것은 점점 늘어나고 있는 계약직이나 임시직 근로자, 프리랜서, 이랜서(e-lancer), 판매 수수료를 받는 근로자, 관리직 및 전문직 그리고 신경제 안에서 직접 자신의 서비스를 팔고 있는 다른 모든 사람들에게는 거의 도움이 되지 않는다. 심지어 신경제의 많은 부분에서는 누가 '고용인'이고 누가 '피고용인'인지를 규정하는 것조차도 어려워지고 있다.

마찬가지로 과거 사회보장제도는 개인적으로 앞으로 어떤 위험에 닥치게 될지 모르는 사람들을 위해 만들어진 것이다. 그러나 이제는 분류 과정으로, 잘살고 건강한 시민들은 민간 보험기업을 통해 대안을 찾을 수 있다. 그 결과 잘살고 건강한 사람들 중 많은 사람들이 못살면서 건강이 나쁜 사람들을 남겨 놓고 기존의 사회보장제도 밖으로 나가는 선택을 하고 있다. 사회보장제도의 민영화 여부와 메디케어를 상환이 가능한 '개인 의료 계좌' 형태로 전환해야 하는지에 관한 논쟁도 가열되고 있다.

마지막으로 수입을 기준으로 미국인들이 스스로 분리되는 모습을 보이면서 분류 과정이 지역 사회의 근간을 해치고 있다. 지방 재산세에 주로 의존해오던 빈민들과 근로자들이 사는 지역의 학교, 공원, 공공 여가시설, 도서관 그리고 기타 여러 시설의 재원이 부족한 실정이다. 잘사는 사람과 못사는 사람들이 한 지역에 같이 있었을 때에는 지역 재원에 의존하는 것이 합당했다. 그러나 부자와 빈민이 다른 지역에 살고 있는 경우가 더 많은 요즘에는 심각한 불균형 현상이 발생하고 있다. 단순한 재원 조달의 문제를 넘어서고 있다. 아이들이 다니는 학교와 자라나고 있는 지역은 그들의 미래에 결정적인 영향을 미친다. 빈민들이 함께 모여 있음으로 해서 이들이 극복해야 할 장애물은 계속 높아지고 있다. 인맥이 어느 때보다도 중요한 때에 사회적으로 이렇게 고립되어 있고, 앞으로의 직업 전망이 불투명하고 제조업의 일자리가 사라지고 있는데도 경제적으로 분리되어 있으며, 역할 모델과 사회적인 지원이 필요한 상황에서 두 가지 모두를 갖지 못한 빈민가의 젊은이들이 신경제에서 발판을 마련하는 데에는 한계가 있을 수밖에 없다.

우리 시대의 걱정은 근본적으로 산업화 시대 초기에 보였던 걱정과 다를 바가 없다. 그것은 신경제가 스트레스와 불안감을 주고, 가족과 지역 사회가 사라지고 있으며, 수입과 부의 불균형은 심화되고, 지역 사회의 기반이 흔들리고 있다는 것이다. 그러나 이런 걱정을 해결하기 위해 당시 사람들이 생각해 냈던 답, 다시 말해 당시의 신경제 세력이 제공해주는 것과 그로 인해 잃게 되는 것 사이의 균형을 맞춘다는 것이 우리가 진입하려는 경제와 사회에는 단지 적합하지 않을 뿐이다.

전세계적으로 삶의 질이라는 측면에서 신경제의 장점에 관한 토론이 시작되고 있다. 이러한 토론은 구체적인 내용은 수면에 가라앉은 채 부분적인 선에서 간헐적으로 발생하는 정도로 그치고 있다. 프랑스 근로자들은 주당 35시간 근로제를 관철시키기 위해 파업에 나서고 있다. 높은 임금과 근로자 해고나 강등을 어렵게 만드는 규제에 대해 우려하고 있는 독일 기업가들은 시설을 해외로 옮기겠다고 위협하고 있다. 시애틀에서 열린 세계무역기구 회의에 미국인들이 반대 행진을 벌이기도 했다. 전국적인 여론 조사에서 다수의 미국인이 전세계적인 경제 시스템이 일반 시민에게 해가 된다고 답했다. 좋은 일자리는 해외로 이동하고, 임금이 낮은 일자리만 미국에 남게 될 것을 걱정하는 사람이 전체 응답자의 2/3에 달했다.[5] 반면에 개도국들은 몰려들어온 후 갑자기 빠져나가 사회적인 혼란을 야기시키는 이른바 '핫 머니'에 대한 불평을 토로하고 있다. 일부 국가에서는 우익단체가 이민자나 외국인에 대한 반감을 표출하고 있으며, 때로는 자국의 소수 빈민층에 대해서도 이같은 행동을 하고 있다. 여러 나라를 넘나들면서 때로는 그 나라들 위에 군림하고, 조세 피

난처에 자신들의 돈을 묻어두고, 한적한 곳에서 휴가를 즐기며, '도시 속의 화려한 공간에서' 살면서 일하고 있는 전세계 엘리트들에 대해 반감을 가지고 있는 좌익단체들도 있다.⑥ 탐욕으로 가득 찬 것처럼 보이는 최고경영자가 이끄는 다국적 기업이나, 바쁘게 움직이며 여러 기업을 '구조조정'하고, 그 과정에서 뿌리가 흔들리거나 파괴되는 지역 사회는 전혀 신경 쓰지 않는 것처럼 보이는 월 스트리트의 큰손들에 대해 그 누구도 호감을 갖고 있는 것 같지는 않다.

그러나 많은 토론이 잘못된 방향으로 흘러가고 있으며, 비난의 대상이 잘못되어 있는 상태다. 만약에 적이 있다면 지금까지 살펴본 대로 그것은 바로 우리 자신들이다. 우리는 신경제가 제공하는 구매자 천국의 시대를 원하고 있다. 우리 모두 소비자이며, 투자자의 수도 늘어나고 있다. 급속도로 새롭게 생겨나고 있는 여러 기술로 인해 우리가 원하는 바로 그것을 거리에 구애받지 않고 가장 유리한 가격에 원하는 즉시 얻을 수 있는 전세계적인 네트워크가 형성되고 있다. 선택의 범위가 넓어지고 있으며, 원한다면 쉽게 다른 곳으로 바꿀 수 있다. 다시 말해 범인은 다국적 기업, 욕심 많은 경영진, 무감각한 엘리트들, 이민자, 소수 빈민층과 같이 저 먼 곳에 있는 것이 아니라 바로 여기에 있다. 우리 자신의 입맛, 우리가 사고 싶어하는 것, 우리가 원하는 좋은 조건의 거래에 있는 것이다. 대부분의 미국인들만큼 물질적으로 풍요롭지 못한 사회에서 사는 사람들이 위성 TV를 통해 미국 중산층의 여러 가지 가전제품과 화려한 모습을 보고는, "우리도 저런 것을 원해"라고 말한다. 그리고 빨리 가지고 싶다고 덧붙인다.

그러나 이 모든 것을 위한 사회적인 대가 역시 증가하고 있다. 우리가 어떤 대가를 치르고 있는지 알고 있다면 우리가 얻고자 하는 좋은 조건에 대해 지금처럼 열광하지 않을지도 모른다. 전세계 다른 사람들도 마찬가지일 것이다.

요정의 제안 중 어떤 쪽을 택하겠는가?

두 가지 극단적인 경우를 생각해보자. 한쪽에는 신러다이트주의를 받아들이는 사회가 있을 수 있다. 모든 컴퓨터의 플러그를 뽑고, 소프트웨어를 불태우고, 값싼 외국 상품이 들어오지 못하도록 거대한 관세 장벽을 세우고, 비용이 낮은 외국 노동력의 유입을 막기 위해 국경에는 강력한 담벽을 설치하고, 세계 자본의 흐름을 막고, 적대적 합병 인수를 금지하고, 주주의 권한을 박탈하고, 특허에 대해 과다할 정도로 장기간 보호를 해주고, 현재 상태로 우리 모두의 일자리를 보존하고, 살고 있는 지역을 현상태 그대로 유지하고, 기술 혁신을 중단시키는 것이다. 이 모든 것에 의해 고요하고 안정된 사회가 만들어지고, 불균형 상태는 줄어들고, 사람들은 조용히 명상의 시간을 가질 수 있을 정도로 자유로워질 것이다. 그러나 이런 선택을 하지 않았을 경우 축적할 수 있는 경제적인 부와 비교했을 때, 물질적으로 매우 빈곤한 사회가 될 것이다. 또 여러 면에서 매우 견디기 힘든 사회일 것이다(그런데 전세계적인 기술의 시대라고 해서 이런 신러다이트 전략이 불가능하다는 전제를 내리지는 말자. 근본주의자, 청교도 그리고 여러 광신자들이 과거에 그랬고, 아마 언제가 어디선가 다시 시도할 것이다).

다른 한쪽에서는 액셀러레이터 페달에 발을 올려놓고 차가 질주하도록 한다. 가장 빠른 성장, 가장 넓은 선택, 가장 빠른 이동이나 전환의 길을 갈 수 있다. 논리적으로 합당한 종착역이 올 때까지 이 길을 따라간다. 그러면 우리 모두 거대한 전세계의 네트워크에서 일하고 있을 것이다. 우리의 수입은 우리가 제공하는 서비스에 대한 즉석 경매에 의해 좌우될 것이다. 규제, 보험, 여러 혜택 등의 정부 지원은 분류 과정이 전세계적으로 더욱더 효과를 발휘함에 따라 모두 없어질 것이다. 각 국가의 최고 부자에서 최하 빈민까지의 범위는 전세계의 부와 가난의 가장 넓은 범위를 그대로 반영할 것이다. 그 범위 내에서의 자신의 위치는 지금까지 얼마나 열심히 일하고 자신을 판매했는지 정도에 따라 달라질 것이다(그리고 궁극적으로 자녀의 위치는 얼마나 열심히 일을 해서 자신의 야망과 잠재적인 상업적 가치를 실현할 수 있느냐에 좌우될 것이다). 물질적인 부는 넘쳐날 것이다. 그러나 경제적인 안정감을 느끼는 사람은 아무도 없을 것이다. 그러는 동안 우리 사회는 여러 갈래로 나뉘어지고 심하게 분류되며 세계의 다른 지역과 별반 다른 점이 없는 곳이 될 것이다.

어느 쪽을 택하겠는가? 우리는 무엇을 선택하고 있나? 대부분의 사람들에게 이 양 극단은 썩 매력적이지 않다. 그렇다면 결국 두 극단 사이의 균형이라는 결론이 나온다.

새로운 사회적 균형

두 극단 사이의 최선의 위치는 어디일까? 가장 최선의 사회적인 균형은 무엇일까? 경제적인 역동성과 사회적인 평온함 사이에서 최선의 중간점이 단 한 군데에 있는 것이 아니기 때문에 답은 간단하게 나오지 않을 것이다. 그렇다면 답을 찾기 위해서는 미국인들이 1세기 전 당시에 신경제 질서라고 여겨지던 것과 타협을 하기 위한 힘든 과정에서 스스로에게 던진 질문을 당신도 던져보는 것이 어떨까? 어떻게 하면 신경제 질서의 과도한 몸뚱이를 통제하고 옳지 못한 면을 줄여나가면서 신경제가 제공하는 혜택을 거둘 수 있을까?

과거 산업 경제 시대의 부담뿐만 아니라 혜택도 안정된 대량 생산 경제에서 나왔다는 것을 다시 기억하자. 그래서 당시 개혁가들은 고용 상황을 개선하고, 경제의 힘이 너무 커지는 것을 통제하는 데 주력했던 것이다. 반대로 신경제의 혜택은 혁신과 구매자가 더 좋고 빠르고 값싼 상품(어느 나라 상품이든지), 더 높은 수익을 돌려주는 투자, 그리고 현대적인 '지역 사회'로 쉽게 이동할 수 있다는 점에 있다. 이미 살펴보았듯이 신경제의 이러한 특성으로 인해 경제적인 불안감이 생기고, 일에 더 맹렬히 매달리며, 수입과 부에 있어 격차가 더 벌어지고, 분류 과정이 그 어느 때보다도 효과를 발휘하고 있으며, 그 결과 개인과 가족 그리고 지역 사회의 삶은 서서히 그 모습이 사라지고 있다.

더 바람직한 사회적 균형을 이루는 한 가지 방법으로, 모든 사람들이 하나가 되어 과다한 개인적 욕심을 버리자는 취지의 도덕적인 '각성' 운동을 생각할 수도 있다. 그러한 각성 운동은 역사적으로 간혹 있었으나, 결과는 완전히 긍정적이 아니었다는 것을 알 수 있다. 도덕적인 열정은 일단 표출되면 다시 쉽게 통제할 수 없다. 따라서 이 방법보다는 더 온건한 개혁 방식을 알아보는 것이 더 안전하고 더 실제적일 것이다. 이 작업에는 정부가 해야 할 부분이 있고, 신앙을 기본으로 하는 단체나 대학 혹은 사회사업가 같은 비영리 분야에 맡기는 것이 더 바람직한 경우도 있을 것이다.

균형이 잡혀 있는 사회라면 과거의 일자리, 지역 사회 혹은 여러 관계를 그대로 보존한다거나 그 반대로 액셀러레이터를 밟고 달릴 수 있을 때까지 달려보는 쪽을 택하기보다는, 다음 몇 가지 목표를 이루는 방향으로 나아갈 것이다.

갑작스러운 경제적 충격에 대한 완충 장치를 제공한다. 종잡을 수 없는 신경제로부터 개인과 가정을 보호하기 위해서는 선택을 방해하고 이동을 막는 데 있어 신러다이트 방식보다는 더 온건한 여러 방법이 있다. 갑작스러운 실직의 부담을 완화시킬 수 있는 한 가지 방법에 일자리가 필요한 사람은 일자리를 얻게 될 것이라고 확신을 주는 것이 있다. 현재 아무런 일자리가 없다면, 공공 서비스직으로 그 빈 자리를 메울 수도 있다. 게다가 실업 보험은('고용'

이 일반적인 현상이었던 산업 시대의 유산) 소득 보험(earning insurance)으로 대체해 수입이 갑작스럽게 떨어지는 것을 어느 정도 방지할 수도 있다.[7] 해가 바뀌면서 수입이 50퍼센트 감소했다고 하자. 소득 보험은 차이액의 절반을 보상해준다. 해가 바뀌면서 수입이 두 배 증가하면 그 증가분의 일부를 소득 보험 기금에 적립한다. 이런 소득 보험은 가난한 사람에게 도움을 줄 뿐 아니라 갑작스럽게 경제적 기반을 잃을까 걱정하는 중상류층에게도 도움이 될 것이다. 또 소득 보험은 시간제 근로자를 포함해 모든 사람에게까지 확대될 것이다. 또한 현재 일자리를 가지고 있는 모든 사람이 최소한도로 합당한 수준의 소득을 올릴 수 있도록 보장할 수도 있다. 1주일에 최소한 40시간 일하는 사람이라면 추가 수입을 받을 자격을 부여받게 될 것이다. 추가 수입으로 인해 총 수입은 미국인 평균 수입의 최소한 절반까지 늘어나게 된다.

충격에 대한 추가 완충 장치로 근로자에게 주어지는 각종 혜택의 이동을 완전 자유롭게 하는 방안도 있을 것이다. 다시 말해 산업 시대에서처럼 의료보험이나 퇴직연금에 대한 세금 감면 혜택을 통해 의료나 연금 혜택을 특정 일자리와 연관시키는 것이 아니라, 그러한 혜택을 특정 일자리에서 떼어내고 대신 사람들과 관련짓는 것이다. 늘어난 세금을 이용해 건강이나 퇴직상의 이유로 혜택이 필요한 근로자에게 직접 지원이 가능할 것이다. 이때 이 사람이 어디에서 일하는지는 상관없다. 저소득 근로자는 소득에 맞게 더 많은 도움을 받게 될 것이다. 이렇게 되면 모든 시민이 경제적 부담 없이 의료보험 혜택을 받게 될 것이다.

또한 지역 사회 보험을 설립해서 기업이나 금융 자본이 갑자기 한 지역을 떠나는 데에서 오는 충격을 줄일 수도 있다. 예를 들어 한 지역이 1년 동안에 지역 경제 수입 기반의 5퍼센트 이상을 잃었을 경우에는 이 시기를 잘 넘기기 위한 기금을 자동적으로 받게 된다. 이 기금은 재취업을 위한 교육 제공, 지역 내 서비스 제공자의 구조 조정, 재산 가치 하락의 완화 목적 등에 사용될 수 있을 것이다. 이런 보험의 재원은 갑자기 그 지역으로 들어온 기업이나 자본을 대상으로 약간의 세금을 부과해 충당할 수 있다. 이 아이디어는 빠르게 움직이는 모든 세계적인 금융 거래에 대해 낮은 세금, 가령 거래액의 0.1퍼센트의 '거래세'의 형태로 모든 나라에 확대 적용할 수도 있다. 이런 소액의 세금은 투기성 국제 금융 거래에 약간의 제동을 걸 수 있을 뿐만 아니라, 각국 화폐의 변동폭을 완화시키는 안정 기금의 재원으로 활용될 수도 있을 것이다.[8]

외국 상품의 수입이 갑작스럽게 증가할 때에는 현행 무역 조약에 나와 있는 소위 면책 조항(escape clause, 사후 제한형으로 처음에는 무제한의 특혜 수입을 허용하나 특정 품목의 특혜 수입이 급증함에 따라 국내 산업에 피해를 초래하는 경우에는 특혜 공여를 정지하는 제도 — 옮긴이)보다 충격 완화 효과를 더 높이는 방향으로 무역 관련법을 개정할 수도 있을 것이다. 현재로서는 국내 산업이 수입 증가에 의해 경쟁력에 상처를 입었을 경우에 한해서만 그러한 임시적인 보호 장치의 혜택을 받을 수 있다. 그러나 경쟁력의 상처뿐만 아니라 사회적인 상처도 고려해야 한다. 근로자와 지역 사회는 해외로부터의 수입 급증으로 일자리에 실질적인 변화가 온다거나 그 지역을 떠나야 하는 상황이 발생하면 임시 원조를 신청할 수 있어야 한다.

경제적인 부의 수혜 범위를 넓힌다. 수입과 부의 불균형 상태는 산업화 시대의 초기인 19세기 말이나 20세기 초 이래 그 어느 시기보다 현재 더 심화된 상태다. 그 격차는 지금도 계속 벌어지고 있다. 과연 무엇을 할 수 있을까? 경쟁에서 진 사람들 대부분이 신경제에서의 성공에 필요한 첫번째 필요 조건인 적절한 교육이 부족한 사람들이다. 따라서 미래의 경제적 풍요를 위한 최선의 투자는 '인적 자본'의 상황을 개선하는 것이다(이에 관한 이야기는 조금 후에 나온다). 그러나 교육에는 상당한 시간이 필요하다. 또 가난한 집 아이가 미친 듯이 공부를 해도, 그 아이가 성인으로 출발할 때에는 여전히 상당히 불리한 위치에 있게 된다. 교육이 사회적인 단점, 고립된 삶, 인맥의 부족함까지 해결해주지는 못하기 때문이다. 또 자본 자산이 부족한 상황에도 도움을 주지 못한다.

따라서 현재의 경제적인 번영을 확대하는 또 다른 방법은 자본 자산에 대한 접근을 확대하는 것이다. 여러 해 동안 자본 자산이라는 승강기는 미국의 부자들이 손 하나 까딱 안 하고(물론 중개인에게 전화한 것은 있다) 훨씬 더 높은 곳으로 올라갈 수 있게 해주었다. 1990년대 활황 증시가 낳은 여러 결과 중 하나로, 1991년 이전에 이미 부자였던 사람들의 재산이 환상적으로 증가했다는 것이다. 증시가 불황을 보인다 해도 자본 자산의 장기 전망은 항상 밝게 마련이다. 따라서 좋은 학교 교육 외에도 모든 젊은이가 18세가 될 때 일종의 금융 자본금(6만 달러 정도라고 해보자)을 제공하는 것도 고려해볼 수 있다. 이들은 이 돈을 가지고 공부나 벤처기업, 증권, 채권, 혹은 이 중 여러 가지에 재투자할 수 있을 것이다. 여기에 필요한 재원은 현재 가장 재산이 많은 사람들을 대상으로 소액의 재산세를 부과해 해결할 수 있을 것이다.[9]

애정어린 관심을 가장 필요로 하는 사람에게 관심을 보인다. 아이들, 노인, 장애인들이 지금 필요로 하는 애정어린 관심을 어떻게 하면 확실히 받을 수 있게 할 수 있을까? 이미 말했듯이 간호 보조사, 가정진료 보조사, 양로원 간호사, 놀이방 선생님, 학교 교사, 사회 사업가로서 서비스를 제공하고 돈을 벌고 있는 사람들은 우리 사회에서 가장 중요하고 인간적인 일의 일부를 담당하고 있다. 일정한 직무 기준을 만족시키는 사람에 대해서는 사회 전체적으로 이들에게 지금보다 더 많은 돈을 줄 수도 있다. 이들은 더 많은 돈 외에도 더 높은 지위와 더 많은 존경을 받을 만한 사람들이다. 돈을 더 많이 주고 존경을 더 많이 받는다면 관련 기술이 있는 사람들도 매력을 느낄 것이고, 이 일에 필요한 기술을 습득해야 하는 이유가 더 많아질 것이다.

게다가 진보 성향의 개혁가들이 1세기 전에 유치원을 만들면서 완전히 끝내지 못한 일을 이어받을 수도 있다. 신경제가 각 가정에 요구하는 것을 감안하면, 학교 교육을 더 아래로 끌어내려 서너 살 아이들까지 포함하고, 이들에게 안전하고 재미있는 취학 전 프로그램을 제공하는 것이 합리적일 것이다. 그리고 학교에서의 하루를 연장해서 부모들이 퇴근하는 저녁 때까지 아이들을 감독하며 놀고 공부할 수 있게 하는 것도 한 방법일 것이다.

부모들이 근무시간을 신축성 있게 조정할 수 있도록, 또 어린아이나 노인들을 돌보아야 할 유급 휴가를 받을 수 있도록 기업을 유도하거나, 필요할 경우 요구할 수도 있을 것이다. 임금이 높은 창조적 근로자에게는 이런 혜택을 이미 주고 있는 기업이 많지만, 하위직 근로자들은 그런 혜택을 거의 받지 못하고 있다. 이미 지적한 대로 기업들은 이제 계약으로 연결된 네트워크로 빨리 변모하고 있기 때문에 과거의 '고용된' 근로자는 줄어들고 있다. 따라서 직원들에게 그런 혜택을 주도록 기업에게 요구하는 것은, 장기적으로 보면 이 사람들에게 직접 공공 지원을 해주는 것보다 그 효과가 떨어질 수도 있다. 이런 공공 지원 중 하나는 세금 제도를 통해서 가능하다. 아동 보호에 들어가는 비용은(때로는 노인 보호 비용도) 사실상 '회사 경비'에 해당하므로, 소득세에서 전액 공제가 가능할 것이다.

어린아이에 대한 애정어린 관심을 중요하게 생각하는 사회라면, 양육은 한 개인의 역할일 뿐만 아니라 중요한 사회적 책임이라는 사실을 인정할 것이다. 부모 중 한 명이 일을 하지 않고 세 살 이하의 아기와 함께 집에 있기로 결정했다면, 국민 평균소득의 절반에 해당하는 경제적 지원을 받을 자격이 있을 것이다. 그런 지원은 환급이 가능한 세금 혜택을 통해 줄 수 있을 것이다.

분류 과정을 반대 방향으로 한다. 현재 분류 과정이 가장 커다란 해를 끼치고 있는 분야는 해당 학교구에 사는 가정의 수입에 따라 그 질이 크게 좌우되는 학교 교육 분야다. 각 가정이 수입에 따라 다른 타운십으로 분류되어 들어가고 있기 때문에, 또 학교 재원의 거의 절반이 아직도 지방 재산세에서 나오고 있기 때문에, 신경제에서 실패할 가능성이 가장 높은 아이를 가지고 있는 가정은 경제적 여건상 아이가 정작 가장 필요로 하는 학교에 보내지 못하고 있다. 경제적인 역동성이 주는 이득을 거두어들이면서 사회적인 부당성은 최소화하는 데 열심인 사회라면 학교 재원을 지방 재산세로부터 멀리할 것이다. 한 가지 대안으로, 지방 재산세를 전국교육신용기금으로 대체하는 것이다. 이 기금의 재원은 모든 시민의 순 재산가치에 의거해 소액의 세금을 부과해 얻을 수 있을 것이다.

교육 바우처도 학교의 질을 개선시킬 수 있다. 그러나 가난하면서 학습 능력이나 태도에 문제가 있는 아이들은 그 아이들끼리 가장 바람직하지 않은 학교에 같이 묶일 수도 있다는 가능성에 대비한 조치가 필요하다. 이를 피하는 한 방법으로, 가정 형편에 따라 바우처의 액수를 달리하는 것이 있다. 가장 가난한 집 아이가 가장 높은 액수의 바우처를 받아서, 그 아이를 두고 좋은 학교가 서로 경쟁을 벌이도록 만드는 것이다.

가난한 집들끼리 모여 있는 현상을 깰 수 있는 한 방법으로, 모든 가난한 가정에 주택 지원 바우처를 주어 현재보다 고소득층 지역의 집을 구하도록 할 수도 있다. 고소득 지역으로 이사한 가난한 집 아이들이 계속 가난한 지역에 남아 있는 아이들보다 더 잘한다는 것을 보여주는 자료도 있다.[10] 또 상류사회 지역의 주택 개발 계획에 일정 분량을 저소득 주민을 위한 공간으로 할 것을 주택업체에 요구할 수도 있다. 이와 같은 조치는 일부 특정 지역에서는 상당한 성과를 거둔 바 있다. 또 민간 보험회사가 사람들의 주거 지역, 수입, 유전자 구성에 기초해 더 높은 위험 보험료를 부과하지 못하게 할 수도 있다.

인종, 수입, 연령대별로 나뉘어 있는 여러 지역이 상호 교류할 수 있는 기회를 찾아볼 수도 있다. 실제 이런 노력은 지역 사회에 기반을 두고 있는 여러 비영리 조직들이 중요하게 생각하는 목표가 될 수도 있다. 신앙에 기반을 두고 있는 기관은 이렇게 갈라져 있는 선을 초월할 수 있는 자격을 유일하게 가지고 있을 것이다. 대학들은 그 지역의 가난한 고등학교나 중학교와 연계할 수도 있다. 대학생들이 학교에 나가 아이들을 가르칠 수도 있고, 교수들은 특강을 하고 고등학교 교사들에게 새로운 연구 사실을 알려줄 수도 있다. 유망한 고등학생은 대학 장학금을 받을 수도 있을 것이다.

지금 열거한 제안들은 앞으로 개혁안의 전체 내용이 아니라 출발점에 해당한다. 할 수 있는 것 중 몇 가지를 뽑아본 것에 불과하며 앞으로 논의의 대상이 될 것이다. 지금 제안에 공통으로 들어 있는 기본적인 생각은 이렇다. 균형을 이룬 사회라면 옛 것을 보존하고 보호하기보다는 또 새로운 것을 가지고 질주하면서 다른 극단으로 가기보다는 경제적인 변화의 정도를 가볍게 하면서 사회의 모든 구성원을 함께 안고 갈 것이다. 그럼으로써 시민의 삶이 물질적으로 더 좋아지고, 시민간의 유대감과 균형 상태가 더 개선되고, 정신적으로도 지금보다 더 정상 상태가 될 것이다. 비록 이 길을 닦는 데 비용이 적게 드는 것은 아니지만, 역동적인 경제라면 그 비용을 충분히 감당할 수 있을 것이다. 그리고 사회적인 또 개인적인 평안을 위해 그 비용은 받아들일 수 있다고 믿는다.

그러나 더 잘사는 사람들에게 이런 제안에 들어가는 비용의 대부분을 부담하도록 요구해서는 안 된다고 주장하며, 설사 그런 요청을 받아도 거부할 것이라고 말하는 사람들도 있을 것이다. 위기라고 생각되면 자신의 몸과 재산을 서인도 제도나 그 밖의 전세계 다른 곳에 있는 안락한 휴양지로 옮길 것이라는 말을 할지도 모르겠다. 그러나 이는 세상을 너무 색안경을 끼고 보는 것이라는 생각이 든다. 분류 과정은 강력한 힘을 가지고 있음이 분명하다. 그러나 잘사는 시민들의 대다수는 이 사회가 잘되는 것을 항상 생각하고 있으며, 지금보다 더 분화되고 계층화되는 것을 막고 싶어할 것이다. 실제로 분류 과정 때문에 일부 사람들의 행동에 제한이 가해졌을 수도 있다. 왜냐하면 남과 다른 유별한 희생을 보이면, 즉 자신이 여유가 되는 데에도 굳이 더 못사는 지역으로 이사를 간다거나 아이들을 그런 지역의 학교에 보내는 행동을 하게 되면, 애당초 잘사는 사람들과 못사는 사람들이 잘 어울렸을 때의 경우보다 더 큰 부담을 안게 되기 때문이다.

분류가 되어 있는 상태에서는 부자는 빈민의 실제 주거 상황을 보지 못할 수도 있다. 그래서 거의 모든 사람들이 자신들처럼 산다고 생각할 수도 있다. 분류 과정을 사용하지 않는다면 서로가 같은 땅을 밟고 산다는 느낌을 다시 가질 수도 있을 것이다. 게다가 현재 경제는 활기를 띠고 있지만 궁극적으로는 보호 무역이나 신러다이트 사고와 같은 반발 세력이 등장할 수도 있다는 것을 잘사는 사람들이 알게 되면, 지금보다는 무엇인가 더 공헌하고 싶은 생각이 들 것이다. 반발이 생기면 나중에 이들이 부담해야 할 비용이 더 커지기 때문이다. 점점 벌어지고 있는 빈부의 격차는 사회의 평화와 안정을 위협한다. 물론 이런 평화와 안정에는 잘사는 사람들의 평화와 안정도 포함된다. 그러나 잘사는 사람들 중에는 자신만의 삶 속에서 경제적 안정이 더 증대되고 현재의 경제적 기반을 잃을 위험도는 감소하는 쪽을 더 원하는 사람도 있을 것이다.

세 가지 대화

우리는 새로운 시대의 가파른 절벽 위에 서 있다. 20년 넘게 구축해온 경제와 기술의 힘이 그 절정에 이르려 하고 있으며, 또 이로 인해 우리의 개인적인 삶과 사회적인 삶은 지금까지보다 훨씬 더 큰 폭으로 바뀌려 하고 있다. 과거의 일자리, 과거의 안정, 과거의 가족, 과거의 사회로 되돌아갈 수는 없다. 그렇다면 어느 쪽으로 방향을 잡아야 할까? 우리는 신경제가 가져다준 구매자 천국의 시대를 즐기고 있으며, 그 기술의 힘에 감탄하고 있다. 신경제 덕분에 엄청난 부를 순식간에 얻을 수 있는 기회가 생긴 데 대해 감동하고 있다. 그러나 도덕의 닻은 과연 어디에 내려져 있는 것일까? 우리 자신과 우리의 신의, 우리의 열정을 쏟을 대상은 과연 무엇일까? 우리의 친구, 가족, 지역 사회를 위한 공간은 어디에 있을까? 우리의 도덕적 가치는 어디에 투자해야 할까? 그리고 마지막으로 성공은(사회의 성공뿐만 아니라 우리 자신의 성공도) 어떤 방법으로 측정할 것인가?

성공적인 삶의 척도는 우리가 얻을 수 있는 것이나 가지고 있는 재산의 차원을 넘어서는 것은 분명하다. 성공적인 사회의 척도 역시 국민총생산의 범위를 넘어선다. 우리의 정신적인 발판, 관계의 풍성함, 무너지지 않는 가족, 지역 사회의 성격 등이 성공을 좌우한다. 그러나 우리는 소비자·투자자로서의 우리의 역할을 넘어서게 되면 새로운 시대가 우리 삶에 어떤 의미를 지닐 것인지에 대해서는 별 관심 없이, 아니 어쩌면 맹목적으로 이 새로운 시대를 향해 돌진하고 있다.

무엇인가 더 큰 것을 잃을 가능성이 있지만 이에 대한 논의는 없이 우리는 서로 동떨어진 세 개의 대화를 하고 있다. 첫번째 대화는 신경제의 경이로움에 대한 숨이 막힐 정도의 열광적인 대화다. 신경제의 환상적인 조건이 정말 사실이며, 이 덕분에 물질적인 측면에서 더 좋아질 수 있는 우리 삶의 한 부분이 크게 개선될 것이라고 말한다. 몇 년만 지나면 분자와 유전자에 관한 연구 발전뿐만 아니라 초고속 무선 인터넷 접속을 통해 현재의 환상적인 조건도 그 빛을 잃을 것이며, 지금보다 훨씬 더 좋은 조건이 새로운 빛을 발할 거라고 한다. 많은 상품과 서비스가 더 싸지고, 더 빨라지며, 더 강력한 기능을 선보일 것이다. 우리를 더 오래 살게 해주는 상품도 나올 것이며, 더 즐겁고 더 활기차게 만들어주며, 더 많은 흥분거리를 제공하며, 사람들간의 연락을 더 쉽게 해주는 것도 나올 것이다. 현기증이 날 정도로 신경제에 열광하는 데에는 충분한 이유가 있다. 그러나 구매자 천국의 시대라는 것만으로는 우리 삶의 나머지 부분을 가지고 이를 위해 치르는 대가가 가치 있다는 것을 입증하지는 못한다.

두 번째 대화는 족쇄가 풀린 자본주의의 위험과 약탈 행위, 다국적 기업과 국제 금융의 힘과 탐욕, 그리고 때로는 이민자, 외국인, 소수 민족의 무단 침입 등에 관한 두려운 대화다. 이런 우려의 목소리는 미국을 비롯한 세계의 다른 지역에서도 정치권의 좌·우파 모두에게서 점점 더 크게 들리고 있다. 신경제가 만들어내고 있는 위치 변화와 지각 변동의(변화와 변동은 이제 시작에 불과하다) 규모를 감안하면, 많은 사람들이 두려워하거나 방향 감각을 잃고, 또 자신에게 지워지는 부담이 불공평하다고 느끼는 것은 이해할 만하다. 몇십 년 동안 선진국의 생산직 근로자들은 일자리를 잃고 수입이 줄어드는 경험을 해왔다. 그런데 이제는 많은 봉급 생활자, 전문직이나 서비스직 종사자들이 같은 경험을 하게 되면 어떻게 될까? 그러나 이러한 두려운 대화는 그 비난의 대상이 잘못되어 있다. 이 대화를 들어보면 지각 변동의 원인이 기업, 세계화, 국제적인 자본의 흐름, 혹은 이민자나 소수 민족의 이동 등에 있다고 생각한다. 이는 원인과 결과를 혼동하는 것이다. 기업이나 자본 흐름, 이민자들은 전세계적으로 소비자와 투자자에게 열려 있는 더 많은 선택의 기회, 더 좋은 조건으로 점점 더 쉽게 이동할 수 있는 상황, 그 결과 발생하는 치열한 경쟁에 답하고 있는 것이다. 가장 큰 소리로 불평을 터뜨리는 사람들 중 일부도 같은 시각에 신경제가 주는 커다란 혜택을 입고 있다.

세 번째 대화는 이 새로운 시대에서 균형을 이루면서 살기 힘들다는 내용의 개인적인 대화다. 우리는 더 열심히 일하고, 더 힘차게 우리 자신을 판매하고 있으며, '부자가 된다는 용기를 가져라!' 와 같은 시대적인 정신을 수용하면서, 많은 사람들이 가족과 우정, 지역 사회, 심지어 가장 내면의 자기 자신에게 어떤 일이 벌어지고 있는지 걱정하고 있다. 그런데 우리는 이러한 불안감을 순전히 개인적인 시각에서 바라보는 경향이 있다. 제대로 못하고 있는 분야가 있다고 생각하면서, 자신은 '불충분한' 부모, 배우자, 근로자, 친구, 시민이라고 스스로를 비난하고 있다. 따라서 '더 바람직한 균형 상태'를 이루기 위한 모든 개인적인 노력을 더 어렵고 복잡하게 만드는 더 큰 세력의 실체는 보지 못하고 있다.

이 세 가지 별개의 대화는 하나의 현상에 대한 각기 다른 반응이다. 이 세 가지 대화에 동시에 참가하면서 정작 이 세 가지가 서로 연관되어 있다는 사실은 모르고 있다. 우리는 소비자로서 얻는 환상적인 조건에 대해 기뻐하면서 다국적 기업이나 무역, 이민자들이 마구 침입해온다고 안달하며, 또 이와 동시에 일이 삶의 나머지 부분에서 개인적인 것을 많이 앗아가고 있다고 걱정하고 있다. 그러나 우리 앞에 놓여 있는 더 큰 규모의 손실에 대해 효과적으로 대처하기 위해서는, 이 세 가지 대화가 서로 연관이 있다는 사실을 알아야 한다.

이제는 우리 자신과 가족, 사회를 위해서 경제적인 역동성과 사회적인 평온함을 가지고 어떤 방식의 조합을 이끌어낼 것인지에 관한 더 큰 논의가 있어야 할 때다. 두 가지 사이의 균형을 이루기 위해 필요한 사회적인 선택에 관한 논의를 할 때다. 구매자 천국의 시대에서 성공을 올바로 측정할 수 있는 척도는 무엇일까? 신경제는 엄청난 혜택을 주고 있지만, 사회적인 변화와 개인적인 스트레스를 만들어내고 있기도 하다. 그 정도는 점점 더 강해지고 있다. 머지않아 우리에게는 훨씬 더 좋은 조건의 거래와 더 큰 기회가 주어질 것이다. 그러나 우리는, 또 모든 사회는 지금보다 훨씬 더 큰 규모의 사회적인 지각 변동에 대처해야 할 것이며, 일이 우리 삶의 나머지 부분에서 요구하는 것이 늘어나면서 지금보다 더 힘든 싸움을 해야 할 것이다.

이는 전적으로 경제에 관한 대화가 될 수 없으며, 그렇게 되어서도 안 된다. 근본적으로 경제보다는 도덕 쪽에 더 가까운 대화다. 우리는 신경제를 수동적으로 받아들이는 사람들이 아니다. 우리는 발전하는 기술의 노예가 아니다. 그리고 우리는 더 걱정스럽고 덜 원했던 결과에 대한 비난을 잘못된 곳으로 돌려서도 안 될 것이다. 우리는 한 시민으로서 신경제를 우리의 필요에 맞게 조정할 수 있는 힘을 가지고 있다. 또 그런 과정에서 새롭게 떠오르는 문명의 형태를 결정할 수 있는 힘도 가지고 있다. 모든 사회는 더 큰 규모의 이러한 사회적인 선택을 할 수 있는 능력, 아니 실제로는 의무를 가지고 있다. 시장은 이러한 사회적 선택에 의해 형태를 갖춰나갈 것이다.

그리고 가족과 각 지역 사회는 그 선택에 따라 기능을 해나갈 것이다. 각 개인은 그 선택 내에서 자신의 삶의 균형을 이룰 것이다. 전체적인 사회의 모습은 이러한 여러 결정을 통해 형성될 것이다. 어떻게든 선택은 이루어질 것이다. 선택을 피할 수는 없기 때문이다. 이런 여러 선택의 가장 중요한 부분을 열려진 공간에서 모두 함께할 것인지, 아니면 어두운 곳에서 혼자 그 선택과 씨름하고 있을지가 궁금하다.

1 구매자 천국의 시대

1. 저명한 정치 경제학자 Albert Hirschman은 기울어져가는 기업과 조직, 그리고 정부에 대한 세 가지 합리적인 대응 중의 하나로 '탈퇴'를 든 바 있다. '탈퇴'란 쓰러져가는 기업과 조직, 국가를 버리고 다른 곳에서 더 좋은 상황을 찾아나서는 것을 의미한다. 탈퇴하지 않고 다른 두 가지 대응 방식 중 하나를 선택할 수도 있다. 자신의 우려를 표명하고 협상이나 토의, 타협을 통해 개선책을 모색하거나 기업이나 조직, 정부에 대해 신의를 갖지 않는 상태로 그 자리에 머무를 수도 있다. 세 가지 중 미국인들이 가장 선호하는 것은 탈퇴였던 것 같다. 살기 어려운 곳을 떠나 더 좋은 조건을 찾아나선 사람들이 만든 나라가 미국이다. 그러나 책에도 나왔듯이 신경제에서는 탈퇴라는 것이 기울어져가거나 상태가 악화되는 조직에만 해당되는 것은 아니다. 이제는 사람들이 더 좋은 조건이 눈에 보이게 되면 현재의 만족도에 상관없이 현재의 상업적인 관계에서 빨리 탈퇴하고 있다.

참고: Albert Hirschman, *Exit, Voice, and Loyalty : Responses to Decline in Firms, Organizations, and States*(Cambridge : Harvard University Press, 1970).

2. 이 자료를 보면, 30년 전보다 그 속도가 반드시 빠르다고 볼 수는 없지만, 미국인들이 계속 이동 중이라는 것을 알 수 있다.

참고: *Statistical Abstract of the United States*, 1999, Section I, Table 30.

Sally Ann Schumaker & Daniel Stokols, "Residential Mobility As a Social and Research Topic", *Journal of Social Issues*, vol. 38, no. 3(1982), pp. 1~19.

The Economist, September 20, 1997, p. 27.

3. 1983년 Frederick Jackson Turner의 유명한 수필 "The Significance of the Frontier in American History"에 처음 발표되었다.

The Frontier in American History(New York : Henry Holt, 1920), p. 38.

4. Horace Greeley는 "젊은이여, 서부로 가라!"라는 유명한 말을 남겼지만, 처음으

로 그 말을 한 사람은 아니다. 1851년 *Terre Haute*(Indiana) *Express*에 게재된 기사에서 John Soule이 먼저 말했다. 게다가 Greeley는 모든 젊은이들이 서부로 가라고 한 것은 아니었고, 현재 더 나은 일자리가 없는 젊은이들을 대상으로 한 것이었다. "가장 좋은 일은 아버지의 농장이나 직장에서 찾을 수 있다. 농장이나 당신을 도와줄 친구가 없다면, 그리고 전망이 좋지 않다면, 시선을 서부로 돌려라. 그 곳에서 집과 부를 찾아라"라고 말했다. James Parton, *Life of Horace Greeley* (1855).

5. John Kenneth Galbraith, *The New Industrial State*(Boston : Houghton-Mifflin, 1967).

6. 산업 시대의 안정적인 대량 생산 시스템에서 정보화 시대의 '고부가가치' 시스템으로의 변화에 대한 자세한 내용에 관심 있는 독자는, 본인의 저서 *The Work of Nations*(New York : Alfred A. Knopf, 1991)을, 특히 7장을 참고하면 된다.

7. Adam Smith, *The Wealth of Nations*(1776), Book I, Chapter III(New York : Modern Library, 1994), p. 19.

8. Frances Caincross, *The Death of Distance*(Cambridge : Harvard University Press, 1997).

9. Jed Kolko, "Can I Get Some Service Here? Information Technology, Service Industries, and the Future of Cities" unpublished ms., Harvard University, November 1999.

10. David Wessel, "From Greenspan, a(Truly) Weighty Idea," *Wall Street Journal*, May 20, 1999, p. B1.

Alan Greenspan, "Goods Shrink and Trade Grows," *Wall Street Journal*, October 24, 1988, p. 21.

11. Lisa Guernsey, "Seek – But on the Web, You Might Not Find," *New York Times*, July 8, 1999, p. B8.

2 혁신의 정신

1. 신(新)러다이트의 논리를 잘 보여주는 사례 중 하나에 Jeremy Rifkin의 *The End*

of Work(New York : Putnam, 1995)가 있다. "전세계적으로 치열해지는 경쟁과 노동 비용의 상승 속에서 고통을 겪고 있는 다국적 기업들은 인간 근로자에서 기계 대리인으로의 변환을 가속화하겠다고 굳게 마음먹은 듯이 보인다."(p.6).

2. 불안정한 시장과 기업 조직의 변화의 관계에 대한 더 자세한 내용은 본인의 저서 *The Next American Frontier*(New York : Times Books, 1993)와 M. Piore & C. Sable의 *The Second Industrial Divide*(New York : Basic Books, 1994)에 나와 있다. 다른 참고 자료는 Masanao Aoki의 "Horizontal and Vertical Information Structure of the Firm," *American Economic Review*, vol.76, No.6, pp.971~83과 D. Thesmar & M. Thoenig가 the National Bureau of Economic Research Summer Institute에서 1999년 7월 19일 발표한 "Creative Destruction and Firm Organization Choice : A New Look Into the Growth Inequality Relationship"이 있다.

3. 슘페터의 삶에 관한 더 자세한 내용은 Rebert Heilbroner의 *The Worldly Philosophers*(New York : Simon & Schuster, 1953), p.238에 나와 있다.

4. 슘페터의 우울한 전망은 슘페터의 저서 *Capitalism, Socialism, and Democracy*(New York : Harper & Brothers, 1942)에 나와 있다.

5. Franklin Pierce Law Center의 Eugene Quinn, Jr.가 연방 법원의 자료를 조사 분석한 바에 의하면 특허 관련 소송 건수는 1980년 800건에서 1997년 2,100건으로 대폭 증가했다고 한다. 관련 기사는 Richard Korman, "Lo! Here Come the Technology Patents. Lo! Here Come the Lawsuits!" *New York Times*, December 27, 1998, Section 3, p.4를 참고하기 바란다.

6. 직원 1인당 시장 가치는 해당 기업의 시장 가치 총액을 직원 수로 나누면 된다. 이 책을 읽을 때가 되면, 분자와 분모 모두 바뀐 상태겠지만 직원 1인당 가치에는 큰 변화가 없을 것이다.

7. 캘리포니아 남부 지역의 소규모 기업에 대한 더 자세한 내용은 Joel Kotkin, "The Rise and Fall of the Big Bureaucratic Organization," *American Enterprise*, January 1, 2000, pp.30~33을 참고하기 바란다.

8. Sam Allis, "Harvard Ponders Marketing on the Net," *Boston Globe*, September 19, 1999, p.A1.

9. 마이크로소프트는 윈도가 '아스피린'과 같은 총칭 명사와 유사한 표준이 되었으

므로, 모든 경쟁사나 개발업체의 무상 사용을 허락해야 한다는 의견에 동의하지 않을 것이 분명하다. 그러나 AOL이 '인스턴트 메시징' 분야에서 공통의 표준을 확립했으므로, 마이크로소프트 사용자들도 쉽게 접속할 수 있어야 한다고 주장하는 것을 생각하면, 아이러니가 아닐 수 없다. 20세기 초반의 산업 표준의 부상과 기술 혁신에 있어서의 표준의 중요성은 큰 주목을 받지 못하고 있다. 이 내용을 가장 심도 있게 다룬 책에는 Robert H. Wiebe, *The Search for Order 1877~1920*(New York : Hill and Wang, 1967); Louis Galambos & Joseph Pratt, *The Rise of the Corporate Commonwealth*(New York : Basic Books, 1988); Ellis W. Hawley, *The New Deal and the Problem of Monopoly*(Princeton, N.J. : Princeton University Press, 1966)가 있다.

3 기크 & 슈링크

1. Daron Acemoglu, "Why Do New Technologies Complement Skills? Directed Technical Change and Wage Inequality," *The Quarterly Journal of Economics*, vol. 113, No. 4(1998), p. 1105.

2. T. Bresnahan, E. Brynjolfsson, and L. Hitt, "Information Technology, Workplace Organization, and the Demand for Skilled Labor," National Bureau of Economic Research Working Paper No. 7136, May 1999.

L. Katz, "Technological Change, Computerization, and the Wage Structure," in E. Brynjolfsson and B. Kahin, eds., *Understanding the Digital Economy* (Cambridge : MIT Press, 2000).

3. Ellen Langer, *The Power of Mindful Learning*(Reading, Mass. : Perseus Books, 1997), p. 114.

4. Annie Dillard, *The Writing Life*(New York : HarperPerennial, 1990), p. 56.

5. Nina Munk, "The Eminence of Excess," *New York Times Magazine*, August 15, 1999, pp. 47~48.

6. 연구 분석가들은 정보 수집에 들어가는 시간을 줄이고 투자 조언에 더 많은 시간을 사용하고 있다. 1990년대 후반 Tempest Consultants for Reuters Group이 주요 투자

연구 회사들을 대상으로 한 조사에서, 분석가들에게 시간을 어떻게 할당하는지 질문을 던졌다. 기업 탐방과 같이 기본적인 연구에 들어가는 시간은 줄어들고 있으며, 기관 고객에 대한 투자 조언에 들어가는 시간이 꾸준히 늘고 있다는 결과가 나왔다. 다음을 참고하기 바란다.

Gretchen Morgenson, "So Many Analysts, So Little Analysis," *New York Times,* July 18, 1999, Section 3, p.1.

7. "Ink", *The New Yorker,* April 6, 1998, p.41.

4 이제는 어울리지 않는 신의

1. Charles H. Heying, "Civic Elites and Corporate Delocalization : An Alternative Explanation for Declining Civic Engagement," *American Behavioral Scientist,* vol.40, No.5(1997), pp.657~668.

2. *Fortune,* October 1951, p.98.

3. Ian Somerville & D.Quinn Mills, "Leading in a Leaderless World," *Leader to Leader,* Summer 1999, p.32.

4. Graef Crystal & Brian Rooney, "CEO Pay Soars, Supercharged by Options : Bloomberg Pay Survey," Bloomberg Business News, at Bloomberg.com, April 19, 2000.

5. Rakesh Khurana, "Transitions at the Top : CEO Positions as Open and Closed to Competition," Sloan School of Management, Massachusetts Institute of Technology, working paper, 2000.

Jay Lorsch & Rakesh Khurana, "Changing Leaders : The Board's Role in CEO Succession," *Harvard Business Review,* vol.77, No.3(1999), p.96.

6. Steve Lohr, "Compaq Computer Ousts Chief Executive," *New York Times,* April 19, 1999, p.A17.

7. Ellen Schultz & Susan Warren, "Pension System Ousts Company's Board in Big Victory for Institutional Investors," *Wall Street Journal,* May 29, 1998, p.A2.

8. M. Bertrand & S. Mullainathan, "Micro-evidence of the Effects of Corporate Governance," Massachusetts Institute of Technology, 1999.

M. Bertrand & S. Mullainathan, "Executive Compensation and Incentives : The Effect of Takeover Legislation," National Bureau of Economic Research, No. 6830, December 1998.

Paul Osterman, "Work Reorganization in an Era of Restructuring : Trends in Diffusion and Effects on Employee Welfare," *Industrial and Labor Relations Review*, vol. 53, No. 2(January 2000), p. 179.

9. "Xerox to Cut 9,000 Jobs, Saving $1 Billion," *New York Times*, April 8, 1998, pp. D1~D2.

10. Constance Hays, "Coca-Cola to Cut 20 Percent of Employees in a Big Pullback," *New York Times*, January 17, 2000, p. A1.

11. Marcia Stepanek, "How an Intranet Opened the Door to Profits," *Business Week*, July 26, 1999, p. EB32.

12. Aaron Bernstein, "Welch's March to the South," *Business Week*, December 6, 1999, p. 74.

13. Commission of the Future of Worker-Management Relations, "Fact Finding Report"(Washington, D.C. : U.S. Department of Labor, May 1994).

14. 노조가 결성되지 않은 부문의 성장에 관해서는, Henry Farber & Bruce Westera, "Round Up the Usual Suspects : The Decline of Unions in the Private Sector, 1973~1998," Industrial Relations Section, Princeton University, Working Paper No. 437, April, 2000을 참고하기 바란다.

15. The Federal Reserve System의 "Ownership of Longterm Securities Benchmark Survey"에서 발췌하는 The Securities Industry Association, Washington, D.C.,의 분석 자료를 참고하기 바란다. 가장 최근 자료는 1999년 자료다.

16. Greg Steinmetz & Michael Sesit, "Tighter Ship : U.S. Investors Bring More Than Cash on European Tour," *Wall Street Journal Europe*, August 4, 1999, p. A1.

17. Ibid.

18. Alan Friedman, "Executives in Europe Demand Reforms," *International*

Herald Tribune, August 2, 1999, p.1.

19. 닛산과 NEC, 소니의 감원 범위 내용은 각 기업 보고서를 참고로 했다.

20. Annalee Saxenian, "Beyond Boundaries : Open Labor Markets and Learning in Silicon Valley," *The Boundaryless Career*(New York : Oxford University Press, 1996), p.28.

21. Heath Row, "This Virtual Company Is Real," *Fast Company*, December~January 1998, p.48.

5 과거 고용 방식의 종말

1. Laurence Zuckerman, "Agent to the Software Stars," *New York Times*, September 8, 1997, p.D1.

2. Orestes Brownson, "The Laboring Classes"(1840), reprinted in Joseph L. Blau, ed., *Social Theories of Jacksonian Democracy*(Indianapolis : Bobbs-Merrill, 1954), pp.306~307, 309~310.

3. Abraham Lincoln, "Speech at Kalamazoo, Michigan"(August 27, 1856), in Roy P. Basler, ed., *The Collected Works of Abraham Lincoln*, vol.11(New Brunswick, N.J. : Rutgers University Press, 1953), p.364.

4. Terence Powderly, "Address to the General Assembly of the Knights of Labor"(1880), reprinted in Powderly, *The Path I Trod*(New York : Columbia University Press, 1940), p.268.

5. *Historical Statistics of the United States, Colonial Times* to 1970, vol.I(Washington, D.C. : U.S. Government Printing Office, U.S. Bureau of the Census, 1975).

6. "Testimony Before the Industrial Commission," Washington, D.C., April 18, 1899, reprinted in Gompers, *Labor and the Employer*(New York : E. P. Dutton, 1920), p.291.

7. "Labor and Its Attitude Toward Trusts," *American Federationist*, vol.

14(1907), p.881.

8. Woodrow Wilson, *The New Freedom*, ed. William E. Leuchtenburg(Englewood Cliffs, N.J. : Prentice-Hall, 1961), pp.26~27.

9. 198 US 45, 61(1905).

10. 108 US 412, 418(1908).

11. National Conference on Social Welfare, The Report of the Committee on Economic Security of 1935, 50th Anniversary Edition, Washington, D.C., 1985, p.56.

12. U.S. Office of Management and Budget, Special Analysis of the Budget of the U.S. Government(Washington D.C.), various issues.

13. William H.Whyte, Jr는 당시 떠오르고 있던 사무직 근로자의 정서에 관한 그의 저서 *The Organization Man*(New York : Simon & Schuster, 1956)이 출간되었을 때, *Fortune*의 편집자로 재직 중이었다.

14. 1952년 조사는 *Fortune*지가 출간한 책 *The Executive Life*(Garden City, N.Y. : Doubleday, 1956), p.30에 포함되어 있다.

15. Whyte, op. cit., pp.143, 145.

16. Ibid., p.146.

17. Wilson, *The Man in the Gray Flannel Suit*(Mattituck, N.Y. : Amereon House, 1955).

18. E. P. Thompson, "Time, Work Discipline, and Industrial Capitalism," *Past & Present, A Journal of Historical Studies*, no. 38(December 1967), pp. 56~97.

19. "Norman Vincent Peale Answers Your Questions," *Look*, March 6, 1955. Cited in Whyte, op. cit., p.282.

20. *Sales Management*, January 15, 1952, Cited in ibid., p.288 No.3, 394.

21. J.Kahl, *The American Class Structure*(New York : Holt, Rinehart, 1956), pp.109~110.

22. 수입은 불안정해졌지만, 일자리도 반드시 그런 것은 아니라는 증거가 있다. 이 분야의 학자들은 대개 몇 가지 변수에 초점을 맞추고 있다. 그 중, 'job stability'는 일자리를 갖고 있는 기간 혹은 일자리를 계속 가지고 있거나 떠나게 될 가능성을 의미하

며, 'job security'는 타의에 의해 일자리를 잃게 되는 경험을 할 가능성을 뜻한다. 'earnings stability'는 일정 기간 동안의 수입의 변화를 뜻한다. 임금 노동의 산업 시대에서는 세 가지가 같이 움직였다. 그러나 이제는 그런 경향이 줄어들고 있다. 최근 연구에 관해서는 다음을 참고하기 바란다.

Daniel Aaronson & Daniel G. Sullivan, "The Decline of Job Security in the 1990s : Displacement, Anxiety, and Their Effect on Wage Growth," *Economic Perspectives*, First Quarter 1998, pp. 17~43.

Henry Farber, "Trends in Long Term Employment in the United States, 1979~1996," *Industrial Relations Section Working Paper* no. 384(Princeton, N.J. : Princeton University, July 17, 1997).

U.S. Bureau of Labor Statistics, "Employee Tenure in the Mid-1990s," January 30, 1997.

Peter Gottschalk & Robert Moffitt, "The Growth of Earnings Instability in the US Labor Market," *Brookings Papers on Economic Activity*, No. 2(1994).

David Neumark, "Changes in Job Stability and Job Security : A Collective Effort to Untangle, Reconcile, and Interpret the Evidence," *National Bureau of Economic Research Working Paper* No. 7472(January 2000).

23. 그러한 일자리의 정의에 따라 수치마다 상당한 차이가 있다. 미 노동부 소속 노동 통계청은 8~10퍼센트 정도 되는 것으로 추산하고 있다. 반면에 최고 30퍼센트로 추산하는 통계도 있다.

Barry Bluestone & Stephen Rose, "Overworked and Underemployed," *The American Prospect*, March~April 1997, p. 60.

24. 가변 임금 체계가 하나의 표준으로 자리를 잡아가고 있다. 1998년 8월, the American Compensation Association이 약 3,000개의 미국과 캐나다 기업을 대상으로 한 조사에 의하면, 대상 기업의 86퍼센트가 이미 이런 임금 체계를 가지고 있으며, 35퍼센트는 가변 체계에 더 중점을 둘 계획이라고 밝혔다. Hewitt Associates가 1998년 여름 1,069개의 기업을 대상으로 한 조사에서는, 72퍼센트가 최소한 하나의 가변 임금 체계를 가지고 있으며(1996년의 61퍼센트에서 상승), 63퍼센트는 스톡 옵션을 제공하고 있으며, 55퍼센트가 스톡 옵션의 대상을 확대할 계획이라고 밝혔다. 일반적인 내용은

다음을 참고하기 바란다.

"Pay is Rising, Thanks to Sweeteners in a Tight Labor Market," *New York Times*, August 30, 1998, p.B11.

25. Dale Belman & Erica Goshen, "Samll Consolation : The Dubious Benefits of Small Business for Job Growth and Wages," Washington, D.C. : Economic Policy Institute, June 30, 1998.

26. Barry Bearak, "Behind the Wheel : Long Hours and Hard Feelings," *New York Times*, May 15, 1998, p.A1.

27. 정치권과 언론에서는 의료보험 혜택을 받지 못하는 미국인들이 늘고 있다는 데에는 큰 관심을 가지고 있지만, 근로자의 부담이 높아지고 있는 부분에 대해서는 상대적으로 관심을 덜 기울이고 있다. 이렇게 늘어난 부담 때문에 의료 서비스를 포기하는 사람들이 생기고 있다. 회사가 제공하는 의료 혜택의 감소에 관해서는 다음을 참고하기 바란다.

Lawrence Mishel, Jared Bernstein, & John Schmitt, *The State of Working America*, 1998~1999(Ithaca, N.Y. : Cornell University Press, 1999), pp.146~147.

28. Michael S.McPherson & Morton Owen Shapiro, "Tenure Issues in Higher Education," *Journal of Economic Perspectives*, Winter 1999.

29. David Marcotte, "Evidence of a Fall in the Wage Premium of Job Security," Center for Governmental Studies, Northern Illinois University, 1994.

Barry Bluestone & Stephen Rose, "Overworked and Underemployed," The American Prospect, March~April 1997.

30. 국립과학재단과 통계청이 실시한 조사는 소프트웨어 엔지니어들의 수명이 매우 짧다는 것을 보여주고 있다. 이 조사 자료가 다음에 인용되었다.

Normal Matloft, "Now Hiring! If You're Young," *New York Times*, January 26, 1998, p.A23.

31. 중년층이 이전 임금과 비슷한 수준을 제공하는 새로운 일자리를 쉽게 찾지 못하는 이유 중의 하나로, 기업들이 이들을 위한 신 기술 관련 교육 투자를 꺼리고 있다는 점을 들 수 있다. 교육 투자에 대한 회수 기간이 젊은 사람들에 비해 상대적으로 짧기 때문이다. 관련 내용은 다음을 참고하기 바란다.

William J. Baumol & Edward N. Wolff, "Speed of Technical Progress and Length of the Average Interjob Period," Annandale-on-Hudson, N.Y. : Jerome Levy Economics Institute, Working Paper No. 237, May 1998.

Exec-U-Net Outplacement Service가 새로운 일자리를 구하고 있는 400명의 기업 임원을 대상으로 실시한 조사를 보면, 지원자의 나이가 많을수록 인터뷰 기회도 적고 일자리를 찾는 시간도 오래 걸린다고 한다. 35~40세의 지원자가 새로운 일자리를 찾는 데 걸리는 시간을 기준으로 볼 때, 41~45세의 지원자는 18%, 46~50세는 24%, 51~55세는 44%, 56~60세는 66%의 시간이 더 걸린다고 한다. 이 내용은 다음 기사 문에 인용되었다.

Daniel M. Gold, "In Executive Job Hunts, Experience Doesn't Matter," *New York Times*, October 25, 1998, Business, p. 10.

32. 매년 3월, 미 통계청은 미국인의 수입에 대한 광범위한 조사를 실시한다. '현 인구조사'라고 불리는 이 조사에서는 수입에 임금이나 급료뿐만 아니라 공적 지원금 등도 포함시키며 수입의 정의를 매우 넓게 잡고 있다. 그러나 자본 이득이나 주택 소유로 인한 이득은 포함시키지 않고 있으며, 아주 큰 수입도 낮게 잡히는 방식으로 조사되고 있다. 따라서 현 인구 조사는 보수적인 소득 격차 측정 방법이라고 할 수 있다. 자료는 '가족'과 '가구' 별로 수집된다. 가족(family)은 혈연이나 인척 관계에 있는 두 명 이상이 모여 사는 경우이고, 가구(household)는 가족뿐만 아니라 혼자 사는 사람의 경우와 아무 관계 없이 함께 살고 있는 사람들도 포함한다. 혼자 사는 사람들 때문에 가구의 수입이 하향 조정되기 때문에, 가족의 평균 소득이 전반적으로 가구의 평균 소득보다 높다. 마찬가지로 소득 격차도 가구에서 더 뚜렷하게 나타나고 있다.

33. 수치를 자세히 살펴보면, 임금 및 소득 불균형의 증가 현상은 1990년대보다 1980년대에 더 컸다는 것을 알 수 있다. 1991년에 시작해서 1990년대에 전반적으로 지속된 경제 성장으로 노동 수요가 대폭 증가해 실업률이 감소했다는 점에서 보면 수긍이 가는 대목이다. 소득 사다리의 하단에 위치하고 있는 사람들은 노동 수요가 낮았을 때보다 더 많은 돈을 벌었고 더 오랜 시간 일할 수 있는 기회를 가졌다. 현 인구 조사의 방식이 1994년 개편되어(1993년 소득부터 적용) 1993년의 소득 불균형 정도만 대폭 증가했다는 점을 생각하면 1990년대 수치만의 비교에는 약간 무리가 있다.

34. U.S. Department of Commerce, Bureau of the Census, *Historical Data from*

the Current Population Survey.

35. Edward Wolff, "Recent Trends in the Size Distribution of Household Wealth," *The Journal of Economic Perspectives*, vol. 12, No. 3(1998), p. 131.

36. *Report of the 1994~1996 Advisory Council on Social Security*, vol. 2(Washington, D.C., 1997), p. 30.

37. 소득 불균형이 문제가 아니라고 말하는 사람들은, 현 인구 조사 발표에 나오는 소득 불균형 자료가 세금과 정부 혜택이 주는 커다란 의미를 무시하고 있다고 주장한다. 그러나 세금과 정부 혜택을 모두 감안한 상태에서 측정했을 때, 1980년에서 1998년까지 소득 불균형 현상이 크게 증가했다는 것이 판명되고 있다. 다음 웹사이트를 참고하기 바란다.

www.census.gov/hhes/www/income.html의 표 RDI-5.

38. 일정 기간에 걸쳐 같은 사람들을 대상으로 한 연구 조사에 의하면, 상위층으로의 이동은 제한적이라고 한다. 상향 이동하는 가정은 거의 없다. 1970년대 초 하위 20%에 속하는 가정에서 태어난 아이들 10명 중 6명은 10년 후에도 그 자리라고 한다. 다음을 참고하기 바란다.

Peter Gottschalk, "Inequality, Income Growth, and Mobility : The Basic Facts," *Journal of Economic Perspectives*, vol. 11, No. 2(Spring 1997).

39. Scott Thurm, "Silicon Valley Reveals Signs of Growing Disparity," *Wall Street Journal Europe*, January 11, 2000, p. 6.

40. *The Economist*, February 26, 2000, p. 43.

---

6   열심히 일하라는 유혹

1. 1년에 거의 2,000시간이라는 추정치는, 경제 전체의 1년 총 근로시간에서 1년 동안의 평균 고용 수준을 나눈 것이다. 그러나 1년 중에 일을 시작했다가 그만둔 사람이 있기 때문에, 일의 경험을 가진 사람들의 실제 수치는 평균 고용 수준보다 더 높을 것이고, 일의 경험을 가진 모든 사람들의 평균 근로시간도 그만큼 줄어들 것이다. 두 가지 중 어떤 방식을 이용하더라도 근로시간은 대폭 증가했다. 첫번째 방식으로 계산하

면, 평균 1년 근로시간은 1979년의 1,905시간에서 1999년의 1,976시간으로 증가했다. 두 번째 방식으로 계산하면, 1979년에는 1,637시간이고 1999년에는 1,776시간이 된 다. 이는 거의 3주일 반에 해당하는 시간이다. 다음을 참고하기 바란다.

Report on the American Workforce(Washington, D.C. : U.S. Department of Labor, 1999).

2. 근로시간 측정 방식은 나라마다 다르다. 미국에서는 사람들이 생각하는 주관적 인 근로시간이고, 많은 유럽 국가에서는 고용주가 보고하는 '공식 근로시간'만을 가지 고 측정한다. 그렇다 해도 각국이 같은 방식을 가지고 계속 측정하기 때문에, 나타나 는 추세에 의해 의구심을 가질 필요는 없다. 다음을 참고하기 바란다.

"Key Indicators of the Labour Market, 1999"(Geneva, Switzerland : International Labour Organization, September 1999).

3. 이 글을 쓰고 있는 지금, 입수 가능한 가장 최근 자료인 1997년 자료다. 반면에 1969년에서 1997년까지 남편과 아내가 모두 일하는 부부의 비율은 전체의 36퍼센트에 서 68퍼센트로 증가했다. 다음을 참고하기 바란다.

"Families and the Labor Market, 1969~1999 : Analyzing the 'Time Crunch,'" a report of the President's Council of Economic Advisers, Washington, D.C., May 1999.

4. Juliet Schor는 *The Overworked American*(New York : Basic Books, 1991)을 통해 돈 버는 일에 들어가는 시간이 늘어나고 있다는 추세를 가장 먼저 지적한 학자 중 하나 다. Schor가 내린 결론을 John Robinson & Geoffrey Godbey는 *Time for Life*(State College : Pennsylvania State University press, 1997)를 통해 반박했다. 그러나 미국인들이 돈을 벌기 위해 정확히 몇 시간 일하고 있는지, 그리고 누구의 근로시간이 가장 많이 또 가장 빨리 증가하고 있는지에 관한 논의에는 방금 거명한 세 학자 외에 많은 학자들 이 참여하고 있다.

5. Robinson & Godbey, *ibid.*

6. Alice Walker, *In Search of Our Mothers' Gardens*(New York : Harcourt Brace Jovanovich, 1984), p.238.

7. Lawrence L. Knutson, "Oldest U.S. Worker, at 102, Says His Job Still a 'Pleasure,' *Boston Globe*, March 13, 1998, p.A3.

8. Ellen Langer, *The Power of Mindful Learning*(Reading, Mass. : Perseus, 1997), p. 58.

9. Arlie Russell Hochschild, *The Time Bind : When Work Becomes Home and Home Becomes Work*(New York : Henry Holt and Co., 1997).

10. Fritz Stern, *Einstein's German World*(Princeton N.J. : Princeton University Press, 1999).

11. Henry David Thoreau, *Walden*, conclusion(1854).

12. 1997년 자료로 다음에서 인용되고 있다.

Julia Lawlor, "Minding the Children While on the Road," *New York Times*, July 12, 1998, Business, p. 10.

13. Meeting Planners International의 Ed Griffin 회장이 밝힌 자료로 다음에 인용되고 있다.

Edwin McDowell, "The Many Amenities of Corporate Retreats," *New York Times*, September 12, 1999, Business, p. 16.

14. "DDB Needham Life Style Survey"(DDB Needham, Inc.), and National Opinion Research Center, "General Social Survey," various years.

15. 한 최근 조사에서, 일을 가지고 있는 인터넷 정기 사용자의 1/4이 직장에서의 근무시간은 줄지 않은 상황에서 인터넷으로 인해 집에서 일하는 시간은 더 늘어났다고 답했다. 다음을 참고하기 바란다.

Norman Nie & Lutz Erbring, "Internet and Society : A Preliminary Report," February 17, 2000(Stanford Calif. : Stanford Institute for the Quantitative Study of Society, Stanford University). 조사는 1999년 12월에 실시되었고, 전국을 대상으로 무작위 추출한 4113명의 18세 이상 성인을 대상으로 하였다.

16. Christine Temin, "People Who Live in Glass Houses," *Boston Globe*, August 19, 1999, p. F1.

17. S. Bianchi, G. Weathers, L. Sayer, & J. Robinson, "Are Parents Investing Less in Children? Trends in Mothers' and Fathers' Time With Children," Center on Population, Gender, and Social Inequality, University of Maryland, working paper, unpublished, 2000.

18. 이 계산에서는 물가 인상분을 감안해야 한다. 그러나 일정 기간의 소득 비교는 그렇게 단순한 것이 아니다. 현재와 같이 혁신이 활발하게 이루어지고 있는 시기에는 1달러의 소득을 가지고 과거보다 더 좋은 질의 상품 및 서비스를 구매할 수 있다. 물가 인상분만을 감안한 측정 방식은 이런 개선 사항까지 담아내지는 못한다.

19. U.S. Department of Commerce, Bureau of the Census, Current Population Survey, "Households by Type and Selected Characteristics," various issues.

20. J. Berry Cullen & J. Bruber, "Spousal Labor Supply As Insurance : Does Unemployment Insurance Crowd Out the Added Worker Effect?" National Bureau of Economic Research Working Paper, No. 5608(June 1996).

21. 시간 외 근무 지원자가 많아진 다른 이유로, 남성 근로자 중에 기혼자의 수가 과거보다 적다는 점이다. 따라서 집에 가야할 이유가 과거보다는 덜할지 모르겠다.

22. Phillip L. Jones, Jennifer M. Gardner, & Randy Ilg, "Trends in Hours of Work Since the Mid 1970s," *Monthly Labor Review*, vol. 120, No. 4(April 1997).

23. Jerry Jacobs & Kathleen Gerson, "Who Are the Overworked Americans?" *Review of Social Economy*, vol. 56, No. 4(1998), p. 442.

24. Interview in *Fast company*, August 1998, p. 158.

25. 학자들은 대규모 금융사의 정규직 관리자 523명을 대상으로 1990년대 초에 휴가를 간 사람과 그렇지 않은 사람으로 구분하고, 그 이후 과정을 비교해보았다. 휴가를 갔다온 사람들의 승진 가능성이 18% 낮았으며, 인사 고과와 연봉 인상액도 휴가를 가지 않은 사람들에 비해 뒤처졌다고 한다. 또한 조기 승진된 관리자들이 빠른 길에 진입하는 경향이 있었고, 고위직으로의 상승이 더 빨랐다고 한다. 다음을 참고하기 바란다.

M. Judiesch & K. Lyness, "Left Behind? The Impact of Leaves of Absence on Managers' Career Success," *Academy of Management Journal*, vol. 42, No. 6(1999), p. 641.

26. 고소득 남성의 아내들이 빠른 속도로 직업을 갖게 된 것을 생각할 때에는 세제상의 변화도 고려해야 할 것이다. 자신의 아내가 집에 있기를 원하는 보수적인 성향의 사람들이 1980년대의 한계 세율 인하를 가장 열렬히 지지한 사람들이라는 사실은 아이러니가 아닐 수 없다. 한계 세율의 인하는 고소득층 가정주부들이 과거보다 더 빠른 속

도로 집 밖으로 나가 일에 뛰어드는 데에 기여했다.

27. Report of the President's Council of Economic Advisors, op. cit.

28. "A Nation prepared : Teachers for the 21st Century," Carnegie Forum on Education and the Economy(New York : The Carnegie Corporation, 1986, and subsequent surveys).

29. Report of the President's Council of Economic Advisors, op. cit.

30. 미 통계청의 현 인구 조사(Current Population Survey)의 자료에서 계산한 것이다. Harvard's John F. Kennedy School of Government의 John Donahue 교수에게 감사드린다.

31. Linda J. Sax et al., "The American Freshman : National Year Trends, 1966~1995," and "The American Freshman : National Norms" for each year thereafter(Los Angeles : Cooperative Institutional Research Program Survey of American Freshmen, Higher Education Research Institute, University of California at Los Angeles).

32. Linda Bell & Richard Freeman, "Working Hard," paper presented at the Conference on Changes in Work Time in Canada and the United States, Ottawa, Canada, June 1996.

33. International Social Science Programme survey, cited in ibid., p. 3.

34. John Maynard Keynes, "Economic Possibilities for Our Grandchildren," *Saturday Evening Post*, vol. 203(October 11, 1930), p. 27.

35. Bell & Freeman, op. cit.

7 자신을 팔아라

1. William H. Whyte, Jr., *The Organization Man*(New York : Simon & Schuster, 1956), pp. 76, 147, 150.

2. David Riesman, *The Lonely Crowd : A Study of the Changing American Character*(New Haven : Yale University Press, 1950).

3. Whyte, p. 448.

4. Arthur Miller, *Death of a Salesman*(1949 ; London : penguin, 1998), p.65.

5. 1997년 미 교육부는 1992년과 1993년 대학을 졸업한 정규직 종사자들을 대상으로 실시한 취직 경로에 관한 설문 조사 결과를 발표했다. 아는 사람의 소개로 들어온 사람이 각 대학 취업 관련 부서의 추천으로 들어온 사람의 세 배였으며, 취업 광고를 통해 들어온 사람의 두 배에 달했다. 다음을 참고하기 바란다.

"Early Labor Force Experiences and Debt Burden," Department of Education, National Center for Education Statistics Report No.97~286, July 1997.

Barber, Daly, Giannatonio, and Phillips, "Job Search Activities : An Examination of Changes Over Time," *Personnel Psychology*, vol.747, No.4(1994), p.739.

6. 신경제에서의 경제적인 성공은 명문대학 졸업장보다는 적극적인 자세와 창조력에 더 많이 좌우된다는 주장은, 명문대학의 입학 허가를 받았지만 입학을 거절한 학생들의 수입과 그런 대학을 다닌 학생들의 수입을 비교 조사한 Alan Krueger와 Stacy Dale의 연구 결과와 일치한다(여기서 명문대학이란 일반 학생의 수학능력평가 시험 점수가 다른 대학보다 상대적으로 높은 학교를 말한다). 졸업 2~3년 후에 이 두 그룹의 졸업생들의 평균 수입은 거의 같았다고 한다. 다음을 참고하기 바란다.

A. Krueger & S.Dale, "Estimating the Payoff to Attending a More Selective College : An Application of Selection on Observables and Unobservables," *Industrial Relations Section Working Paper*, No.409, Princeton University(July 1999).

7. 방금 말한 같은 연구 조사에서 Krueger와 Dale은, 명문대학이 주는 혜택은 고소득층 가정의 학생들보다 인맥에 있어서 상대적으로 불리한 위치에 있을 것으로 여겨지는 저소득층 가정의 학생들이 훨씬 더 많이 입는다고 말했다.

8. Stanley Milgram, "The Small-World Problem," *Psychology Today*, vol.2(1967), pp.60~67.

9. 많은 사람을 연결시켜줄 수 있는 사람의 중요성에 관해서는 다음을 참고하기 바란다.

P. Marsden & J.Hurlbert, "Social Resources and Mobility Outcomes," *Social Forces*, vol.66(1988), pp.1038~1059.

Mark S.Granovetter, *Getting a Job*(Cambridge : Harvard University Press, 1974).

10. Charles Babcock, "Clinton Friend Referred Lewinsky for Internship"

Washington Post, January 1, 1998, p.A12.

11. Eric Eckholm, "China's Colleges, A Rush to Party, as in Communist," *New York Times*, January 31, 1998, p.A1.

12. Jill Abramson, "The Business of Persuasion Thrives in Nation's Capital," *New York Times*, September 29, 1998, p.A22.

13. Ibid.

14. 이 글을 쓰고 있는 지금 런그렌의 음악은 www.tr-i.com에서 찾아볼 수 있다.

15. John Cassidy, "The Woman in the Bubble," *The New Yorker*, April 26 and May 3, 1999, p.48.

16. Charles Gasparino & Randall Smith, "Wall Street Scores in ' 99, Now for the Big Bonus Round," *Wall Street Journal*, December 9, 1999, p.C1.

17. Bernard Weinraub, "Hollywood Raises Curtain on 2000," *New York Times*, February 20, 1999, p.A7.

18. Alison Leigh Cowan, "Lessons : Questions in A Change of Heart," *New York Times*, February 23, 2000, p.A23.

19. Interview with John Isaacson, president of Isaacson, Miller, Boston, September 23, 1999.

20. *Boston Globe*, November 12, 1998, p.C1.

21. Sylvia Nasar, "New Breed of College All-Star," *New York Times*, April 8, 1998, pp. C1, C3.

22. Robert Frank & Philip Cook, *The Winner-Take-All Society*(New York : Free Press, 1995).

23. Kyle Pope, "For TV's Hottest Item, It's Let's Make a Deal," *Wall Street Journal*, April 5, 1999, p.B1.

24. Dale Carnegie, *How to Win Friends and Influence People*(New York : Simon & Schuster, 1936).

25. Miller, *Death of a Salesman*, op. cit., pp.21, 65~66.

26. David Riesman, *The Lonely Crowd : A Study of the Changing American Character*(New Haven : Yale University Press, 1950), pp.47~49, 83.

27. Suze Orman, *The Courage to Be Rich : Creating a Life of Material and Spiritual Abundance*(New York : Doubleday, 1999).

28. Tom Peters, "The Brand Called You," *Fast Company*, August~September 1997, pp.83~94.

29. Bryan Miller, "Serving Chef Under Glass," *New York Times*, October 10, 1998, p.B1.

30. Tracie Rozhon, "The Agent As Hot Property," *New York Times*, April 19, 1998, p.C1.

31. Ann Jarrell, "Doctors Who Love Publicity," *New York Times*, July 2, 2000, p.F1 ; Abigail Zuger, "Doctors' Offices Turn Into Salesrooms," *New York Times*, March 30, 1999, p.F1.

32. Rick Marin, "Polishing Their Image," *New York Times*, January 31, 1999, Section 9, p.1.

33. Bruce Orwall, "Wall Street Bets on Entertainment Idol's Earning Power," *Wall Street Journal*, September 26, 1997, p.B1. 쿱 박사의 인터넷 사이트와 마사 스튜어트 기업에 관한 내용은 일반적인 사실이다.

8 줄어든 가족

1. 별도의 설명이 있을 경우를 제외하고 미국 가정의 구조적 변화에 관한 자료는 "The Changing American Family," in *Economic Report of the President*, Council of Economic Advisers, Washington, D.C., February 2000에서 찾아볼 수 있다. 다음 자료도 참고하기 바란다.

"Families and the Labor Market, 1969~1999 ; Analyzing the 'Time Crunch,'" a report of the President's Council of Economic Advisers, Washington, D.C., May 1999.

2. The National Study of the Changing Work Force, 1997(a survey of more than 3500 working men and women), cited in Julia Lawlor, "For Many Blue-collar Fathers,

Child Care Is Shift Work, Too," *New York Times*, April 26, 1998, p.Ⅱ.

Jacqueline Salmon, "A Tag-Team Approach to Wrestling With child Care," *Washington Post Weekly Edition*, April 10, 1998, p.30.

3. Robert Putnam, *Bowling Alone*(New York : Simon & Schuster, 2000), p.100.

4. Amy Wilson, "All in the Family," *Fast Company*, March 2000, p.72.

5. 같은 기간 동안 다른 형태에서는 별 다른 변화가 없었다. 결혼하지 않은 상태에서 자녀가 있는 경우는 10퍼센트에서 11퍼센트로 소폭 증가했고, 결혼한 상태에서 자녀가 없는 경우는 30퍼센트가 약간 안 되는 수치에서 약간 넘는 정도가 되었다. 다음을 참고하기 바란다.

U.S. Bureau of the Census, Current Population Reports, p.20~509, and earlier reports.

General Social Survey, cited in Tom W. Smith, "The Emerging 21st Century American Family," National Opinion Research Center, University of Chicago, General Social Survey Report, No.42, November 24, 1999.

6. C. Goldin & L. Katz, "Career and Family in the Age of the Pill," *American Economic Review*, May 2000.

7. Tom W. Smith, op. cit., Table 3, p.25.

8. 남자들의 수입 변화를 살펴보면, 하위 20%의 경우 1979년의 5,818달러에서 1996년에는 3,287달러로 44% 감소했다. 그 위 20%는 2만 2,263달러에서 1만 6,949달러로 24% 감소, 중간 20%의 경우는 3만 3,133달러에서 2만 7,765달러로 16% 감소, 그 위 20%는 4만 4,102달러에서 4만 561달러로 8% 감소했다. 상위 20%에 속하는 사람들의 수입만 증가세를 보였다. 7만 350달러에서 7만 2,893달러로 4% 증가세를 보였다(조사 대상은 25세에서 59세까지의 미국 남성들이었다). 위 수치는 1980년 3월과 1997년 3월 발표된 현 인구조사(Current Population Survey) 자료에서 인용한 것이다. 모든 임금 및 수입은 1996년 달러 가치로 환산한 것이다. 다음을 참고하기 바란다.

Gary Burtless, "Effects of Growing Wage Disparities and Changing Family Composition on the U.S. Income Distribution," *Center on Social and Economic Dynamics Working Paper* No.4(July 1999), Table 2.

9. Burtless, op. cit.

10. Barbara H. Wootton, "Gender Differences in Occupational Employment," *Monthly Labor Review*, vol. 120, No. 4(1997), p. 15.

11. Current Population Survey, op. cit.

12. Goldin & Katz, op. cit.

13. Melody Petersen, "The Short End of Long Hours," *New York Times*, July 18, 1998, p. B1.

Margaret Jacobs, "Fathers Winning More Child-Custody Cases," *Orange County Register*, July 19, 1998, p. A25.

14. Survey data in Tom W. Smith, op. cit., Table 15, p. 38.

15. "Births, Marriages, Divorces, and Deaths," historic data, National Vital Statistics Reports, National Center for Health Statistics, Washington, D.C. 아이를 원하지만 낳을 수 없고 입양에는 생각이 없는 사람들도 있을 수 있다. 출산이 늦어지면서 아이를 낳지 못하는 비율이 증가하고 있다.

16. General Social Survey, cited in Tom W. Smith, op. cit.

17. Ibid.

18. 가정 폭력은 경제적인 스트레스가 가져오는 결과 중 하나일 뿐이다. 그리고 일상적인 관계가 경제적인 스트레스로 인해 가정 폭력과 같은 비정상적 상황으로 흐른다고 단정 내릴 수는 없다. 실업률이 증가한 뒤에는 가정 폭력이 증가한다는 사실을 보여주는 증거가 있지만 확실한 것은 아니다. 다음을 참고하기 바란다.

Richard Gelles & Murray Straus, *Intimate Violence : The Causes and Consequences of Abuse in the American Family*(New York : Simon & Schuster, 1988).

Robert Burgess & Patricia Draper, "The Explanation of Family Violence : The Role of Biological, Behavioral, and Cultural Selection," in Lloyd Ohlin and Michael Tonry, eds., *Family Violence*(Chicago : University of Chicago Press, 1989), p. 59~116.

19. Kathryn Edin, "Few Good Men," *The American Prospect*, January 3, 2000, p. 26.

20. 영국 사생아에 관한 자료는 "Key Population and Vital Statistics," Her Majesty's Office for National Statistics, London(December 1997, and subsequent series)에서 찾아볼 수 있다.

21. Tom W. Smith, op. cit.

22. Steven Holmes, "In Climb Up the Ladder, Married Blacks Are Choosing Small Families," *New York Times*, July 21, 1998, p. A10.

23. 결혼하지 않은 상태에서 아기를 갖게 되면 상당한 경제적 비용을 부담해야 한다는 점을 감안하면, 미혼모의 출산율이 기혼 여성의 경우보다 더 빨리 감소하지 않는 데에는 무엇인가 풀리지 않는 것이 있다.

24. U.S. Census Bureau, *Educational Attainment in the United States*(Washington, D.C. : U.S. Department of Commerce, Economics and Statistics Administration, March 1998), from Current Population Reports, Population Characteristics, Report pp. 20~513, Table 1.

25. "Twelfth Annual Report on Eating Patterns in America"(Port Washington, N.Y. : NPD Group, August 1997),

The Economist, September 26, 1998, pp. 68~69.

26. *The Economist*, ibid.

27. *New York* magazine, September 28, 1998.

28. Monee Fields White & Liz Enochs, "Working Women Spur Economy," *Salt Lake Tribune*, October 26, 1999, p. C6.

29. U.S. Bureau of the Census, Current Population Reports, pp. 70~62, November 1997, Table A : "Primary Child Care Arrangements Used for Preschoolers by Families with Employed Mothers : Selected Years."

30. General Social Survey, cited in Tom W. Smith, op. cit., Table 14.

9 돈 주고 사야 하는 관심

1. René Spitz, "Hospitalism : An Inquiry Into the Genesis of Psychiatric Conditions in Early Childhood"(1945), reprinted in R. Emde, ed., *The Psychoanalytic Study of the Child*, vol. 12(New York : International Universities Press, 1983), pp. 53~74.

2. Mary Carlson et. al., "Psychological and Neuroendocrinological Sequelae of Early Social Deprivation in Institutionalized Children in Romania," *Annals of the New York Academy of Sciences*, vol. 807(1997), pp. 419~428.

3. T. Field et al., "Tactile/Kinesthetic Stimulation Effects on Preterm Neonates," *Pediatrics*, vol. 77(1986), pp. 654~658.

F. Scafidi et al., "Massage Stimulates Growth in Preterm Infants : A Replication," *Infant Behavior and Development*, vol. 31(1990), pp. 167~188.

4. L. S. Egbert et al., "Reduction of Post-Operative Pain by Encouragement and Instruction of Patients," *New England Journal of Medicine*, vol. 170(1964), pp. 825~827.

5. Milt Freudenheim, "Competition Spurs Hospitals Toward All Private Rooms," *New York Times*, April 18, 1999, pp. A1.

6. David Spiegel, J. R. Bloom, H. C. Kraemer & E. Gottheil, "Effect of Psychosocial Treatment in the Survival of Patients with Breast Cancer," *Lancet*, vol. 2(1989), pp. 888~891.

7. Lisa F. Berkman & S. Leonard Syme, "Social Networks, Host Resistance, and Mortality : A Nine-Year Follow-up Study of Alameda County Residents," *American Journal of Epidemiology*, vol. 109, No. 2(1979), pp. 186~204.

8. John Rowe & Robert Kahne, *Successful Aging*(New York : Random House, 1998), p. 229.

9. Teresa Seeman et al., "Behavioral and Psychosocial Predictors of Physical Performance : MacArthur Studies of Successful Aging," *Journal of Gerontology*, vol. 50(1995), pp. 177~183.

10. Robert Kraut et al., "Internet Paradox : A Social Technology That Reduces Social Involvement and Psychological Well-Being," *American Psychologist* (September 1998), pp. 1017~1031.

11. 연구를 시작할 때와 끝내면서, 참가자들은 자신들의 심리 상태를 알아보기 위한 테스트를 치르면서 '하고 있는 모든 일이 힘겹다' 나 '삶을 즐기고 있다' 와 같은 항목에 동의하는지 여부에 관한 질문을 받았다. 또 심리적인 건강 상태를 알아보는 데 사

용되는 설문 조사도 있었다. 외롭거나 우울한 상태에 있는 사람이라고 해서 만족하면서 활발한 삶을 살아가고 있는 사람보다 특별히 인터넷에 더 애착을 가지고 있는 것은 아니다.

12. Amy Harmon, "Sad, Lonely World Discovered in Cyberspace," *New York Times*, August 30, 1998, p. A1.

13. T. Field et al., "Massage Therapy for Infants of Depressed Mothers," *Infant Behavior and Development*, vol. 19(1996), pp. 109~114.

14. T. E. Seeman et al., "Social Ties and Support As Modifiers of Neuroendocrine Function," *Annals of Behavioral Medicine*, vol. 16(1994), pp. 95~106.

15. Louis Uchitelle, "Gains in Employment, but Not in Productivity," *New York Times*, March 8, 1999, Business, p. 1.

16. 메릴 린치만이 고급 고객들에게 더 관심을 기울이고 있는 것은 아니다. 인터넷 할인 증권 중개업체 찰스 스왑은 예치금 규모가 50만 달러 이상인 고객에게 '개인적인' 전담 중개인을 배정해 계좌를 체크하고 투자 조언 서비스를 제공하고 있다. 다음을 참고하기 바란다.

Joseph Kahn, "Schwab Lands Feet First on the Net," *New York Times*, February 10, 1999, p. C1.

17. Charles Gasparino, "Wall Street Has Less and Less Time for Small Investors," *Wall Street Journal*, October 5, 1999, p. C1.

18. Thorstein Veblen, *The Theory of the Leisure Class*(New York : MacMillan, 1899).

19. Nancy Keates, "Coffee, Tea or Massage?" the *Wall Street Journal*, November 6, 1998, p. W1.

20. Laurence Zuckerman, "Airlines Coddle the High Fliers at Expense of the Coach Class," *New York Times*, April 1, 1998, p. A1.

21. Elizabeth Hayt, "A High Fashion Destination Worth a Detour," *New York Times*, August 23, 1998, Section 9, p. 3.

22. Thomas J. Leonard, "Coaching Q&A : What Is Coaching All About?," Coach U. Website(www.coachu.com/qagrpa.htm), retrieved June 6, 2000.

23. Lynette Lamb, "Team Me," *Utne Reader*, January~February 1999, p.82.

24. Todd Purdum, "Where Everyone Drives, Few Deign to Park," *New York Times*, November 28, 1999, p.A1.

25. Natalie Angier, "Among Doctors, Pay for Women Still Lags," *New York Times*, January 12, 1999, p.D7.

26. Timothy Diamond, *Making Gray Gold : Narratives of Nursing Home Care*(Chicago : University of Chicago Press, 1995). 심도 있는 내용을 원하면 다음을 참고하기 바란다.

Deborah A.Stone, "Care As We Give It, Work As We Know It," unpublished paper, Radcliffe Center on Public Policy, December 1998.

27. Deborah A.Stone, "Care and Trembling," *The American Prospect 43*, March~April 1999, p.61.

28. Ellen Peisner-Feinberg et al., "The Children of the Cost, Quality and Outcomes Study Go to School"(Chapel Hill : University of North Carolina at Chapel Hill, FPG Child Development Center, June 1999).

H.Goelman & A.R.Pence, "Effects of Child Care, Family, and Individual Characteristics on Children's Language Development : The Victoria Day Care Research Project," in D.A.Phillips, ed., *Quality in Child Care : What Does Research Tell Us?*(Washington, D.C. : National Association for the Education of Young Children, 1987) ; Cheryl D. Hayes et al., eds., *Who Cares for America's Children? Child Care Policy for the 1990s*(Washington, D.C. : National Academy Press, 1990).

29. "Early Learning, Later Success : The Abecedarian Project"(Chapel Hill : University of North Carolina at Chapel Hill, February 28, 2000).

30. 의사와 교수들도 1 대 1이나 소규모로 일을 하는 경향이 있지만, 이들이 받는 돈은 상대적으로 많다. 그러나 의사나 교수의 일상적인 일 중의 많은 부분이 더 적은 돈을 받는 전문 간호사(nurse practitioner, 의사와 간호사의 중간쯤 되는 위치 — 옮긴이), 인턴, 대학원생, 시간 강사들의 차지가 되어가고 있다는 점에도 주목해야 할 것이다.

31. Arlie Russell Hochschild, *The Managed Heart : The Commercialization of Human Feeling*(Berkeley : University of California Press, 1985).

32. U.S.Department of Labor, Bureau of Labor Statistics, *Occupational Outlook Handbook*, 2000~2001, Bulletin 2520(Washington, D.C. : U.S. Government Printing Office, January 2000).

33. Leslie Eaton, "Tourism Is Helping Put Some Back on the Job," *New York Times*, August 30, 1998, p.A29.

34. Todd Purdum, op. cit.

35. James Brooke, "Cry of Wealthy in Vail : Not in Our Playground?" *New York Times*, November 5, 1998, p.A18.

10 하나의 상품으로서의 지역 사회

1. Robert Putnam, *Bowling Alone*(New York : Simon & Schuster, 2000).

2. Paul Jargowsky, *Poverty and Place : Ghettos, Barrios, and the American City*(New York : Russell Sage, 1997).

3. James Brooke, "Cry of Wealthy in Vail : Not in Our Playground!" *New York Times*, November 5, 1998, p.A18.

4. Laurie Flynn, "Georgia City Putting Entire Community Online," *New York Times*, March 17, 2000, p.C4.

5. "Policing for Profit : Welcome to the New World of Private Security," *The Economist*, April 19, 1997, pp.21~24.

6. Bill Dedman, "For Black Home Buyers, a Boomerang," *New York Times*, February 13, 1999, p.A15.

7. Xianglei Chen, "Students' Peer Groups in High School : The Pattern and Relationship to Educational Outcomes," U.S. Department of Education, Office of Educational Research and Improvement, National Center for Educational Statistics, 1997, 1998.

George J.Orjas, "Intellectual Capital and Intergenerational Mobility," *Quarterly Journal of Economics*(1992), vol.1, p.107.

8. D.J.Robertson & J.S.V.Symons, "Do Peer Groups Matter?" Centre for Economic Performance, London School of Economics, Discussion Paper, 1996.

9. L.Katz, J.Kling, & J.Liebman, "Moving Opportunity in Boston : Early Impacts of a Housing Mobility Program," Harvard University, September 1999.

10. Tamar Lewin, "In Michigan, School Choice Weeds Out Costlier Students," *New York Times*, October 26, 1999, p.A14.

11. 민간 재단의 경제적 도움을 받고 있는 학교구에 관한 자료는 U.S. Department of Education, Office of Educational Research and Improvement, National Center for Educational Statistics에서 찾아볼 수 있다.

12. "Highlights," Newton Schools Foundation, vol.13, No.1(Fall 1999).

13. Editorial page, August 24, 1998, p.A12.

14. 학교에 대한 지원을 공평하게 하려고 많은 주에서 노력하고 있지만, 차이는 여전히 존재한다. 평균 가구 소득이 2만 달러 이하인 학교구에서의 1992년에서 1993년까지 학생 한 명당 공교육 지출은 1996년 달러 가치로 4,237달러였다. 평균 가구 소득이 3만 5,000달러 이상인 지역에서는 6,661달러였다. 가장 잘사는 지역에서는 최고 9,500달러였다. 다음을 참고하기 바란다.

U.S. Department of Education, National Center for Education Statistics, "National Public Education Financial Survey," yearly issues.

U.S. Department of Education, National Center for Education Statistics, *The Condition of Education*(1997).

15. Michael Janofsky, "Financial Aid Bargaining Drives Admissions Frenzy," *New York Times*, April 5, 1999, p.A12.

16. Caroline Hoxby & B. Terry, "Explaining Rising Income and Wage Inequality Among the College-Educated"(Cambridge, Mass. : National Bureau of Economic Research, Working Paper Series, No.6873, 1999).

17. Frances Perkins, *The Roosevelt I Knew*(New York : Viking, 1946), pp.282~283.

18. 이 조사는 무작위로 선발한 60개 지역의 1만 881명의 의사를 대상으로 1996년과 1997년에 걸쳐 The Center for Studying Health System Change에 의해 실시되었다. 수입의 85퍼센트 이상을 관리 의료 계획에 의존하고 있는 의사들은 가난한 환자 치료

를 위해 한 달에 평균 5.2시간을 할애했다고 한다. 반면에 수입원이 관리 의료 체제와 관련 없는 의사들은 한 달에 평균 10시간으로 거의 두 배에 달하는 것으로 나타났다. 이 조사는 다음 기사에 인용되었다.

Sheryl Gay Stolberg, "Managed Care Squeezes Research Funds and Charity Health Aid, Studies Find," *New York Times*, March 24, 1999, p.A20.

Diane Rowland, Barbara Lyons, Alina Salganicoff & Peter Long, "A Profile of the Uninsured in America," *Health Affairs*, vol.13, No.2(Spring II, 1994).

19. Laurence Zuckerman, "Developer of Notes Program to Focus on New Venture," *New York Times*, October 1, 1997, p.D2.

20. Deborah Solomon, "As Art Museums Thrive, Their Directors Decamp," *New York Times*, August 18, 1998, Section 3, p.1.

21. David Greenberg, "Small Men on Campus," *The New Republic*, June 1, 1998, p.19.

22. Ibid.

23. The U.S. Bureau of the Census, Current Population Survey, p.20 series, various issues.

24. Nicholas Johnson & Iris Lav, Center on Budget and Policy Priorities, based on data from the National Conference of State Legislatures. 웹사이트 www.cbpp.org/93osttzx.htm에 게재되었다.

25. Pam Belluck, "Please Stay, We'll Pay You, Nebraska Begs Its Brightest," *New York Times*, February 18, 1998, p.A1.

26. Editorial page, November 30, 1998, p.A22.

27. U.S. Bureau of the Census, Annual Survey of Government Finances, op. Cit.

National Center for Education Statistics, *Digest of Education Statistics for 1999*.

David Minge, "The New War Between the States," *The New Democrat*, May~June 1999, p.27.

28. Steve Lopez, "Money for Stadiums but Not for Schools," *Time*, June 12, 1999, p.54.

29. 클리블랜드와 비슷한 사례는 다음을 참고하기 바란다.

Melvin Burstein & Arthurf Rolnick, "Congress Should End the Economic War for Sports and Other Businesses," *Region*, Federal Reserve Bank of Minneapolis, June 1996, p.5.

30. Emma Lazarus, "The New Colossus : Inscription for the Statue of Liberty, New York Harbor," 1883.

31. Judith Miller & William Broad, "Iranians, Bioweapons in Mind, Lure Needy Ex-Soviet Scientists," *New York Times*, December 8, 1998, p.A1.

32. Larry Greenberg, "Canadian Professionals' Compensation Trails of Their U.S. Counterparts," *Wall Street Journal*, December 23, 1998, p.A4.

11 개인의 선택

1. Erik H. Erikson, *Childhood and Society*(New York : W.W. Norton, 1950), p.229.

2. 1999년 10월에 실시된 *New York Times*/CBS 여론 조사다. 조사에 참가한 1,038 명 중 연간 소득 7만 5,000달러 이상 가정의 자녀들 절반이 자신들의 삶이 부모의 삶보 다 더 힘들고 스트레스를 받는다고 답했다. 반면에 소득이 3만 달러 이하인 가정의 자 녀들은 38퍼센트만이 그렇게 답했다.

3. 다음 자료에 인용된 General Social Survey.

Tom W. Smith, "The Emerging 21st Century American Family," National Opinion Research Center, General Social Survey Report, No.42, November 24, 1999, Tabe 11.

4. Arlie Russell Hochschild, *The Second Shift*(New York : Avon Books, 1989).

5. Cecile Andrews, *The Circle of Simplicity : Return to the Good Life*(New York : HarperCollins, 1997).

6. Thoreau's journal, March 11, 1856.

7. Thoreau's *Walden*, "Where I Lived, and What I lived For"(1854 ; New York : Signet, 1949), p.66.

8. *Walden*, "Economy," ibid., p. 14.

9. 이 조사는 4월 9일에서 4월 12일까지 AOL의 여론 광장을 방문한 1,096명을 대상으로 Roper Starch Worldwide에 의해 실시되었으며, 다음 기사에 실렸다.

"How Much Is Enough?" *Fast Company*, No. 26(July~August 1999), p. 108.

10. *Real Simple* 편집장은 잡지의 발간 취지를 2000년 4월 창간호에서 밝혔다.

12 사회의 선택

1. 산업화 시대의 커다란 선택은 다음 자료에 잘 정리되어 있다.

Robert H. Wiebe, *The Search for Order 1877~1920*(New York : Hill & Wang, 1967).

당시 상황에 대한 더 자세한 내용은 다음을 참고하기 바란다.

Morton Keller, *Regulating a New Economy : Public Policy and Economic Change in America, 1900~1913*(Cambridge : Harvard University Press, 1990).

Samuel P. Hays, *The Response to Industrialism 1885~1914*(Chicago : University of Chicago Press, 1957).

Richard Hofstadter, *The Age of Reform : From Bryan to FDR*(New York : Random House, 1960).

Steven J. Diner, *A Very Different Age : Americans of the Progressive Era*(New York : Hill & Wang, 1997).

2. Frederick Lewis Allen, *The Big Change : America Transforms Itself, 1900~1950*(New York : Harper Perennial, 1969), p. 215.

3. Michael Sandel, *Democracy's Discontent*(Cambridge : Harvard University Press, 1996).

4. Roosevelt's speech at Osawatomie, Kansas, August 1910.

5. Princeton Survey Research Associates, "People and the Press : 1999 Millennium Survey"(Washington, D.C. : Pew Research Center, conducted April 6 to May 6, 1999), released October 24, 1999.

International Communications Research, "The Nation's Worries"(Washington, D.C. : *Washington Post*, conducted October 27 to October 31, 1999), released November 7, 1999.

6. Saskia Sassen, *Globalization and Its Discontents*(New York : New Press, 1998).

7. 소득 보험에 관한 더 자세한 내용은 다음을 참고하기 바란다.

Gary Burtless, Robert Lawrence, Robert Litan, & Robert Shapiro, *Globaphobia : Confronting Fears About Open Trade*(Washington, D.C. : The Brookings Institution Press, Twentieth Century Fund, and Progressive Policy Institute, 1998).

8. 금융 거래에 대한 소액의 '거래세' 아이디어를 가장 먼저 제안한 것은 경제학자 James Tobin이다. 다음을 참고하기 바란다.

James Tobin, "A Proposal for International Monetary Reform," *Eastern Economic Journal*, vol.4(1978), pp.153∼159.

이 아이디어를 한층 더 끌어올린 것은 Lawrence and Vicki Summers다. 다음을 참고하기 바란다.

Lawrence and Vicki Summers, "When Financial Markets Work Too Well : A Cautious Case for a Securities Transactions Tax," *Journal of Financial Services Research*, vol.3(1989), pp.261∼286.

9. 18세가 된 모든 미국인에게 내가 제안한 액수보다 훨씬 더 많은 액수의 자본금을 제공하자는 제안이 있다. 자세한 내용은 다음을 참고하기 바란다.

Bruce Ackerman & Anne Alstott, *The Stakeholder Society*(New Haven : Yale University Press, 1999).

10. L.Katz, J.Kling, & J.Liebman, "Moving to Opportunity in Boston : Early Impacts of a Housing Mobility Program," Harvard University, September 1999.

지친 영혼에 한줄기 빛을 선사하는 김영사의 책

성철스님 시봉이야기 1, 2
원택스님 지음 성철큰스님을 20년 간 모셨던 원택스님의 눈으로 다시 만나는 우리 시대의 큰 스승.

행복한 마음
김정섭 지음 지치고 고단한 영혼 위에 드리운 커다란 나무 그늘 같은 172가지 이야기. 대한출판문화협회선정 이달의 청소년도서

마음을 어디로 향하고 있는가
백성욱 지음/김원수 옮김 부처님은 아무데도 계시지 않는다, 나를 밝게 해주는 이가 곧 내 부처님이다.

마음에는 평화 얼굴에는 미소
틱낫한 지음/류시화 옮김 우리는 어디서 왔으며, 무엇이고, 어디로 가는가? 세계적인 영적 스승 틱낫한의 깨어있는 삶의 예술.

달라이 라마의 행복론
달라이 라마·하워드 커틀러 지음/류시화 옮김 당신은 행복한가? 달라이 라마와 미국의 정신과 의사가 나눈 행복에 대한 토론. 간행물윤리위원회 선정도서

공지영의 수도원 기행
공지영 지음 주님, 항복합니다! 날카로운 이성의 갑옷을 벗고 만난 영혼의 참모습. 세계일보·국민일보선정 히트상품

학문의 즐거움
히로나카 헤이스케 지음/방승양 옮김 즐겁게 공부하다 인생에도 통해 버린 어느 늦깎이 수학자의 인생 이야기. 간행물윤리위원회 선정도서·대한출판문화협회선정 이달의 청소년도서

빵장수 야곱의 영혼의 양식
노아 벤샤 지음/류시화 옮김 전세계가 손꼽아 기다려온 영혼을 위한 최고의 양식.

내가 정말 알아야 할 모든 것은 유치원에서 배웠다
로버트 풀검 지음/박종서 옮김 세상에 숨어 있는 소박한 아름다움, 거창해보이지만 쉽고도 작은 진리들. 이화여자대학교 추천도서

그 빛에 감싸여
베티 이디 지음/박은숙 옮김 전세계인들로부터 뜨거운 감동을 불러일으킨 임사 체험 기록. 〈뉴욕타임스〉120주 베스트셀러!

CEO 안철수, 영혼이 있는 승부
안철수 지음 "진정한 힘은 자기내면의 엄정한 기준에서 나온다". 안철수의 기업과 인생 경영, 세상과의 대화법. 간행물윤리위원회 선정도서

어머니 저는 해냈어요
김규환 지음 목숨걸고 노력하면 안되는 것이 없다! 공장 청소부에서 명장이 되기까지 아주 특별한 성공 비결.

나의 아버지 여운형
여연구 지음 여운형의 딸이 말하는 여운형의 삶과 사상, 미처 알려지지 않은 역사의 생생한 기록.

공부가 가장 쉬웠어요
장승수 지음 막노동꾼 출신 서울대 수석 합격자 장승수의 '일' 과 '공부' 이야기. 간행물윤리위원회 선정도서·대한출판문화협회선정 이달의 청소년도서

프랭클린 자서전
벤저민 프랭클린 지음/이계영 옮김 세계적 리더들이 성공지침서로 삼아온 시간 관리와 자기계발 분야의 고전.

당신의 눈은 믿을 수 없다
앨 세켈 지음/신선영 옮김 상상력과 창의력, 사고와 인식의 전환, 창조적 아이디어, 예술적 영감을 위한 필독서. 전미도서관협회선정 최우수도서

유혹하는 글쓰기 - 스티븐 킹의 창작론
스티븐 킹 지음/김진준 옮김 헐리우드가 주목하는 세계적 베스트셀러 작가의 박진감 넘치는 글쓰기 비결. 간행물윤리위원회 선정도서

아 시대를 사는 따뜻한 사람들의 이야기
이민정 지음 실수를 해도 행복해지는 기적. 위대한 힘은 '따뜻함'에서 나온다.

성공하는 사람들의 7가지 습관
스티븐 코비 지음/김경섭 외 옮김 세계 초우량 기업들이 선택한 탁월한 자기계발 훈련지침서. 리더십 분야의 세계적 고전. 간행물윤리위원회 선정도서

삐에로 교수 배종수의 생명을 살리는 수학
배종수 지음 제7차 교육과정 편찬위원장이 학부모와 교사에게 전하는 대한민국 초등수학 지침서. 세계일보·국민일보선정 히트상품